新教师培训入门宝典

见习教师规范化培训优秀带教案例集锦

Jianxi Jiaoshi Guifanhua Peixun Youxiu Daijiao Anli Jijin

上海市教师专业发展工程领导小组办公室 编

CONTENTS | 目录

学 前 篇

小　学　篇

初　中　篇

高　中　篇

学前篇

以礼治教

上海市宝山区行知实验幼儿园　张　勍

时光飞逝，我承担见习教师规范化培训基地的带教工作已经整整七年了，在这七年里支持基地建设从无到有，不断摸索最有效的课程设置和内容，迎来送往一批批见习教师，自己也收获了一群可爱的徒弟。看着他们从刚入职的慌张与不安，到走上“三评两选”与“基本功大赛”展示舞台时的淡定与自信，我总是特别感慨，回想起自己作为新教师的时光，同时也感谢这段带教的经历，让我在见证了徒弟的成长的同时，自身也获得了成长。

在带教的过程中，有两方面的情况是我特别在意，也是我一直向徒弟强调的，所谓“为人师表”，不仅仅是学习教育教学的方式方法，更重要的是梳理教书育人的师风，同时也要懂得与人交往、为人处世的重要性。

一、刚刚进入工作岗位，我好茫然

这是很多见习教师刚开始参加培训时和我说的话。实践和理论有着很大的鸿沟，书本上的知识和真实的一日工作之间存在着一定的距离。见习教师进入幼儿园，总会感到茫然又无所适从。

对于这些求助，我给出了两个方面的建议：

（一）熟悉新的环境

1. 查看幼儿的活动场所

幼儿的一日生活丰富多彩，涉及的场地也各不相同。作为一名幼儿教师，在园工作的大多数时间都是和孩子们在一起的，因此对幼儿的活动场地，必须得有清楚的了解。我给徒弟提供了一张表，让他们带着思考去熟悉场地。

场所	要点
教室	1. 了解各个年龄段幼儿的教室位置。 一般幼儿园分三(小、中、大)或四(托、小、中、大)个年龄段，不同年龄段的教室位置并不一样，有的按楼层分，有的按建筑分等，教室的名字也各不相同。 2. 了解教室环境的空间布局。 教室环境一般由活动、盥洗、寝室组成，分别是幼儿开展教学活动、如厕清洗和就寝的空间。新教师首先要了解教室的空间布局，明确这三个活动空间的具体位置和关系。比如这些活动空间是否相连？教师便于观察不同活动空间幼儿的位置等。 3. 了解教室环境中的各种设施。 比如活动空间中的各类橱柜、桌椅、电子设备；盥洗空间中的台盆、毛巾架；寝室中的床铺位置。

（续表）

场所	要点
活动室	一般幼儿园都会有多个专门活动室，用于幼儿游戏或其他活动，例如结构室、阅读室、美工室、舞蹈房等。不同的幼儿园根据自身场地条件与课程特色开设的活动室种类和数量各不相同。新教师需要了解的有以下几点： 1. 幼儿园分别有哪些专用活动室？具体位置在哪里？ 2. 不同的活动室内有些什么设施和材料？主要进行什么活动？ 3. 幼儿园对活动室的使用时间是如何具体安排的？ 4. 不同的活动室有哪些使用规则？
户外场地	幼儿园要保证幼儿每天两小时的户外活动，因此户外场地也是非常丰富的。一般户外场地会包含这些内容——运动、大型玩具、沙水、种植、饲养等。有些特殊活动也会在户外场地进行。在了解户外场地时，可以关注以下几点： 1. 户外场地分别在什么位置？（大多数幼儿园户外场地会由几片区域组成。） 2. 不同区域的场地有哪些材料？可以开展哪些活动？ 3. 有哪些挑战性较强的材料？哪些结构较低的材料？材料是如何摆放的？ 4. 不同场地的使用时间如何安排？

2. 发现幼儿园周边的教育资源

除了内部的环境，幼儿园外部的环境也是很重要的资源，会对工作的开展很有帮助。首先我带着见习教师逛一逛幼儿园所在的小区，小区内的花园、广场等，这些都可以作为幼儿活动的场所。然后再和见习教师探索小区周边的环境，公园、文化馆、商店、小学，甚至公交车站、书报亭等，这些都是开展幼儿社会实践活动很好的资源。

在这个过程中，我给见习教师列了一张任务清单——

• 在探索幼儿园内外环境前，先列一张问题清单，标明自己到底想了解些什么，避免遗漏。

• 可以带上手机、照相机，为不同的环境和场所拍下照片。

• 遇到重要的内容和有用的信息，请在本子上做好记录。

• 完成所有探索后，将收集到的照片和信息做一个整理，或许一一对应做一张汇总的表格会更清晰。

然后让见习教师思考，不同的环境和场所中可以做些什么？从中获得哪些有用的信息？在了解周边环境的过程中，同时也已大致了解幼儿平时的生活状态，这会为教师在和幼儿的交往中增添话题，快速拉近和幼儿的距离等。

（二）熟记一些关键的规章制度

在幼儿园的制度中，有一些是与每日工作密不可分的，对于刚刚踏上岗位，对工作还处于迷茫中的新教师来说，这些制度可以让新教师明确自己需要做什么、怎么做。比如作息制度、一日工作规范、文案制度、家长工作制度、安全工作制度等，这些都是需要重点关注的内容。

作息制度明确了一日工作中，每个时间段开展的主要活动内容，两班一保的工作安排和时间，是开展常规工作的基本参照。

幼儿园的一些制度很多时候不是为了约束教师的行为，而是指导教师的行为。它们相当于工作中的操作手册，将基本的工作内容和要求进行了罗列。对新教师来说，这些制度是帮助他们开展工作最有价值的“工具书”。所以，我告诉见习教师不要一听到“制度”两个字，就心生排斥；仔细阅读，你会发现这些制度犹如一位“不说话的师傅”。同时，我对见习教师给出了一些建议——

- 每个幼儿园都会有自己的制度文本，一般会形成完整的制度手册或者文件（或电子文档），你可以在资料中找到你想要的内容。
- 你刚进入幼儿园的时候，一般你的聘任园都会在暑假进行集中培训，不要忽视这些培训，它们往往会带给你整个在园工作最重要的信息，特别是那些与你工作息息相关的规章制度，一定要仔细学习，做好详细的记录。
- 你可以将一些重要的制度条文打印出来，贴在自己的笔记本、办公桌上，也可以订成一本小册子，收纳在班级的文件柜或悬挂起来，这样就可以随时取阅、找到解答。

通过一次次细心带领他们了解幼儿园、了解幼儿园里的常规工作条例，徒弟们逐渐找到了工作的节奏，一日工作的开展也更加游刃有余了。

二、作为一名新教师，我该如何获得孩子和家长的喜爱

这是徒弟们时常问我的又一个问题。新教师总以为家长不信任、孩子不喜爱是因为“自己没经验”，而我却告诉他们——你错了。家长的信任、孩子的喜爱很多时候来自你的真情实意、自身修养和礼仪规范。

我给徒弟们介绍了美国加州伯克利大学的雅伯特·马伯蓝比（Albert Mebrabian）教授总结出的一条“7/38/55”定律：在整体表现上，旁人对你的观感，只有7%取决于你真正谈话的内容（真才实学）；而有38%在于辅助表达这些话的方法，也就是口气（语音语调）、肢体动作（手势等）、表情（微笑等）等；却有高达55%的比重决定于，你看起来够不够有说服力，也就是你的“外表”。外表是让内在得以与外界沟通的桥梁，恰如其分的外表能正确无误地将内在的讯息传递出去。往往一个人的内在很专业，而外在却不够专业或者毫不在意，都会直接地影响到别人对你能力的肯定。

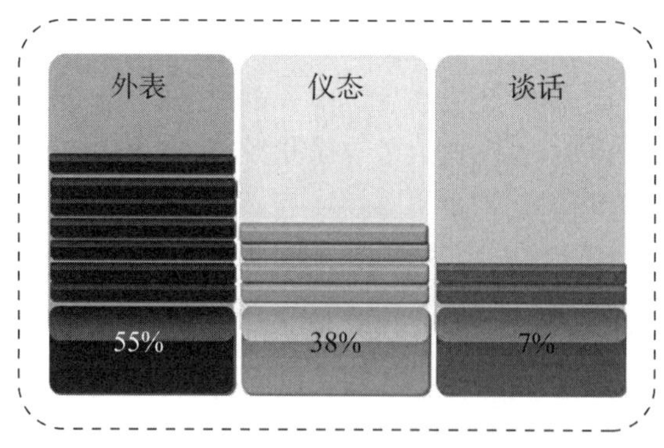

决定人第一印象的“7/38/55”定律

教师是一个始终在与人交流互动的职业。在人际交往中，第一印象很重要，教师更是如此。特别是幼儿教师，形象不但要符合职业规范，更要关照到我们所面对的孩子的心理特点。衣着装扮不但要得体有风度，还要有亲切感，这样更容易获得家长的尊重和孩子的喜爱。

言传身教，教师的行为、语言表达着情感，学生每时每刻都注视着教师的言行举止，从教师行为中接受着情感的熏染和启迪。世界上没有任何人对学生的心灵产生如教师一样的深远的影响。

幼儿教师每天都要和孩子、家长以及社会上的人们沟通，我们的言谈举止、待人接物等反映了本人的修养和品位，更是幼儿学习效仿的榜样。良好的言谈举止作为一名教师的基本规范，不但能潜移默化地影响幼儿，也能对我们的工作起到事半功倍的效果。

了解了这些，我引导徒弟进入了"实战"，在这时我给他们讲了关于"微笑的力量"，并给他们列出了几点建议。

在我们的工作中，"微笑"能起到重要而又神奇的作用，千万不要忽视了微笑的作用：

• 表明心境良好。面露平和欢愉的微笑，说明心情愉快，充实满足，乐观向上，善待人生，这样的教师才会产生吸引家长和孩子的魅力。

• 表明充满自信。面带微笑，表明对自己的能力有充分的信心，使家长和孩子产生信任感，容易被大家真正地接受。

• 表明真诚友善。微笑反映自己心底坦荡，善良友好，待人真心实意，使孩子在与教师的交往中自然放松，不知不觉地缩短了心理距离。

• 表明乐业敬业。工作岗位上保持微笑，说明热爱本职工作，乐于恪尽职守。

跟随着我的建议，徒弟们用积极的心态和得体的言行逐渐收获了家长和孩子的信任，但是我依然常常督促这些"职场新人"，引导他们关注细节。

在我们平时的工作中可能会有一些容易被忽视的小细节，但是这些不起眼的细节有时候却决定了事情的成败。我给徒弟们举了几个比较常见的小例子——

• 斜靠门框：有的老师在接待家长的时候，一边说着话一边就靠在了门框上，这时整个人的体态是很散漫的，让人感觉很不尊重。

• 坐在桌子上：孩子们使用的桌子普遍都比较矮，有些老师在不经意间就直接坐上去了。这是很不规范也缺乏基本修养的表现，千万不要这样做。

• 手指直接点指对方：用手指直接点指别人是很不礼貌的，哪怕不是有意的，千万不要形成这样的习惯。

• 起外号：可能有的老师给孩子起外号并不是出于恶意，甚至有时是老师对孩子的一种喜爱。但是无论是哪种形式的外号都容易引起不必要的歧义和误解，最好不要这样做。

• 眼神对视：在与孩子和家长交流的过程中都要有积极的眼神交流，这可以让人感受到尊重与真诚。有的老师会在和家长交流的同时又忙于其他事情，这样做不是很妥当，如果真的有很紧急的事情需要马上处理，可以直接和家长说明情况，如"抱歉，我现在有些工作需要马上处理，如果可以的话，这个话题我们明天继续交流"。

这些例子其实是很多新教师会犯的"小毛病"，它们是一面镜子，让徒弟们懂得以此为鉴，日省吾身，从而未雨绸缪，避免产生这样的问题。

龚老师成长记

——我和徒弟小龚的故事

上海市宝山区红星幼儿园　施玲玲

小时候我就梦想着，长大后要成为一名幼儿园教师。怀揣着这样的一个梦想，我长大了。迎接到我职业生涯中的第一批孩子，他们是那么乖巧，那么天真烂漫，我觉得我的生活被他们点亮了，我觉得我的每一天都洋溢着满满的幸福。

可是……在喜悦和感恩之余，我开始沉思，开始质疑。面对身材臃肿的我，孩子们会喜欢我吗？面对一个"95后"的应届毕业生，自己还像个孩子似的老师，家长们会放心我吗？面对一个零经验，遇事手忙脚乱、毫无自信的新教师，我的师傅会接受我吗？

2016年9月的一天，这个胖胖的、可爱的、羞涩的女孩——小龚，成为我的又一名徒弟。作为一名学前教育专业的应届毕业生，她的教学经验基本为零。再加上臃肿的身材，所以这个女孩极其缺乏自信。可是我发现她虽然没有带班经验，但是对幼教工作充满热情，适应力强，能虚心学习，尽心完成每一项任务。于是，我拍着她的肩膀，对她说："别担心，我帮你！"

新教师刚入职，对于工作如何做会有许多茫然和无措。面对幼儿园一日各个环节、幼儿出现的各种问题、班级区域的布置、家长工作等都会存在很多的疑惑。因此带教老师作为师傅，要了解徒弟，找到其问题所在，并对症下药。

一、学会观察，激发自信

• 徒弟的困惑

小龚发现孩子们常常不满足于室内游戏空间、游戏材料，情节的拓展较慢。她希望通过户外的角色游戏来帮助孩子建立角色意识，运用角色语言进行简单的交流。可是，户外所有场地都适合中班幼儿使用吗？是教师预设游戏场地还是任由幼儿随意选择游戏场地好呢？幼儿在游戏过程中是否会出现四散的状况？教师如何观察与指导呢？

【实录一】

豆豆戴上围巾，拿起了小包，装扮好，带着宝宝坐到垫子上，开始哄宝宝睡觉。小妙看到豆豆像妈妈的样子，她也学着豆豆的样子坐在垫子上哄宝宝。这时笑笑拿着针筒跑过来和豆豆说："宝宝中毒了，我要给他打针。"说着就给宝宝来了一针。接着烁烁也拿着针来了，洵洵也拿着针来了，豆豆和小妙的边上围着好几个准备给宝宝打针的小医生。

• 徒弟的分析

通过对孩子几天的观察，小龚发现户外的环境触发了幼儿之间的互动，医院和娃娃家的情节开始串联。医生会主动寻找病人来进行医治，同时角色与角色之间也开始有了简单的对话。但是场地的开阔自由也带来不少麻烦，比如很多医生拿着针筒满草坪地跑，医生与医生之间，医生与病人之间的追逐成了游戏，角色意识明显缺失。

• 我的建议

究竟是什么原因影响到了幼儿的游戏行为？中班的幼儿正处在模仿的阶段，所以会出现很多学当医生的现象。不但如此，在一个相对空旷的环境里，幼儿还不能完全靠自己的生活经验或者说是想象来进行游戏，过于宽阔的环境在给了幼儿游戏自由的同时也成了幼儿游戏的障碍。

• 我们的调整

我们从大草坪转移到了一个有一定坡度、一些树桩、一个由矮树林组成的树林迷宫，以及一幢小房子的场地。由自然物形成的自然区域格局不但保留了游戏的自由与趣味，也在无形中对幼儿的游戏起到了暗示与支持的作用。我们希望这些自然资源可以引发幼儿的想象力、对已有的自然物进行联想，从而起到经验迁移。那么是否可以得偿所愿？我们开始继续观察。

【实录二】

辰辰老板看见缓坡上的小屋子，立马拿起了装有“汉堡”和“饮料”的箱子跑进了小屋子。他打开窗户，把“汉堡”和“饮料”放在了窗户板上，喊起来：“买吃的啦，买吃的啦，便宜啦，便宜啦。”

铭铭医生则拿起了小医院的工具就往矮树林迷宫去，他还拿起边上的木条摆成桌子的样子，一边放一边说：“这里可以给宝宝看病。”这时萱萱妈妈带着孩子来看病了，只是医生突然不见了。萱萱妈妈大叫着：“医生，医生，我宝宝生病啦！”铭铭从迷彩布下钻了出来，对萱萱妈妈说：“医生来了，我去后面拿药了。”

• 徒弟的分析

更换场地后，幼儿出现了很多以前没有的游戏情节。如出现了战地医院，护士和医生会抬着担架去救受伤的病人；小司机们也开出了不一样的花样，有的是救护车，有的是公交车，有的是警车；带着娃娃散步的妈妈会因为突然下雨躲到迷彩伞下；娃娃家因为东西堆得太多会着火，消防员会拿着水管来灭火等。孩子们通过与自然物的相互作用以及自然物对孩子们引起的联系，他们将自己已有的生活经验迁移到游戏中。比如天天的烧烤店就是周末爸爸带着他去森林公园烧烤，他看见了烧烤架，看见了大人怎么烧烤，他便把网架和小木桩结合起来，开了一家烧烤店。又比如说辰辰去买奶茶喝时，看到奶茶是从一个小窗口拿出来的，于是他就把有窗口的小房子当作了奶茶店。铭铭去看病的时候发现医生都是在一个一个房间里的，矮树林迷宫也是一格一格的，特别像医院里一个个的房间……通过自然物的帮助，孩子们的游戏情节更加丰富，幼儿与幼儿之间的对话也更多，对于自己所扮演的角色更有意识了。

• 我的建议

对于刚升入中班的孩子，角色游戏户外环境还是需要教师思考的，而场地的选择在于孩子，教师要做的是引导而不是去划分区域，教师需要给孩子一些暗示性的环境。教师可以通过材料的类型、摆放去引导孩子。户外的环境给了孩子更多的空间去迁移身边的生活经验，游戏情节的发展也比室内发展得更快。

• 徒弟的提升

（1）心中有预设。户外的游戏环境让孩子更自由，也让孩子有了真正选择的权利，但是对于自然环境的适宜性，教师心中仍需要有一定的标准，要对环境进行考察、分析，结合幼儿所发展的游戏情节以及对幼儿的发展的帮助来看。让户外环境的优势最大化，也最大化地体现户外环境对幼儿发展的价值。

（2）材料有支持。在户外角色游戏中仅仅靠自然环境是不行的，中班幼儿在许多地方仍需要教师引导，不过并不是去告诉他怎么做、要做什么，而是通过创造暗示性的环境去引导他自己做。各种不同的材料就是教师创造暗示性环境的必需品。比如在草坪上放上几块垫子，就是告诉幼儿这里可以作为一个家或者一个地方，让孩子有一个归属感。除了基本的材料，教师会提供百宝箱来助推幼儿游戏情节的发展。

（3）追踪有跟进。在幼儿进行游戏时，仔细观察孩子们的语言、行为，把典型的行为或者是特别的情节用手机录像或者案例的方式记录下来，与同组老师进行研讨、分享、交流，对孩子的行为进行分析，以便更好地帮助幼儿发展。

• 我的感悟

小龚有着细致的观察能力，观察记录内容丰富，但缺少理论支撑以及撰写案例的思路，我对她写的观察记录行为一一剖析，寻找对应的理论，并和她一起调整案例撰写的“骨架”，掌握观察方法。龚老师渐渐理清了思路，她的案例撰写在区级评比中获得一等奖，她的眼中开始迸发自信的光芒。

二、课堂优化，展现自信

【实录】

“昆虫躲猫猫”是“在秋天里”主题活动下的一个教学活动，整个活动分成了三个环节。

第一个环节：欣赏图片，巩固已有经验，识别并说出昆虫的基本外形特征。

第二个环节：自由操作，帮助小昆虫们躲避小鸟，理解动物保护色这一“伪装”的本领。

第三个环节：拓展经验，知道陆地动物和水生动物也都有这样“伪装”的本领。

第一次的活动是以失败告终的，课堂的教学重点应该在第二个环节，可是由于孩子们对昆虫十分感兴趣，交流的欲望十分强烈，教师缺乏把控全场的能力，第一个环节占用了很长时间。尤其在引出了小鸟的话题时，他们的讨论重点就放在了“螳螂是吃小昆虫的，小鸟也是吃小昆虫的。它们是可以做好朋友的”。好不容易回到第二个环节，在帮助昆虫躲避的时候，孩子们的关注点不是在相近色的躲避，而是认为昆虫只要躲在足够大的树叶下面就不会被小鸟发现，完全沉浸在小鸟捉虫的游戏中，力求将所有躲藏起来的昆虫全部找到，以致原来应该是教学重点的“保护色”“伪装”成为这一环节的点缀。

• 我们的反思

一是目标定位过于广泛。

活动的目标定位在了关注自然的乐趣，从动物的特殊本领中获得启示。其涉及的范围过于广泛，在活动中既想要讲清楚“保护色”，还涉及一些外形特征，目标的指向性自然是不明显的。孩子们对于动物的特殊长相和一些特殊的习性是很有兴趣的，如何在孩子们的这些兴趣点上找到合适的教学点，发展成为一个活动的主题，我们必须删除旁枝，重新设定更为恰当的活动目标。

初期设计	调整设计
知道动物保护色与环境的关系，体验“保护色的重要性”，感知“伪装”的妙趣。引发关注自然的兴趣。	在找找玩玩中，初步了解昆虫有趣的自我保护的本领，激发幼儿探索动物世界的兴趣。

二是角色定位不当，引发活动中干扰因素。

原来第二个环节引出昆虫的天敌小鸟，希望小朋友能保护小昆虫，帮助小昆虫躲避小鸟的袭击。但是事与愿违的是，孩子们的兴趣点在于螳螂也是可以吃小昆虫的，他们认为螳螂和小鸟可以成为好朋友，一起来捉虫。而且在操作活动的过程中孩子们的关注点一直在小鸟捉住了几只小昆虫，以致当真正开始重点教学的“保护色”和“伪装”时，孩子们的兴趣点依旧没有转移到教学的目标上来。

初期设计	调整设计
小鸟也要来参加昆虫的聚会，小鸟说：“今天，我可以饱餐一顿啦！”	小鸟说：“今天的天气可真好呀，好多的昆虫都在草地上玩游戏呢，我也想玩，让我和他们玩个躲猫猫的游戏吧，看看谁躲得好，我找不到。”

• 徒弟的调整

第二次活动中，龚老师让幼儿自由操作，昆虫们和小鸟一起玩躲猫猫的游戏，看看哪只昆虫躲得最好，小鸟找不到。操作一次后通过交流分享，帮助幼儿理解动物保护色这一“伪装”的本领，理解之后再自己动手帮助昆虫找和自己颜色相近的地方进行躲藏，巩固已有经验。

• 我的感悟

这一次的活动，目标基本达到，在失败和调整中，龚老师的内心变得强大。她明白了好课是“磨”出来的，有效互动是在一次次抛接球中练出来的，自信的老师是在一次次活动中历练出来的。

三、以真诚换信任，亮出自我

【实录】

豆豆是新转来的插班生。这天早上，豆豆外公来送孩子时对老师说：“老师，豆豆回去说在幼儿园没吃饭，是怎么回事？”龚老师回应：“豆豆每天都吃完自己的一份饭菜。”但是豆豆外公却不相信，说：“孩子是不会撒谎的！”

• 徒弟的反思

（1）新转来的孩子面对新环境有各种不适应。而此时的家长也因为与新的教师接触不多，因此信任感还未完全建立。尤其是当幼儿的表述与教师表述有出入时，家长理所当然会选择相信自己的孩子。

（2）幼儿期的孩子往往不容易分清想象和现实之间的界线。他们的言谈中常常有虚构的成分，对事物的某些特征和情节还会加以夸大，还不能完全理解什么是实际存在的东西，什么是想象出来的东西，常常把自己的幻想与真实的东西混在了一起，这种行为不能斥之为“说谎”。

• 我的建议

（1）将豆豆午餐情况的视频与录像发于家长，帮助家长直观了解幼儿在园午餐的真实情况，建立信任感。

（2）与豆豆妈妈联系，全面了解豆豆在家尤其是离园后的具体表现与饮食情况，了解幼儿“没有吃饭”的原因。

（3）让家长了解孩子这个年龄段的行为特点，理解孩子的“撒谎”行为。

• 徒弟的调整

事后龚老师及时和豆豆妈妈联系，了解到豆豆每天放学在路上就要外公买各种零食给他吃。外公不依，他就大吵说：“肚子饿，在幼儿园没吃饭。”以此博得外公的同情。

了解所有情况之后，龚老师与外公再次做了沟通，并特意邀请豆豆的外公在中午吃饭时“偷偷”来园观摩。外公过后激动地说：“老师，这下我真正放心了，看来我是错信孩子的话了，老师，真对不住了！”

• 我的感悟

家长工作的开展最主要的就是要换位思考，并且在与家长沟通过程中一定要做到言之有据、言之有理。只要认清这点，以真诚换信任，何必担心家长的质疑？良好的家园关系，使龚老师信心大增，班级工作日趋成熟。

关注寻常时刻　捕捉教育契机　收获教育智慧

上海市崇明区堡镇幼儿园　黄　俐

"教师是人类灵魂的工程师","她"打开了一个纯真少女的教育情怀,引领我走进了幼儿教育的神圣殿堂,成为一名光荣的幼儿园教师。工作二十几年来,随着人生阅历的积累,越来越感受到教师职业的重要性。但真正从内心感悟至深,触及我灵魂的,却是十多年前学习了我们中华民族的传统文化后,才渐渐至纯至真地知道自己身上的重任。所以在接受上级下达的带教见习教师这一任务时,我更加感受到作为长者和师者的责无旁贷和义不容辞。为了下一代的健康成长,我思考着:如何用我的言传身教,在年轻一代新手教师中,潜移默化地感染和播种下爱的种子,收获和品尝教育的智慧之果。

2015 年 9 月,进入我班学习的,是一名行健学院毕业的师范生小周。她一到我们班级,就感受到我们班级真正和谐的师生关系。她十分纳闷:为什么她现在所带班级的孩子,总是不怎么听话,哪怕大声叫他们安静,孩子们一会儿就又开始浮躁起来? 而且班级里还有几个幼儿根本就是游离状态。

我了解了小周的困惑,和她一起分析原因。问题到底出在哪儿呢? 小周也说到了家庭的原因。确实现代家庭的教育,大人过分溺爱孩子,注重物质生活,对孩子的非智力因素的培养十分忽视。对长辈的礼貌,对同伴的友好,爱劳动等良好生活习惯比较差。孩子逐渐养成了自由散漫、自私自利的坏习惯。可以说,这些都是错误的教育观念下教育出来的"成果",真的影响到孩子一生的幸福。

在我们师徒共同的探讨中,小周也十分焦急:"黄老师,那我班级的孩子已经这样了,我该怎么办呀?"我十分肯定地告诉她:"我们的国家领导人都在积极呼吁'复兴我国传统文化',其中的道理就是提高我们国民的素质。'百年大计,教育为本',我们作为一名幼儿园教师,面对每一个从家庭走入社会的孩子,担负的责任是重大的。我们老师除了组织好教学活动,更重要的是,关注培养孩子一颗善良的心,帮其建立良好生活习惯和学习习惯。"小周说:"我刚刚毕业,组织好教学活动已经很努力,培养孩子具有一颗善良的心,我一时还真找不到合适的方法。"

我笑了笑,告诉小周老师,在我们博大的国学文化海洋里,其中就有一本非常好的教材,它穿越时空,可以运用于每个人——《弟子规》。其内容采用《论语》"学而篇"第六条的文义,列述弟子在家、出外、待人、接物与学习上应该恪守的守则规范。《弟子规》共有 360 句、1080 个字。只要我们教育者认认真真学习《弟子规》,批判性落实《弟子规》,就会增加自己教育的智慧，帮助我们每个人获得幸福生活。当然也是每一个孩子从小健康成长的教育基石。

一脸疑惑的小周老师露出了微笑，我说："我们老师一定要先一句一句地学习、理解，逐步落实；然后在一日生活中仔细观察孩子们的表现，发现问题时，及时进行随机教育，切实帮助孩子，给孩子们建立正确的是非观念，从而养成良好的行为习惯。"

我记得，在一次自由活动中，好多孩子都聚在了阳台的窗口，我和小周老师一起走上前观察：原来，孩子们发现窗户上贴着一些黄黄的、小小的、圆圆的物体，孩子们都在猜着这是什么东西。我定睛一看，原来是飞蛾产下的卵。我当即就用手机拍了下来，放在大大的电视屏幕上，让孩子们一起观察：看看这些飞蛾妈妈产下的这些卵宝宝，排列得怎么样？当孩子们惊奇地发现，这些卵宝宝排得非常整齐的时候，我又抛下问题：为什么它们的飞蛾妈妈不东一个、西一个生宝宝？孩子们回答："妈妈是为了让宝宝们在一起互相帮助。"我转眼让周老师回答，孩子们一下子把目光投向周老师。周老师说："这样是不是聚在一起好存活？"在我们师生互动的积极回答中，我告诉孩子们：原来自然界中，有一个道理，就是《弟子规》中讲的"置冠服，有定位""几案洁，笔砚正"这两句。我们自然界的小虫子都知道放置物品要整齐，能让小虫宝宝更好地活下去，那么我们人类更要懂得整整齐齐。做到整齐、端正能让我们的生活更美好。接着我们从教室里的桌子、椅子、玩具、篮子的摆放开始讨论，孩子们看到了问题，马上主动地去帮忙纠错，去修正。忽然聪明的汤宇轩宝宝大声说："我们坐的时候也要端端正正的。"

接着，孩子们从自己身上的穿着、坐姿、站姿，如何整齐端正，进行了积极的讨论。在一旁的周老师听了，竖起了大拇指："好厉害，我们班的孩子们能从外部的物体的观察，回到自己的身上。"过后，我告诉她，这就是生活中的教育，真正的教育就是随机教育；教师要善于抓住一切教育的契机，积极帮助孩子们建立一些良好的行为习惯。当然，教师要善于关注"寻常时刻"，积极捕捉"教育契机"，也可以是我们教师预先准备的，但更多的是来自孩子们的生活。

有一天早上，虞天佑急急忙忙来到教室，告诉我："黄老师，不好啦，刚才我上幼儿园时，有一个地方，电瓶车被汽车撞倒了，好吓人！"我了解了一下，原来是一个转弯路口，发生了这件交通事故。于是，在每天讲一讲、说一说、新闻发布中，我让虞天佑再次叙说了刚刚发生的事故，我问："为什么会发生这么危险的事情？"孩子们回答："车子速度太快。"我又问："怎样才能不发生危险？"大家讨论着：车子开得慢一些，眼睛看清楚，特别是转弯时，一定要更慢。最终我们又懂得了《弟子规》学过的道理"事勿忙，忙多错；宽转弯，勿触棱"。我们开始在教室里练习走一走，让孩子们感受在人多的地方，要慢慢行走；转弯的时候，更要放慢速度看清楚。其后，我们还和孩子们一起回忆自己曾经受伤、爸爸妈妈焦急担忧的一幕幕情景，真切感受"身有伤，贻亲忧"的道理。周老师在一旁看得仔细，听得清楚，并认真地点头记录着……

诚然，教育来自生活，也帮助我们生活。我在平时的生活中，就喜欢关注孩子们的生活，及时发现，当遇到机会时，我们总是能通过一次次的讨论、故事作品的欣赏或者表演，让孩子们充分了解是非、对错，逐步帮助孩子们建立真善美的观念。孩子们越来越积极投入集体活动，越来越愿意帮助他人或集体做事，连回到家，也积极主动地帮助大人做事。家长们反映：孩子们懂事、听话，好像真的长大了！

周老师一边在我园学习，一边也在尝试着在她自己的班级落实。终于有一天，她欣喜地告诉我："黄老师，现在我班孩子懂理多了，能静下心来，认真坐、仔细听了，随时欢迎师傅来检阅……"

确实，一名教师，首先要希望班级的孩子们能在自己的教育下，变得越来越健康，而不能在出现问题时，一味地埋怨孩子，指责孩子。我们教师要善于寻找有效方法，耐心地去突破这些教育的困惑。这种希望就是一份责任心，一份爱心。我们的下一代需要我们这些一线的教师，尽心尽力，在点点滴滴中去引导他们，帮助他们。但是在真理面前，我们必须懂得：想给人一滴水，自己必须有一杯水。我们平时不仅需要提高自己的业务能力，更需要汲取我们先辈留下的精神财富，寻找道德之源、智慧之本。而这些都蕴含在古人的典籍中，寻而学之，真正去完成一名合格教师的使命——活到老，学到老；真正达到"学而时习之，不亦乐乎"的境界。

时光流逝，很快半个学期就结束了，周老师取得了不少收获，也让我看到了一名新教师的希望；真心祝愿她能利用空闲之余，认真看完我提供给她的"幸福人生讲座"——细讲《弟子规》。让我们祖国下一代的接班人，能在知行合一的教师教育下，开放出更加鲜艳夺目的花朵，为了我们祖国的强大和立于世界不败的东方，奉献出自己的光和热！

和自己面对面

——“微格带教”方式初探

上海市崇明区实验幼儿园　倪怡君

一、问题导向

新教师(这里特指见习基地学员)刚踏上工作岗位,缺少经验,我对他们的带教多采用手把手模仿式带教,即跟我学,模仿我课堂上一言一行。但即便这样,很多新教师上课依旧存在诸多问题,如喜欢重复孩子的回答、语气语速过平、只关注能力强的孩子、回答面不广等,导致一个优秀教案调动不起孩子的兴趣,现场反应平平。此外,有些新教师还会表现出对我的过分依赖,如课堂上孩子回答不在预设范围内,她不知如何回应时,就会停下来用眼神寻求帮助。

所以,对新教师的带教“如何兼顾细致周到,又给他们留有成长空间”需要我静下心来认真思考。

二、情景再现

2016 年 9 月,我与新教师小沙签订了为期一年的带教合同。每次观摩我/她的教学活动后,我都会提出课堂中的若干个小情景考她:我/你为什么这么做? 用意何在? 孩子为什么出现这样的行为? 和预想的一样吗? ……以此帮助她建立“儿童经验”与“儿童行为”及“课堂效果”之间的联系,萌发她主动思考的意识和能力。

(一)“微格带教”的由来

2017 年 3 月,小沙从我园培训基地新教师中脱颖而出,参加区新教师“模拟课堂”比赛。接到通知当天,我们确定了比赛内容,并开始研讨如何完美地演绎教案。但研讨过程中我总觉得少了点什么,我开始设想:有没有一种方式,既能让新教师直面自己,清晰地认识自我,又能让带教老师有凭有据有情境、一点一点地去帮助她分析过程中的问题和细节? 于是,“微格带教”这个词出现在我脑海里。

微格带教——用 iPad 摄录新教师的课堂教学行为,通过情景再现及时反馈活动过程,供带教老师和新教师进行分析、研讨、重构,以此提高新教师教学技能的一种带教方式。

(二)“微格带教”之模拟课堂

第一次看到自己执教的形象,小沙哈哈大笑:“原来我上课是这个样子!”我及时予以表扬:“你上课的状态自然、放得开、不怯场,语音语调也很动听,这是你的优势,要保持。但是,希望你能通过看自己的上课视频查找到自身存在的问题,这样才会有进步和发展。”小沙听了我的话，又仔细看了一遍视频，提出："我的语速太快了，很多问题没有表达清楚，可能受时间要求限制，必须在15分钟内完成，所以我就像背书一样，很多内容都走过场，没有做足做透。"我肯定了她的发现，并指出思考和改进方向："比赛对活动完整度和时间有明确要求，不能私自改动，我们可以做的就是想办法尽量在规定时间内有效地完成所有课堂任务。还好，模拟课堂没有孩子参与，因此，所有的回答和互动我们都可以预设。削枝强干——突出重难点化解，简略操作环节，应该能控制在15分钟内完成。"随后，我们对活动中教师的语言进行了逐字逐句的推敲和精简：突出"必须要"，弱化"可以要"，去除"无所谓"和"不需要"。

再次面对"模拟课堂"中的自己，小沙表示："感觉还差一点点，但说不出哪里有问题。"我安慰她："这很正常，毕竟你初出茅庐，缺少相关课堂经验，慢慢来，相信你可以的！"然后我针对视频中的一些细节问题，如教师站位、道具操作、肢体摆动、小结语表述等进行了定格重复和现场示范，让她通过比较来思考"如此处理背后的意义"。

通过数次"微格带教"，小沙信心满满地参加区里的新教师"模拟课堂"比赛，获得了评委们的一致好评，摘取了第一名。

（三）"微格带教"之考核课

2017年6月，为期一年的基地带教迎来最终考核。这次考核课与模拟课存在本质区别，有了孩子参与，不确定因素大大提升，这对小沙现场应变的能力提出了挑战。

我们依旧采用"微格带教"。第一次试教结束，小沙大汗淋漓，她看着视频中不知所措的自己发出感慨："看教案觉得挺好上的，怎么这么难！""为什么难？这个活动和以往活动有什么不一样？"我针对她的感慨提出疑问。"这个活动很活，很多答案都不在我的预设范围，我都有点怀疑自己hold得住吗？"我给她加油鼓劲："我相信你肯定能行。要想课堂上机智地回应孩子的问题，一定要在课前做好充分预设，预设越充分，一切皆在掌握，才有课堂上灵活应对的可能。我们现在要反复试教，了解并记录孩子可能有的n种答案，然后想好不同的回应策略。"说干就干，我们一边回放视频，一边记录和设想孩子的回答，并商讨如何通过颜色、大小、形状等不同的概念帮助幼儿梳理动物尾巴的不同特点。

第二次试教，小沙明显比第一次自信，她沉稳地回应着孩子，偶尔碰到没预设到的问题也能打个哈哈，自然过渡。我对她的进步表示赞赏，可她并不满足，拿着iPad继续挑骨头："这个问题我没有回应好，他说'这是鲨鱼的尾巴，因为我看见过鲨鱼的尾巴'，我的脑子有点蒙，不知道这个应归于哪一类，就无意识地重复了他的回答。"我微笑着望向她："中班孩子能力有限，他心里明白，对鲨鱼的尾巴和这条尾巴建立了联系，但是说不清楚，所以，你可以用'哦，你看到过鲨鱼的尾巴和这条尾巴很像，是吗'来帮助他表述心中的想法。现场回应考验的是教师随机应变的能力，充分预设能让我们心中有底，但也不能教条主义，我只能告诉你道理，关键的度只能由你自己把握。"小沙听得懵懵懂懂，但是随后的几次试教，她越来越有感觉，课堂表现日趋灵动。

一分耕耘，一分收获。专家们如此评价小沙的考核课："非常老练，一点都看不出是第一年工作的新教师。"学年结束时，小沙获得"优秀学员"称号。

三、分析反思

古希腊哲学家苏格拉底总是自称一无所知。确实，很多时候，我们也不清楚自己什么样子，只有照照镜子，仔细看看，才会发现问题，重新认识自己。由此，我联想到对小沙的“微格带教”，在这样一场“与自己面对面”的学习中，小沙感受到了自己课堂上的风采，主动查找问题，从而更清晰地认识了自己。

作为带教老师，整个过程中我也在不停思考：“微格带教”的优势是什么？通过这样一种带教方式我的目的又是什么？

“微格带教”具有客观真实的特点，它能再现课堂教学情景，可以通过定格、重复让我们直面课堂中的问题，并从不同角度进行深入、细致的分析。但是，“微格”仅仅是一种途径，关键是“带”和“教”。所以，通过“微格”方式履行好“带”与“教”的职责，提高新教师课堂专业素养才是我真正的目的。

首先，为新教师指明方向。新教师缺少教学经验，他们对“有效课堂”没有概念，即便有直观的视频资料，若没有明确的问题导向，他们依旧丈二和尚摸不着头脑。所以，每次“微格带教”前，我都会就当前最大问题指出思考方向，明晰问题所在，帮助新教师架构反思整改框架。

其次，引发新教师主动思考。“授之以鱼不如授之以渔”，“鱼”和“渔”在“微格带教”中的区别就在于前者为纯粹模仿，导师怎么说，学员怎么做，不需要动脑筋；而后者则要求学员自己思考，悟透为什么这样做，这样做背后的原因和依据是什么。只有自己动了脑筋，学习才会变得灵动，才有可能获得长足的发展。所以，每次“微格带教”过程中，我都会不停地提问，引发新教师聚焦问题进行思考，培养他们主动思考的意识和能力，促使其专业技能的提升。

再次，关注新教师的心理承受能力。“微格带教”主要通过新教师直面自己存在的问题实现其专业化发展的愿景。但不是所有人，或者不是所有时刻他们都有勇气面对这样一个问题多多的自己。人是感性动物，情绪容易受事件、心态甚至天气的变化产生波动，女性尤甚。所以，面对女性占绝大部分比例的幼儿园新教师，我们要关注她们的心理承受能力，在可以的范围内适度地扇扇风、点点火，发现有点骄傲时，来小瓢水降降温；萎靡颓废时，赶紧地添把柴火、加加油。总之，尽量让这团燃烧着的“进取之火”生生不息，延续传承！

带教二三事

上海市奉贤区江海幼儿园　周丽红

一、从爱开始

（一）背景

想成为一名合格的幼儿园老师——从爱开始。学前教育有别于其他教育，往往老师的一个鼓励的眼神，一句不经意的表扬，一个善意的微笑，一次温柔有力的抚摸，一次意味深长的谈话，一个耐人寻味的故事，就可以在孩子心中种下一种永不忘怀的感激，就可以给孩子带来不断奋进向上的动力，就可以给孩子带来足够的自信与勇气……爱，说起来容易，做起来却很难。在带教过程中，我引导见习教师从爱中体会关心，从爱中体会责任。

（二）实录

早上区角活动的时候，孩子们都安安静静地去玩游戏了。不一会儿，小小建筑工地上传来哭声，我走过去一看，原来是我们班的张之谢坐在地上哭。这时见习教师小王在旁边，把张之谢扶起来，在批评旁边的一个小朋友，那个孩子一直在哭。我问是怎么回事，小王老师也说不出个所以然。一旁的小朋友却说了："是吴羿毅推张之谢的。""那么，吴羿毅为什么要推张之谢呢?"我问道。"他不让我玩建筑工地。"吴羿毅理直气壮地说。徐欣韵说："吴羿毅自己硬要进去玩，可是这边人已经满了。"这时，孙俊祥说沈成伟也硬要挤进来。原来小王老师错怪了那个孩子。我接着问："那么，建筑工地人已经满了，你也想玩该怎么办呢?"听老师这么一问，孩子们纷纷举手说："要等下次有序进去。""不可以推别人。"他们还想出了许多的办法。"对呀，活动区人多的时候要互相谦让才对。那我现在来看看你们是怎么玩区角活动的。"孩子们又安静地开始了区角游戏。吴羿毅还悄悄地和张之谢说声"对不起"，张之谢擦干眼泪说"没关系"。

（三）反思

下午空班时，我就孩子的这一现象和见习教师进行了交流。我首先引导见习教师思考：要了解孩子的年龄特点，你才会去解读孩子现在的行为，寻找有效的教育策略。从分析中，我们达成共识：作为一名幼儿园教师，我们首先要学会观察，了解情况，从孩子的角度观察现象；蹲下身来以孩子的眼光观察世界，平等地对待每一位孩子。这时孩子们的世界慢慢地在我们的眼前展开了，里面充满了你所未知的。见习教师以后不管看见了什么，都要先问清楚。说不定，就是这样一次错误的解决方式，让他错过了一次学习如何正确地与人交往的机会。我们应该多和孩子们交流，多发现孩子们之间有什么新话题，有什么感兴趣的东西。在轻松的氛围中，有时可以达到比拉下脸正襟危坐更好的效果。

二、聚焦活动设计与实施能力

（一）背景

第16周小王老师要参加一年期见习教师的考核，因此，最近一段时间我们一起定好活动主题，一起设计活动，并在多次的试教中不断地调整活动环节和活动内容。

（二）实录一

刚收到见习考核通知的时候，小王老师就积极地来询问："师傅，我们要考核了，你觉得我应该上一节什么样的课呢？"

"这个还要根据你自身的兴趣和把握力来定，先说说你自己的想法吧。"我和小王老师坐在一起商量了起来。

"我觉得我还是想上语言或者音乐方面的活动。"小王老师说出了自己的想法。

"那你准备选择小班哪个主题、哪个方面的点呢？"我继续追问。

"我刚刚翻了一下学习活动书，我想还是使用'动物花花衣'这个主题吧。我觉得里面一个'藏在哪里了'的故事应该会吸引小班幼儿的兴趣。"

【分析】在这次谈话中可以看到小王老师对于活动的选择已经做过了事先的准备，并有了自己的想法。但是，在交谈中我发现小王老师过于谦虚，不大好意思说出自己的想法。因此，我也没有直接帮助她做决定，而是通过一个个的问题让她自己大胆说出自己的想法。最后，经过两个人的商量讨论，我们还是决定选择"动物花花衣"主题内的绘本故事"藏在哪里了"这样一个语言活动。

（三）实录二

第一次试教结束后，我们将第三个环节调整为一个"捉迷藏"的游戏，这样既与前面的故事内容相符，让幼儿巩固了故事内容，又提供了一些新的动物，使幼儿的认知经验得到提升。

第二次试教结束后，在环节上我们都觉得已经没有什么问题，但是小王老师对幼儿的回应还是过于单一，很多时候只是在重复幼儿的话。针对这个情况，我建议和小王老师进行一次角色游戏，先由我做"老师"为小王老师这个"幼儿"上一次课，让小王老师感受这个活动中对幼儿回答的回应方式；接着，又由小王老师作为"老师"为我这个"幼儿"上一次课，让小王老师试着回应幼儿的回答；同时，我为小王老师推荐了应彩云、祝晓君等一些幼教语言教学名师的录像课，让小王老师在观看录像课的过程中体验名师们的回应策略。

第三次的试教活动中，小王老师的回应有了明显的进步……

【分析】新教师有些专业能力是需要在日积月累的教学实践中慢慢积累的，因此，我希望通过角色互换、观摩名师教学等方式帮助小王老师积累师幼互动方面的经验。

（四）反思

小王老师是一位虚心好学的新教师，她愿意去思考、去学习，但是作为一名新教师很多时候会在教学过程中遇到无从下手的情况，这时候就需要我们去点拨指导。在指导的过程中还要注意以他们本身为主，我们作为师傅只能适时地进行引导，要让他们主动地去思考，这样才能获得进步。

三、适应新环境,展示新风采

（一）背景

师徒结对活动的重要意义,是为了帮助新教师能尽快适应新的教育环境,掌握扎实的教学基本技能和教学方法与艺术,尽快使青年教师成长与成熟起来,并形成自己的教学特色,成为幼教战线上的中坚力量。幼儿园不但为教师们搭建了一个相互学习、相互促进、相互帮助的平台,而且还要对整个结对帮教过程进行多渠道的了解和调控。作为师傅,我们要做到“传、帮、带”等要求,即在思想上要热爱和关心徒弟的进步,在业务能力上要指导和帮助徒弟,在作风上要做到言传身教,全方位地帮助和促进徒弟成长;希望通过带教,师徒双方达到“教学相长,共同提高”的双赢目的。

（二）实录

和闻老师结为师徒快半年了,虽然名为师徒关系,但更是合作中的好朋友、好姐妹。我们发挥着各自的优长,不断追求、创新,在教学工作中互相帮助,互相促进。

“师傅,我要上一年期考核课了,这是我选的准备上的活动,您帮我看看”。于是,我们俩静下来在教室中商讨这个活动“甜甜的河水”。我问:“你为什么要选择这个活动?”“我还是根据我自己擅长的来选择的。我觉得我还是上语言活动有把握。”然后我们分别从活动的目标、活动的准备、活动的过程进行了一一推敲。通过这一次的活动商讨,我发现徒儿比 10 月份上课前的商讨有思想多了,于是我赞扬她:“这次活动可以的,你能从自己的实际出发,选择自己擅长的,这很不错,而且在目标的制定以及过程的设计中都融入了自己的想法,这样你会很快成长起来的。”徒儿在旁边很高兴。然后我就从细节的地方再对她进行了指导,她表示更明白了。

第二天,闻老师说:“师傅,根据昨天我们修改的意见我修改了一下,今天让我上给您听吧,而且请班组内其他空班的老师也来提提意见。”然后她飞快地去请来了组内其他空班教师。这一次,组内的其他教师都给予她肯定,所以她很开心,我也很开心。

活动后我还请闻老师进行反思,从中学会积累,才能逐步获得自己专业成长的经验和个人智慧。半学期来,闻老师结合幼儿园教学活动,抓住教学实践中的契机,写出了教学反思。通过反思,她学会审视自己的教学行为、教学观念的得失,知道学习先进经验,寻找原因,明确改进措施。

（三）分析

启示一:正视问题,面对现实,助徒儿顺利起步。

木桶原理中这样阐述过,一个水桶能装多少水,取决于它最短、最差的那块板。新教师刚踏上幼教岗位,有的几乎从未接触过孩子,恰恰是幼儿园这只大水桶中最短、最薄弱的板,但新教师又是幼儿园的主要构成,是未来三年幼儿园的主力军。我们只有面对现实,把水桶中这块最短、最薄弱的板补好了,才能让水桶中装满更多的水。

正视这样的问题,我们开展了带教活动,师傅分析研讨新教师的优势特点和不足,提出徒儿存在的问题,并确立带教内容,帮助新教师顺利上路。

启示二：提供空间，等待成长，促徒儿个性化发展。

树上的花朵总是先开一朵，再开一朵，然后便是一大片。植物的某种特性，往往是最有启示价值的，新教师也总是经历着“慢慢长大—逐渐成材—开花结果”的。新教师代表着幼儿园发展的未来，是教育可持续发展的希望所在。但是，他们的成长需要过程，在他们成长的最初阶段总是处于弱势，需要学校给予特别的呵护，提供完善的保障，帮助他们有效成长。

启示三：立足课堂，教学相长，推动师徒双赢共进。

蝴蝶要经历破茧而出，才能得到令人羡慕的美丽。在新教师的培训中，徒儿作为家庭中的独生子女，在工作中有时过于任性、孩子气，工作态度和责任心方面存在一定问题，但如果师傅以说教的方式去带教他们，只会令他们产生一种逆反心理。如何在带教中体现一种人文化的管理，这也是一个值得探讨的话题。有时工作中的一种挫折体验也是必需的，“蝴蝶”经历了破茧前的痛苦，才会理解带教老师成功的来之不易。

在师徒带教的过程中，我们立足课堂，选择徒儿在实践中存在的问题进行定期的研讨培训，对徒儿存在的问题展开研讨，在合作交流中双赢共进。

徒儿作为幼儿园的新生力量不断充实幼教队伍，让我们看到了幼教的希望、幼教的灿烂明天；同时也给我们师资队伍的培养带来了挑战和压力。我觉得只有抓好师徒带教这种有效的培训模式，不断调整培训内容，加强培训过程管理，注重培训的内涵，才能促进新教师能力的提高。

静 待 花 开

上海市奉贤区南中路幼儿园　张晓秀

一、背景

个别化学习活动是根据幼儿发展需求和教育目标，充分利用各类教育资源，让幼儿通过自主选择、探索发现，并在合作交往中积累各种经验从而不断发展的活动。在个别化学习活动中，教师的观察指导是一种极富灵活性、创造性的工作，我们看似要指导孩子的活动，但更多的是一个旁观者。因为事实上活动是给孩子创设了一个无形的自我体验的空间，使孩子在动手操作中发现问题、解决困难。

幼儿总是有那么多的奇思妙想。在个别化学习活动中，大部分幼儿喜欢的都是美工区活动，因为在那里，他们可以“操纵”自己的双手，展示出他们奇特的想法，创作出不同的作品。我们会发现虽然中班的幼儿开始慢慢在形成一定的交往能力，但在活动中还是会出现各种各样的矛盾。此时，当教师发现孩子的问题该如何处理？这对新教师确实是个不小的难题，很多新教师会选择介入“及时”解决问题。但试想，每当孩子一遇到问题我们就急于以权威的角色替他们做出这样、那样的安排，孩子积极的实践体验又从何而来？

二、实录

个别化学习活动一开始，孩子们各自选择了自己喜欢的区域进行活动。为了让瞿老师更全面生动地了解孩子，每次孩子活动时，我都要求瞿老师与我共同观察孩子在活动中的表现，以便活动后更有针对性地研讨，为其解读、分析幼儿的行为，为其日后带班打基础，积累经验。

今天，我们共同选择的是美工区。在观察的过程中，我发现瞿老师在观察孩子活动时，特别爱主动地跟孩子们“互动”。

- 喜欢主动提问

走到美工区时，孩子们的泥工作品吸引了我们的眼球。其中芯芯的作品最为奇特，她做了一段小路，连接着大山和小桥，还有两个小人偶。

瞿老师：“哇，芯芯，你捏的都是什么呀？”

瞿老师：“你捏得真漂亮啊！”

瞿老师：“你还会捏什么呢？”

……

• 喜欢主动援手

活动中，芯芯开心地用小人偶和她做的小路、大山与小桥给大家讲故事："这个小朋友走过小路，爬过高山，来到了小桥……"这时小桥出现了点儿问题，小桥断了，旁边的朵朵发现后，立即说："哎呀，你的小桥断了，怎么办呢？"

瞿老师："别着急，我来帮你。"……

玩着玩着，芯芯和朵朵吵了起来，朵朵不开心地说："芯芯抢玩具。""是我先看到的。"芯芯也急忙说道。

瞿老师："不要吵了，为什么要吵？"

瞿老师："玩具大家一起玩……"

还没等瞿老师说完，朵朵却说："你先玩儿吧！我等会儿再玩。"

三、分析

个别化学习活动中，教师不应只是在教室中忙碌地穿梭，不应成为发号施令的权威者，不该停留在表面现象的观察上；而应改变教师在教育过程中的职能，应站在幼儿的背后，沉静、慈爱而耐心地观察，真正从观察中获取幼儿个体与群体、环境与材料等的准确信息。也就是要大胆地放手、耐心地等待、适时地引导。瞿老师之所以会出现上诉案例中的行为，主要问题在于：

（1）角色定位不明确：活动中瞿老师更多地把自己教师这一角色推在前面，主导主控力太强，从而忽略了孩子的主体地位。孩子在活动中，我们教师到底以何种角色、身份出现？活动中教师和幼儿，谁主谁次？

（2）观察的意义不清晰：孩子在活动时，我们为什么要观察孩子？怎样去观察孩子？

（3）专业素养的匮乏：在观察幼儿活动时，瞿老师的表现更多的像一名普通成人看到孩子出现问题时的表现，急于帮助，急于解决。当幼儿出现问题时，教师该采取何种措施？怎样的行为才能呈现出教师的专业性？

针对瞿老师的问题，我与她进行了以下沟通：

• 静心"观察"，适时介入

在孩子们进行活动时，作为教师我们更多的是以"观察者"的身份出现。我们更多的应注意观察：幼儿是否对所提供的材料有兴趣；材料所呈现的坡度是否适合孩子的心智水平，是否需要增加或减少层次；材料的数量、大小是否合适，可玩性是否比较强；要留意幼儿是怎样操作和使用这些材料的；幼儿在使用这些材料时遇到了什么困难或者有哪些独创的做法；分析该幼儿达到哪种心智水平，教师如何为该幼儿提供合适的引导或适合他的"最近发展区"的材料；而不要盲目地出现看似热情，却又无意义的"互动"。

• 了解"水平"，适度指导

教师要全面了解班中孩子的不同能力、不同水平，这样才能在孩子活动出现问题时，有的放矢地进行"指导"。

案例中的芯芯，是一个动手操作能力较强，又有着自己独特想法的孩子。在案例中，我们能看到当芯芯完成自己作品时，还能愿意向小朋友们讲解自己的作品，并能自编故事，为自己做的泥工作品讲述一个精彩的故事。在小朋友们夸赞她的作品时能耐心地向大家讲解自己的作品，能有序、连贯、清楚地讲述自己为作品创编的故事，其人际交往能力也较好。对于具备这种能力的孩子，当其在活动中出现问题时，教师不必急着出手，更多的是站在后面，观察、等待，让孩子自己想办法解决问题。

• 耐心“等待”，适宜指导

个别化学习活动充分提供给幼儿自主探索、发现问题和解决问题的机会，也提供给幼儿实践的机会，所以我们教师切不可操之过急，而应耐心等待，让幼儿获得充分的体验。在发现幼儿间发生争执时，应先让幼儿自己解决，解决不了再插手，为幼儿调解矛盾，并教育幼儿要懂得谦让、与同伴协商。幼儿的矛盾不是长久的，要让幼儿学会自己处理矛盾。在案例中，我们也发现其实大多数时候孩子有自己解决的好办法。

与此同时，我们教师在进行个别指导时要注意方法，当幼儿遇到困难对某种材料束手无策时，教师不要急于将所谓的正确方法抛给幼儿，而要通过提供帮助或通过同伴的协助引导幼儿思考；当幼儿的操作方法出现错误时，教师也不能一概否定，而是要通过适当的提问让幼儿产生认知冲突，使他们对这个问题作进一步思考，通过探索来发现自己的错误。

增强新教师的职业认同感

上海市虹口区西街幼儿园　王　芳

一、案例背景

刚踏上工作岗位的新教师，面对工作的压力、学习培训的压力，有些无所适从，显得很焦虑，会对幼儿教师这个职业产生一些比较负面的情绪。于是，我就以此为抓手，关注身边的新手教师，通过努力帮助新手教师减少负面情绪，挖掘职业闪光点，从而增强职业认同感。

二、案例描述

新教师吉吉老师是个充满朝气的美女老师，在她的脸上总洋溢着甜甜的笑容。刚踏上工作岗位、参加培训的她信心满满，告诉我："我会努力参加见习培训的，我要争取成为培训中的优秀学员。"吉吉老师确实也是这么做的，在培训过程中她一直很积极努力，作为指导教师的我看在眼里喜在心里。然而，半个学期的培训过去了，吉吉老师积极主动的状态不见了，取而代之的是叹气声和抱怨声。于是我找了机会和吉吉老师聊聊，原来吉吉老师的幼儿园正逢接受验收，繁忙的工作、学习培训任务让她觉得疲劳，从而产生了很强烈的负面情绪，甚至想换工作——幼儿园太累了。

三、分析反思

在和新教师接触的时间里，我经常会发现他们由于刚踏上工作岗位，对幼儿园教师这个职业的性质、内容以及所扮演的角色认同有偏差，加上工作不熟悉，担心不会设计游戏，担心上课上不好，担心被指导老师埋怨，担心家长工作做不好……种种担心造成心理压力。从而使他们感受不到幼儿园教师这份职业的社会价值，感受不到职业所带来的幸福感，所以对工作的忠诚度和上进心就打了些折扣。这个时候，我们指导教师的引导是尤为重要的。我们的支持关心会给予新教师正能量。反之，我们对此不理不睬的态度就会让新教师没有信心从而变得更为消极。

四、带教策略

面对这样一类新教师，我主要采用两个策略：情感支持与专业支持。

（一）人文关怀，陪伴教师成长

新教师入职后会面对全新的工作环境，面对适应教学环境、家长沟通环境、学生学习环境等诸多问题。如何帮助新教师转变角色，减轻对工作的抵触情绪，成为重中之重。在情感上，我更多地采用了“人文关怀，陪伴成长”的策略。在倾听她想法的过程中，我对她说：“验收代表着我们幼儿园正在接受考验，我们平时辛苦的工作即将得到肯定。繁忙是因为很多地方还需要调整，调整好了那就会更顺了。大家一起努力很快就过去了，你如果有什么地方需要我，师傅一定第一时间出现。”通过及时情感支持和心理疏导，帮助新教师调整工作情绪。

（二）业务提升，增强专业自信

我除了人文关怀，更多的就是要帮助吉吉老师提升专业能力。新教师工作压力更多的是来源于业务不纯熟、业务不精进，常常忙得焦头烂额，却未见成效。因此，在带教过程中提升新教师业务能力，传授教育教学及管理的经验和技巧也十分必要。

在吉吉老师迎接验收的日子里，我利用双休日帮她进行磨课、研课，说课稿改了又改，时间晚了，我们就在微信上继续讨论。对她的环境创设我也提出了建议，帮她做了修改，让装饰性的环境创设变成了和孩子互动的环境。我的支持和鼓励让她感受到了坚强的后盾，吉吉老师不害怕了，验收时她设计的课和游戏都受到了好评。吉吉老师的信心回来了，验收刚结束，她就迫不及待地发来了一颗大大的爱心。她告诉我：“其实做幼儿园老师蛮开心的，每天都能和小朋友一起玩，心事少了很多。”如今七年过去了，吉吉老师还坚守着幼教岗位，现在的她，手机里、朋友圈里都是她们班孩子的精彩瞬间。

你我有约

——指尖上的“微信”

上海市嘉定区清河路幼儿园　席菊萍

一、案例实录

• 微信对话一:聊聊活动

师傅:徒儿,在吗?

徒儿:嗯,在。

师傅:上午听了师傅的活动“小猪回家”,想听听你的观后感。

徒儿:语言活动“小猪回家”真是太有趣了,说起这个,我还是很兴奋。

师傅:说说你认为有趣的地方。

徒儿:师傅以魔术表演开启整个故事内容,以游戏的形式让幼儿自主探索,体验变魔术成功的秘诀。别说孩子了,我也玩了好几遍。最后真相是,玩着玩着,整个故事轻松学会了。

师傅:评价一下游戏与语言活动的有机融合?

徒儿:赞,超赞。把原本枯燥的语言活动变得生动活泼。

师傅:徒儿有灵气,在自己的班级也尝试下,记得跟师傅反馈。

• 微信对话二:师傅支招

徒儿:呼叫师傅,呼叫师傅!

师傅:师傅在,有事?

徒儿:师傅,这几天我被家长工作弄得头疼……虽然我教这个班级已经快两个月了,但是,家长们还是不信任我,觉得我太“嫩”……今天家长来接孩子,又把我当隐形人,什么事情都只和我的搭班交流。我心里真不是滋味。哎!

师傅:家长不来搭理你这“职场菜鸟”,实属正常。不过,你要自己树立信心,让他们刮目相看,别小瞧俺菜鸟老师,照样可以棒棒哒!

徒儿:师傅懂我,请支招!

师傅:微笑,让家长信任你;专业,让家长佩服你;赞美,让家长欣赏你;理解,让家长尊重你……

• 微信对话三:好书互荐

师傅:徒儿,最近在看什么好书呀?

徒儿：师傅，我朋友送我一本《向孩子学习》，我全部看完了，很感动。看似一个个平淡的故事，却让我看到了孩子的另一面。明天带来送给您。

师傅：好期待。我推荐你去看《给幼儿园老师的一把钥匙》。这本书是幼儿教师的教育实践策略汇集，在我们幼儿园的“教工之家”里。一定要去拜读。

- 微信对话四：你浓我浓

徒儿：师傅，最近感冒流行很严重，别太大声说话，多喝水！

师傅：徒儿有心了，师傅休息休息就好了。

徒儿：身体是革命的本钱，别亏待它。

师傅：是，遵命。

二、我的分析

我这案例中的徒儿是“内秀型”，平时斯斯文文的，阳光但不张扬。开学初，经过多次的接触，我慢慢发现，每当徒儿与我面对面张口说话时，她总会异常紧张，“吱吱呀呀”，甚至“满脸通红”。为了了解原因，我和徒儿互传小纸条，我问：“你对与师傅交流的方法，有建议吗？”徒儿答：“作为徒儿，我每天都有一百个问题想请教您，但是，我有时不善表达。不如，我加您微信，我们在微信里聊，这样，我就有什么说什么，再也不怕结巴、脸红了。”于是，我们师徒立马互加“微信”成为好友，在网络中开展我们的对话，有了数不胜数的如案例实录中的微信内容。

你我有约——指尖上的“微信”带来了出其不意的效果！

1. 点燃了新教师参与对话的热情

新教师与师傅刚结为师徒，不仅陌生而且有年龄差异，导致新教师在与师傅面对面交流的过程中，往往紧张、拘束。而微信间的互动，使新教师想怎么说就怎么说，做自己的主人。

2. 拉近了师徒间亲密无间的关系

师徒间成为微信好友后，彼此间的关系也近了一步。这一关系的变化，使师徒不仅在教育教学、专业上传经送宝，而且在生活上也能互相送温暖，相互之间的情感在微信对话中温情地流淌着、延续着。

3. 提供了新教师专业反思的空间

微信对话，给了新教师说话权。更重要的是，它进一步提高了相互对话的质量和效能。师徒在其中交流着知识经验，分享着学习心得，提高着反思能力，这对新教师及师傅的教育教学水平、专业技能都起到了有利的推动作用。

三、向你支招

微信已成为一种生活方式，在“互联网＋”时代下，它是我们和他人之间有效、便捷的沟通途径。那师徒间怎样更好地用好微信呢？

1. WHAT

即师徒在微信中互动些什么？

案例中，我和徒儿在微信这一网络对话中开展了“聊聊活动”“师傅支招”“好书互荐”“你浓我浓”内容，其中，不仅有教育教学上的内容，还有生活中的嘘寒问暖。当然，我们可以继续拓展互动的内容，使其更精彩！

2. WHEN

即师徒在微信中什么时候互动?

微信平台之所以被大家认可，是因为使用它不受时间、空间的限制。师徒间可以提前约好时间网上准时“现身”，也可以“出其不意”——如果对方在，就会第一时间回应你；如果对方不在，那也无大碍，因为它会留下痕迹，等对方看见了就会有回应。

3. HOW

即师徒在微信中如何互动?

在师徒的微信对话页面中，你可打字给对方，可发语音给对方，可发照片给对方，也可发视频给对方，还可发表情符号给对方……多样的对话方式使师徒间的互动更轻松、更有效！

迈过焦虑的坎儿

上海市嘉定区新翔幼儿园　胡　英

一、背景介绍

九月开学季，每年幼儿园老师们都严阵以待地或兴奋欢喜或喜忧参半地迎接一个个可爱的新生宝贝；小班新生们踏入人生中的第一个校园，入园进入全新的集体生活中，或多或少都因不适应新环境而产生"焦虑症"。这类焦虑症，也会频频出现在我们的新教师中。开学初在与见习教师的交谈中，我经常会听到：师傅，班级常规需要如何建立？班级里有部分孩子注意力不集中，影响其他孩子，该如何应对和管理？孩子间的纠纷如何妥善处理？如何与家长沟通呢？集体教学活动要如何去开展？自由活动中的秩序如何去维持？幼儿园的一日活动怎么那么多？……

二、思考分析

确实，新教师要建立一个新团体，开展一个幼儿园班级的常规教学，看似简单实则困难重重，其中各个环节都会产生很多疑问和困惑。从她们提出的问题及自我的思考中，我看到了新教师的态度是非常认真踏实的，但是在这么多问题的背后，我也看到了新教师太多的困惑以及很大的焦虑感。那么作为导师的我又该如何去引导协助他们，让他们顺利度过开学焦虑期呢？

三、我的策略

在一次次的琢磨和实践中，我提炼总结出了一些有效办法与策略。

首先，安抚焦虑情绪。其实，对于工作第一年的新教师，出现这么多问题是普遍现象；新教师能很快自己发现问题，这已经是良好的一个开端。我会认同他们并鼓励他们，千万不要被这么多问题吓倒，而是要勇于面对、积极克服，一个一个问题地去找应对措施，思路清晰地把问题一个一个捋顺，在不断发现问题、积极寻找应对措施、善于借鉴老教师的经验方法中让自己尽快适应日常的教学工作。

其次，分析焦虑根源。带着新教师一起分析产生焦虑的原因，帮助他们客观清楚地认识自我，分析自己的优势，也正视自己的弱点。对其优势给予鼓励，并协助他们把优势应用于实际；对其弱点给予引导指正，让弱点淡化直至转弱势为强势。

再次，寻找焦虑对策。通过和他们的共同分析，得知他们的焦虑大多是因为教学经验不足造成的。新教师刚从学校出来，他们有一定的教学理论知识，但缺少教学经验。我们要帮助他们多渠道地去实践丰富经验。

(1) 有效沟通:经常与搭班老师交流,建立有效沟通。班级常规的管理需要两位老师和孩子们一起达成共同目标,如果两位老师的做法不一致,就会引起幼儿无所适从,造成混乱,影响教学目标达成。

(2) 不耻下问:多向同年龄段教学中的老师请教。相同年龄段的孩子,产生的问题也会有很多雷同,不妨多问问相关老师,遇到相同的问题是如何处理的,可以汲取别人的有效经验。

(3) 聚沙成塔:多拜读专业类书籍。与学前教育相关的书籍和杂志中,有很多前辈积累的案例和经验,不妨多翻翻、多看看,会起到触类旁通的作用。

(4) 实践出真知:多实践、反思、总结。鼓励新教师借鉴他人行之有效的好方法,运用在自己的教学实践中,以解决自己所遇到的问题。当然由于孩子不同,各种教育策略的效果也会有所差异,还需要新教师多思考。只有多发现教学中存在的问题,才能有针对性地解决问题,从而不断积累和总结自己的经验。

(5) 引导见习教师做情绪的主人,学会自我缓解焦虑情绪:新教师要面对班中几十个"小霸王"、形形色色的家长、忙碌的一日活动,难免有焦虑,需要学会缓解自己焦虑的情绪,注意劳逸结合。工作之余,合理安排好自己的生活,培养一些自己的业余爱好,缓解工作压力,也为明天的工作积蓄能量。

总之,焦虑不可怕,只要肯努力去克服,相信每一位新教师都能顺利度过这困难重重的开学季。

如何引导见习教师做好带班工作

上海市金山区朱泾东风幼儿园　马婵奕

一、背景分析

新教师是教师队伍重要的后备军，参加见习规范化培训的第一年既是新教师职业生涯的开始，又是人生事业发展的重要磨砺阶段。新教师总是富于热情、乐于进取的，但初临工作岗位，对教育工作没有实质性的认识，往往会在工作中出现心理或工作不适应的现象。

这其中问题最突出的，则是“带班”！

对于新教师来说，弹跳说唱的良好技能以及理论知识可以帮助他们开展好集体教学活动，但却不能对半日活动的组织起到有效作用。很多新教师觉得每天最累的就是半日活动的过渡环节、自主活动环节等，这些烦琐的环节让新教师大为头痛。

的确，一个教师在带班时需要同时面对三十多名幼儿，为了让活泼好动的孩子能听老师的，新教师往往会不停地重复消极要求，忙于解决层出不穷的矛盾，结果必然是身心俱疲。

二、实践过程

小蔡老师每次组织完活动，交流感受的时候，研讨的氛围总是显得拘谨，提问也仅限于“班级里的‘皮大王’怎么办”。显然，小蔡老师首先需要的是班级常规管理的经验。要想做好班级常规管理，一要了解幼儿，二要有目标意识。我建议小蔡老师认真解读各年龄段幼儿特点、《3—6 岁儿童学习与发展指南》等资料，在认识幼儿年龄特点的基础上，了解、梳理班级幼儿常规培养的要求，为自己的带班实践提供支持。其次，在每次组织活动之前，先让小蔡老师针对自己的活动方案进行活动前反思；在观摩指导教师的活动前，也要对方案事先了解，在理解的基础上再来观摩反思。

渐渐地，小蔡老师开始有了目标意识，对半日活动每一个环节要达到什么要求，制定怎样的观察重点等有了自己的思考。在一次交流中，小蔡老师说：“师傅，我感觉明确目标，跟小朋友提清楚要求以后，班级常规就好做多了！”那时，我也为小蔡的收获感到欣喜。

在之后的上门指导中，我观摩了小蔡老师的半日活动，听到了她与孩子这样的沟通方式：一个孩子在运动时出汗忘记脱衣服了，小蔡老师上前说：“你的衣服怎么没脱？”对于孩子吃饭时掉落米粒，小蔡老师说：“你怎么掉了那么多米粒，吃完饭把它们都收拾干净。”虽然她对半日活动的各个环节已熟悉，知道环节与环节之间要有过渡，要求表达得比较明确，孩子们的常规也进步了不少。但新教师往往为了达成目标，为了让孩子遵守活动规则，会较多地使用命令的方式。

事后，我和小蔡老师进行了交流。我觉得小蔡老师有了观察幼儿的意识，在生活活动、自由活动等各个环节，会关注孩子们在生活习惯方面的行为表现，但观察到了孩子的欠佳表现后，怎么去引导呢？直白地用命令式的方式，只会让孩子处于被动地位，觉得这些都是老师让他这么做的。良好习惯的养成、班级常规的建立要依靠主动、自发的习得，才会有效。我建议小蔡老师多用提问、反问的方式，比如“出汗了怎么办?”“这么多米粒掉在地上，地上还干净吗？怎么才能让地板重新变干净呢?”。

经过交流，小蔡老师意识到了自己与孩子的交流方式与引导策略问题，开始努力改变自己。在一次个别化学习活动结束时，孩子们都在收纳整理玩具。实验区里一片狼藉，一名男孩仍在兴奋地操作着材料，丝毫没有理会收玩具的指令。小蔡老师看见后，提示他说:“聪明的小博士，游戏结束了，你可以明天再来继续完成研究任务哦……”男孩一听明天还可以接着玩，高兴地说:“那我要预约明天的游戏，老师，你帮我记着哦，明天我还来这里!”小蔡老师指导语的改变，激发了孩子继续探索的学习兴趣，班级常规也在无形中建立了。

三、反思收获

新教师在班级常规管理和师幼交流沟通方面一定会存在这样那样的问题，作为指导教师，要帮助新教师将问题分层，一步一步解决难题。关注师幼互动，换一种沟通的方式，引发孩子思考，让孩子自己去发现并解决，这是我们幼儿园教师最该为孩子做的事情之一。对新教师来说，在入行初期，不仅要“带得住班”，更要学习如何“带得有质量”，学会思考“为什么”和“怎么样”。

新教师们点滴的故事，不仅是他们的学习过程，更是我们指导教师自我反思的过程，在和谐的互动中，带给孩子们最大的助益。

梳子传递而来的幸福

——带教孙老师案例

上海市金山区朱行幼儿园　张　蕊

一、案例背景

说到幼儿园老师，很多孩子或者家长都会用“美美哒”“像妈妈”“很慈祥”来形容她们。对于家长们而言，幼儿教师的日常就是围绕孩子们的吃喝拉撒，和他们一起学本领一起游戏，陪伴着他们快乐地成长。

梳辫子，自然成了幼儿教师们日常工作中一件很不起眼儿的事情。这是每天在孩子们午睡起床后，教师们习以为常的事情。

• 片段一

春天的亭林幼儿园显得那么优美。当你走进那雄伟的大门，迎来的就是一片春意盎然的景色。一棵棵小树缓缓地长出了嫩叶，微风吹过，树叶不断地跳动，就好像在悄悄谈论着亭林幼儿园春天的美景。小草也充满了力量，争先恐后从地底下破土而出，决定陪伴着亭幼的师幼一起在校园里度过一个愉快的春天。

伴随着如此美的景色，我来到了大(7)班午睡室门口，此时耳边传来了舒缓的音乐声，我知道孩子们起床了。顺着午睡室的大门朝里望去，我居然被眼前的这一幕深深打动了。一个阳光大男孩，用他不熟练的手法给女孩子们一遍又一遍地梳理着头发。

孙老师：“馨馨，让孙老师重新帮你梳理一下吧，孙老师梳得好像两个小辫子没有对齐。”孙老师面带腼腆地说着。

馨馨：“好的，孙老师。”馨馨睁着她还迷迷糊糊的小眼睛说。

孙老师：“诺诺，不好意思，旁边的头发孙老师没梳进去。”孙老师抱歉地说道。

诺诺：“嗯嗯，孙老师，不着急。你慢慢梳吧。”

长发女孩们，很自觉地一个接着一个排队等候着，轮到方媛了。

孙老师：“方媛，这次孙老师肯定梳得轻轻地，你不会疼了哦。”

方媛笑笑说：“孙老师，没关系的，我喜欢孙老师给我梳小辫。”

孙老师眯着小眼睛，吃惊地问道：“啊！为什么呀？昨天我把你的头发梳疼了呢……”

方媛说：“我爸爸都不会梳头发，孙老师是男孩子，已经很棒了！”

“对对对……”就这样大(7)班的午睡室里，传来了大男孩和一群小女生的欢笑声。

• 片段二

一次去孙老师班级观摩他的半日活动，我早早地来到了他的班级，看见孙老师正在给一位小女孩耐心地梳着头发，边梳理边露出他招牌式的微笑——眯眼微笑，告诉婷婷："婷婷，以后早上你也可以来幼儿园找孙老师给你梳头发哟"。婷婷笑着说："好的。"

通过与孙老师的交谈，我了解到：婷婷是孙老师班级里性格比较内向的女孩子，婷婷的爸爸妈妈都在外地上班，很少有时间能好好地陪她，她每天都是跟着爷爷奶奶一起生活，平日里的衣食住行都是由奶奶来照料。奶奶岁数大了，不方便给她整理头发，她每天来园都是长发披肩。于是，只要是孙老师早上带班，他都会耐心地给婷婷梳理长长的头发，并给她讲好听的故事。

婷婷也很喜欢这个大男孩，总会亲切地叫他："哥哥老师。"

二、带教反思

给孩子梳小辫只是教师工作中的一个小细节，但却折射出孙老师这位刚踏出校门的大男孩，他有着一颗细腻的心和一双善于发现问题的眼睛以及一双灵巧的手。他利用梳辫子这么普通的一件事情收获了孩子们对他的喜爱、信任，同时也让孩子们得到了有关爱的教育。

都说作为新教师家长工作难做，我想对于孙老师而言，他用梳子不仅给孩子们带来了美，更加收获了孩子们的喜爱和家长们的认可。试想，对于如此平凡的事情，孙老师都能如此用心，更何况是其他事情呢？

三、带教收获

1. 确立对幼儿的爱，对幼儿教育事业的爱

对幼儿的爱是以观察了解幼儿、认识幼儿、关心尊重幼儿为基础的。爱是深厚而真诚的感情的体现。对幼儿教育的一时兴趣很难成为长久发展的动力。爱心、耐心、童心是幼儿园教师必备的基本素质，同样也是孙老师作为男教师从事幼儿工作、担任幼儿园教师的起码要求。从事幼儿教育的首要任务就是不断地了解幼儿、认识幼儿，学会用幼儿的眼光观察世界，克服自身的不足。

2. 正确看待自身，树立性别形象

男教师从事幼儿教育有其优势，男性的果断、刚毅等优秀品质有利于幼儿的发展。男教师从事幼儿教育绝不仅仅是为了弥补女性教师的不足，而是一种开创性工作。男教师的"粗中带细"，既能传达给孩子男人坚毅刚强的一面，也能悉心体会、觉察到孩子们的需要。

3. 要有失败的心理准备

男教师一定要找准自己的价值定位，踏踏实实，不卑不亢。男教师在择业时也许备受青睐，处于一个主动选择者的地位，优越感较强，而一旦工作后则只是幼儿园中的普通一员，一切都将从零开始。

总之，幼儿园男教师是未来学前领域一个不可或缺的职业，幼儿的发展离不开男教师的综合影响。希望能积极发挥他们的优势，使幼儿在更为和谐、刚柔相济的教育环境中获得更大的教益。

和见习教师互动中的故事

上海市静安区芷江中路幼儿园　马翊馨

幼儿园的工作可以说是琐琐碎碎，进入班级一天就有那么多的孩子要照顾、那么多的事情要面对。我们的带教就是从进班的那些事儿开始的。到底教师每日进班前要做哪些准备工作，会遇到什么问题，进班之后又有哪些活动环节要有序地开展，新教师有点不知所措。新教师提出："每天要开展游戏、接待家长、进行教学活动，我的眼睛忙不过来，来园时我到底是应该接待家长还是和孩子互动？孩子们进班了，吵吵闹闹，常规还没形成，我该怎么办？孩子们不听新老师的话，我说话时他们都要插嘴，怎么办？……"新教师的疑惑很多，内容点也比较细小，该怎么解决？

下面听听我和新手教师的故事吧。

一、故事一：用眼睛发现孩子、用心走近孩子

新教师：刚进入班级一段时间，就发现班上有个孩子每天来园后总是躲在教室门口一直不进去，我一开始也没有太在意，但是时间长了就觉得这个孩子有点奇怪，可也想不明白这个孩子为什么这样。

马老师：那你是怎么做的呢？

新教师：我只是每次发现了以后就牵着这个孩子进教室。但是孩子的举动并没有改变，每天还是照常这样，从不和老师及同伴打招呼。

新教师很无奈，也有点小失落，在我们的互动中提到了，这就让我想到了，我们在来园接待中的一些操作要点：教师怎样有意识地用一些表情、语言、动作，主动问候每一位孩子，接待家长的同时其实更要关注每一位孩子。只有足够重视孩子，眼睛里面有孩子，家长才会放心，孩子也才会信任老师。

马老师：小班孩子更需要老师的情感呵护，他们离开亲人来到幼儿园，会产生"分离焦虑"，产生情感上的恐惧与不安，很需要家庭式的温暖、亲人的关怀，老师的搂一搂、抱一抱、摸一摸，都将成为和孩子亲密的"武器"。所以主动和孩子打招呼、主动地亲近，更能让孩子同老师融洽感情。

经过和新教师的互动交流，新教师对这个孩子采取了更多的关注。在这个事例中我们继续深入了解，发现这个孩子其实特别想引起老师对他的注意。

就在这样一个说大不大、说小不小的事例中，我发现了很多带教内容的切入点：了解幼儿年龄特点的重要性，教师对自身在一日工作中观察能力的培养，教师职业素养的提升，如何引导家长做好孩子入园的准备，等等。

二、故事二:我和孩子应该是一种怎样的关系

新教师:马老师,为什么我经常会在活动中被孩子找出一些错处来,让我觉得特别尴尬,有时候还会有点生气?

新教师:是的,我也有这样的事情发生。我总是先唬住孩子,但是发觉没什么效果,不知道该怎么办才好。

马老师:这样的事情对于年轻老师来说是很正常的。我记得我看过一本书《幼儿园教育的50个细节》,它告诉你,如何改变手足无措地面对孩子们的各种质疑声,到底是脸颊绯红地承认自己的错误还是义正词严地维护自己的教师荣誉。

新教师:那到底该怎么解决呢?

马老师:其实碰到这种情况,老师也不用感到难堪和尴尬,因为在学习的过程中,老师和孩子是平等的,只是站的角色位置不同,谁都有犯错的时候,谁都有改正的机会。如果你总是"抬着头"教育孩子,那在碰到这种问题的时候也很难把自己的头"低下来",所以要明确我们所处的位置,和孩子"平视";千万不要低估了孩子的能力,因为孩子的发展和成长是你永远无法估量的。

新教师:那我们遇到这样的问题,是不是马上说自己错了就好了?

马老师:曾经我也碰到过类似情况,面对孩子的质疑,我心虚了;看着孩子的疑虑,我后悔了。心虚的是,一个小小的问题就阻碍了教学活动的顺利开展;后悔的是,自己脱口而出的一句话,居然带来了这么大的问题,后悔自己"站得太高",又没有学会"低头"。经过时间的沉淀,我渐渐也懂得了自己需要做的是什么,什么才是真正的应对之策。

新教师:哦,我也不会认为是孩子在故意和我捣乱了。

马老师:那我们来看看有哪些是需要注意的。第一,不要不懂装懂,勇于向孩子"低头"。教师不仅是引导者,也是学习者,同时还是合作者,遇到不懂的问题,千万不能按自己的想法随便解答;可以放低姿态,求教于孩子,简单的一句"这个问题老师不太了解,你能教教我吗?我们一起来找答案吧"就能把难堪、尴尬的处境给解决。第二,扩充自己的知识面。作为老师,自己的知识储备量是相当要紧的。知识的来源是多元的,教师要学会做一个善于积累知识的有心人。第三,要学会发挥家长和社会的功能。在活动中,如果碰到了很难解决的问题,可以适当寻求其他方面的帮助,使问题的辐射面增广,更快、更好地解决,同时也让我们的家园互动做得更好。

从这个事例中我和新教师共勉:要学会教育孩子,得先学会了解自己。你是高傲的,那你的孩子可能不会谦虚;你是冷漠的,你的孩子可能不会热情;你是易怒的,你的孩子可能不会温和……如果你是勇于承认错误的,敢于向孩子学习的,那你的孩子相信一定会是很棒的!

三、故事三:教学相长的每一次互动

在带教中我们经历了问题、研讨、实践、反思……我尝试以一种"多变"的角色身份将带教的核心渗透到一日活动的方方面面。在带教中我们教学相长,在研讨中我们智慧碰撞。

学会接住孩子抛来的“球”

在一次分享礼物的活动中，孩子们发现同伴君峻带来的购物袋很特别，有立体装饰物在袋子上，还会变换颜色。大家都想看一看、玩一玩，场面顿时有点“热闹”……

新教师：袋子的确很好看，但请小朋友们坐回位置，我们继续进行生日会。

（孩子们开始骚动起来……）

马老师：看来大家都对这个袋子感兴趣，那我们也来给自己装饰一个好看的购物袋吧？

幼儿：哇！太好了！

马老师：那这两天请大家从家里带来一个纸袋，我们为这次活动做好准备。

当天的活动结束后，我们进行了交流。新教师产生了疑问：“马老师，应该怎么生成并组织一个活动呢？我不知道应该怎么去做……”

徒弟的话让我不禁反思：经过一段时间的实践，她已经基本能够驾驭日常一日活动的组织与实施，有了基本的课程执行力，但如何处理幼儿活动的生成，接住幼儿传过来的“球”，对于现在的她而言，还是一个挑战。怎样帮助她在原有水平上进行提升呢？

激发孩子创作的“灵”

新教师：在装饰购物袋之前，我们先玩一个“大侦探”的游戏吧！视频里藏了好多材料宝贝的照片，我们把它们找出来吧！

幼儿：我看到很多彩色的花朵，还有可以变化造型的彩色黏土！

幼儿：我发现有一些小树枝，还有各种图案的木头装饰！

幼儿：有很多颜料和画笔，我还看到有各种彩色纸和袋子……

新教师：哇，你们发现了这么多的材料和工具，想到怎么做了吗？

幼儿1：我喜欢用颜料在袋子上画自己喜欢的图案。

幼儿2：我想用立体的装饰材料。

……

新教师：那我们就开始自己创作吧！

通过教师的设计，形成了一个能激发每个孩子独一无二创意的活动——孩子们进入DIY创意空间，去寻找自己喜爱的材料用到自己的作品创作中。在这个活动设计中，徒弟从无到有、从有到优，教师的角色定位灵活变化，尽可能地把活动主体“幼儿”放在了关键的位置，真正把活动还给了孩子。

以上这几个事例只是我们这么多带教事例中的点滴，这些现象可能会在很多新教师身上发生，通过不同方式的帮助，相信他们或多或少都会有所改变。

一个学期的带教工作很快就过去了，作为指导老师的我也是边传授经验边学习成长。看到新教师有着这样那样的成绩和风采，我由衷地为他们感到骄傲和自豪，也希望自己和他们能够在教育这条路上越走越自信！

“玛丽波尔卡”大变身

——在“一课三研”中促进见习教师集体活动组织有效性的思考

上海市闵行区莘庄幼儿园　黄熠炯

集体活动，是幼儿园孩子们直接学习的一种形式。对于集体活动的组织，是见习教师最需要学习，也是最需要通过不断地实践去调整和反思的。只有在不断地尝试、修改、再尝试中，慢慢进行调整和收获，才能最终将成功的经验进行迁移，获得最佳的体验。

一、故事一：优质教案一定适合我的孩子们吗

要进行汇报展示活动了，王老师兴致勃勃地将自己找来的《玛丽波尔卡》教案放到了我的面前。放眼望去，小五号的字密密麻麻地点缀满了一张 A4 纸，但是活动的目标却建立在“熟悉音乐《玛丽波尔卡》，能够看着图谱进行肢体动作表现”之上。这一点对于我们班级的幼儿而言起点太低，缺少挑战性，但是在沟通中，王老师执意认为这是一个优质的教案，值得一试。

于是，在第一次的集体活动中，整个活动仅仅进行了 15 分钟，便以孩子们全部掌握而缺少兴趣草草结束了。

（一）一起来分析

这是一个可以称之为“失败”的集体活动，但也是第一年入职的见习教师最容易出现的错误。在这个实录中，我们可以发现如下问题：

1. 对于“优质教案”过于信任

现在网络发达，网上有着很多所谓的“优质教案”，或许这些教案确实值得一试，但是这些教案并非真正的“优质”。对于还不会设计集体活动的见习教师而言，网络上的这些教案便是他们的“救命稻草”，往往在生搬硬套中采用这些教案。

2. 缺少对幼儿已有经验的了解和联系

我们常常说活动的设计要建立在幼儿的学习兴趣和已有经验之上，但是王老师在今天的活动中却忽视了对幼儿已有经验的了解。因为没有将经验和活动进行有效嫁接，导致活动的设计过于简单，不适合我们班级的幼儿进行活动。

（二）一起想办法

面对这样的共性问题，我和王老师坐在电脑前，从教案的设计以及活动实施过程方面进行逐一分析，慢慢寻求有效的解决方法。

1. 及时反思，了解问题存在的原因

失败的活动并不可怕，可怕的是不了解问题存在的原因。所以我们一定要帮助见习教

师及时进行活动后的反思，帮助他们了解问题存在的原因，这样有助于他们避免此类问题的重现。

2. 加强学习，了解集体活动设计的关键

一个集体活动设计的关键是什么？我们必须把握的要点是什么？这些都是在集体活动设计前，教师需要多加思考的。面对今天出现的“幼儿学习特点”把握不佳的现象，我们通过加强理论学习、增加“学姐面对面”的方法，让见习教师能够在活动设计前思考得更全面。

3. 亲近幼儿，了解幼儿的兴趣和学习特点

鉴于在实录中，我们发现王老师对幼儿已有经验的了解还不充分，所以我们需要鼓励见习教师能够多和幼儿进行互动和亲近，进一步了解幼儿的兴趣和学习特点，更好地设计自己的集体教学活动。

在第一次集体活动遇到问题后，我和王老师一起进行了分析和策略的跟进，并在三天之后，进行了第二次尝试。

二、故事二:让我带着你们一起学

第二次的“玛丽波尔卡”活动开始了。结合班级幼儿喜欢音乐、喜欢肢体律动的特点，王老师将活动目标定位为:(1)在“玛丽波尔卡”的音乐游戏中积极活动身体，大胆创编不同的肢体动作;(2)分组合作、协商表演，体验合作音乐游戏的快乐。

活动一开始，伴随着音乐，孩子们有节奏地进行着踏步、跳跃等动作表现，随后教师出示了动作图谱，运用形态生动的玛丽奥造型来唤起幼儿将动作与音乐进行结合表现，但是在活动过程中，王老师始终处于主导地位，运用手指点击暗示的方法，带领幼儿进行动作与音乐的匹配。

（一）一起来分析

调整之后的活动比第一次有了很大的进步，整个活动因为加入了幼儿自主创编而显得更加丰富了，但是通过实录的描述，我们还是能够发现在集体活动的组织中，仍然存在一些小的问题:

1. 活动中教师过于心急

在集体活动中，一旦收到孩子们的正确答案，教师就给予小结，急于进入下一个提问或是下一个环节，使得整个活动的节奏进程过快。

2. 教师的站位过于靠前

整个活动中，教师的站位过于靠前。在幼儿表现肢体动作的时候，教师一直采用手指点着图谱进行暗示的方法，来提醒幼儿做动作，这样的形式让整个活动感觉太高位，虽然目标的制定看起来自主，但是实施中却有着教师主导的感觉。

3. 活动过于严谨，缺少音乐活动的乐趣

活动中虽然新增加了自主创编的环节，但是整个活动的设计还是过于严谨，缺少一些趣味性，所以幼儿的活动积极性并没有预期的高涨。

（二）一起想办法

面对这些问题，我们不难发现其实第二次的集体活动比第一次已经有了进步，活动的环

节架构也比之前更紧凑，但是面对新的问题，我们依旧可以使用一些有效的策略进行跟进。

1. 理论学习，了解音乐活动设计的常用方法

我们可以结合活动的特质来更有针对性地进行理论学习，带领见习教师参加音乐工作室的活动，并且与其分享毛慧燕老师的专题讲座，进一步了解如何设计具有情境性且有趣的音乐活动。

2. 导师示范，在模仿中提升活动组织的有效性

当天下午，我进行了示范教学活动，通过同一教案的不同诠释，让见习教师知道了在音乐活动中，尤其是肢体韵律活动中，教师所需要关注的重点，以及当教师放手的时候，孩子们才会有更好的表现。

3. 微格分析，学习如何进行回应和经验提升

在活动结束以后，我与王老师进行了及时的微格分析，分析的重点在创编后的分享中教师对幼儿回答之后的“追问”和“小结”，对分享中幼儿有价值的表述进行了梳理。通过她问我答的形式，再一次对如何进行追问和用较为简洁的语言进行经验提升做了实践，这样的方式能够让见习教师更好地重现自己的教育行为，更好地学习追问与小结。

4. 网络互动，学习如何将理论联系实践

结合新教师本身的性格特点，我采取与王老师“网络互动”的学习形式，通过飞信、微信平台的及时互动，分享网络上的经典案例文章，提升新教师的专业理论，并且对自己音乐活动中的困惑和问题，以三言两语话语分析的方式，将理论与实践相结合。这样的互动学习，新潮有趣，能够很好地激发王老师观察幼儿进行分析的兴趣，也能够在交流中提高其分析能力。

三、我的感受

两次调整之后，我们又进行了第三次集体教学活动。活动中，王老师创设了玛丽奥闯关营救小公主的游戏情境，让幼儿通过合作表现和创编表现不同的递进环节来进行合作的表演。活动设计有趣，幼儿参与的积极性也很高，最终第三研的活动轻松有趣，目标达成度较好。

回顾整个“一课三研”的过程，从修改教案到现场实施的把握，以及分享回应的调整，见习教师都有了很大的进步。在这样一个不断磨合的过程中，见习教师慢慢感受着对集体活动组织有效性的思考。

游戏之我见

——新教师对游戏的理解运用过程记录

上海市闵行区华漕镇金色幼儿园　侯灵杰

一、案例

（一）背景

游戏是幼儿自发、自由、自主的一种活动，教师是游戏的观察者、支持者。对于见习教师来说，这一观点虽是被认可的，却很难在实践中落实。

我园是一所以游戏为特色的幼儿园，作为见习教师培训基地的指导教师，我在带教见习教师时，对他们在游戏方面的困惑做了比较全面的跟踪指导，并梳理出一些有效的指导策略。

（二）实录

• 实录一　杨老师带领我们班的孩子走进了小社会，让他们选择自己喜欢的游戏玩。可是在幼儿游戏的过程中，杨老师却频繁地介入，问孩子在干什么，告诫孩子不可以这样做，指导孩子应该那样做……分享交流时，杨老师也以教师的身份指出游戏中的问题，告诉他们以后可以怎样做。

• 实录二　在见习教师培训手册的游戏设计这一档中，杨老师这样写道：引导幼儿学会用延长、叠高、对称、平衡、架桥等方法搭建××、××、××……在游戏分享预设这一档中，杨老师这样写道：让幼儿说说自己搭建的作品，用了什么方法，教师引导其他幼儿共同学习这些方法……

二、分析

从实录一中可以看出，见习教师杨老师对角色游戏的组织是比较随意的，在游戏中为幼儿自发、自主、自由表现的时机创设非常狭隘。她在开场中是让幼儿自由选择自己喜欢玩的游戏，但在过程中却始终想让幼儿跟着自己的预设走，分享交流时也始终以老师的口气来教幼儿该如何做游戏。从中可以分析出，新教师在实践游戏时，主观主导意识非常强。

从实录二中可以看出，杨老师在建构游戏的组织预设方案中，始终以教师的角度去思考问题，以教师的思维方式去理解幼儿，所以才会频繁地使用“引导……”“学习……”“搭建×

×”等用词。也就是说，幼儿搭什么是没有自由的，幼儿是否有能力搭出作品是教师无须思考的。从方案预设中，可以预估到幼儿在建构游戏中获得的各方面能力是教师教出来的，而不是在与材料的互动中、与同伴的互动中积累到的，这与幼儿园开展游戏课程的主旨是相违背的。

三、措施

（一）一对一互动策略

活动后师徒互动交流，分析见习教师组织游戏中的最大问题（频繁介入、分享中的角色），提供一些有效组织游戏的方法给新教师。

发现杨老师在组织游戏中的一系列问题后，我首先采用了“一对一互动策略”，将其游戏组织及游戏方案预设中的问题一一罗列。比如，在游戏组织过程中，频繁地介入游戏，且与幼儿的互动非常唐突；总以教师的身份与幼儿互动，打断幼儿的游戏；分享交流中，教师以说教的形式让幼儿了解游戏怎么玩，主观意识过强；游戏方案的预设是从教师的角度出发，未关注幼儿的游戏发展水平。

通过一对一的互动反馈，杨老师了解到：游戏的组织过程中，教师的观察是有目的的，教师的介入是要有依据的（游戏书中的十条介入依据），介入的方法是多样的；分享交流中的内容要来自现场的观察，形式是丰富的，但一定是从幼儿的游戏中来，又能回归到幼儿的游戏中去的；游戏的方案预设，关键是预设幼儿游戏发展的水平，预设材料的使用情况等。

（二）榜样示范策略

导师现场组织，见习教师观摩思考，从中发现游戏的组织中教师要靠后。

随后，我采用了“榜样示范策略”，亲自组织各类游戏，让杨老师带着问题来观摩。比如，在组织游戏的过程中，导师重点观察的是什么？有无介入？介入的时机和方法是什么？在组织游戏的分享过程中，导师和幼儿互动的话题是什么？如何回应幼儿的回答？

有目的地观摩，让见习教师小杨发现：游戏组织过程中教师要根据自己制定的观察要点来看幼儿游戏，少介入、慎介入，以游戏的分享来帮助幼儿解决游戏中的问题，这样教师在游戏中比较靠后，幼儿在游戏中才会更自由，各方面的能力也会在问题的发现、解决中得以发展。

（三）再实践策略

新教师再实践，导师观察其方法运用的有效性，再互动交流。（反复进行）

有了明确的游戏组织方向后，我采用“再实践策略”，鼓励杨老师再组织各类游戏，并从中发现问题、分析问题、解决问题。比如，游戏组织中的少介入、慎介入并不等同于无目的地巡回观察，要善于发现幼儿游戏中的问题，分析幼儿游戏发展的水平，判断教师介入的时机，寻找适切的介入方法；游戏的分享交流环节，教师要判断幼儿回答的价值并作适切的回应，依据讨论的热点、结合自身的生活经验、寻找问题解决的有效方法来帮助幼儿积累游戏开展的相关经验。

通过再实践活动，让见习教师逐步学会了组织各类游戏，并能在游戏中与幼儿自然地互动。

（四）先说后写策略

在文本撰写的时候，新教师说思路，导师给建议；新教师落笔撰写，导师批注后反馈。（反复进行）

在文本撰写方面，我采用了“先说后写策略”，让杨老师在撰写游戏方案前，先理清思路，客观分析现阶段幼儿游戏发展的水平，及游戏中亟须解决的问题，然后开始预设相关方案。在表述语言上，我通过逐字逐句地批注，让其了解游戏中不宜出现的词语“引导”“学习”“是否能够”等，取而代之的是“帮助幼儿积累……的经验”“观察幼儿……的情况”等。

通过先说后写的策略，杨老师现在的游戏文本撰写已经避免了主观臆想这个问题，表述上也从幼儿的角度出发，以幼儿发展为本了。

四、效果

经过一学年的观摩、指导、实践，我发现杨老师在组织游戏时，已学会尝试用同伴的身份参与游戏，语言的运用柔和了，评价的眼光开始趋于公正，幼儿在游戏时也喜欢和她互动了。

暗香浸润助成长

——见习教师规范化培训案例

上海市浦东新区金囡幼儿园　罗　轶

“墙角数枝梅，凌寒独自开。遥知不是雪，为有暗香来。”王安石的这首小诗咏的是梅，我却觉得这“暗香”像极了我园作为浦东新区见习教师基地学校所营造的学习氛围；而作为见习教师的导师，我也将自己的笑容、言行、经验汇聚成这股“暗香”，浸润着、影响着我的徒弟——薇薇一路成长。

一、繁花朵朵香各异

薇薇是我今年带教的徒弟，她像一朵小小的雏菊，羞涩而温柔。虽然有着三年的工作经验，但是她羞于和家长沟通，苦恼于孩子不听她的话。她带着这些困惑走入培训，急需我的助力。

于是，我邀请导师中家长工作很有经验的王芳老师，开设了“家长工作那点事”的讲座。生动的案例让薇薇茅塞顿开，原来和家长沟通可以很容易，只要我们愿意关注孩子的一举一动，发现孩子的点滴变化，展现我们的专业知识，家长就会相信我们、支持我们。

在观摩了我主持的大教研活动后，薇薇说：“原来，老师要得到孩子的喜欢，必须站在与孩子比肩的角度去观察孩子、理解孩子、支持孩子；原来，孩子是懂得欣赏的，名曲、名画让金囡的孩子们都拥有一双发现美的眼睛。”

而我的一些细节更是潜移默化中让薇薇学到了方法，理解了什么是对孩子的“爱”。比如每到自由活动时，丫丫就会坐在我的腿上和我亲昵地说悄悄话。丫丫个性胆怯，常常一天不开口说一句话，为了让孩子消除顾虑、大胆开口，我坚持和丫丫聊天以增进感情，所以丫丫会有这样的特殊待遇。又如全班孩子都会告诉薇薇，罗老师的女儿叫 Nicole，罗老师家有一只超级大的乌龟，等等。这些他们怎么知道得清清楚楚？一问才知道三年中我邀请每位孩子到家里做客，每个孩子生日都会收到罗老师的小礼物。带班时的罗老师从没有高高在上的样子，而是和孩子像朋友一样分享着自己的快乐甚至难过，像一家人一样相亲相爱。再调皮捣蛋的孩子在我眼里都是那么趣味盎然。

我的这种热情开放、平等尊重的教育观和工作态度感染着薇薇。之后的培训中，哪怕教学活动一次次失败，哪怕日常带班遇到难题，哪怕遇到再艰涩难懂的理论，哪怕碰到再辛苦忙碌的实践，薇薇都在我的微笑与鼓励中直面问题，理性思考，反复尝试，不断进步。

二、枝繁叶茂香气盛

在参加培训之前，薇薇觉得自己是一只丑小鸭。因为资质平平，她觉得自己似乎很难胜任幼儿教师的工作。但是一年后，薇薇却能大声地告诉所有人她喜欢做幼儿园老师，也一定能做好这份工作。她的自信源于这一年培训中专业技能的提升。

作为一名学前教育专业的毕业生，薇薇在实际工作中最大的难点有两个。第一个是怎么看待孩子。为此，我推荐了相关的书籍。如《孩子，你慢慢走》，书中龙应台与小儿子安德烈的日常故事带给薇薇很多启发——给孩子多一些时间，理解每个孩子的发展速率，交付自己的耐心，一定能等到孩子成长。

薇薇的第二个难点就是活动设计中提问设计常常不到位。为此，我又推荐了《有效教学方法》一书。这本书偏重对教师专业的理论解析，其中对教师的课堂提问进行了分析。薇薇对照自己的提问能很清晰地知道哪些是有效的，哪些是无用的。

在我的严格要求和耐心指导下，薇薇的文笔有了很大的进步，关注问题的视角也发生了转变。

如今薇薇学着我，慢慢开始敢和家长沟通了，提问设计有进步了，写文章条理清晰了，在这次见习教师师德征文比赛中还获得了第一名的好成绩。闻着薇薇身上勇敢、成熟的香气，我的心中万分激动！

三、梅花香自苦寒来

这一年的时间真是非常辛苦。每周基地学校两个全天的培训，聘任学校两个全天的带班，还有学校的各项工作都需要我和薇薇保质保量地完成。一开始，我从薇薇脸上也会看到无奈。可是就像曹园长在关于“教师的职业幸福感”的讲座中说过的，“享受工作，你是幸福的；努力工作，你是快乐的；抱怨工作，你是苦恼的；厌恶工作，你是痛苦的”，从中我们都更明白了心态决定状态的道理。现在薇薇能从和孩子相处的分分秒秒中寻找快乐，体会幸福；能用积极的正能量面对忙碌而烦琐的工作，并发现做“孩子王”的乐趣和价值。带着这样的心态，薇薇的集体教学活动“乘地铁”被推选为基地学校的优秀展示课，从中历练了自己。

培训虽然结束，可是我和薇薇的情意永远都在，我们前进的脚步不会结束。“遥知不是雪，为有暗香来。”这“暗香”给我和薇薇知识、勇气和能力，助我们共同成长。

让教师差异变成带教资源

上海市浦东新区东昌幼儿园　程　玲

近几年，由于办学规模的扩大，幼儿园先后引进了一批又一批的新教师。教师团队的不断扩大在为幼儿园增添新的活力的同时，也为师资队伍的建设提高了新的难度。如何让新教师尽快地适应幼儿园的教育教学工作，让新教师在幼儿园这块土壤中尽情地发挥和展示自己的才能，更好更快地提升自身的业务水平与能力，不仅关系到教师自身的业务发展，更关系到幼儿园的可持续发展。因此，加强对新教师的岗位能力培养和业务指导是幼儿园管理工作中的重中之重。

在见习教师带教工作中可以体会到，推动新教师成长最有效、快速的方法是通过实践活动的观摩与交流，可以说现场观摩和现场教研是提高新教师教学水平的快车道。因为一旦接受了实践活动的任务，教师会全身心地投入备战之中，反复地推敲，仔细地琢磨，从一个被动状态转化为一个主动状态。此外，在新教师进行实践活动过程中也能对新教师有一个更清晰、全面的了解，使不同能力、不同层次、不同特点的新教师能找准自己的定位与发展目标，以此实现自身价值，收获不同的成功，促进整个教师团队协同发展。

为了让这群有活力的青年教师更快地发挥能量，有效运用教师资源的差异性是管理工作中较为有效的方法。

一、带教困惑：多样的差异

面对大量的见习教师，教师之间存在很大的差异，如何有效地带领他们开展带教工作呢？我对见习教师的差异进行分析，他们有的是学前教育专业师范类毕业生，有的是艺术领域师范类毕业生，甚至有的是非师范类非专业的社会录用教师。他们有的有一到两年的工作经验，有的有实习经历，对幼儿园活动的熟悉度不同。在对他们半日活动观摩中不难发现新教师共有的特性：新教师在了解半日活动的基础上，能够运用一些方法开展教学活动，且呈现了自己轻松的教学风格；对半日活动的流程、各环节的过渡都能基本掌握，但是在各个环节中把生活活动渗透到幼儿一日生活中的各个环节，还没有很强的目标意识。他们对集体教学活动的驾驭能力相对较弱，在实施活动时基本以演绎为主，拿来教案不求领悟只求完成。那么就会造成在实施活动时出现许多问题，如不明确教学活动目标的重点，对环节的把握重点不突出，问题主次不清晰，小结和过渡句混淆，教学节奏把控不好。

二、带教资源：多元的优势

见习教师差异性的存在不可回避，难道我们的带教工作就困难重重吗？这些新生力量中有着不可估量的潜能。由于他们的学业领域不同，他们也有着各自的优势——有的创意好，活动设计有新意；有的互动强，师生互动有方法；有的课件制作得好，能解决教学活动中的难点。总之，每位教师身上都有闪光的地方。关注到教师的个体差异，因材施教、取长补短，帮助每位教师找到属于他们自己的教学风格，挖掘他们的教学潜力，是我们可利用的教师资源。

三、问题思考：如何面对教师差异，起步带教，齐步走

找到问题的根本后，如何解决？让这些见习教师能够逐渐认识到要完成教学活动的基本要素，实施教学活动要注意哪些方面？我们都知道喜欢是最好的动力，兴趣是最好的助手。这适用于幼儿，同样也适用于见习教师。从喜欢入手再到钻研求完善，在个人差异化发展的基础上合作、共享、发展，力求个人差异化发展，让差异变成资源，让见习教师全方位受益，才能使见习教师带教质量得到整体性提高。

大量的实践观摩研讨活动能让教师最直观地感受到教学实施过程中碰到的问题及其解决的方法，因此利用观摩教学、听课磨课放大他们的不足，然后与同伴互相学习，快速弥补自己的不足。在与同伴的互动中，既要从中学会用自己的专业去扬自己的长，同时也要去梳理补短，让同伴身上的能量成为自己成长的助力。

（一）学找亮点会迁移——扬自己的长

每个人都有自己的优势，由于每节教学活动都有其亮点，寻找亮点也是思考活动构成基本要素的过程。我让见习教师针对每个人的优势有针对性地去分析这节课的亮点，把自己的优势放大，同时还要把学到的方法运用到自己的教学实践活动中去。如在欣赏小班科学活动“长长的朋友”后，我让有创意的老师讨论如何从选材角度改编教学活动设计，很快见习教师就从动物身上长长的部位入手，并就这些长长的部位分析其本领。让互动好的老师设计提问，环节实施可以根据环节重点采用适宜的提问设计，让提问突出目标性，把其他数学知识巧妙地运用到教学活动中，小技巧的互动运用也更能激发幼儿学习兴趣。然后团队共同针对小班幼儿年龄特点进行分析，利用其帮助小兔子解决困难的情感，使其顺利完成活动。让每个教师发挥自己的优势，在合作中找到自我价值的认可，可以让带教变得更有生机与活力。

又如在欣赏小班科学活动“聪明的乌龟”后，见习教师发现导师能够结合小班幼儿爱模仿的特点，每当发现乌龟一个动作时会跟随幼儿一起模仿乌龟的动作，令活动变得生动而有趣。让见习教师两两组合，围绕小班幼儿爱模仿的特点，设计“学走路”活动时也融入模仿小动物的环节，激发幼儿对动物特征的观察及巩固。让这些见习教师看精品课的同时，把一些好的方法迁移运用，能够帮助他们更好地领会教学方法的运用。

（二）学找建议求思辨——补自己的短

在观摩的过程中，让见习教师来找茬，也是将理论方法运用到实践的过程。让教师学会思辨，能够更好地把握活动设计实施的意图。如“鲜花送老师”活动，关键字是“送”，是个动态过程，活动要解决的是为什么送、怎么送。这个过程也就是用师生情来激发幼儿艺术表现的过程。然而在见习教师的活动设计中，我们感受到的关键字是“花”，是欣赏花，用多种色彩表现花的过程，活动内容显然远离了主题核心内容，活动目标也就背道而驰了。

见习教师大胆提出了自己的想法，自己设计环节是为了追随指南理念中的注重欣赏，活动设计中用较多提问去温习有关花的知识和欣赏不同颜色、形态的花。同时教师又考虑到当前幼儿美术表现力有限，选择用泼画形式来表现。显然教师有理论知识，但是在实施中产生了偏差。为了达成目标，此时泼画不再是随性玩色，活动需要更多的技巧，说教、范画难免出现，问题也就浮现出来。由于对活动核心把握偏颇，活动变得内容过满，环节拖沓，注重了技能的表达却淡化了目标中的社会文化、师生情的美好感受和体验。

那么如何不忘指南的引领，不忘主题的初衷，不忘活动中的幼儿，活动设计中需要如何思考呢？于是让每个见习教师提出思考方向，大家纷纷把自己的思考呈现出来，导师做归纳梳理。教学活动目标如何落实主题活动目标？环节设计如何环环相扣，解决目标重点和环节难点？如何有效安排环节？从问题中提出建议，来弥补自己思维上的缺位。有了问题才能很好地找到解决的方法，方法才能更为有效。导师的穿针引线，让见习教师们得到启发。从大环节到小细节进行调整设计，目标定位要与主题要求和指南核心相吻合——以幼儿知识经验和发展为基点来制定目标。环节衔接要与目标重点和环节难点相渗透——以推动幼儿情感感受来解决环环相扣。目标调整后迎刃而解的就是为什么送、怎么送的问题，活动目标重点也清晰地呈现了。见习教师很快提出用插花这样的创意作品能最快速地把他们的情感表达出来，这时候的艺术创作是一种情感烘托，带有情感的作品还有什么不美的呢？了解了重点，环节清晰了，那么再把每个环节中的难点梳理清楚，就能环环相扣地把“鲜花送老师”活动的价值慢慢呈现出来了。见习教师提出的调整或许还有值得推敲的地方，但是在互动中他们得到了自己原本思考中缺位的内容，多想一点自己还可以怎么做，多想一点幼儿可以怎么学。通过找建议，他们克服了一些初入职时常见的问题，让他们在教学活动的实施上获得了一些方法，在今后执教的道路上更好地前行。

对于见习教师来说，个人不断试错，发展缓慢，这样一种互助合作的环境却能获得快速发展。导师在处理新教师的问题中，可以通过对自己多年教学经验的梳理，从而提高自己的教学归纳能力；见习教师可以通过同伴中出现的问题，让自己获得学习机会，共享经验与错误。不同的共享内容都可以让见习教师在合作中获得成长，在不同的教师资源中获得发展。教学相长也就有了实质性的收获。

精品课程助推见习教师专业化成长

上海市浦东新区东方幼儿园 申 晨

一、背景

幼儿园精品课程是由优秀的教师队伍针对幼儿园活动内容在课程实践中所形成的具有示范性作用的课程，是见习教师成长学习非常重要且易于获得的培训资源。由于见习教师专业性还不够强，在一日活动中各个方面都还需要指导与培训，尤其是他们对集体教学活动的驾驭能力相对较弱，因而精品课程就是打磨新教师集体教学活动绝佳的培训内容。精品课程虽然操作起来简单易得，观摩方便，但要让精品课程真正发挥作用，需要行之有效的方法。在分享如何运用精品课程之前，要了解见习教师在实施集体教学活动时表现出来的一些特点是什么。

二、分析

首先，见习教师进行集体教学活动基本以模仿演绎为主，往往在集体教学中注重的是完成活动，就像“背教案”一样，就算拿到精品课程也是形似而神不似。其次，见习教师常常不能抓住教学活动目标的重点，对环节的把握重点不突出，问题主次不清晰，没有达成预设的目标。最后，见习教师往往混淆过渡与小结环节，缺少对幼儿的提升总结，幼儿生成性内容难以把握，整体教学节奏显然是不畅的。

精品课程的运用必须针对见习教师在集体教学中容易遇到的问题和共性问题对症下药，同时兼顾见习教师个性化的教学风格及教学节奏的形成与提升。另外，我始终认为热爱是最好的动力，兴趣是最好的助手，这不仅适用于幼儿同样也适用于见习教师。认识完成教学活动的基本要素，留意实施教学活动需要注意的方面，这些一个个具体的问题，都需要见习教师去发现、去学习、去解决，如此才能获得成就感和自我实现的满足感。这也是他们从入手再到专研求精的不竭动力。

所以，大量的实践观摩研讨活动是让教师最直观地感受到教学实施过程中可能碰到的问题及其解决方法的途径。因此要利用精品课程，让见习教师观摩，并且在边看边学习、边看边梳理、边看边反思、边看边质疑中，让这些精品课程成为他们专业化成长的阶梯。

三、反思

（一）找框架、能解构

见习教师拿到一节课的教案后，最容易产生的一个误区就是看完教案就结束了，转而只关注集体活动的具体表现。只有理解了一个活动的设计，才能看懂一节课，才能明白为什么教师要使用这个词来提示，使用这样的语言来总结。这对见习教师来说是困难的，却也是重要的，关系着今后他们自主设计课程时的逻辑与层次。带教老师就是要帮助见习教师剖析精品课程的框架结构，把这节活动解构成一层层的内容。

如“小河之歌”这节经典活动，它的框架就是快乐到难过再到快乐的结构，但每个环节的目标是不一样的。从感受快乐到体验难过，再到理解回到快乐，这不仅是一个从认知到情感再到两者交织的过程，也是从单纯体验小河快乐，到理解小河为什么难过，最后到小河是如何重新快乐起来的以及这是不一样的“快乐”。解构一种架构，就为设计活动提供了一种可参考的架构。另外，对每个环节每个层次的目标内容进行解析，也可以帮助见习教师快速成长，理解实施活动的基本方法和最终达成的层次。

（二）找亮点、会迁移

我们知道，没有两节一模一样的教学活动，但每节教学活动都有其亮点，寻找亮点是思考活动构成基本要素的重要方法。见习教师开展集体活动会经过从模仿到迁移，到熟练，最后到创新的一个过程。而这个过程无疑是漫长的，其中最重要的一个衔接部分是从模仿到迁移，就是要把学到的方法运用到自己的教学实践活动中。

在见习教师观摩精品课的同时，提醒他们把一些好的方法迁移运用到自己的教学活动中，久而久之就能达到熟练的程度，实现从量变到质变的飞跃。我的经验是在带教过程中要了解见习教师的线性成长过程，鼓励多看多用，每一次成功迁移都会帮助他们提升自我效能感，有助于更好地学习。

（三）找建议、求思辨

在观摩精品课程的过程中，不仅要让见习教师反思自己活动开展中有哪些不足，也要鼓励见习教师提出质疑，对精品课程“找点茬”。这其中包括了见习教师将所学理论方法运用到具体课程实践的过程，还可能会存在见习教师自己的经验和课程中一些语言指导相冲突的情况，让见习教师自己学会思辨、懂得取舍，可以更好地把握活动设计实施的意图和方法。

如见习教师张老师在其“马路边”的活动中，组员针对目标在过程环节中的落实、中班语言活动中的情感脉络把握、有效提问的斟酌这三个方面进行了讨论。相比较之前，经过独立设计教案、广泛观摩教师现场教学活动，青年教师的反馈普遍有了深层次的思考，讲评也更有条理、有根据、有逻辑。这基于理论知识的学习把握，也归功于丰富的现场教学的学习，现场的课堂感染力让这些教师有了迅速的成长、全面的提高。在活动过程中，针对见习教师集中有困惑的地方，及时调整活动内容，组织见习教师针对“当能力较强的幼儿很快答对了问题，如何调动其他幼儿互动”“如何在回应幼儿时避免重复孩子的答案”这两个问题进行了专项讨论。而这些见习教师的答案也让我感到惊喜，执教者吴老师更是及时进行整理，总结了“将幼儿的回答‘抛回’给其他幼儿，带动起生生互动”“及时追问，留时间给别的孩子思考”“根据提问背景、目标重难点来决定回应”等极具实践性的方法。我们还让见习教师对导师的半日活动和名师的实践活动进行观摩，在观摩活动中找到好方法、好途径，为自己的教学实践活动提供经验，并去尝试实践、交流心得。不难发现，除了个人的反思，集体分享讨论的智慧效果往往更好，因为更能反映共性的问题。

总的来说，通过观摩各领域的精品教学活动后，对教案进行解析解构，能帮助他们更好地理解活动设计的目的与方法。通过反思质疑、互相学习，克服一些初入职常见的问题，能让他们在教学活动的实施组织上获得更好的方法，在今后执教的道路上更好地前行！

问题引领　共同成长

上海市普陀区豪园幼儿园　汪　霞

这次我很有幸，能够参与上海市幼儿园见习教师规范化培训基地的工作，担任指导教师的任务。刚开始的时候，我确实感到非常茫然，有心却无从下手：每个幼儿园的园情不一样，幼儿园的办园特色不同，我该怎么带这批新教师？用什么样的方法和策略才能带出成效来？而且，这些新教师原本在自己幼儿园的带教师傅也非常优秀，我该怎么样努力才能得到大家的认可呢？就这样带着这些疑惑和忐忑的心情，我不断、反复研究培训目标和指导教师的任务与要求。

一、以问题为导向的指导方式

带教初期，我询问过新教师："你们自己觉得在工作中最大的困惑是什么?"有的说在常规组织上，不知道该用什么方法能使孩子们听话，纪律不乱；有的说自己想做孩子们的好朋友，但是又怕一放手，收不回来；有的说，在提问和回应上面自己希望能够得到进一步的提高……原来，每位新教师的困惑有大同，又存小异。这时候，我想到并运用了我们豪园幼儿园近年在培养新教师时的特色——以新教师每日一问的培训方式来开展指导工作。研究"新教师每日一问"的目的，旨在了解新教师最直接的困惑，帮助新教师进行问题诊断，答疑解惑，从而使新教师更快更好地适应职初工作。

二、以问题为思路的指导分析

那么在这些有大同又存小异的问题和困惑中，每位新教师的能力和思考的角度又是不同的，产生这些问题背后的原因也肯定会有所不同。因此，我先选择了游戏这个点，把13位新教师对于游戏的每日一问都收集起来，并进行了梳理归纳和思考，设计制作了一张"豪园幼儿园见习教师'每日一问——游戏'指导教师分析表"。

（一）问题汇总

我把13位见习教师的问题汇总，并进行了梳理和提炼。

• 主要问题

主要问题分布在三方面：推进游戏开展、教师介入、分享交流环节。

有位新教师问我："有什么办法可以让娃娃家的妈妈不离开家?"我问她："为什么你会这么想呢?"新教师说："因为娃娃家里最能干的就是妈妈了，可是她总喜欢抱着娃娃到图书馆看书，去超市买东西。”我问新教师：“为什么你觉得妈妈不可以这样做呀？”新教师说：“因为妈妈最能干，而家里的爸爸什么事情都不会做，来了客人也不会招待，所以我希望妈妈能留在家里。”类似的问题还有不少，通过分析问题产生背后的原因，我发现，新教师在带游戏活动中，几乎都会从主观意愿出发，来“导演游戏”。因为新教师缺少对游戏活动特质和幼儿年龄段行为特征的了解。

针对新教师不太会使用工具书、教参等问题，根据每日一问中的问题，我教新教师如何在《课程指南》《教师参考用书——游戏活动》等工具书中查找相关的内容，这样当新教师再出现游戏方面困惑的时候，就可以自己进行有目的的查阅了。

• 次要问题

对于个性化但也有价值的问题，我的方法是让见习教师之间互助交流、分享经验，既发挥了新教师的思维主动性，又能让一些新教师对自己的工作能力有认同感。

• 无效问题

而无效问题，我则通过个别指导、推荐阅读等方式来帮助指导见习教师。

（二）我的感悟

以前，自己是凭经验进行带教工作；现在，在不断查阅专业书籍、思考问题解决方法与途径的过程中，更能从专业和规范的角度对新教师进行培训和指导。

三、以问题来引领共同成长

如果说，指导教师思考设计和梳理的每日一问分析表，能使之后的理论培训的质效更为明显，那理论还要运用到实践，才能使质效最大化。因此，对见习教师所有问题的专业判断，我开始思考其实效性。

理论来源于实践，还要回归于实践。我根据新教师对于游戏的每日一问，设计了一些见习教师的观察记录，每张表格都有一个侧重点，这个侧重点都是来源于见习教师最需要解决的问题。带着之前培训中习得的理论知识，带着观摩活动中表格里的任务，新教师在观摩活动时，目的更为清晰，能带着专业的理论知识进行现场的观察和思考。

有的表格是针对教师怎样进行游戏观察的困惑来设计的，通过观摩后的交流和讨论，解决新教师对幼儿年龄段行为特征较为模糊的问题，增加对游戏活动特质的了解，明确教师在游戏中的角色定位，为教师调整游戏环境与材料以及教师指导游戏的策略提供依据。

有的表格是针对教师介入的问题来设计的，从幼儿外显的游戏行为中，分析其游戏的需要，解决新教师对游戏介入的时机、要点和方法的掌握。

四、我的感悟

虽然在设计这些表格的时候，我花了大量的时间，但是个人觉得还是有益于帮助指导教师找到更贴近见习教师实践的问题和点来进行培训工作，能使我们的培训更具规范性和有效性，而见习教师的收获也更大。在设计表格的同时，我想到要让见习教师学会使用我们的教参和《课程指南》等这些工具书，因此，在表格中的“讨论要点”一栏，我提出的问题内容是将见习教师手册上的要求与工具书中的提示相结合。比如“介入幼儿游戏的时机判断——介入游戏的价值取向有几种”；“教师的介入指导是否产生积极效应，与哪些因素有关”；“在指导移动型器械运动过程中，需要帮助幼儿建立的安全经验是什么”；“根据当前气候气温，健康保育工作会有哪些调整，为什么”，等等。

通过首先和见习教师共同在工具书里找答案，给他们一定的方向，到让见习教师自主去寻求答案。这样也提升了见习教师学会学习、自主学习，并能将理论联系工作实践进行问题思考和剖析的能力。作为指导教师，我也在不断钻研中，不断提升对自身的专业技能要求，因为要给见习教师一滴水，自己就要先有一桶水！

这是我带教见习教师的点滴感悟和心得，我还需要不断努力学习和探索，在总结经验的同时，不断提升自己的带教水平，将更好的专业经验辐射给我们年轻的见习教师。

心对心，毫无保留

上海市青浦区晨星幼儿园　潘凤燕

成为新教师的良师益友，一直是我带教的宗旨。当我第一次面对这些新教师时，我就对自己说要毫不保留地把自己的经验传授给他们，让他们不虚此行。在他们的心里，我既是严师又是益友。严在我注重对新教师师德的引导，要求新教师在见习期间严格遵守规章制度及带班要求，让新教师了解在幼儿面前如何规范自己的言行、仪表。当新教师发生一些观念上的错误时，我也会直接向其指出并要求其及时反思。新教师体会到师傅的严格是出于对他们的负责。同样，我还是益友。当他们在带班中遇到困难或困惑时，我总是会全心全意地去帮助他们，帮他们理清思路，了解怎么做的同时，知道为什么这么做。

一、面对面，改进发展

与见习教师之间的沟通，是落实带教计划、保证带教质量的有效途径。几年间，我和几位新教师坚持“每日一会”制度。每一天的见习活动后，我们定会在教室里开个圆桌会议，带教老师和新教师面对面地交谈。有时，我们会聊一聊今天自己所见习的感触，哪一个场景让新教师印象特别深刻，此时，我就会把我的想法与理念在交流的过程中告诉他们；有时，我也会和他们聊一聊我的成长经历，由于是现身说法，新教师听后感触很深，在随笔中纷纷交流了自己的体会；有时，我们会交流新教师在实践环节后的体会，我及时地提出鼓励与建议。就是在这么一个个“每日一会”中，他们变得会看、会想、会问、会说。在帮助新教师梳理的过程中，我感觉自己的专业性也逐渐地增强了。

二、实对实，规范实施

在指导过程中，我们强调“规范化”操作。在实践中，我总是让新教师在撰写计划后先说课、试教，确保每一次的实践活动都能规范有效。另外，在见习教师培训中，有大量的表格要让新教师填写，希望他们在填写后能帮助其理清幼儿教育工作的规范要点。在填写每一张表格前，我组织新教师解读表格，帮助分析每一个表格的重点，并帮助梳理了表格填写的要点，让他们有了填写的方向，增强了自信心。在表格的填写中，新教师纷纷表示虽然苦，但是在这个过程中感觉到自己的思路更清晰了，对于幼儿教育有了更深刻的了解。

三、学一学，模仿上课

我把教案和我上课的视频资料给了金老师，请她先去看教案，分析出每个环节中的目标指向、关键性的提问，弄清楚为什么要这样问，解决的是哪个知识点，还请她思考：如果她是孩子，她怎么回答这些问题；要回答这些问题，活动前要给孩子铺垫哪些经验等。徒弟金老师非常认真地带回去阅读，当晚就把自己阅读教案后的感受网上传给了我。当时，我心里想，徒弟勤奋努力的态度值得赞一个；作为师傅的我，看了她对教材的分析，也及时地给她做了反馈——在分析教案的基础上，特别是对教案的重难点部分要仔细分析老师所用的策略是什么，怎样让孩子在快乐的游戏中学到本次活动的知识点，这是最关键的。

前期的准备已经很充足，金老师开始了她的第一次试教。为了给她解压，我对金老师说："这次是给你操练的，不要紧张，看看你在执教过程中对教案的理解流畅度。"金老师在我的鼓励下，开始了她的试教。结果，这次她自己也反思说失败了，环节乱，还遗漏第三环节，提问随意，语言不规范……这其实很不应该。从这件事上，我看出金老师确实很紧张，她上课和平时的能说会道完全判若两人，一上课，脑子就空白了。我对她说："你其实心里还是没底，没有真正地理解教案，你要把视频里的优秀教师的每句话都记下来，看看她和孩子们的互动语言，她说话时的语气语调，她的每个动作，你都要学一学。"此时金老师突然感悟到自己上课就像背教案，没有用心在感受孩子的回应，当孩子回答问题后，就接着下一个环节，就像走程序一样，缺少提升，没有情感的互动。我当即又让她再去看优秀教师的视频，这次她认真地记录下视频里我组织活动时的每一句话、每一个动作、每一个表情。金老师还来到家里的镜子前，细细品味自己与我的种种不同，从模仿开始。这种虚心好学、执着用功，奠定了她的底气，在之后的教学展示上我还为她紧张的时候，没想到她出色地完成了"出来玩"的考核作业。

四、手把手，反复试教

试教是老师们在公开活动前都会用的方法，对于新教师来说更是不可缺少。这可以让新教师进一步熟悉自己的教材，寻找和发现教学环节设计中存在的不足。

这次轮到朱老师组织半日活动了。接到任务后，朱老师就焦急地问："师傅，我上什么教学活动呀？"

我说："别急，先想想你们现在是什么主题。"

"我们是动物主题。"

"那你们上次上过的同质课'小鸡捉虫'可以吗？这是一个比较有趣的活动，符合小班孩子的年龄特点，可以设计成计算领域的活动，也可以是美术领域的活动。"

我还分析说："要从你们班级的实际情况来考虑。"

朱老师想了想说："我们班级对动物的已有经验还是比较丰富的，小鸡是他们喜欢的小动物。"

我连忙说："对！这个点也是小班动物主题教材中的一个素材点，可以挖掘的内容很多哦！"

朱老师又说："数数类的活动，孩子们上得比较多，是上美术类的小鸡捉虫还是数数类的小鸡捉虫呢？"

"你觉得孩子们哪方面的经验丰富，哪方面的经验比较欠缺呢？一个好的活动要让孩子们在原有的基础上获得各方面的发展哦！"于是我们又拿出小班的教材来翻阅和思考。

在确定活动的详案后，我第一次观摩了徒弟朱老师的试教活动"小鸡捉虫"。我发现了两个主要问题：(1)美术技能的儿歌演示缺乏连贯和清晰；(2)在导入环节的故事情境以及角色扮演中，教师自身的情绪情感渲染不够，没有充分投入情境和激发孩子扮演的积极性。课后，我及时跟朱老师进行了活动的分析和反思，指出了活动存在的不足以及调整的思路，并鼓励朱老师再次试教。我们从教材的选择到素材点的分析，做到环环相扣。朱老师跟着我一起思考，一起尝试，之后经历第二次试教、第三次试教……直到正式执教，朱老师的活动组织得非常成功，专业水平有了很大的提升。

五、言传身教，上示范课

在发现新教师执教过程中的问题后，我感受到和新教师说说容易，但是要他们做到还真不是一件容易的事情。在反思的过程中，尤其是分析教学中师幼互动的环节，都是以"假设孩子回答……，我们老师可以说……"的方式来分析，在新教师的思维里可能没有那么多的"假设"。于是，我主动向新教师提出："我来上这个活动！"与其说是上示范课，不如说是提供更多鲜活的实例给新教师，让更多的"假设"成为现实。结合新教师"小鸡捉虫"的活动，我进行了教案调整、教学具制作等。在执教的过程中，我情绪饱满，活动要求交代清晰，把自己扮演鸡妈妈带着小鸡一起来草地上捉虫、喝水等情境再次加以演示；我时刻注意着孩子们的一举一动，思索着如何来回应他们的每一个回答和动作，大大激发了幼儿参与扮演游戏的兴趣。之后的讨论，我又从小班孩子的年龄特点出发，解释了为什么要在导入部分调动起孩子的积极性，如何预设好每一个问题和孩子可能的回答、老师的回应。这种言传身教式的带教方法，更直接地给予了新教师怎么做、怎么思考、怎么调整的感悟。

经过这几年的努力，无论是新教师所在的用人单位还是前来指导的专家都对我带教的新教师给予了肯定，认为他们在一年间专业有了提高，教育意识有了增强。看着他们的进步，我感叹，新教师在自己的专业道路上迈出了可喜的第一步，希望他们继续努力，在幼教这片沃土上开辟新的天地。

从活动“朋友，你好”谈对新教师的有效指导

上海市青浦区佳佳幼儿园　殷　璇

一、对新教师设计执行集体活动的现状分析

由于新教师刚踏上工作岗位，工作经验较缺乏，对于幼儿的年龄特点、学习方式等了解程度不高，为了让新教师更好地执行集体活动的实施，我在对新教师指导时从“内容的选择”“目标的定位”“过程的实施”三个方面进行指导。下面就“朋友，你好”这个活动作一些简略分析：

（一）内容的选择

《朋友，你好》是一首旋律单纯、歌词直白、动作性强的短小歌曲，非常适合小班初期的孩子学唱及互动。因此实习的小许老师在内容的选择上选择得很贴切。在音乐活动中，美妙的音乐能使孩子们放松心情，激发其主动与同伴交往的愿望和行为。而这首歌曲恰好创造了一个让刚入园不久的孩子们互相亲近、认识，学习一定的交往技能的平台。

（二）目标的定位

	原定活动目标	修改后活动目标
目标制定	学会儿歌并大胆表现，体验音乐活动的乐趣	愿意学唱歌曲并根据内容做相关动作，知道与朋友打招呼，做个热情的宝宝
分析	1. 目标指向儿歌的学习，重在知识的获得 2. 目标注重结果	1. 歌曲作为一种载体，活动不特别强调要学会具体的儿歌 2. 关注活动中幼儿情感的体验，关注幼儿的和谐发展

指导分析：

集体活动的价值在于提升幼儿经验。如何有效通过集体活动提升幼儿经验，目标的制定就尤为重要。根据《上海市学前教育课程指南》的精神，学前教育应注重过程，应与幼儿生活经验贴近，符合幼儿兴趣，满足不同幼儿合理需求。因此目标的制定也应符合以上要求。在今后的教学活动目标的制定上应关注幼儿能力的提高和情感的培养，相对淡化知识技能。

（三）过程的实施

• 环节一

修改前：

教师出示图片（卡通形象阿狸）。幼儿观察并自由发言：这是谁？（这是狗，这是狐狸）它

怎么了?(幼儿沉默)老师进一步追问:你们看它的眼睛怎么了,(它好像要哭了)为什么会愁眉苦脸?(幼儿沉默)

指导分析:

教师首先应换位思考:如果自己是孩子,对这一卡通形象了解吗?这一卡通形象哭泣的造型是否直观?怎样的图片才是孩子熟悉的有经验的?教师选用的图片是动物的形象,离幼儿的生活经验较远,应选用贴近幼儿生活经验的、幼儿所熟悉的形象。建议选用宝宝哭泣的照片,让幼儿联系自己的实际生活,调动已有经验说说宝宝为什么会哭。

修改后:

孩子的生活经验非常丰富:有的猜是因为没有玩具,有的猜是因为肚子饿了,还有的猜是因为被爸爸批评了,甚至还有的猜是因为找不到妈妈了。在孩子精彩的回答中,他们还原了真实的生活。

- 环节二

修改前:

小动物找朋友,(教师范唱歌曲,依次拿出手偶小兔、小鸭、小青蛙)看看它是怎么找朋友的——教师范唱。

指导分析:

请新教师先说说这个环节中自己是否有困惑,对于手偶的出示自己有怎样的想法。其实手偶的出示非常适合小班幼儿的学习特点,能够很好地抓住孩子们的眼球。幼儿在观看老师展示教具的时候非常认真,但是三个教具用同样的方式出示显得比较重复,可考虑每个教具运用不同的出示方法,更能激发孩子的兴趣,引起孩子的关注。如在出示小鸭子的时候采用谜语的方式,“有只小动物,走路摇摇摆,身穿黄黄衣,叫声嘎嘎嘎”;出示小青蛙的时候可以采用先看局部再猜整体的方式,这样孩子的兴致会更高。

修改后:

孩子在猜测小鸭子的过程中从小企鹅猜到小鸡,最后猜到小鸭子,他们通过自己对谜语的理解,层层递进地猜测到最后。当看到老师出示的小鸭子和自己所想的是一样的时候,他们的兴奋之情一下子被点燃,高兴地欢呼:“我猜对了!”

- 环节三

修改前:

教师示范“找朋友”(儿歌配上动作),幼儿跟唱(一次)。谁也想去找朋友呀?个别幼儿跟唱(一次)。(孩子的兴趣度不高,有的宝宝没有跟唱)

指导分析:

在小许老师上课期间,由于几次相同的练习,孩子的兴趣度不是很高,在过程中我出来给小许示范:对模仿得非常棒的孩子进行了表扬、拥抱。在低龄幼儿的集体教学活动中,教师可以通过眼神、语言、手势、拥抱以及与幼儿亲密接触(摸摸头、握握手)等方法来充分表现对幼儿的支持,这样更能激发幼儿的情绪,通过集体间的情绪感染让幼儿体验活动的快乐。表扬、赞赏等举措对孩子有时候会产生巨大的积极效应。表扬和赞赏也是对孩子的一种尊重,宽容和理解是对幼儿的一种信任、肯定。在集体活动中,教师的引导、赞赏和表扬效果远远大于单调地提醒幼儿跟学。

修改后：

许老师对模仿得非常棒的孩子进行了表扬、拥抱，孩子们都纷纷跟着她的动作进行找朋友的游戏。在游戏中孩子们就像老朋友见面一样，十分老练，每一位小朋友都“拉拉手、亲一亲、抱一抱”，他们积极、主动地和同伴“交集”，充分体验到了活动带给他们的愉悦。

二、我的体会

从“朋友，你好”这个活动中，我体会到新教师的有效指导可以从以下几个方面入手：

（一）大胆“猜”“想”

在新教师每次活动前首先要鼓励他们站在孩子的角度去思考去“猜测”——如果我是孩子，我会怎么回答老师的提问，然后站在教师的角度去“想”——孩子的回答我应该用什么方式来回应，用什么样的小结来总结才能提升孩子的经验。经过这样的“猜”“想”，新教师对于活动的把控能力，对于突发事件的处理能力一定会有所提高。新教师只有“猜”“想”在前，才能在活动的实施过程中随机应变，挥洒自如。

（二）鼓励“问”“说”

对于实习期的新教师而言，在每次活动前都会有各种矛盾、问题和困惑，可能由于种种原因他们会把一些困惑放在心里，不敢或者不想向师傅提出，更多的充当了一个聆听者的角色，聆听师傅对活动的分析。“学患无疑，疑则有进，小疑则小进，大疑则大进。”师傅要多鼓励新教师追问“为什么”或“怎么办”，让新教师在一步一步地“问”和“说”中提升自己的教育教学水平。

（三）以“示”促“长”

在新教师实施教学过程中，由于新教师相对缺乏经验，因此当在课堂上有一些细节如果需要调整时，师傅可以及时从幕后“跳”到台前，亲身示范给新教师看这个地方如何更好地处理、如何和孩子互动。这样让新教师对整个过程更加清晰，并通过模仿师傅的方法，达到自我提升、自我成长。

（四）及时“反馈”“调整”

在每次活动后，师傅都要在第一时间和新教师进行反馈，让他了解到活动中的亮点和不足，以后再进行这样的活动应该如何调整。如果是一课多研的方式，也可以再次进行修改后的活动，让新教师进行比较，提升活动的设计与组织能力。

在新教师的成长过程中，我们的一点欣赏、一点扶持、一点理解、一点引导可能会对他们的成长起到推波助澜的作用，当新教师也能“独领风骚”“独当一面”之时，背后的师傅也是倍感欣慰和喜悦的。

指导见习教师开展自主游戏的分享交流

松江区西林幼儿园　褚红英

自主游戏的分享交流是教师和幼儿分享游戏感受和快乐的途径，也是教师和幼儿交流游戏情感和经验的平台。见习教师有着很高的工作热情，也有着扎实的理论知识，但是他们缺乏的是实践经验，对于自主游戏的分享交流还存在着一些困惑。大部分见习教师观察的敏感度不够，有的教师忙碌穿插于各个游戏空间之中；有的教师则走马观花而没有重点；有的教师将观察仅限于安全问题而没有目的。由此导致到了分享交流的时候就没有内容和话题，没有真正发挥分享环节的作用。这是两位见习教师迫切需要我们指导教师帮助解决的困惑和疑难。

一、观幼儿，思分享——观察幼儿游戏行为，了解分享交流的时间和形式

游戏放手之后，我们有些教师感到“省力”了，感觉幼儿游戏，老师则无所事事，随便看看。我们见习教师对游戏的分享更无从下手。由于游戏过程中没有细致地观察，到分享交流的时候就没有方向，对于观察的内容、重点、方法都不够清楚。由于观察不够，同时对分享交流环节的重视程度不够，所以分享交流存在着很大的困惑。有些见习教师错误地认为游戏不用老师过多地去操心，只要幼儿玩得开心就好，分享交流可有可无，分享形式和时间也不能很好地把控。

1. 明确交流的意义

游戏结束的时候，有的幼儿满足，有的幼儿遗憾，有的幼儿意犹未尽。于是，让幼儿围坐在一起，交流一下游戏的体验是很有必要的。这时候老师要及时引导幼儿回忆游戏情节，引导幼儿提出问题，引发幼儿思考和交流。在自主游戏中，教师所要做的关键就是确保幼儿游戏的主体地位，游戏越是自主，幼儿越是快乐。因此我要求见习教师组织好每一次的分享交流。正因为有了教师的组织和参与，游戏后的分享活动便成了一次有意义的教育活动。听了游戏后的分享交流，教师才会更加理解幼儿的游戏行为，了解幼儿的年龄特点。

2. 思考交流的形式

游戏后的分享活动是教师有组织有目的的教育活动，所以开展的依据首先是幼儿发展的需要，其次是由当时的客观现实情况来决定的。为了使幼儿能充分参与游戏分享活动中的交流和讨论，见习教师可以尝试用集体的方式组织分享交流，幼儿间的互动交流是非常有必要的。同时我也会让见习教师尝试我自己的经验心得，比如集体分享结束后的个别交流。其实个别交流的形式，也是幼儿间的互动交流，尤其是让那些胆子小、能力弱的幼儿也有分享交流的机会，让每一位幼儿都有畅所欲言的机会。

3. 把握交流的时间

交流分享活动一般需要多长时间呢？不同年龄段组织的时间也不同，我们中班的分享时间一般为10分钟左右。教师也可以根据需要随机把握，前提在于幼儿的兴趣。我们要求见习教师能把握好时间，不要面面俱到、走马观花，也不要随意性太大；在观摩导师自主游戏的时候，能有目的地观察，通过有意识地观察幼儿的游戏行为，去分析行为背后的原因，了解幼儿的年龄特点；慢慢学会等待幼儿游戏经验的积累，给他们宽容与等待，分析他们的行为是特点还是问题；进行分享交流之前，要善于抓住幼儿的年龄特点，先解决符合幼儿最近发展区的问题，对经验或认知能力尚不可及的可以先暂时缓一缓。

二、互对话，议分享——师徒游戏背后对话，思考交流分享的内容和要求

分享交流的内容，一般不外乎以下几点：(1)在交流中整理经验；(2)在交流中拓展经验；(3)在交流中传授经验；(4)在交流中解决纠纷；(5)在交流中征集方法；(6)在交流中纠正错误。

1. 确定教师的身份

我们每次在见习教师观摩导师自主游戏之前，都给予他们一些问题，让他们带着问题去观摩。要求见习教师在观摩导师活动的时候，尽量多去观察幼儿的行为，甚至可以玩伴的身份参与游戏。比如今天幼儿开个医院，见习教师可以病人的身份去与幼儿一起游戏，暂时忘记自己教师的身份，牢记自己只是幼儿游戏中那个年龄稍长一些的玩伴，那么你就会有不同的经历。在与幼儿的游戏互动中，你就能更好地了解幼儿、理解幼儿，为你的游戏分享环节提供素材。

2. 理解游戏的对象

不同的幼儿，他们的游戏情况是不同的。我们能做的是学会认同，快乐共享。幼儿的快乐很简单，有时候可能因我们的一个疏忽、一句话，就在老师的不认可中让快乐戛然而止。比如蛋糕店的幼儿制作蛋糕而不卖蛋糕，其实是幼儿的特点，而不是存在的问题，幼儿的游戏水平还没有到那一步。见习教师可以根据导师的分享交流，来分析导师在交流分享中的主体是谁，内容是什么，交流分享的价值所在，从而更加理解幼儿的游戏行为和年龄特点。

3. 把握分享的尺度

当真，但不较真。要有足够的信念，遵循“给予幼儿充分的游戏自由”的原则，让孩子们最大限度地表达与发挥。比如对待幼儿卖东西随意标价，甚至一百一千的时候，如果老师较真了，那孩子还会有那么多的快乐吗？孩子只是热衷于买卖的过程，而不是这个东西究竟要卖多少钱。所以我们的见习教师可以根据导师的分享交流，看看今天导师分享的亮点在哪里，哪些是值得你学习的地方，或者针对分享交流有哪些建议。在师徒互动交流、思维碰撞中，更能让我们的分享交流真正地推动游戏的进展。

三、初尝试，解分享——徒弟尝试师傅观摩，运用分享交流的方法和策略

在几次观摩研讨之后，我们会让见习教师来尝试执教，指导教师手把手地指导。见习教师在活动之前可以制订观察计划，运用有效的观察策略，把握科学的观察方法，从而提高分享交流的成效。

1. 分享游戏的快乐

自主游戏的交流分享的重点就是分享幼儿游戏中的快乐，同时推动游戏的发展，完善幼儿的认知经验，提高幼儿的能力。自主游戏的交流分享不同于集体教学活动，切忌教师“一言堂”。比如，我们可以让幼儿自己来说，说说自己游戏中的快乐故事，往往幼儿的讲述会令你刮目相看。游戏是幼儿最喜欢的活动，对于幼儿自己在游戏中的快乐，幼儿会滔滔不绝。

每次下午的研讨活动中，我们会和见习教师一起讨论当天的交流分享——如果今天你是执教者的话，你会分享哪些游戏故事？可以用什么样的方法进行分享？比如集体的师生互动，或者是幼儿的生生互动。合理开放式的提问，幼儿会畅所欲言，真正地体验到游戏的快乐。有时是我们成人意想不到的，幼儿常常会给你很大的惊喜。

2. 解决幼儿的问题

幼儿在玩自主游戏时会发生很多问题与矛盾，其中有些问题非常适合拿来与其他的幼儿互动，点拨他们的相关经验，帮助他们理解实质。比如，理发店没有人怎么办？可以和同伴们一起互动，想出切实有效的办法。又如，怎样的蛋糕会让大家喜欢？怎样可以使蛋糕店生意更好？幼儿在思维碰撞中会想到更好的办法。

在孩子游戏的过程中，有的时候也会遇到瓶颈。遇到问题的时候，孩子会主动寻求老师的帮助，此时由于教师适时引导（而不是指导），从而推动游戏的发展。同时也可以把问题抛给幼儿，让幼儿来讨论决定，所以分享的时机也是非常重要的。

3. 激发幼儿的经验

自主游戏是幼儿对现实生活的模仿，它基于幼儿的原有经验。因此，游戏中教师若能够捕捉到幼儿的共同经验，理所当然地应该成为交流分享的内容。比如，自主游戏的交流分享要善于找到能激发幼儿广泛认同和感受的经验，那些幼儿感兴趣的游戏可以拿来分享。对于一些新开设的游戏，对幼儿暂时没有共同认知经验与情感的话题，可以暂时不考虑，一些难以理解的话题可以不作为重点。

如果见习教师能真正地走进幼儿，倾听幼儿的心声，游戏的功利性少一些、快乐多一些，不把教师所认为的快乐强加在幼儿的身上，孩子有自己的想法和乐趣，他们便会乐在其中。怎样让游戏在快乐的基础上，把个别幼儿的经验变为其他幼儿的经验，提升幼儿游戏水平，也是我们以后值得研究的问题。

只有教师管住嘴、管住手，学会倾听，才能发现游戏对于幼儿的快乐。交流分享的过程、其实是体验成功与快乐的过程，对其他孩子来说，也是一个学习的过程、分享的过程。游戏交流分享的基础就是教师细致地去观察，聆听孩子的心声，解读孩子的行为。有时教师看有的幼儿感觉无所事事，有的幼儿忙忙碌碌，不知道他们在干什么，但是如果你能仔细观察，听听孩子的说法，你会发现其中的乐趣，发现其中的惊喜。希望我们的这些做法，能够帮助到我们的见习教师，同时希望见习教师能运用理论知识，在实践中加以反思，及时积累经验，让我们的游戏分享更加快乐有效！

我们的故事——带教进行时

上海市徐汇区宛南实验幼儿园　吴晓雯

还记得1996年来到单位的第一个月，我懵懵懂懂、手足无措，每天组织孩子们游戏、照料他们吃饭成了自己最大的心事，怎样做好家长工作、取得家长的信任成了我最想学习的方向。我多希望自己能吃了缩小药，跳进老师的口袋，去听课，去领会，去揣摩……

十年后，班级里我成了孩子王，经常看到我和孩子们打成一片；家长们成了我的知心朋友，双休日我们一起组成阳光家庭放飞孩子的童年……又一个八年后，每一学期都会有见习教师来到我的教室，而我也深深地知道每一位新教师都有着与我当年相同的境遇。作为导师的我能够做的，就是无私、毫无保留地把自己积聚了十几年的教学经验传授给他们。这六年来，我们彼此之间除了友情，也留下了一串串值得回味的小故事。

一、故事一：宝贝不睡觉

小班新学期开学第三周，欢欢老师就焦急地敲响了我办公室的门："吴老师，想请教一个问题：我看你们班的孩子都已经能够自己入睡了，但我们班有的宝贝不愿安静睡觉，与旁边的孩子玩闹；有的宝贝不断要求上厕所，影响了周围孩子的睡眠；还有些调皮的宝贝总用手敲击移门，发出一系列的噪声……这可怎么办呀？"我仔细询问才知道原来欢欢老师开学前在每个床边随机地贴上孩子们的姓名贴，这看似很简单的活儿，却在开学第一周睡觉时就出现了一系列的问题。我没有直接给出意见，而是让她静下心来观察每一个孩子，尝试对他们的行为作一些分析。

于是，欢欢老师有了新发现：佳佳特别爱上厕所，是因为她月龄小；小闵频繁醒来，是因为容易出汗；小新是个多动的孩子；那对相互嬉闹的孩子是一对双胞胎兄弟，平常就喜欢相互玩耍……根据不同的问题，我们一起来分析和调整：上厕所频繁的孩子，可以让她靠走廊睡；怕热、爱出汗的孩子，可以让他睡在通风较好的位置；顽皮好动的孩子，别让他睡带轮子的床；爱嬉闹的兄弟，睡觉的位置隔开点比较好。我还建议她尝试使用培训手册中的幼儿行为观察表，为孩子进行个案分析，形成有针对性的保教方案。

（一）新教师小秘籍

仔细观察每一位孩子的特点，根据出现的问题逐个击破，对于个别有特殊习惯的幼儿可以作个案追踪分析，寻找适宜的教育策略。

（二）带教老师感悟

重视师德师爱：作为一名幼儿教师，最需要的是有妈妈般的细心、爱心，还要有老师的责任心和专业性。有了这份爱与心，相信教师的道路会越走越顺畅。

用心读懂孩子:每个幼儿都有不同的特点,对于新教师,要引导其仔细地观察幼儿、分析幼儿,才能找到适合幼儿的有效策略。

开启家园共育:幼儿生活习惯的养成离不开家园相互配合,开学前的家访、平时的家园沟通,都能够帮助老师更快地熟悉幼儿、了解幼儿,在家园的协力下,会助力幼儿更快地发展。

二、故事二:神奇的小门铃

在观摩悦悦老师的小班角色游戏时,我发现他们班级中大部分的孩子已经具备了一定的角色意识,但却很少出现同伴之间的语言交流,游戏依然停留在独自游戏或平行游戏的阶段。例如在娃娃家中,“妈妈”独自在炒菜,“姐姐”在帮娃娃洗澡,“爸爸”在打扫卫生……每个宝贝都在游戏中“各司其职”并且“互不干涉”。悦悦老师也很困惑地告诉我,她在游戏的交流分享中,运用情境展示的方法已帮助孩子们丰富游戏情节,引导孩子们进行相互交流和沟通,但却发现收效甚微。

于是我抛给她一个问题:“你觉得游戏能力是教出来的吗?”悦悦老师思考了一会儿坚定地摇头。“对呀,你为什么不能另辟蹊径呢?”这是我给她留下的一道思考题。于是,两天后我在他们娃娃家的门口看到了一个小门铃。小班幼儿对于会发声的物品特别感兴趣,只要路过娃娃家门口,孩子们都喜欢揿两下门铃,并对其研究一番。娃娃家的门铃声几乎没停下过。在游戏分享环节,悦悦老师就抓住了孩子们的兴趣热点,让孩子们讨论小门铃的用途和功能,并结合孩子们自身的做客经验,展开一系列的问题讨论:谁会去揿门铃?“主人”和“客人”两个角色随之应运而生,有客人来时,如何做一名热情的好主人呢?——在随后的几天中,孩子们最热衷的角色就是当一名小客人,到娃娃家中聊天做客,“爸爸妈妈们”也会很热情地招待小客人的到来,娃娃家中欢笑声不断。悦悦老师感叹:“原来,一个小门铃的环境创设,自然而然地就推进了孩子们的社会性发展,真是神奇!”

(一)新教师小秘籍

幼儿的游戏不是老师教出来的,而是他们自己玩出来的。聪明的老师会观察幼儿、追随幼儿,在关键的时候画龙点睛。

(二)带教老师感悟

走近孩子,观察解读:游戏介入、材料提供、过程观察都离不开老师对于幼儿的观察,在活动中能否看懂幼儿的行为决定了游戏水平的高低。

慧智慧行,善于反思:一名教师要成长,必须得善于反思和总结并逐渐形成自己的独特思想,这是教育的大智慧、真智慧。但是这个智慧不是通过学习就会拥有的,观念、行为均是在实践中才能体现。

善于捕捉,问题引领:导师的指导应基于见习教师的问题。对于见习教师的有些困惑,我有时不直接给出答案,而通过抛出问题引发其思考,让见习教师不仅知其然,而且知其所以然,增强见习教师对问题的探究、深研意识,从而培养见习教师可持续发展的能力。

三、故事三:这个舞台属于你

制作教玩具比赛是每年见习教师技能大比武中的经典赛事。小陈老师心灵手巧,很早就完成了教玩具的制作,但是过于害羞一直是她难以克服的关卡。如何让她能在台上有更好的呈现,我们一起从方案的制订到教具的演示到最后语言的表述,用了无数个休息时间。一遍不成再来一遍,从讲给自己的搭班听到讲给不认识的老师听,有进步了,再试,反复练,反复修改,寻找适合她的表达方式,定下适合她的表述用语。正式比赛的那天,她很平静,而我却紧张万分,手心沁出一层一层汗水。临比赛我告诉她:"这个舞台属于你,你能行!"十分钟的演示,我调动了全身细胞,每个环节、每句话就怕她紧张忘词,五分钟过去了,与预想的毫无差错,她条理清楚、声音响亮,我不由得放松下来,向她送去了大拇指。她也像是吃了颗定心丸,越说越有力,越说越自信。听着她的话,看着她的脸庞,我真想来个深深的拥抱。一个多星期的辛劳没有白费,换来了她的点滴进步,也换来了她的自信。

(一) 新教师秘籍

没有过不去的坎,没有克服不了的困难,只要足够努力,一定能到达成功的彼岸。

(二) 带教老师感悟

美好生活,全力以赴:对于刚起步的见习教师,有着更美好的明天等待着他们。做一个对幼教事业有理想、有憧憬的新教师,一定要学会依靠自己的好学与努力取得更大的进步,这也将是成长为一名合格教师的前提。

经历风雨,感悟成长:成长的过程一定会是克服困难的过程,没有经历就没有成长。

相信自己,潜力无限:每位新教师都有无穷的潜力,导师要为他们搭建平台,助力他们的成长!在一个个活动中,见习教师通过自己的努力,会发现另一个精彩的自己。相信他们,给他们足够的肯定,他们就能绽放出无限的精彩。

此刻的积蕴,是为了明天的放飞。一路走来,我们忙碌着、充实着、收获着、快乐着。一年的带教生活,很辛苦,但很值得;一年的带教时光,很忙碌,但很美好。这一年所积累的回忆与情感,在之后的每一天都值得回味与珍藏。

结合问题与言传身教并进

上海市徐汇区乌鲁木齐南路幼儿园　李　晨

在带教见习教师的过程中，导师应站在见习教师的立场上看问题，了解他们的需求——目前在带班过程中最担心的是什么？最需要什么样的帮助？只有针对见习教师的需求，有针对性地进行带教，才能真正将带教工作落到实处，落到见习教师需要之处。以下便是我对见习教师居老师进行指导的一则案例。

一、居老师的问题

在上午的生活常规中，居老师发现幼儿拿取毛巾的颜色样式、叠放方法、使用方法和摆放要求都不一样。在生活环节中，居老师经常要重复好几遍不同毛巾的叠放方法和使用方法，有时也会顾此失彼，叠放要求基本达到时，最后的摆放要求没有达成。如何让幼儿能够养成自主拿取毛巾，并且自己按照规则进行毛巾使用，最后能够平整地送回毛巾盒中的习惯呢？

二、问题的来源

小班对于生活环节中毛巾的摆放、使用和折叠要求比较多，且比较复杂易混淆。居老师在指导过程中，出现了方法比较单一且不全面的情况。

三、我的指导

小班小朋友对于生活常规的建立是非常重要的。因此，虽然是叠毛巾这样的小细节，也有很多讲究，不可小觑。作为教师，当你发现孩子对叠毛巾和使用毛巾的方法比较混淆时，首先要做的是自己理清思路，明确每个生活环节中用到的毛巾的样式、使用方法、叠放方法和最后的整理方法。在明确之后，要明确自己的定位，不同的定位有不同的要求。比如，在吃点心的环节，在厕所的定位是排队拿取毛巾，从最上面的拿起；在餐厅的定位是指导幼儿将毛巾叠成长方形；在餐车的定位是提醒幼儿将毛巾摊开，平整地放到毛巾盒里。

（一）思考一

明确各个环节毛巾的作用和要求。我根据要求对毛巾进行梳理。在上午的一日生活中，使用毛巾一共出现了三次。第一次是在上午九点吃点心的时候，要求是：(1)洗好手之后，排队拿取毛巾，从最上面的开始拿起，拿黄色小毛巾；(2)将毛巾叠成小长方形，放在左手边；(3)吃完点心之后，将毛巾连同餐具送回去，毛巾打开且平整地放在毛巾盒里。第二次是在运动后擦汗的时候，要求是：(1)洗好手之后，排队拿取毛巾，从最上面的开始拿起，拿黄色大毛巾；(2)大毛巾展开擦擦脸，叠成长方形擦擦脖子，叠成小正方形擦擦手；(3)将毛巾展开放在毛巾盒中。第三次是吃饭之前。

（二）思考二

确定定位，根据定位提要求。不同的定位，要求不同。在擦汗的环节中，定位在厕所时，要求是洗好手之后，排队拿取毛巾，从最上面的开始拿起，拿黄色大毛巾；定位在教室时，要求是大毛巾展开擦擦脸，叠成长方形擦擦脖子，叠成小正方形擦擦手，然后将毛巾展开放在毛巾盒中。在午餐环节中，定位在厕所时，要求是洗好手之后，排队拿取毛巾，从最上面的开始拿起，拿白色小毛巾；定位在餐厅时，要求是将毛巾叠成小正方形放在左手边；定位在餐车时，要求是连同餐具一起送回去，毛巾打开且平整地放到毛巾盒中，漱好口之后，再拿一条白毛巾擦干嘴巴，将毛巾打开且平整地放到毛巾盒中。

（三）思考三

当遇到有幼儿不愿意自己动手叠毛巾和放毛巾时，可以采取以下几个方法：第一是演示法，通过教师演示，让幼儿模仿；第二是榜样示范法，通过表扬愿意自己动手且叠得很好的幼儿以激励其他幼儿自己动手；第三是鼓励法，通过鼓励该幼儿，激发幼儿自己动手的意愿。

四、我对居老师的点评

职初教师对幼儿园一日常规中比较易混淆的东西产生困惑是很正常的，不必紧张于自己的不熟知，而应大胆提问。作为教师，我们应该比孩子更清楚一日生活的常规，这样才能培养孩子的规则意识。建议在日常实践中积累能够正确引导孩子的指导语。

五、居老师的实践与反思

（一）实践案例

今天，居老师重点观察了擦汗环节和午餐环节幼儿使用毛巾的情况。由于擦汗环节和午餐环节挨得比较近，所以保育老师会将擦汗毛巾和午餐毛巾放在一起，很容易引起小朋友的困惑。居老师首先明确了擦汗毛巾和午餐毛巾各自的要求，并且确立了在擦汗时定位在厕所，在午餐时定位在餐厅和餐车。在擦汗环节中，居老师发现有小朋友混淆了擦汗毛巾和午餐毛巾，便采取榜样示范法，通过表扬拿对的小朋友，让拿错的小朋友自己改正。另外将午餐毛巾盖起来，放到了厕所外面的椅子上。在午餐中，居老师发现有小朋友直接将毛巾一扔就好了，且这样做的幼儿人数不少。于是，她采取了演示法，在集体面前进行演示，大部分幼儿能够跟着她将毛巾叠放整齐。个别幼儿依旧没有动手，于是她采用个别鼓励的方式，让幼儿自己动手将毛巾叠放整齐。在午餐后，居老师用榜样示范的方法，通过提示第一位吃好的小朋友将毛巾展开平放，并且鼓励和表扬他能够自主地将毛巾平整地送回去，来激励接下来吃好的小朋友记得将毛巾平整地放好。

（二）居老师的分析反思

在实践过程中，居老师发现前期梳理非常重要。在经过自己的梳理和导师的指导之后，她更加清晰了每个环节的要求和每个定点的观察要点。在这样的基础上，作为职初教师的她面对幼儿出现问题时不再模棱两可，而是可以更加确定地给出比较积极的回应，并通过不同的方法和策略进行引导。在今天的实践中，居老师发现演示法比较适合多数幼儿出现问题时集体进行，能够用最短的时间解决大部分幼儿出现的问题和困惑。当部分孩子出现问题时可以用榜样示范法，通过榜样的示范作用，让这些孩子发现自己的问题并进行纠正。当个别孩子出现问题时，可以用个别鼓励的方法，通过正向引导让幼儿发现问题，及时改正。

我对居老师的指导：

居老师能够在生活环节中敏锐地捕捉到孩子们易出错的地方，并且预设解决的方法，在实践中总结出针对个别幼儿和针对集体幼儿的不同指导方法。希望她能够在实践中更多地运用多种方法并用的方式进行指导。

通过这样一个案例，我帮助居老师从幼儿生活中的一个细小环节着手进行思考，并形成自己的经验和方法。同样不仅是针对见习教师自身的问题进行指导，还要言传身教地进行指导，于是我经常鼓励居老师观摩我的各种活动，并且提出自己的想法。如在观摩了我和孩子们开展的游戏活动后，居老师提出了她自己的思考。

（三）居老师观摩后的思考

游戏是幼儿的天性，在游戏材料的投放中，居老师觉得我能够很好地利用材料的自身特点，激发孩子表征行为游戏的兴趣。特别是“百宝箱”的投放。在我投放的“百宝箱”中，有各种各样的低结构材料，比如各种大小、不一样颜色的布，各种各样的彩纸，各种形状的瓶子、盒子、雪花片等一系列材料，并且按照材料的不同用不同的盒子区分开来，看起来非常整齐。在孩子们游戏的过程中，居老师观察到孩子们游戏的时候对百宝箱的拿取非常自如，而且能够自主地按照老师盒子上的划分进行材料的拿取，在收玩具的过程中，孩子们也能根据材料的不同进行整理，把这么多材料全部整理干净。居老师认识到通过投放“百宝箱”，用孩子们自己收集起来的材料进行游戏，不仅能够用孩子们生活中常见的材料激发幼儿表征游戏的行为，而且能够用游戏环境让幼儿在游戏活动中有规则地自主进行游戏材料的拿取，培养幼儿的规则意识。

在观察我的师幼互动中，居老师发现我既能和孩子们玩到一起，又能在和孩子们的游戏中发展幼儿的游戏水平。她说我在和孩子们一起玩时，总能敏锐地捕捉到孩子们的优点，并且在游戏中引导孩子。比如在图书馆中，小吴将一本可以拆卸的图书打乱了，里面的纸张撒了一地。这个时候，老师提问小吴这些纸头是哪里的，为什么它们跑出来了，那老师就不能看了，并且表示很难过。于是，平时总是不愿意整理的小吴看到老师因为书乱了而这么难过也开始整理了，并且能够坚持自己将所有的页码全部整理干净，并放整齐。

之后我结合居老师的思考，和她共同分析我的做法及其目的后，居老师又对这个活动进行了反思。

（四）居老师的再次反思

1. 在师幼互动中传播爱

居老师觉得让她感触最深的是我能够将自己对孩子的爱和对孩子专业的解读，深深地烙印在自己和孩子的互动中，让孩子们喜欢又敬爱。在这其中，作为职初教师的她有的时候不知道如何表达，有的时候觉得自己太宠孩子了，有的时候又觉得自己不够和孩子亲近。在观察之后，她发现，她的问题在于没有在爱孩子的时候用孩子的眼光解读孩子。将自己的专业和仁爱之心结合在一起，才能成为孩子们的良师益友。除此之外，居老师还说在我身上学习到，在和孩子们的互动中，老师的角色也是一个引导者。比如在发展小班孩子们的同伴交往中，老师可以是一个牵线搭桥的角色；在生生互动中，老师可以是话题的激发者和传递者，将更多的交流空间留给孩子，让孩子们的生生互动也更加丰富，鼓励孩子们的社会性发展。

2. 游戏材料的选择

对于小班下学期的孩子来说，表征游戏开始萌发，说明孩子们的想象力和创造能力正在萌发。在这个阶段，老师“百宝箱”的投放，能够很好地满足孩子们发展这一能力的需要，并且老师也想到了培养孩子的自主性——自主拿取，自主整理，能够按照特征进行归类。在此基础上，居老师将幼儿自主选择的方式在小舞台上也尝试了一下，让幼儿自主选择自己喜欢的歌，可以是班级里面教过的歌，也可以是自己在家比较喜欢听的儿歌。在投放了多媒体平板之后，孩子们能够自主地选择歌曲，在小舞台中的活动越来越自主，也越来越喜欢了。

我相信，通过这样一次次的互动，一定能帮助见习教师不断进步，不断成长。

个性带教，共同成长

上海市杨浦区本溪路幼儿园　张　青

幼儿园每年都会有新教师加入，刚踏上工作岗位的新教师，由于理论与实践的脱节，在学生向教师角色转变的过程中，总会遇到这样那样的问题。自2012年我园被评为上海市见习教师专业化发展学校暨见习教师规范化培训基地以来，我有幸一直被聘为带教导师。幼儿园对这项工作非常重视，根据区见习教师规范化培训管理制度和实施方案的精神，结合本园特色，坚持从全面、高位、多元的视角来整体规划和推进，积极积累“规范＋自主”“团队＋联合”“文化＋专业”的浸润式培训模式。作为本溪见习教师带教团队中的一员，基于区里对带教教师的培训和职责要求以及本溪特色培训模式的引导，我在多年的带教经历中，也不断反思和积累有效的带教经验，力求使自己带教的见习教师能尽快适应角色转变并为其专业的可持续发展奠定基础。

一、实录一

（一）实录

开学初，与见习教师签订带教协议。起初，我总是根据新教师踏上工作岗位后会遇到的一些共性问题，单方面地制定带教内容。一次偶然的机会，与见习教师小姚老师聊天。我问：“小姚，每天带班最让你头痛的问题是什么？”小姚老师的回答完全出乎我的意料，她说：“张老师，怎样才能让孩子听懂我说的话呢？每一次和孩子们交流，感觉他们好像都没有听懂，完全没有反应。怎样才能像您一样吸引孩子注意倾听，让孩子们听懂老师说的话呢？”同样的问题我又问了小俞老师，小俞老师说：“我最烦恼的事情是如何去解读幼儿的行为，因为不理解，所以不能给予有效回应和指导。”

（二）思考

基于这一次的谈话，我认识到：新教师在踏上工作岗位以后，会遇到很多问题。有一些是共性问题，但由于每位新教师个性特点不同，或者说个体当前最需要解决的问题不同，因此会出现个性化的差异。本科毕业的小姚老师原本对自己信心满满，在踏上工作岗位一段时间以后，她痛苦地发现：原来要和一群四五岁的孩子进行对话也不是一件容易的事情。对于小姚老师来说，她现在最希望得到的指导不是活动方案的设计或者活动的组织实施等，而是如何把握年龄特点与幼儿进行有效互动。

（三）经验梳理：基于个体差异，开展个性化带教

从这个案例中，我认识到制定带教内容不仅仅是导师单方面的行为，更应关注见习教师的实际问题和需求。这样才能激发见习教师产生主观的学习愿望。于是，我们在签订带教

协议时,新增了“个性化协议”板块,由带教教师和见习教师共同填写,凸显个性化的带教内容和方式。

二、实录二

(一) 实录

“雏鹰初鸣”个人电子成长档案是本溪的培训特色,电子档案记录了见习教师的成长足迹。它既是见习教师的自我评价,也是带教老师开展有目的、有计划的带教的重要依据。

与徐老师结对带教的初始,我就和徐老师提出:这一次的电子成长档案,我们一起来完成。从见习教师和带教导师两个不同的视角来记录成长的足迹。那是一个学期末,所有见习教师要互相交流一个现场学习活动。徐老师拿着她设计的活动方案,和我交流目标制定是否适切,环节设计是否能体现目标落实和层层递进。交流以后我发现徐老师对活动重难点把握准确,环节设计方面能关注趣味性,让孩子在游戏中学习,整个活动设计比较成熟,于是建议她试教。看了徐老师试教以后,我发现了问题:徐老师在与小班孩子开展互动时,没有把握好年龄特点,所以几次提问都碰到了无厘头回答的尴尬。针对徐老师在试教中比较凸显的问题,我和她逐一分析了活动中老师的每个提问,并在以后一段时间里让她持续观摩我的教学活动,和她解读我每一次提问的设计意图。这样一个磨课的过程,我们一起记录在了电子成长档案中。

(二) 思考

在开展带教工作时,我们总是会在开学初把一学期的带教目标、带教内容、带教方法都预设好,以便于有目的、有计划地开展培训。但是在过程中,我们会发现有些问题是没有预估到的。徐老师的活动设计能力非常好,可是在实施过程中出现了问题。所以,根据徐老师的当前情况,开展有针对性的指导,才能促进其更快速地成长。

(三) 经验梳理:记录成长足迹,关注持续发展

刚刚踏上工作岗位的见习教师,非常缺乏实践经验,要胜任工作,需要学习的东西很多。我们要给予见习教师足够的成长时间和空间,有目的、有计划地开展培训。类似这样的成长足迹可以帮助我更好地了解见习教师的发展优势和不足,以便于及时调整带教计划,合理有序地提高见习教师的专业能力,为可持续发展奠定基础。

三、实录三

(一) 实录

我参加“青年教师沙龙”活动时,发现他们针对一个话题积极讨论、思维碰撞、经验共享,交流场面非常活跃。我悄悄问居老师:“喜欢参加这样的活动吗? 活动能够给你带来思考或者收获吗?”居老师说:“喜欢,这里都是青年教师,感觉大家讨论的问题更贴近我工作中遇到的问题。彼此分享的一些方法都很有意思,让我想在实践中尝试。我可以沿着大家的成长足迹,一步步学习提高。”

(二) 思考

本溪路幼儿园是一所示范性幼儿园,教师梯队建设非常健全,有名师引领、骨干教师带

教，其中还不乏有经验的成熟教师和各有所长的青年教师。如果能让这些教师都参与到带教工作中来，那么既能满足见习教师的个性化需求，又能弥补个人带教的不足。

（三）经验梳理：借助教研平台，开展合作带教

作为本溪的大教研组长，我鼓励见习教师参与互动式教研活动。借助教研平台不仅可以解决一些共性问题，而且研讨的过程能促使见习教师积极思考，从不同角度思考问题解决的办法。教研组内的青年教师和见习教师年龄相仿，他们之间的成长经历可以互相学习借鉴；教研组内的教师各有所长，见习教师可根据自己的需要，自由选择和他们结对带教。这样的合作带教不仅给见习教师成长的自主权，而且不同层面、多维度的专业指导和交流既拓宽了见习教师的视野，也弥补了个人带教的不足。对于带教导师来说，这样的合作带教，不仅可以最大限度地发挥自己所长，而且导师之间的优势互补也能促进本身的专业成长。

四、我的收获

回顾五年的带教历程，从刚开始的单项传递到现在的双向互动，从单一途径到资源整合，从独立带教到团队合作带教，过程中不断梳理和反思，积累实效性强的带教模式。在五年里带教的十多位见习教师中，先后有多位见习教师获得区优秀见习教师；徐老师、周老师代表杨浦区参加市见习教师教学评比获得二等奖的好成绩；曾经带教的见习教师在一两年后参加区“小荷杯”青年教师教学评比也分别获得了一、二、三等奖的好成绩。与见习教师带教互动的过程也是我不断梳理、积累和促进自身成长的过程。我从一名区骨干教师成长为区学科带头人，多次获得区优秀见习教师带教导师的荣誉，参与编写了区见习教师培训资料《百问百答》以及市级网络培训课程的制作。在今后的带教工作中，我将继续探索有效途径，与见习教师共同成长。

隽隽成长记

上海市杨浦区控江幼儿园　吴　雁

一、引子

每当一个新学期开始，我得到园领导的信任，非常有幸成为一位位刚刚走出校门、充满活力的见习教师的带教师傅，我就深感自己的一言一行对见习教师的职初成长的重要。对照“杨浦区中小学(幼儿园)见习教师规范化培训”的要求，如何帮助这些见习教师尽快适应教师角色，强化教育教学实践能力，尽快胜任教育教学工作，是我一直在思索的。

每一位见习教师所毕业的院校及专业不同、性格不同、特长能力不同，受到这些因素的影响，无论是在学科带教还是班主任带教的过程中，都会呈现出不同的局面。一路走来，我捕捉到一些精彩的花絮记录成案例，每每回顾翻看，都会对我的带教工作又一次形成有效的冲击波，助推我向着更准确的方向而去……

二、实录

见习教师隽隽，是一个一眼看上去非常可爱的女孩：脸圆圆的，眼睛圆圆的，笑起来的酒窝也是圆圆的。这样一个年轻的“90 后”，即将从上师大的学前教育系毕业，带着对幼儿教师这份职业的美好憧憬，她来到了我们幼儿园，来到了我身边——园方安排我对她进行职前的班务带教工作。我们班级多了一个隽隽老师，小朋友很开心，家长也很高兴。

隽隽老师正式“上岗”了，可爱的小故事就一个个发生了……

(一) 故事一：讨人喜欢的凯凯

“小朋友真可爱啊！”

“还是小朋友最好玩！”

这是隽隽经常会说起的两句话。隽隽记性很好，来班级三天，就几乎已经能够记住班级里孩子的名字了。然后，我就发现——

早上来园，隽隽喜欢和男孩凯凯聊天；自由活动的时候，隽隽会抱着凯凯；运动的时候，隽隽愿意陪着凯凯一起玩。我悄悄和搭班老师沟通了一下，原来她也发现了这个问题。于是，便有了以下我和隽隽的谈话。

“看得出来，你很喜欢凯凯哦。”

“是呀，他很可爱的呀，眼睛这么大，我就喜欢这样的孩子。”

“我看你经常喜欢抱着他，可是你想过吗，你只抱他，其他的孩子会怎么想呢？他们也很喜欢你的。”

“哦，是吗？”

“别看孩子们年纪小，他们可机灵着呢，会从老师的一言一行看出老师的喜好，老师最喜欢谁，老师不喜欢谁，他们心里一清二楚。孩子是非常敏感的，不能给他们这种错觉，对每一个孩子都要拥抱。从现在开始，多想想其他孩子的感受，做到对所有的孩子一视同仁，公平对待每一个孩子。这是做老师必须要有的爱和责任。”

“明白了！”

从那次谈话后，隽隽开始注意起自己的行为，她开始用眼睛观察更多的孩子，给更多孩子以拥抱。

（二）故事二：第一次讲故事

隽隽来班级的第二个星期，一天临近中午，小朋友快要睡觉了。我拿起小女孩芸芸带来的一本绘本书，打算给小朋友讲个睡前故事。忽然看见一旁的隽隽，我于是改变了主意：“请隽隽老师来给小朋友讲这个故事好吗？”

小朋友热烈地鼓掌。虽然隽隽来班级已经两星期了，可是还真的没有机会听她给孩子们讲故事。我的想法是，一来让隽隽能和孩子更好地建立师生关系，二来看看她的语言功底如何。没想到的是——

“从前啊，有一个小女孩……”一个极其低沉的声音响起，这是一个经典的《小红帽》的故事，而隽隽正在用一种极其苍老的声音来演绎着，并且语速平缓，她端坐在椅子上，双手托书，一双眼睛始终看着书，没有抬起过头。小朋友听得很认真——因为我们班级的小朋友很喜欢听故事。我却在心中抓狂：怎么能把一个故事讲成这样呢？

事后了解到，隽隽所在的大学，并没有开设过专门针对老师讲故事的语训课程（和我以前的师范所学课程有所不同）。而他们的儿童文学课也比较简单，没有系统地接触过适合幼儿阶段的儿歌、童话等作品。对于即将从师范学校毕业的隽隽来说，讲故事和演绎故事完全是她的弱项。于是，我专门给她介绍和讲解了一些讲故事的基本要点：语气语调、表情、肢体动作、师生互动等。另外还补充道：

“回去以后，可以对着镜子练习，怎么笑，怎么做动作。”

“需要这样夸张啊？”

“当然的！镜子里可以让你看出自己的问题，那就需要及时把问题改掉。”

打那之后，每次的午睡或是离园前，如果有时间，隽隽都会抓紧时间给小朋友讲一个故事。效果呢？当然是让我越来越乐呵呵了！

（三）故事三：“我不敢说”

在班务带教工作中，进行家访是不可避免要经历的。我和隽隽确定了去小女孩雨蝶的家中。雨蝶平时都和爷爷奶奶生活，爸爸妈妈在浦东，一星期接回去住两天。其教育问题都由爷爷奶奶管。雨蝶是个活泼的孩子，就是喜欢吃零食，体重超标；另外在班级里比较强势，经常会有和同伴在游戏过程中起争执的情况发生。出于这个孩子的特殊性，我们确定她为家访目标。

事先隽隽咨询我，去雨蝶家可以问什么问题？我和她仔细地商量并确定好问题，诸如孩子在幼儿园的表现，家庭饮食健康问题，爸爸妈妈需要参与到孩子的教育中等。一切就绪，我怕隽隽会紧张，就事先和雨蝶的爷爷奶奶打好了招呼："隽隽老师第一次进行家访，比较紧张。会问你们一些问题，请你们支持她一下。她今后 9 月份就要正式工作了，必须迈过和家长交流的这道坎。"爷爷奶奶很配合，说："没有问题的，老师来，我们欢迎。"

周三的下午，我和隽隽出发去雨蝶家。雨蝶刚由奶奶从幼儿园接回家，在家正美滋滋地吃着碗里的薯片呢！

于是我俩坐在了沙发上，雨蝶欢天喜地地继续吃她的薯片。我先说了开场白，然后碰了碰隽隽，可是隽隽没有动静。我又向她使个眼色，表示可以开讲了呀。可是隽隽却朝我做了个摇头的动作。

接下去的家访，基本都是我在提出原先预设的问题，雨蝶小朋友还表演跳"小苹果"给我们看，隽隽在一旁温柔地笑。

虽然这是一次愉快的家访，但是一出门，我马上不解地问："怎么搞的，你怎么什么都不说啊？"

"我不敢说。"隽隽脸红红地说。

我本来还想说几句的，忽然想到，自己第一年上班的时候去家访，也是师傅替我说了……

"没关系，总要有第一次的。以后你去家访，给家长的第一印象是很重要的，说话要能给家长以充分的信任，要倾听家长的诉求，合理提出自己的建议，真正成为家长的好伙伴。我们下次有机会再去进行一次家访，你要多说哦。"

隽隽的故事还有很多，隽隽的故事还在继续。这一个个小故事，印下了隽隽慢慢成长的足迹。相信她会一步步走得更好，成为一个好老师！

三、分析与反思

在见习教师入园之初，他们还未脱去学生时代的稚气，这种稚气也许会存在很长一段时间。这些年轻的"90 后"，看待事物的方式也和我们不同，但是她们有活力，接受能力强。因此在见习教师刚刚工作的这段关键期，如何帮助他们形成积极的工作状态，如何做到从学生到教师身份的转变是非常重要的，这会影响到今后漫长的幼教工作之路的积极性和责任感。

在与隽隽老师的互动中，我强烈地意识到带教过程中一定要关注：

1. 细心发现问题

见习教师需要在实践中获得自身发展的能量，作为指导师傅，要能够从他的各种带班细节中去发现问题，给予及时有效的指导，解决他心中的各种疑惑，绝对不能放过任何一个小细节。日常只有多和见习教师一起针对问题深入研究，不放过任何的小细节，日积月累，才能使见习教师获得教学成功、指导幼儿的有力保障。

2. 问题把脉精准

每个见习教师不同，他们存在的问题不可能都是一样的，因此指导老师要对他们在教学或带班过程中出现的问题进行细致分析，把握问题产生背后的原因，包括见习教师的内因(包括性格、固有观念、受教育经历、家庭因素等)以及问题产生的外因(环境影响、幼儿及家庭影响等)。精准地把脉有利于了解问题实际，揭开现象发现本质。

3. 策略对症下药

细致分析见习教师发生的问题后，要及时指出。以理论为指引，摆事实、讲道理，以理论结合实践的方式是最容易让见习教师接受的。指导的内容虽然是多方面的，但其中师德修养、教学方法、家长工作、师幼互动这些方面不可缺少。

作为指导教师，要能关注到见习教师成长中的点滴进步，要能结合自身的经验，帮助见习教师少走弯路，步伐稳健，从而胜任幼教工作。我也将与见习教师一起以此共勉，共同成长！

分块式带教

——如何提高一日活动规范化培训的成效

上海市长宁区海贝幼儿园　怀春霞

一、案例背景

从2011年开始，我连续带教了七位见习教师。我用分块式的带教方式扎扎实实地开展带教，从中我看到了每一位新教师的成长，自己也有了许多收获。2011年我接到园领导的任务——担任见习教师规范化培训基地的导师。作为幼儿园的教研组长，我有在本园带教徒弟的经验，但是带教园外的新教师我还是第一次。第一次拿到见习教师培训手册，我仔细研读手册，发现在手册的第一页写着中小学(幼儿园)见习教师规范化培训指导教师职责、指导教师学科带教计划、指导教师班主任带教计划，以及长宁区实施《上海市幼儿园见习教师规范化培训内容与要求》的细则。我整合自己二十几年在教育教学方面的知识与技能，从规范化带教达成目标、新教师实际情况、基地园教学资源、导师教学特色这四个方面，开展规范化带教。

由于学前教育的特殊性，我深刻地认识到幼儿园的带教不同于小学和中学的带教，我们带教的是一日活动，即一日活动皆课程。我在带教过程中除了要思考如何将自己在教育教学方面的教法教给新教师，更要教会新教师一日活动每一个环节的实施和落实，即怎样顺利开展幼儿园四大板块的活动——生活、运动、游戏、学习？用什么样的方法最大化地传授给新教师？怎样让每一位新教师都能结合自身的特点得心应手地进入这些领域？经过这些年的带教，我探索出用分块式培训模式帮助新教师快速成长，并在2015年结合我园的结构游戏特色整理成长宁区规范化培训基地的课程，通过课程帮助区内的见习教师全面成长。

二、案例描述

2011学年至2017学年，我带教了六个不同幼儿园的七位见习教师，其中有四位是学前教育的应届毕业生，三位是有一定教学经验的转岗教师。七位教师教学经验不同，基础有差距，但共同点都是诚恳好学。我结合她们的自身特点制订适合其个人的带教计划，通过四大板块的分块式带教引领见习教师快速成长。

（一）生活板块的带教

- 生活案例一：好习惯从小养

小班的幼儿刚入园，生活自理能力较差，而且对幼儿园的生活还不适应，生活习惯还没有形成。在与家长的沟通中也证实，幼儿的许多事情是由家长包办代替的。因此，小班的生活课程是十分必要的。我们在日常教学与生活中十分注重幼儿生活习惯的培养，针对小班幼儿的特点，我们尝试运用了多种方法来培养幼儿良好的生活习惯。经过我们一学期的努力，大部分幼儿都养成了井然有序的良好的生活习惯，并在自理能力等各方面有了一定的提高。

1. 采用多种多样的方法培养幼儿良好的饮食习惯

孩子在家里经常是由家长来喂饭的。许多家长也说自己的孩子有挑食、偏食、边吃饭边看电视或者吃饭时手里要拿个玩具等不好的饮食习惯，大人天天要想办法哄着孩子吃饭，一顿饭吃下来，特别费劲。这些都是由于家长没有正确地喂养及教育孩子造成的。

在开学初，由于幼儿需要适应期，我们也不要让孩子对幼儿园产生恐惧，所以我们不限制孩子的一些习惯。胃口小的孩子不勉强，挑食的孩子不责怪，不强行制止，而是顺其自然，逐步引导。如豆豆开学初不喜欢吃菜，每次菜还没送进嘴里就开始做作呕状，我们开始的时候没有强行限制，等到幼儿与幼儿、幼儿与老师之间相互熟悉了，老师通过树立榜样："你看小朋友们都喜欢吃蔬菜，小白兔最喜欢吃胡萝卜了，吃好后眼睛会亮亮的，你想不想也这样?"现在他也喜欢吃蔬菜了。

我们还为幼儿创造一个良好的进餐环境，通过音乐《宝宝自己吃饭》和"娃娃家"游戏，教会幼儿正确使用餐具——一手扶碗，一手拿调羹，以及用正确的姿势吃饭，让幼儿专心进食。教师随时巡视，发现幼儿吃完饭时可以小声问幼儿是否需要添饭，并通过情境表演，教会幼儿细嚼慢咽，不狼吞虎咽，以提高幼儿的进餐质量。我们还鼓励幼儿吃饭时不说话，一口一口地吃饭，不把饭粒掉在桌子上、地上等。

2. 结合生活故事培养幼儿良好的卫生习惯

幼儿在家里是由家长帮助他们洗手、如厕的，幼儿还有"吃手"、挖鼻孔等坏习惯。

我们教育幼儿不"吃手"、不挖鼻孔、常洗手，教师也以身作则，树立榜样，让幼儿学习良好的生活习惯。

幼儿在进餐前、户外活动后、大小便后，要让幼儿洗手，但是幼儿还不是很熟悉洗手的步骤和方法，老师就可结合儿歌，教会幼儿洗手的步骤与方法："小手淋淋湿，抹抹小肥皂，手心搓一搓，手背搓一搓，手指缝里搓一搓，清水里洗一洗，再拿小毛巾擦一擦，我的小手真干净。"让幼儿在学会儿歌的同时，也学会了洗手的步骤和方法。

有的幼儿不常剪指甲，我们就在日常生活的一些小事中告诉幼儿，如有些小朋友牵手的时候，就很容易把同伴的手弄痛。老师此时循循善诱，鼓励孩子主动向家长提出剪指甲。

对于刚入园的小班孩子来说，学会自己上厕所是一个不小的挑战。他们要么不会以正确的姿势小便，要么没等拉好裤子就走出厕所。为了让幼儿记住正确的步骤，我们不断地观察和提醒幼儿先小便再洗手，还结合绘本《尿床了》等告诉幼儿有小便了要及早告诉老师。

3. 观察孩子，在此基础上减少对孩子的限制、勉强，培养幼儿良好的睡眠习惯

刚进入一个新的环境，小班幼儿对陌生的幼儿园会有点恐惧。为了让幼儿更快地适应幼儿园生活，我们应该给幼儿一个适应期。

在入园初期，我们不限制孩子的一些原有的睡眠习惯。有些幼儿甚至没有睡觉的习惯，我们都不强行制止，而是顺其自然，待到他们情绪稳定了以后，我们才逐步确立行为规则。

我们还为幼儿创造了良好的睡眠环境，周围的声音很轻，幼儿睡觉时我们会拉上窗帘，

使室内光线暗淡些。我们还结合儿歌《午睡》,教育幼儿睡觉时要盖好被子,小手放好,安静入睡。我们还经常在睡觉前给幼儿听些抒情的音乐或讲些小故事,帮助幼儿酝酿感情,以便待会儿能尽快安静入睡。我们尊重幼儿的睡眠姿势,让孩子睡得舒适,但是对于很多幼儿不正确的睡姿,如趴着睡觉,我们则通过不断提醒幼儿,以慢慢纠正幼儿的不良睡姿。小班的生活课程是十分必要的,是孩子成长的一个重要体现,但是要记住,培养幼儿良好的生活习惯,需要在各方面都不断重复和练习。

【导师分析】

在小班阶段,我们侧重于良好生活习惯的养成,所以生活课程的比例较重,让小班孩子在一次次的重复中巩固这些基本技能。新教师在培养幼儿良好的生活习惯时要持之以恒。特别是洗手、吃饭、如厕、穿脱衣服等,这些生活习惯的培养贯穿于整个小班一学年,教师要经常提醒,并要求家园一致进行培养。

• 生活案例二:折背心

到了第二学期,由于天气逐渐转暖,在自理能力方面的要求也逐渐增加。在午饭前的一段时间内,我们采取了饭前谈话的形式,让幼儿学习折背心。

第一遍示范时,大多数幼儿认真学习如何折背心,仔细听清儿歌内容。

第二遍要求递增:跟着教师念儿歌,观察发现个别孩子始终在摆弄自己的鞋子,其他幼儿看着教师的动作念儿歌。

第三遍要求幼儿边念儿歌边做动作,观察发现班级中的大多数幼儿愿意跟着教师说说做做。

在下午散步回来后,教师对孩子们说:"今天,我们学了折背心的本领,现在请大家把背心脱下来,放在蓝色的垫子上,把它折好。"经过观察发现,班级中能力较强的孩子在儿歌的引导下很快就折叠好了背心,有些幼儿需要教师在旁协助,而个别幼儿还一点儿也不知道如何折背心。

【导师分析】

见习教师利用儿歌来引导幼儿学习折背心,这对于托班的孩子来说是一种非常有效的学习方法。幼儿学习一样生活技能是要通过反复练习的,教师能利用午饭前来学习折背心,为接下来散步后脱背心、折背心做好准备,这个教育时机选择得非常好。教师还要做好家园一致的教育要求,让家长在家中给予孩子练习的机会。

（二）运动板块的带教

• 运动案例:玩纱巾

活动目标:

1. 在看看、摸摸、玩玩中感知纱巾的颜色、特点,并尝试用较完整的语言表达。

2. 探索纱巾的不同玩法,体验身体运动的快乐。

活动准备:

七星瓢虫大纸箱一个,各种纱巾。

活动过程:

教师出示纸盒做的七星瓢虫大纸箱给孩子们欣赏,引发幼儿的兴趣。

师：小朋友们看看，这是什么？（蚂蚁，甲壳虫……）它有些什么颜色呀？（红色，黑色）

师：你们觉得它漂亮吗？（漂亮，很漂亮）它什么地方漂亮？谁来说说看？（颜色，身体，圆圈，点点）

师：有的小朋友说七星瓢虫身上的点点很漂亮，你们猜猜看，这个点点是用什么变的呢？

师：别着急，我们一起来看看，原来这个可以抽出来的，越来越长了……哇，抽出来了，是什么呀？（纱巾）

小结：对了，原来漂亮的点点是用纱巾变成的。

师：你们也来试试看好吗？（好）

认识纱巾：

师：小朋友都拿到纱巾了吗？你们来摸一摸纱巾，摸上去感觉怎么样？

幼：软软的。

师：对了，纱巾摸上去是软软的。

师：那你们拿到的纱巾是什么颜色的呀？（红的，白的，黑的，蓝的）

小结：我们的纱巾有这么多好看的颜色，真漂亮。

师：我们把纱巾盖在头上看看，你看到了什么呀？看得见老师吗？（透明）

小结：原来我们的纱巾还是透明的。一起说说看——“透明的”。

玩纱巾：

师：小朋友们，你们知道了纱巾的颜色，也知道它是软软的。现在，我们再来开动小脑筋，和纱巾一起做游戏吧！好不好？（好）

教师交流不同的方法，带领幼儿一起玩。

抛纱巾：

师：小纱巾团呀团，团成一团向上抛，看看谁的纱巾抛得高。小纱巾团呀团，团成一团向前抛，看看谁的纱巾抛得远。

小鱼游：

师：我们的纱巾还可以怎么玩？看看老师的，我的纱巾变成了小鱼的尾巴。怎么变的呀？（把纱巾的一头塞在背后的裤子里。）

师：许多小鱼游来了，游到东来游到西。鲤鱼跃龙门咯！

蝴蝶飞：

师：我们再来把纱巾披在自己的肩膀上，看看这个纱巾变成了什么。（蝴蝶的翅膀）

师：小纱巾变呀变，变成蝴蝶飞呀飞，飞呀飞，飞呀飞，飞到东来飞到西。

收纱巾：

师：纱巾宝宝玩累了，要回家休息了，请小朋友们把纱巾送回家。（幼儿塞进圆口内）

【导师分析与指导】

整个活动的流程比较流畅，层层递进，又符合小班幼儿的年龄特点。玩纱巾活动中，教师的语气语态亲切，幼儿开口的机会和欲望都比较强烈，能尝试完整地进行语言表达。见习教师选择“小鱼”“蝴蝶”等作为活动的对象，对于小班幼儿来说非常适合，所以整个活动中幼儿都能积极参与进来。教师在教具的准备上也比较充分、合理。

（三）游戏板块的带教

• 游戏案例：小猫钓鱼

游戏观察要点：

1. 通过小猫钓鱼，尝试进行简单的匹配。（大小，颜色）

2. 锻炼手眼协调能力的发展。

活动过程：

直接引出主题，激发幼儿兴趣。

玩小猫钓鱼游戏。

把钓到的鱼装进盘子里。

和伙伴们分享你钓到的鱼。

重点提问：

（1）你钓到了什么鱼呀？（大大的鱼，小小的鱼）

（2）它是什么颜色的？（红色，黄色，蓝色，绿色）

（3）那大大的猫吃什么鱼？小小的猫咪又吃什么样的鱼呢？

小结：你们本领真大，钓到了大小不一样、颜色也不一样的鱼。

幼儿给两只猫咪喂鱼。

幼儿晒鱼干。

师：好，请大家回来。刚才猫咪都吃到了自己喜欢的小鱼，都吃饱了。它们说："谢谢你们，我们吃饱了。"

师：可是我们的小朋友都很热情的，刚才钓了好多鱼，猫咪都吃不完，那我们把小鱼晒一晒，做成鱼干，好吗？（好）鱼干怎么做呢？

师：老师给你们准备了一个晾鱼干的杆子，上面有很多颜色不一样、大小也不一样的夹子。

（1）教师先示范一下。

（2）幼儿尝试挂鱼。（颜色一样，大小也要一样）

师：等鱼干晒好了，我们再来给猫咪喂食物吃，好吗？

【导师分析与指导】

这个游戏比较有综合性：（1）小猫钓鱼比较有趣，让幼儿在玩中学；（2）对幼儿的语言表达有一定的要求；（3）在为大小猫配对吃鱼和晒鱼干的过程中发展幼儿的认知。

本次活动设计中教师考虑得较全面，符合托班幼儿的年龄特点。综合性的游戏需要教师把所涵盖的要点记在心中，自然地放到游戏环节中加以体现。整个游戏中钓鱼、比大小、说颜色、喂小猫等环节，教师把控得比较多，这样的游戏一定要给予孩子充分表达表现的机会，教师不要急于把答案告诉幼儿。

孩子们在游戏的情境中获得数的概念，这里面隐含着教师的教育理念。见习教师对游戏的理解一开始以为只是玩玩，现在教师能够让幼儿在游戏中，一边钓鱼一边数数，非常自然，真正体现了玩中学。

（四）学习板块的带教

• 学习案例：一颗纽扣（综合）

1. 在寻找纽扣主人的过程中，辨认纽扣色、形以及纽洞数量的区别，并学习简单对话。

2. 感受帮助别人找到失物的快乐情感。

活动准备：PPT 以及与故事相同的纽扣、胸饰。

活动过程：

一、路捡纽扣

1. 引出老鼠形象：吱吱吱，是谁呀？（小老鼠）

有一只小老鼠，它在散步的时候捡到了一颗纽扣。

2. 我们来看看，这是一颗怎样的纽扣？（圆圆的，白色的，有 4 个点）

幼儿回答：白色的。

师：哦，原来它的颜色是白色的。

幼儿回答：圆的。

师：它的形状是圆形的。

幼儿回答：有洞洞。

师：你的眼睛真灵！纽扣上的洞洞也看到了。

师：有几个洞洞呢？（集体：4 个）

师：纽扣上还有 4 个小洞洞。

小结：哦，这是一颗圆圆的，白色的，有 4 个小洞洞的纽扣。（出示纽扣）

3. 这颗纽扣是谁的呢？是你的吗？（不是）是你的吗？（不是）是你们的吗？（不是）都不是啊！小老鼠心想，那这颗纽扣会是谁丢的呢？我要去找找纽扣的主人！于是，它捡起地上的纽扣往前走了。

二、寻找纽扣主人

（一）路遇小狗（集体学说）

1. 小老鼠走啊走，看见了谁？（集体：小狗）

师：它会怎么问呢？

小老鼠说：小狗小狗，这是你的纽扣吗？（个别幼儿讲出）

我们听听小老鼠是怎么说的：小狗小狗，这是你的纽扣吗？（师示范）

小老鼠是怎么问的？（幼儿学说）

2. 我们一起来看看，这是小狗的纽扣吗？（不是）

那小狗的纽扣是什么样的？（是黄色的）

那么小狗会怎么说呢？（不是我的纽扣，我的纽扣是黄色的）

真的呀，小狗说：不是不是，我的纽扣是黄色的。（师示范）

你们听到小狗怎么说？我们一起来说一说。（幼儿学说）

小结：哦，原来小狗和小老鼠捡到的纽扣都是圆形的，但颜色不一样，看来这颗纽扣不是小狗的。那会是谁的呢？

（二）路遇小兔（集体询问，个别回答）

1. 小老鼠继续走啊走，遇到了小兔，会怎么问呢？（小兔小兔，这是你的纽扣吗）

我们帮小老鼠一起来问问小兔：小兔小兔，这是你的纽扣吗？（小兔说它没听清楚，我们再来问一次）

2. 这会是小兔的纽扣吗？（不是）

我们一起来看看，哪里看出来不是？（小兔的纽扣是三角形的）

如果你是小兔，你会对小老鼠说什么呢？（不是不是，我的纽扣是三角形的。——能力强的幼儿说出）

3. 现在请一位小朋友做小兔，我们来做小老鼠，一起问问他！谁愿意来做小兔？

小结：哦，原来小兔和小老鼠捡到的纽扣颜色一样，但形状不一样，所以这颗纽扣肯定不是小兔的！

（三）询问刺猬（分组学说）

嗯！小老鼠不灰心，决定再继续去找这颗纽扣的主人！

1. 这回小老鼠遇到了一位可爱的朋友，是谁？（是小刺猬）

小老鼠会怎么问刺猬？（刺猬刺猬，这是你的纽扣吗）

2. 是不是小刺猬的纽扣呢？（不是）

我们仔细看一看，哪里看出来不是？（刺猬的纽扣有 6 个小洞洞）

我们一起来数数看！

小刺猬会怎么回答小老鼠？（不是不是，我的纽扣有 6 个小洞洞）

集体学讲：小刺猬怎么说的呀？我们一起说说看。

3. 好，现在这边的小朋友做小老鼠，那边的小朋友做小刺猬。小老鼠，你们来问问小刺猬！

小刺猬怎么说？

小结：哦，原来两颗纽扣颜色一样，但小洞洞的数量不一样。哎呀，看来这颗纽扣也不是小刺猬的！

过渡：那么，这颗纽扣到底是谁的呢？天黑了，小老鼠的肚子也饿了，它决定先回家，明天再去找找看。

三、物归原主

（一）发现纽扣的主人

1. 小老鼠回到家，高兴地叫喊：妈妈妈妈，我回来啦！

突然，它发现了什么？（是妈妈的纽扣，妈妈衣服上少了一颗纽扣，是妈妈掉的纽扣）

2. 你们觉得是妈妈的纽扣吗？我们把纽扣装上去比比看好吗？小老鼠捡到的纽扣和妈妈身上的纽扣是一模一样的吗？（是）

3. 哦，这真的是妈妈的纽扣呀！（鼓掌）

小老鼠高兴地说：这颗纽扣是我妈妈的！（我们一起说说看）

（二）妈妈的亲吻

1. 看！老鼠妈妈是怎么做的？（亲了亲小老鼠）

2. 你们猜，老鼠妈妈会对小老鼠说什么呀？（谢谢小老鼠）

老鼠妈妈在小老鼠的脸上亲了又亲：宝贝，谢谢你帮妈妈找到了纽扣。你捡到了东西，会一个一个去找主人，真是个好孩子！妈妈爱你！（亲吻。小老鼠开心地笑了）

四、师幼合作，情境表演

1. 小朋友们，你们替小老鼠开心吗？想不想更开心？

好，现在我来做小老鼠，请你们来做小老鼠的动物朋友。喜欢做哪个小动物，就选哪个动物胸牌，找到自己的家；找到了，我们就再来讲一讲这个好听的故事！

“一天小老鼠在路上……，是谁的呢？我去问问……”

2. 基本句式：“ABAB，这是你的纽扣吗？”

“不是不是，我的纽扣×××。”

小结：小朋友们，你们觉得小老鼠是不是好孩子呀？我们如果捡到了别人的东西，也可以像小老鼠一样做，别人也会很感谢我们的！让我们和小老鼠以及朋友们说再见！

【导师分析与指导】

(1) 对素材的分析。故事《一颗纽扣》画面生动有趣，以小动物为主线，蕴含了一个温馨的故事，是适合小班幼儿阅读的开发幼儿数学匹配知识点思维的综合绘本。《一颗纽扣》讲述的是小老鼠捡到一颗纽扣，并在寻找这颗纽扣的主人的过程中，碰到各种动物朋友，了解它们纽扣的颜色、形状和纽洞的数量。探索的过程充满期待和奥妙，小小纽扣是探索与发现的“钥匙”。“原来是妈妈的”，聪明的小朋友体验到预想实现的惊喜。同时，“纽扣”在孩子们的生活中是非常微小的东西，常常被忽略，小小的纽扣蕴藏着大大的道理。因此教师选择这个素材值得肯定。

(2) 对幼儿年龄特点的分析。《3—6岁儿童学习与发展指南》中指出：“别人对自己说话时能注意听并做出回应；对感兴趣的事物能仔细观察，发现其明显特征；能感知和区分物体的大小、多少等量方面的特点，并能用相应的词表示；能手口一致地点数，并能说出总数；能注意物体较明显的形状特征，并能用自己的语言描述。”小班孩子遇到掉纽扣的事情时，多数是大人帮助寻找和钉纽扣的，但其实在寻找纽扣的过程中，往往能让孩子观察和学习到不同颜色、不同形状、不同事物的特性，并开动脑筋寻找一定的规律，是一件非常有趣的事情。这是小班幼儿仔细观察和自主探索两大元素的重要引导点。通过设计，在观察颜色、形状、数量的基础上引导幼儿，潜移默化地影响，恒久而渐然地释放，以让幼儿自身建构初步的数的概念，同时把阅读还给孩子。

(3) 关于素材调整的依据。根据对教材的分析和研究，结合对本班幼儿的年龄特点的分析，对原绘本的内容稍作调整，将原本与小动物习性有关的维度改为与数概念相联系的色、形与数量维度，在融入了数概念的元素后，能更符合小班下学期具体形象思维为主的思维能力特征。在过程中加入情境性游戏表演，不仅能够锻炼幼儿学说简单对话的语言能力，通过师幼互动，还能加深幼儿对该故事的印象，感受物归原主的兴奋与喜悦之情。

【导师指导后的教学实践反馈】

见习教师成功之处：

(1) 教态自然，语言流畅。新教师面临大场面，非常淡定，教态自然、亲切。整节课教师语言活泼生动，能够依据《3—6岁儿童学习与发展指南》，制定出符合幼儿年龄特征的目标，在教学过程中没有远离目标。

(2) 形式多样，层次分明。教师能够做到从目标到环节相互紧扣，能够运用集体学说、个别与集体对话、分组对话等多种形式，有递进性。教师加入有趣的情境表演，使幼儿的参与性更高，师幼互动效果突出。

(3) 随机性较好。教师能够及时根据幼儿的回应，调整过渡语、小结语，具有一定的应变能力，且每个环节都有小结，过渡清晰。

见习教师不足之处：

（1）在语言的规范上需要改进，不要说口头语。

（2）小班的幼儿喜欢重复话语，因此幼儿的发言面可以更广一些。

三、案例分析

通过以上四大板块带教案例的介绍和分析，我深刻地体会到每一个见习教师的成长过程都要经历职初期、成长期和成熟期。带教第一年，我们首先要让见习教师树立良好的师德，在此基础上树立切实可行的成长目标。有了正确的方向，才能激发教师的主观能动性，让他们主动地学、积极地学。

一个活动让新教师多次实践、多次反馈、多次调整，这样的实践活动看起来很烦琐，但对新教师在设计活动和实施活动的能力培养方面确实非常有实效。让新教师明确一日活动都是课程的理念，单靠理论是没有效果的，只有让新教师进入孩子的一日活动，明确每一个环节的观察重点，指导他们对每一个活动进行小结，从来园接待到放学，从环境创设到观察反思，从活动设计到评价，这样分块式的带教才能让新教师真正掌握带班要领，最终成长起来，独立带班。

从第一次接到带教任务后，我就对自己提出严格的要求，带教见习教师不仅仅是带教教学技能，更是要带教新教师的师德风貌。所以我时刻注意自己良好的教师形象，作为导师，很多语言很多事情是需要严谨的，需要不断地用理论来支撑自己的观点。经过这些年的带教，我发现自己在教学上更成熟了。在见习教师身上，我也看到他们那份对孩子的爱心，对工作的进取心。对于我来说，这七年也是一个很好的自我提升的过程，真的是教学相长。

幸福离我们并不遥远

上海“儿童世界”基金会长宁幼儿园　林　颖

2012 年，我开始参加区见习教师规范化培训，担任基地学校的导师。由于之前在园内带教过新教师，带教的新教师已成长为教学新秀，当单位里负责见习教师规范化培训的沈老师对我说，让我带教见习教师时，我爽快地答应了。之后，区里的见习教师启动大会，让我对我们区的这项工作有了新的认识。

当时作为全市此项工作的试点，需要我们各方面都要规范。长宁区幼儿园见习教师规范化培训内容有四大方面十八个要点。其中第三部分班级工作与育儿体验中的第十四、十五点有关家长工作的内容，由于家访等通常都是由工作学校的带教老师负责，在工作学校完成，带教了几轮见习教师，这似乎已约定俗成。

一、案例记录

2017 年，我带教了哈密路幼儿园的龚老师。开学后的带教中，我发现龚老师很爱班上的孩子。龚老师班级中的环境创设符合班上孩子的年龄特点，环境中处处有孩子的参与。我暗自庆幸，这个班的孩子真幸福，遇到了既有爱心，又有正确儿童观的老师。

九月的一天快下班时，我看到龚老师发来的微信语音：“林老师，我有问题请教您。”没等到我回复，龚老师又发来好几条语音：“林老师，家长会怎么开？我要和家长说些什么？……”家长会不是由和她搭班的老师讲吗？带着满心的疑虑，我和龚老师开始交流。

原来，我去听课时看到的那个并不是龚老师的原搭班老师。单位领导对新教师带教工作非常重视，和她搭班的是她们单位的有经验的老教师。可开学后，这位老师由于身体原因请假了，园方给她配了教研组长帮她一起带班。于是，班级中除了日常的计划方案的制订，班中的其他事务如环境布置、家长工作等也都由龚老师担当起来了。

龚老师班中的孩子 A，平时一直是由祖辈带着。A 在班中常常去拉别的孩子，孩子们常来告状。于是，龚老师在孩子离园时就与 A 的奶奶联系，希望奶奶在家对孩子进行教育。哪知奶奶伸出手，指着龚老师说：“你这个小姑娘，你又不懂！”说完扭头就走。

奶奶这么说，把龚老师吓了一跳。龚老师觉得，自己是为了孩子好，她怎么这么说？龚老师觉得很委屈。第二天就要开家长会了，虽然有现在的搭班老师在场，但龚老师要主讲，她担心家长会时遇到那位奶奶这样的祖辈。她希望我能帮她出出主意，学习该如何与家长交流。

二、案例分析

新教师以前是老师的学生，现在是学生的老师。随着这种身份的转变，许多新教师会因社会生活和社会环境的变化而在思想和情绪上产生一定的变化。龚老师的遭遇，对她的思想和情绪产生了影响。于是，我跟龚老师约了下班后见面。事后想想，我们的谈话主要围绕三个方面，也就是龚老师说的三句话。

- 我要做幼儿教师

“家长这样说你，你还想做老师吗？”我问。

龚老师很肯定地说：“我要做幼儿教师。我从小就喜欢当老师的。”

我给龚老师分析了家长的心态，比如家长会比较信任年长一些的老师，觉得她们有照顾孩子的经验。有时遇到个别年纪大的家长，潜意识里会不尊重年轻老师，他们会觉得新老师自己还小，怎么可以照顾他们的孩子。

我与龚老师讲述了我自己刚工作时的经历。那是我第一年工作，我很喜欢孩子。班上有个女孩长得也好看，我特别喜欢。一天放学时，我们刚给班上的孩子检查好衣裤，她爸爸来接孩子，发现自己的女儿尿裤子了。于是，那个爸爸针对我这个新老师，去园长室告状。我只记得，那时我的搭班也就是我的师傅，对我说的话：“只要你自己做得对，随便家长说。做我们这行有时真的很委屈。”

龚老师原本的焦虑在我的故事中渐渐地趋于平静，她惊讶地说：“啊，去园长室告你？”我问她：“你们家长有去园长那里告你吗？”“那倒没有。”龚老师松了口气般回答。

- 我喜欢孩子

“你喜欢孩子吗？”我问。

“喜欢的。”龚老师很肯定。

“你会抱他们吗？”我又问。

“会的，”龚老师想了想说，“不过，有几个实在太脏……”

“越是小的孩子，越喜欢大人抱抱他。我们班的孩子，我也会抱。小孩子感觉到老师喜欢他，回去就会跟大人说。大人知道老师喜欢自己的孩子，跟你讲话的口气都会不一样。”我把自己平时带班时的经验告诉龚老师：“带班时，准备一套工作服，那就谁都能抱了。”

“我回去试试。”龚老师笑着说。

- 我会向身边的老师学习

龚老师在家中是父母的掌上明珠，什么事都围着她一个人转。踏上工作岗位后，同事与家人的感觉是不同的。新教师要虚心求教，戒骄戒躁。

龚老师说起身边的同事时，满眼都是感激和羡慕。“我们单位的A老师，琴弹得可好了。临时搭班，工作再忙，只要我问她，她总是来帮我……”懂得感恩的龚老师滔滔不绝地说着身边帮助她的老师。

“你们单位的老师确实能力很强的。你要好好向她们学习哦。”

龚老师激动地说:“我会的,我会向身边的老师学习的。”

接着,我跟她说了与家长沟通的方法,开家长会所需的计划、准备、内容。从座位的摆放,到家长会的形式,我都逐一传授了。

选择家长最关心的问题是关键,选择对了才能调动家长参与的积极性,让家长摆脱被动受教育的感觉,真正全身心地投入孩子的教育中来。就像我们相信孩子能行一样,我们应该相信家长也能行。平心而论,最了解孩子、最关心孩子成长的不是我们,而是家长。正如《幼儿园教育指导纲要》明确提出的“家庭是幼儿园重要的合作伙伴”,家长可以也应该成为幼儿园最重要的合作伙伴。

三、实施结果

龚老师发现问题,及时寻求帮助。我告诉她,只要真诚地对待每个孩子,家长就能感受到老师的爱。慢慢地,他们的态度就会改变。由于事先的准备,加上龚老师诚恳的态度,通过这次家长会,家长们开始认可龚老师。龚老师转而开心地说:“其实家长挺好的!”

这是新教师从如何开家长会引发的职业感悟。在区见习教师规范化培训展示活动中,龚老师的演讲中有这样一段话:“把教育孩子看成是自己的责任!把带孩子当成是一种乐趣,是一种天伦之乐!把教育孩子当成是自己的事业!相对于这种幸福,劳累和辛苦根本就不值一提!我想告诉所有的幼儿教师,孩子的父母付出了一切,只得到了一份爱,而我们却同时拥有了数颗水晶般的童心。我要说:‘这很值!’其实,幸福无时无刻不围绕在我们身边,只要用心体会,我们会发现这个世界原本很美,我们正生活在爱的环境中,我们每个人都是那么幸福,其实幸福离我们并不遥远。”

小学篇

《爬山虎的脚》一文两次教学的比较与反思

上海市宝山区大华小学　邵建霞

带教双赢，是一项奠基工程；业务相长，是教师专业成长的方向。作为带教老师，在指导徒弟的同时，我自己也在成长。下面我就以指导徒弟教学《爬山虎的脚》一文为例，谈谈自己的做法与收获。

一、教材简析

《爬山虎的脚》是小学语文三年级的一篇课文。作者是中国现代著名作家、教育家叶圣陶。课文主要分两部分：第一部分简要地介绍爬山虎美丽的叶子；第二部分着重介绍爬山虎的脚，从爬山虎的脚长在什么地方，长什么样，是怎样爬墙的，触着墙和没触着墙时的不同情况这几个方面描写。教学重点是了解爬山虎脚的特点以及它是怎样一步一步往上爬的，这同时也是一个难点。

二、教学案例一

在第一次试教时我们进行了这样的设计，来突破"了解爬山虎脚的特点以及它是怎样一步一步往上爬的"这一教学重难点。

（一）教学片段一

出示爬山虎的全景图，引导学生观察。

师：同学们，请大家仔细看图，在这郁郁葱葱的叶子下面，隐藏着什么？

生：叶子下面隐藏着爬山虎的脚。

师：同学们想知道爬山虎的脚是什么样的吗？请找出描写脚的特点的语句并读一读。

（学生边读边找句子。）

师：请同学们说说爬山虎的脚有哪些特点。

（学生纷纷汇报自己的发现。）

生 1：我知道爬山虎的脚的颜色是……

生 2：我知道爬山虎的脚的样子是……

生 3：我知道爬山虎的脚是这样一脚一脚向上爬的……

……

然后老师让学生小组合作画一画爬山虎的脚，共同纠正出现的错误。接着让学生合作演示爬山虎"一脚一脚"向上爬的过程，理解体会"一脚一脚"。

……

（二）反思

上完课后，我跟同年级听课的老师进行了评课。我们认为授课教师教学中能遵循文章的思路，步步引导，通过对课文词句的理解，让学生议一议、画一画、演一演，体会爬山虎的脚的特点以及它是怎样一步一步往上爬的，课堂气氛较为活跃，能发挥学生的主体能动性。然而，这样的设计过于简单了，没有新意，整个教学过程还是老师牵着学生走，未能真正触动学生内部的探究欲望。而且，一部分学习费力的学生不一定能真正弄懂爬山虎的脚是怎样爬的这一难点。

课后，我也找了几个学生进行交流。

（三）学生访谈

师：学了这篇课文，你知道课文主要写了什么吗？

生：我知道课文主要写了爬山虎的叶子和爬山虎的脚。

师：重点写什么？

生：爬山虎的脚。

师：你觉得哪部分学得轻松易懂？

生：爬山虎的叶子这部分。

师：为什么？

生：看看图，再读出感情，很轻松，而且曾看到过爬山虎满墙的叶子，很直观。

师：学爬山虎的脚这部分困难在哪里？

生：没注意过爬山虎的脚，不知道它是什么样。虽然课文上介绍了，但总不是很清楚。

师：在小组合作时，你有没有积极参与，并从其他同学那里得到启发呢？

生：看到他们怎么画，我就怎么画了，但还是不太明白。表演的时候我也是在一旁看的。

通过交流，我想在学生没有任何生活经验的情况下，让他们只凭借课文的描写就了解透彻爬山虎脚的特点以及它是如何爬墙的，的确有难度。即便大部分学生领悟了，但总有几个学生没有积极投入学习中去，也就谈不上对文本内容的深入理解和对语言文字的积累。

三、教学案例二

经过磨课，我们重新设计，又进行了第二次试教。

（一）教学片段二

课前布置学生充分收集了资料，并让学生到小区、公园注意观察爬山虎。课堂上，在学生以图文结合的方法学习课文的第一、二自然段后，教师让学生展示有关爬山虎的彩色图片。正当学生被爬山虎碧绿、浓密、生机盎然的叶子所吸引时，教师出示爬山虎的仿真枝条……

师：是啊，阳光晒不蔫它，风雨撼不动它，爬山虎以它那盎然的生机，给我们的城市、乡村增添了无数绿色。请看，这就是“爬山虎”，我们让它也长在我们教室的墙壁上……

（师请学生演示爬山虎长在墙上的样子。学生很快发现它很难“长”在墙上。）

师：你们有疑问吗？

生：爬山虎是怎样“长”在墙上的呢？

师：是啊，爬山虎，顾名思义会爬，而且它一旦爬了上去，就很难把它扯下来。是什么东西帮了它的忙？

生：是爬山虎的脚！

师（拿着那根仿真爬山虎）：假如这根爬山虎是真的，它的脚一定能帮它爬上这块墙壁了？

学生纷纷点头，表示赞同。

师：正因为有了脚，爬山虎才能爬上高墙；正因为有了脚，爬山虎才不怕风吹雨打，牢牢地在高墙上扎根。现在你们最想了解什么？

生：我最想了解爬山虎的脚为什么这么神奇。

师：我们可以用什么办法了解它的神奇？

学生纷纷发表自己的想法，如：实地考察，以便近距离接触；查找课外资料，以研究它的生长原理；钻研课文，因为作者的观察与描写都很细致……

师：看来，最快的办法就是借助我们收集到的小资料深入地研读课文了。我们就八仙过海——各显神通，到课文当中“寻宝”吧。

学生兴致勃勃地读书、画图、写旁注……教师来到学生身边，与学生一起研读，适时点拨。在学生不断地有所发现，急于得到别人认同的情况下，教师又鼓励他们大胆与同学交流看法，通过多种途径（抓住关键的词句说、画、演等），达成共识，如有不同见解，要以充分的根据说服对方。最后，教师及时让出讲台和投影仪，让它们成为学生的展示台，从各个角度展示爬山虎脚的“神奇”……

（二）反思

与第一次比较，这一次学生的合作显得特别突出，几乎是人人参与，连学习困难生也能上台，展示自己的发现。教师不再是步步牵着学生走，而是让学生自己发现问题，解决问题，收到了较好的效果，学习也成为一件愉快的事。

带教之路，艰辛漫长；成长之路，欣喜欢畅。在与见习教师们一年又一年的相处中，我感受到了徒弟们不断成长带给我的喜悦，也感受到帮助他们的过程中自己的成长。教书育人，不就是这样一代又一代的传承？带教双赢，业务相长，彼此都能收获一份教学的梦想！

艺友结对，项目引领，促进见习教师专业成长

上海市宝山区实验小学　徐　萍

一、事件

一天中午，我正在和带教的思雁老师商量家长会的准备工作。突然，我班的小张冲进办公室气呼呼地向我哭诉："彬彬又拿了我的橡皮泥，我一罐橡皮泥凡是颜色鲜艳的都被她拿走了！"

我转身跟思雁老师介绍彬彬同学：她是我们班的随班就读生，家长舍不得让她去培智学校读书，希望她在我们班里和正常的同学一起学习和生活，培养她的各方面能力。但她上课时常不听，自己做自己的事情，无聊时她拿书架上的书看看，看了之后也不归还，还时时弄坏图书；看到别人好玩的，就占为己有。这类事情也发生过，今天她又做错事了。

思雁说："打个电话给她家长吧，让她家长买一罐新的橡皮泥赔给小张。"她认为把彬彬叫进办公室批评教育为好。

中午，我把彬彬同学悄悄请到了心理办公室，"你看看书架上的故事书不是很好，很开心吗，为什么要拿小张的橡皮泥呢？"她嘟囔着："我全看完了。""哦，那你应该跟徐老师说一声呀？让徐老师来帮你解决，你说是不是？""对。"她头也不抬地应答着。"你的橡皮泥呢？""颜色都混在一起了，不好看了，我不想玩了。""那你就随便拿人家的橡皮泥，可以吗？你的东西，没经过你的同意，别人也像你想拿就拿，想玩就玩，你不生气吗？""我生气。""对呀，别人也生气，对不对？""是。""那你还拿吗？""不拿了。""要不，我打个电话给你爸爸，让爸爸再买一盒给你好不好？""好。""但是除了美术课可以玩，其他课你必须认真听，好吗？""好。""那你现在悄悄地向小张道歉，说声对不起，好吗？""好。"于是我拿起了手机，拨通了彬彬家长的电话……第二天，彬彬爸爸带来了两罐橡皮泥，一罐送给了小张，还有一罐，彬彬正在捏胡萝卜，小巧玲珑，红红的身体，绿绿的叶子，特别可爱。

我把我处理的结果告诉了年轻的思雁老师，让她了解班主任工作中，常常会发生突发事件，这时就需要班主任与学生进行心理沟通，认真倾听学生的想法，了解事情的原委，然后设身处地为学生着想，把握她的心理，进行正确地引导，真诚地谈心，耐心地给她分析，最后帮她解决问题。不要只教育学生，或把教育推给家长，而要在整个处理的过程中，体现班主任老师爱护学生的情感，让她感受到你对她的关心。给人以心灵滋润，做好沟通的桥梁，做一个真正的教育工作者，一个学生喜欢的班主任。

二、带教策略

（一）指导教师“做”什么

1. 将培训内容分块落实，每块培训内容分解细化成每月内容，并落实到每周和每一次活动。

2. 要求见习教师在每次见习时都带着问题、提交问题，接受指导。指导教师根据见习教师提交的问题设计下一次指导方案。

3. 指导教师通过布置学习任务，做到任务驱动，让见习教师带着任务思考。

（二）指导教师怎么“导”

（1）每月向见习教师进行公开教学活动一次，每学期指导召开家长会，起到示范作用。

（2）带领见习教师参加各类培训，认真听一些专家讲座，起到专业引领作用，实地为见习教师答疑解惑。

（3）每月对见习教师进行现场案例剖析与诊断，有针对性地指导。

（三）指导教师如何“变”

通过见习教师规范化培训，指导教师总结经验，反思方法，不断完善培训方案。

三、带教形式

有效互动：我们开展“师生互动”“生生互动”的带教形式。除了每日指导教师和本班见习教师之间的互动外，还采用了指导教师间和见习教师间的生生互动，大家交流带教经验、学习心得，彼此之间洋溢着浓浓的师爱、友爱。

跨班学习：除了在指导教师班中观摩，还到平行班中学习，了解同一年龄孩子不同的行为表现，提高解读孩子行为的能力。帮助新教师结合《指南》和《纲要》等参考用书，较全面地了解各年龄段孩子的年龄特点、课程目标、组织实施等。

通过对带教策略和形式的调整，新教师的见习工作得以更加落到实处。在学年末的考核中，见习教师们积极大胆地进行实践展示，在自评、互评、指导教师和领导小组共同评分下，推选出佼佼者有计划地开展实践展示。

四、我们的思考

在见习教师规范化培训模式上把握培训的总体方向和培训策略，全面负责培训工作，检查落实培训计划的执行；指导教师落实培训内容中的具体工作的培训方案和带教好见习教师。

在培训的考核模式上以过程性评价与总结性考核相结合的考核方式对见习教师进行考核，更关注见习教师的自主发展。

五、我们的感悟

见习教师规范化培训的管理与考核，使新教师从原本的跟从指导教师到敢做了、敢说了，与指导老师之间有了对话，学会了思考，敢于提问。

见习教师规范化培训的管理与考核，让见习教师有高端的视野。他们可以从优秀教师身上学到很多东西，如善于学习、钻研教育的态度，这些不光是学习书本上的知识，更是对教育教学的一种专注。

见习教师规范化培训的管理与考核，也使每位见习教师在今后的成长道路中，看到了发展的目标和方向。只要摆正心态，全身心地投入教育教学，相信他们的教育发展之路会越走越远。

深研教材，合理运用

上海市崇明区东门小学　李胜艳

一、案例背景

教材是知识的载体，是教师进行课堂教学的依据。教师对教材钻研的深度，决定了其课堂的高度和厚度。然而，有些教师由于各种原因没有去深研教材，自身对教材没有吃透，不了解编写意图，导致教学目标不明，教学重点不详，课堂教学低效甚至无效。为此，作为教师的我们必须重视对教材的研究分析，合理、灵活、创造性地使用教材，提高课堂的有效性。

由于新教师刚刚走上工作岗位，没有教学经验，对教材的处理往往不够妥当，而作为指导教师的我们，除了在备课、上课等方面进行指导外，指导见习教师解读教材、领悟教材的精髓、学会灵活处理教材也是不可缺少的。

本学期，我有幸担任了见习教师张老师的指导老师。非常巧的是我俩在同所学校担任同一年级的教学，因而指导时间充足，也非常有针对性。在带教过程中，除了常规的工作外，我把较多的时间用在读教材、用教材的指导上。印象较为深刻的是关于一年级“各种单、双脚跳跃方法”第一课次的教材解读与处理。

二、案例描述

（一）研读教材

一、二年级教学参考资料(略)。

“各种单、双脚跳跃方法”是一、二年级《体育与健身》基本内容Ⅰ中跳跃内容之一，动作技术相对简单，学生在平时生活中可能也无意识地体验过各种跳跃方法。因此在研读教材时，张老师说动作那么简单，学生应该都会跳了，这该怎么教学呢?

【分析：如果按照教学参考资料上的文字粗略一看，运用传统教学模式，讲解示范、学生模仿练习，那么根本无法调动学生学习的兴趣，教师教学也会没有积极性，甚至在教学中会出现无内容可练、排不足规定课时的现象。】

（二）分析教材与学情

我对张老师说，教材是教学的载体，要不我们先仔细看几遍教材，再结合学生学情来分析一下教材，如何?

我：引导张老师从功能、结构、逻辑关系、重难点等要素去思考分析教材。

张老师：……

我：分析得还可以，但我们还可以再深入一点——教材与日常生活的联系？教材与教材的前后联系？课次的具体安排？以什么教学手段培养学生的兴趣？重难点是否合理？

经过讨论，形成了第一课次的教材分析：

“各种单、双脚跳跃方法”是小学低年级《体育与健身》基本内容Ⅰ中跳跃内容之一，是人们生活中的基本技能。它较为常见的方法可以按照跳跃动作方向分、按动作分、按起跳和落地分，对发展学生下肢力量、协调能力等身体素质起着重要作用，同时为后续的跳跃内容教学奠定一定的基础，更为日常生活需要所服务。

此教材在一、二年级中均有涉及（一年级共计 4 课次、二年级共计 3 课次），而一年级的 4 课次平均地分在上下两个学期进行。本课是各种单、双脚跳跃方法的第一学期中的第一课次，由于学生刚入学不久，因此以培养学习兴趣为主，淡化动作技术，让学生在玩的过程中对动作有所体验。本课次重点是单起单落、双起双落；难点是动作自然。

我：虽然教材内容已心中有数，但对孩子的情况你了解吗？

张老师：……一片迷茫，从没有想过。

我：只有对学生的基本情况了如指掌，才能有针对性地实施教学，教学方法与手段的运用才能切实可行。你先说说你所知的学生情况。

张老师：……

我：分析学情时要有针对性，不能每个年级每个班都适用，太过笼统模糊；分析学情时要全面，不仅要有身心两方面的分析，还要有学生已具备的水平等分析。随后引导张老师从原有基础、现有基础、认知水平、身心特点、可能遇到的问题等要素去思考分析学情。

经过讨论，形成了一（3）班的学情分析：

本课教学对象是一（3）班学生，是他们入学以来首次正式学习跳跃类内容，虽然他们在平时生活中可能无意识地体验过单跳单落或双跳双落动作，但从未系统地学习过，对动作要领的理解与掌握有待提高。由于这一阶段的学生具有想象力丰富、模仿能力强、生性好动、思维活跃、约束能力差、有意注意持续时间不长的特点，因此，本课通过游戏教学方法，激发学生对跳跃活动的兴趣，使学生感受跳跃游戏活动带来的乐趣，在游戏玩耍中慢慢体验感悟单起单落、双起双落的动作要领。针对一些协调能力较差的学生，在练习时多关注他们，及时给予帮助、鼓励，帮助他们树立学习自信心。

【分析：通过逐步引导，让张老师了解在教材分析、学情分析时从哪几个要素着手，给予张老师一定的思考空间，表达自己的想法。】

（三）课堂实践

备课：按最新下发的《教学基本要求》进行教学设计。

（1）教学目标？

（2）围绕重难点兴趣化教学，以游戏为抓手，设计出针对各种单、双脚跳跃的游戏方法与规则。

（3）设计意图？评价要点？

（4）预估的练习次数、练习时间？

附：课时计划（节选）

<table>
<tr><td rowspan="4">四</td><td rowspan="4">15′</td><td>跳跃：各种单、双脚跳跃方法
1. 动物城（模仿动物跳）</td><td>1</td><td>30″</td><td>中</td><td>◎ 教师引导学生模仿各种动物跳跃和自我评价
◇ 学生结伴练习并评价
◎ 教师巡视辅导
☆ 动作形象生动</td><td>结伴散点</td></tr>
<tr><td>2. 踩兔兔脚（向后双脚跳）</td><td>1～2</td><td>1′</td><td>中</td><td>◎ 教师讲解示范游戏方法与规则
◇ 学生两两结伴练习
◎ 教师巡视辅导
☆ 反应敏捷、双起双落</td><td>散点</td></tr>
<tr><td>3. 找鸡朋友（单脚跳）</td><td>2～3</td><td>1′</td><td>大</td><td>◎ 教师讲解示范游戏方法与规则
◇ 学生练习
☆ 单起单落</td><td>散点</td></tr>
<tr><td>4. 跳跳龙（单脚、双脚跳）</td><td>1～2</td><td>1′30</td><td>大</td><td>◎ 教师讲解示范游戏方法与规则
◇ 学生练习
◎ 教师巡视指导
◎ 教师设疑：除前后左右还可以怎么跳
◎◇ 师生总结：上下跳
◎ 教师布置作业：和爸爸妈妈一起上下跳一跳
☆ 遵守规则，积极参与</td><td>散点</td></tr>
<tr><td colspan="8">设计意图：
通过游戏引导学生进行各种单、双脚跳跃，把动作的重点隐藏在游戏活动中，“动物城”以两人结伴的形式，动思相伴，模仿各种动物跳；双脚跳中的往后跳相对较难，采用“踩兔兔脚”游戏，让学生在游戏中下意识地双脚向后跳离地面；“找鸡朋友”则是单脚跳；“跳跳龙”是单双脚混合跳。让学生在游戏中逐渐体验单起单落、双起双落的动作关键，感受活动所带来的喜悦，同时游戏过程中有效增进同伴间的交流互动。
评价要点：
认真倾听；保持合适的练习距离；遵守游戏规则；单起单落、双起双落。</td></tr>
</table>

上课：张老师10月9号进行课堂实践。

（四）实践反馈

张老师：这节课是我开学以来上得最开心、学生学得最投入的一节课。学生的积极性非常高，连平时不喜欢动的小朋友也开心地参与了。在这节课上，学生不但积极主动参与，还能“严格执行”单起单落、双起双落,最重要的是充分调动起了学生学习的积极性。以后我都要好好地研读教材,使它更适应学生的实际需求,提高课堂教学的有效性。

我:非常好,把教材研究透彻之后会取得意想不到的效果,但我们也得学会反思,不仅要总结优点,更应反思教学中的缺点,根据缺点不断重构实践,达到最佳效果。

随后我们共同探讨了修改意见。

三、案例评析

教材是教学的依据之一,同样的教材会因为学生具体情况不同而出现不同的教学效果,所以我们要结合学情,深入分析教材,对教材做出合理、适度的加工与改造,创造性地使用教材,使课堂教学生动而有效。

(一)教材使用中的普遍问题

近几年听过多位教师的课,也带教过多位见习教师,发现他们在处理教材中主要存在以下一些问题:

一是不善于或不愿意花大力气研究教材。

有的教师,不习惯也不愿去研究教材,临上课前,匆匆忙忙看一下教材,甚至都不看一下,上课铃一响就直接上操场上课了,想当然地上起课来。这样的课怎么会有质量呢?如果没有好好地研究教材,重点抓不住,把大量的时间花在“废话”上,学生的练习少之又少,课堂沉闷,学生怎么会喜欢呢?教学效果怎么会好呢?

二是教材把握不到位。

有的教师在备课时也研究了教材,关注到了教学目标与重难点,但由于对教材把握不到位,导致在处理教学内容时出现偏差,从而导致课堂教学质量的低下。也有的教师只关注了教材局部的“点”,而忽略了教材整体的“面”,对教材知识分布把握不够全面,教学效果低微。

可见,不愿、不善研究教材,都阻碍了我们课堂教学质量的提升。

(二)教材使用中的有效方法

1. 把握意图,研读教材

深入细致地分析教材、把握教材,是教师能够驾驭教学过程,取得最佳教学效果的基本前提。只有全面熟悉教材、钻研把握教材,才能掌握教材的知识结构和教学重点,才能掌握和贯彻课程标准的精神和要求,才能对教材的结构、教学程序、方法的选择等方面做到了然于胸。因此,教师必须钻研课程标准,领会教材编写意图,分析教材逻辑系统,把握教材知识结构,并侧重分析本节课内容在教材知识体系中的地位和作用,做到教学的知识重点、能力点与过程、方法及情感、态度、价值观的有机结合。

教学素材蕴藏着丰富的内涵,体现着科学的哲理,给教师留出了更多的空间与余地,给教师提供了宽松、开放的研究舞台。因此,教师应把握编写者意图,读懂教材——品出其中的内涵，悟出其中的精髓。只有这样，才能真正把握住课堂的脉搏，才能在教学中让自己的教学设计和教学行为基于教材，但又不为教材所束缚，使教学源于教材，但又高于教材。

2. 结合学情，梳理教材

教师不应单纯地“教教材”，而应巧妙地“用教材”。我们应打破原有的教材观，不唯教材是从，而要根据学生的实际情况，深入研读教材，寻找它内在的联系，把准关键点，创造性地合理使用教材。使用教材时，不管是学生原有的知识结构，对已学知识的掌握情况，还是知识点的缺失状况，教师都应充分考虑到，所有的设想与实施都应以学生的实际情况为准线。只有这样，才能真正用好、用活教材，让教材为教师与学生所用。

3. 根据内容，使用教材

教材是根据学生的认知特点，循序渐进、深入浅出地构建起来的，但教材不可能顾及所有的学生，而且教材是一种文本化材料，它并不能完全呈现其丰富、独到的内涵与教学思想。教师应用时必须对其进行合理思考，分析其所暗含的精髓，以教材为载体，灵活有效地组织教学，拓展课堂教学的空间。我们可以从学生身边的生活情景和学生感兴趣的事物出发，为他们提供参与的机会。学习内容和学生的生活背景越接近，学生自觉接纳的程度就越高。

教材是“死”的，教学是“活”的，我们要在认真钻研教材的基础上，勇于创新，大胆地对教材进行“再加工”“再创造”，使教材更加切合学生的实际，提高课堂教学效率。

走进你的心田

上海市崇明区长兴小学　吴春花

一、问题导向

似火的盛夏刚刚过去，我又牵手了新的一年级，领导还安排我带教了一位任教同年级的新徒弟——小王老师。看着和我女儿差不多年纪的小姑娘，我的心里充满了诸多期待……

作为一名新教师，王老师还承担着班主任的角色，工作特别忙碌，但是她整天乐呵呵的，还戏称自己可是个大官，是主任哦！两个星期过后，我发现小姑娘笑声少了，终于在第二周的周末，找到我向我哭诉起来："师傅，我不想做班主任了，这个班级特殊学生太多了……""别急，别急，你先向我详细说说他们的情况。"通过一小时耐心倾听，我了解到，的确，这个班级着实有那么一两个"特殊人物"，如丽丽，一早到校总是哭着不愿进校；明明，总是撒谎。比起他们，涛涛小朋友显得更为特殊。与同龄的孩子相比，涛涛的知识面特别广泛，分析问题条理清晰，课堂上发言时有精彩之处和意外的思路。但同时他的性格非常叛逆，对于通常意义上的规则，他往往不放在心上，且有时候喜欢挑战规则。开学的头一周，课堂上他无时无刻不是趴着上课，作业倒是写，可字迹马虎，无论哪一科老师，无论是讲道理开导还是哄劝引诱或是稍微严厉一些的批评，他统统不买账，有时你说教得多了，他还两眼往上一翻，一脸满不在乎甚至不屑一顾的表情。各科老师纷纷向小王老师"投诉"，王老师当真是无计可施，感觉压力太大。对于一位职初教师，如果现在让她打退堂鼓，那么她就很难再赢得同事和家长的信任，也不利于今后工作的开展。怎么办呢？我在安慰她，让她情绪平静下来的同时，不断思索怎么和她寻找有效的方法，收服孩子们的心。

二、情景再现

• 时间：9 月 18 日　星期一　晴

放学后，和王老师一起对几位"特别"的孩子进行了家访，发现这几个家庭都有个共同的特点，家长都忙于工作，每天早出晚归，孩子都是让爷爷奶奶在带。这次家访哪怕提前与家长打过招呼，但是家长都在加班，都是爷爷奶奶接待了我们。在我们谈话的过程中，孩子无一例外都是边吃零食，边在客厅与房间之间窜来窜去，而爷爷奶奶要么无奈地大喊"好好坐下来，听老师说"，要么直截了当地说"孩子不听话，老师你们多费心了"。我们的这次家访显然是失败的。回途中，小王老师更为沮丧了。我一路在为她鼓劲，孩子越是难管教，不是越能显示出教育工作的重要与可贵吗？既然寻找家长助力的道路行不通，我们再想想办法……

回家后和老公聊起了徒弟班级的状况，作为有着近 30 年班主任教龄的老师，老公马上给我开出了“良方”：这样的孩子通常都很有自己的主见，不能以常规方式，而往往需要一个足以震动他的“契机”，一旦找到切入点，以自己的经历或故事收服他们的心，则以后的工作就好办了。

第二天，我和小王老师决定接下来不能轻举妄动，只要孩子们没有过分的行为或者影响他人，我们一边“姑息养奸”，一边时刻寻找机会，准备出招。

终于，在按兵不动一周后，机会来临……

• 时间：9 月 26 日　星期二　晴

上午第三节课一下课，就有一(2)班的孩子大叫着跑进办公室：“王老师，我们班级好几个小朋友被大队辅导员叫到教室外面正批评着呢。”小王老师一听，赶紧往教室走去，我也紧跟其后。

还没走到教室门口，就已经看到小马老师正在对着五个孩子说教，其中就有涛涛：“你们太恶劣了，怎么能把树枝塞到厕所呢？太不文明了。”五个孩子则互相指责：“是他先塞的。”“是他教我塞的。”“还有××也塞了。”……没有人认识到自己是不对的，互相推卸着责任，而涛涛的声音是其中最为激烈和响亮的。

看到我们师徒来了，小马老师把情况详细地告诉我们。不要说小王老师了，我心头也着实有些烦躁恼火，这个班级的学生太顽劣了。我深吸一口气，提醒自己要理智，不能随便动怒，此时我的身份不光是老师，更是王老师的师傅，我快速地在脑子里寻思该怎么指导徒弟处理这件事。

王老师先让孩子们走进教室，请这五个孩子走到讲台前，她的脸色显然比较严肃。此时，其他四个孩子已经感觉到气氛的沉闷，也意识到自己的错误，低着头，只有涛涛仍满不在乎地撇着嘴，一脸无所谓，看到王老师看着他，还白了白眼，显然不服气。

该如何让涛涛认识到错误并心悦诚服地接受王老师的教育？我意识到这次是个机会，也是个转折点。我想起了老公的良方——用自己的故事，影响孩子。我说：“孩子们，天气很热，五个小朋友先回到座位上，大家趴下来休息十分钟，等会儿王老师给你们讲个故事。”我把王老师拉到了教室门外耳语了一番。不愧为师范院校毕业的优秀生，仅仅十分钟，经过我的“提点”，王老师就从容地走进教室，轻声细语地讲述起来：“孩子们，发生这样不文明的行为，老师今天是非常生气的，但是老师不想发火，只想跟你们说一个自己小时候的故事。”孩子们立刻坐正身子、瞪大眼睛，满脸期待地看着王老师。——嗯，小王老师的开场白起效了。

“知道吗？小的时候，王老师也挺调皮，有时会很任性。(故意停一停，已经有孩子想笑了。)有一次，爸爸带我逛商场，我看到商场里新出来一种魔术写字板，我非常想要。当时我的爸爸认为这种写字板不实用又很贵，便不赞成买下来。但是我那时很任性，非要得到，于是就挣脱爸爸的手，绕着商场柜台跑。爸爸为了不让别人看笑话，就先买下了。可是没想到一回到家，爸爸就把我叫到面前，当着我的面狠狠地把写字板摔在地上，再用脚狠狠地踩了下去。”

孩子们显然没料到是这样，瞪圆了眼，有人已经呼出声：“啊！”王老师看着他们，问道：“你们说说，我的爸爸为什么这样做？”孩子们一时间都不知道说什么好。

王老师接着说了下去：“爸爸是想通过这件事让我知道，有很多事情不能由着自己的性子，想怎么样就怎么样。如果养成任性而不顾别人的习惯，就不会有人尊重和喜欢你。”听到这里，孩子们的脸上若有所思，显然被王老师的故事打动了。

话锋一转，王老师道："就拿今天的事情来说，虽然玩的方式错了，但是有的小朋友已经意识到自己错了，可有的小朋友还不服气。老师知道你们在家里都是爸爸妈妈爷爷奶奶的掌上明珠，你们也都很聪明，可是要想让别人尊敬你、喜欢你、佩服你，不是光聪明就行了。你的心中不能只有自己。做了错事不要先怪别人，先想想自己有没有没做好的地方。"

看着原本满脸不在乎的涛涛，王老师说："老师的话你可能听来不是很开心，但老师真的是因为爱你、喜欢你才这样说。就好像药是苦的，吃药时不高兴，但是吃了后病就好了……你再想想吧。"这时，涛涛的表情已经发生了变化，头也低下去了，但仍没有出声。我想今天的目的已经达到，也要给这个一向骄傲、倔强、自我的孩子消化的时间。于是，我示意王老师不要再多说了，而转向所有的孩子，说："孩子们，你们王老师工作特别忙，不能一直看着你们，以后下课咱们互相提醒，玩之前先想想，别再让不文明的行为发生，好吗?"孩子们齐声答我："好!"

三、分析反思

现在的孩子越来越表现出比以往更多、更丰富、更为明显的个性，很多被家人捧在手心里的独生子女们，不同程度地存在着以自我为中心的现象。作为教师，今天的我们在教育孩子上更需要多注意方式方法，不能本着听之任之、置之不理的态度，也不能采用强硬的教育方法，而要用爱心去接近他们，用耐心去感化他们，要抓住他们的闪光点和点滴进步，对他们进行耐心细致的教育。养鱼贵在养水，养花贵在养土，而教育贵在温暖人心。怀揣着对教育的崇敬和真情，我们要做一个内心温暖的人，带着阳光行走，温暖孩子，快乐自己。

教学相长，互促共进

上海市奉贤区解放路小学　徐柳花

一、背景

见习教师作为教育的新生力量，在基础教育的未来发展中有着举足轻重的作用。而“见习教师规范化培训”是指取得教师资格证的教师，在上级教育部门认定的培养基地，以见习教师的身份，接受以提高教育教学能力为主的系统性、规范化培训。这种规范化培训通过创新机制，为高标准、高起点培养见习教师提供了思路。

作为指导教师，首要的是一份责任，其次才是指导。在见习指导中根据见习教师的特点和实际状况来制订培训计划，做足功课，做好准备，保证带教活动的规范、有序、高效。秉承已有的带教成功经验，不断完善现存问题，从改进指导方式、优化带教策略的角度开展指导。侧重如何规范操作，即在指导过程中遵循要求，有理有条地带教上岗。

二、策略

这是我第一次带教见习教师，还一次带两个。当我第一次与见习教师见面时，看到她们诚恳地端坐在教室后排听课时，我不由得想起了十多年前的自己，同样也是怀揣着兴奋、紧张、彷徨、期待这五味交杂的心情踏上了工作岗位。正是因为深有同感，所以我倍感肩上沉重的责任感和压力。为人师，不是一件简单的事，必须踏踏实实、勤勤恳恳，不断提高完善自身的素质，积累教学中的经验，才能使新教师受益。为人师，更是一个互相学习的好机会，新教师年轻、好学、有冲劲，我和她们可以优势互补，在思想的碰撞中相互交流、相互促进，拓展更宽广的教育世界。我是这么想，也是这么做的。

（一）策略一：在听课评课中共感悟

“取人之长，补己之短”“他山之石，可以攻玉”都说明了一个道理：借鉴是最有效的学习方法。教师要提高自己的业务水平，就要多听课。

作为一名学生的“听课”与作为一名老师的“听课”是完全不同的，但是刚从学生转变成老师的新教师，尤其是非师范类毕业的新教师更是不知该听些什么，怎么听。所以，我首先要做的就是教会她们怎样听课，听课听什么，如何提高听课的效率。一是观察执教老师是怎么教的，学习怎样创设教学情境，如何化解重难点，如何设计多种形式的练习以加强知识的应用与迁移等。二是关注学生的“学”，观察学生在学习活动中的情绪反应，了解学生的读书习惯、书写习惯等。三是跨年级、跨学科地听。跨年级听能明晰各年级的教学重难点有何不同之处，初步了解各个年级之间的关系；跨学科听是因为学科之间的某些方法是共通的，可以给自己的教学带来一些启示。

听课后，我又鼓励两位新教师提出自己的想法，把自己的教案、设想与听到的内容相比较，一起探讨听课过程中的疑惑点、不明白之处。慢慢地，她们的听课笔记越来越规范了，越来越翔实了，也积累了上课的第一手参考资料。

新教师的眼睛也成了我课堂上的放大镜。在与她们的交流中，我发现了不少往往自己会忽略的细节。我开始反思自己的教学，不断提高自己处理教材的能力，不断创新教学方法。

（二）策略二：在课堂实践中同得法

课堂是教学的主阵地，也是新教师快速成长的“练兵场”。于是，我放手让新教师实践，让她们在实践中积累经验。

还记得带教的第一批见习教师第一次走上讲台的情景。为了让她们上好这一课，我先和她们熟悉课程标准，通观整册教材及整个单元，明确课文在教材中的地位及前后联系。接着，我和她们一起细读文本，分析教学的重难点，确定从知识与技能到情感态度与价值观的三维目标。

两位新教师年轻、进取，第二天就拿出了初稿，虽然稚嫩，但是到处闪现着智慧的光芒，有自己的想法。我和她们一起研究，开拓思路，在共同切磋、互相学习中碰撞出新的火花。在这个过程中，我在她们的基础上提出一些教学修改建议，不仅让她们明确怎样做，而且明确为什么这样做。

课堂上，两位新教师都难以掩饰初上讲台的紧张与应对课堂生成时的不知所措，但是甜美的笑容、亲切的语言拉近了她们与学生的距离，也走好了教学生涯的第一步。上课后，我就让她们对自己的课堂进行反思，查找自身的问题。我及时捕捉她们在教学中的闪光点，肯定她们的进步，同时直言不讳地指出教学中存在的不足，并提出建议。

当新教师依然存在不解时，我就立即根据新的教案再上一次，以直观的示范帮助她们提高。我发现这种先理论、再实践、最后检验理论的方法，可以最直接地告诉新教师什么样的方法能收到最大的效益。

在我帮助新教师分析、修改的过程中，我的指导能力也逐步提高着。不仅自己能备好课、上好课，而且能把其中蕴藏的教学理论、逻辑关系清晰地传递给新教师。

（三）策略三：在教研活动中互启发

教研活动针对性强，主要解决教学实践中存在的问题和难题。通过研究可以改进教学效果，促进教学活动质量的提高。同时，教研活动也是提高教师业务水平的重要途径。

每一次的教研活动，我都要求新教师全程参与，并鼓励她们加入讨论。有时我们老教师容易进入一种固定的教学模式，她们虽然没有太多的经验，但也少了经验主义的禁锢，所以她们的很多想法是新颖独特的，她们的一个点子能够启发出我们的一个点子，她们的一个创意可以在细磨后变得具体可操作。

在这个过程中，新教师也逐渐了解到一节好课是如何形成的，知道了如何梳理一个学期、一个单元的重难点，如何正确制定适切的目标，如何有步骤地指导学习，如何寻找切入口训练学生能力……

三、反思

（一）把握“基础”和“灵活”

设置带教活动内容时，除培训方案中的条目要求，我更注意把握内容的“基础性”和“灵活性”。在一日教学活动中，选择能显著体现教师教育策略的项目来设置专题，专题涉及教学内容的确定、教学方法的选择、教学过程的应变等，专题与专题之间既有独立性，又相互关联。

同时，抓住见习教师实践操作中的实际问题，以教学现场中见习教师对学生行为、教学过程或教师教育策略运用中生成的问题作为带教的即时内容，使之更灵活地贴近见习教师的实际需要。

（二）架设模仿和支持的桥梁

模仿是新教师专业成长中的一个必须经历的过程。在模仿中，他们会对指导教师的教育教学规范化行为有所感知，会对自己的教育教学常规的意识有所把握。采用观摩实践相结合的方式跟进指导，帮助他们分析实践中存在的问题，商讨解决问题的对策，为见习教师提供支持的平台和引领的台阶。见习中的活学活用促进了见习教师更好地自我领会，加快从感性认识走向理性认识，使他们实实在在地学到东西，真真正正地有所长进。

注重课堂管理，促进教学效率

上海市奉贤区实验小学　吴卫华

一、案例背景

任何工作，任何事情，单打独斗都是辛苦的，都是会走许多弯路的，成长都是缓慢的。同样的，教育事业也是如此。新教师的成长离不开学校的培养、自身的努力，当然如果专门有师傅带教和引领，新教师可以更加方便地随时解惑，在师傅的指导下更快速地成长。本学期，我非常有幸继续带教新教师小尤，竭我所能帮助她在专业上快速成长。在指导她的过程中，我自己也收获良多。年轻人的创新意识，先进的媒体技术，都让我提升了自己的专业能力。

二、案例描述

作为小尤的英语学科带教老师，我从备课、上课、听课、反思等方面，对其进行指导。新教师从事教师岗位的第一件事就是备课，因为是备课组的共享教案，虽然细节各有不同，但总体思路基本一致，这对新教师掌握教学重难点有很大的帮助。而如何管理课堂，使自己的教学设计在课堂中有效地实施，对于新教师小尤而言是最迫切需要掌握的。

课堂管理是教师为了完成教学任务，调控人际关系，构建和谐教学环境，引导学生有序学习的一系列教学行为方式。著名教育家赫尔巴特指出了课堂管理的重要性："如果不坚强而温和地抓住管理的缰绳，任何功课的教学都是不可能的。"

开学第一天，小尤就跟我走进课堂，从明确对学生的上课要求、作业规范、预习任务、复习任务的布置开始学习，学习教学精细化的常规管理。

第二周我走进了她的课堂。这一课的教学内容是 M1U2 Listen and enjoy 和 Ask and answer 整合而成的。其教学目标是能用情态动词 can 和它的否定形式 can't 描述能力，并用一般疑问形式询问他人的能力。在本课中要求学生能较流利地用"—Can he/she/it...? —Yes, he/she/it can. No, he/she/it can't."进行问答。

我随她一起走进教室，感受她的进步，也发现一些问题。

【课堂片段一】预备铃响，小尤老师进教室，准备课件和录音，班干部带领同学读课文，有的学生在拿学习用品，有的在读课文，有的在东张西望。

【课堂片段二】Pair work 操练"—Can a pony sing？—No, it can't, but it can...."，学生两两对话时小尤老师专注于听学生发言，班中其他学生或交头接耳，或忍不住插嘴，情况有点乱。

【课堂片段三】拓展训练。

—Can your father/friend/...swim/hop/run/paint...?

—Yes, he/she can./No, he/she can't.

个别学生在表演时,下面有学生没在听,还在继续自己的对话操练。小尤老师感觉到纪律有问题,但又不愿因为整顿纪律而打断对话中的学生,她下意识地走到还没安静的学生旁边。

针对她这堂课的情况,我给出了以下建议:

一是我们教师一定要养成课前精心准备这一常规。

如果教师到了铃声响了以后,才匆匆忙忙走入教室,在"紧张"的节奏中开始授课,那么教师的言行会在学生的心里留下深刻的印象。先不用说教师上课要用的课件、道具是否到位,就是再自觉的学生,长此以往也不会有课前准备好英语课本、练习本,静等老师上课的习惯了。所以,课前的教学常规要求我们教师必须把本节课要使用的课本、道具和教学资料整理好。如果有要使用的课件、听力材料,更应该在课前拷贝到教室的电脑上,并且进行调试。只有这样,教师才能在接下来的授课环节中,达到"手中有粮,心中不慌"的境界。而学生没能适时静下来,还在交头接耳的情况,可以借助课前热身来改善,轻快的节奏可以吸引学生注意力。小学生活泼好动,课间休息还没有玩够,所以在刚上课的时候要带学生做课前热身,也就是我们常说的"warming up",帮助学生收收心,做好准备,以积极的方式带学生进入英语的学习环境。好的开始是成功的一半。课前热身的方式还有待我们年轻教师去实践和探索。

二是创设情境,激发学生兴趣,养成良好的听课习惯。

从上课角度看,教师的"教"固然重要,但是没有学生良好的学习常规做支撑,其结果自然是一只耳朵进,一只耳朵出,达不到教学的预设目标。教师在设计教学时,必须分出一些精力来预设学生活动。单调枯燥的学习氛围是学习的大敌,很难引起学生的兴趣。因此,我们要在课堂教学中通过创设问题情境来开展教学活动,让学生在情境的感染下主动地发现问题,获得知识。用情境激发学生主动学习的愿望,在主动探索中获得知识更容易激起学生的学习兴趣。同时,教师在创设情境时,要注意符合学生的心理特点。小学生都比较喜欢贴近生活的情境,在这种情况下,学生会很快地融入教师设计的教学情境中,从而能更好地学习课程知识。良好的情境可培养学生良好的心境,以此激发联想,增强学生的表达欲望,而且恰当的游戏活动也能激发学生的创新意识。所以,在教学中,如何使"游戏"恰到好处地融入英语课堂,是教师要把握的。因此"游戏"不仅是必要的,而且是可行的。教师可以通过让学生进行角色扮演,或者通过任务型教学,给学生分配任务,让学生在完成任务的过程中学会知识;有时也可以把任务设计得稍难一些,让学生进行合作、探索。学生一起解决问题,从而可以分享成功解决问题的喜悦,也锻炼了学生的合作精神和分享精神。这样,所要学习的知识也变得容易接受。

课堂上要随时观察学生的情况,在活动中还要关注活动的实效。如果有人走神,可以使用眼神、手势等多种方法让学生的注意力转回来,也可以让学生在教师自编的 chant 下动起来。这样,既起到整理课堂纪律的效果,又起到比训话更加有效的作用。我们要开动脑筋,设计高效的学习流程,帮助我们的学生养成有效、积极的听课习惯。

三是小组合作要落到实处,给学生以充分的时间进行学习交流,及时作出恰当的评价。

学生之间的合作也能让学生发挥各自的优势和特长，互帮互助，取长补短。教师要善于发现和正确处理这些课堂上存在的问题，积极鼓励学生，帮助学生建立良好的人际关系，营造和谐、宽松的教育教学环境。为了维护正常的教学秩序，协调学生的行为，以求课堂目标的最终实现，师生要共同遵守课堂纪律，让师生在和谐的气氛中愉快地教与学。在教学活动中，特别是学生的拓展练习中，教师适时评价可以使课堂熠熠生辉，可以让当事学生有进步，增加信心，也可以让其他学生更有展示和表达的欲望，并且能让一部分走神的学生产生听的兴趣。斯塔费尔比姆说："评价最重要的意图不是为了证明，而是为了改进。"当然，评价一定要有的放矢，在对学生进行评价的时候，要做到这几点：首先，在课堂教学前做好充分的准备。要提高课堂评价语言的有效性，教师在教学前必须认真了解学生状态，对课堂上学生可能出现的结果进行充分预料，以及对学生课堂中可能会出现的问题和表现进行充分估计。只有这样，在教学实施中，教师才能捕捉到学生更多有价值的信息，才能对学生的各种创造性的回答作出及时而正确的反馈，进行适当的评价。其次，要学会课堂倾听，观察学生反应。只有学会了倾听，才能更好地实现与他人交流。实际上，教师正是通过关注学生的即时表现、观点和发言，对自己何时评价、如何评价作出决策。教师不但要认真倾听学生的言语，还要注意观察学生对评价言语的反应。此外，评价的效果是因人而异的，这就要求教师在使用评价言语时注意观察学生的反应、评价的效果，从而决定某种评价言语是否继续使用，或者作出怎样的调整。

三、反思

课堂上，教师应该是一个多面手，唱得了歌，跳得动舞，玩得嗨游戏，演得了角色；教师也要一心多用，关注自己，关注学生，要确保良好的课堂氛围。当然很少有教师是天生就掌握这些本领的，需要教师自己不断地潜心学习、练习和实践、改进。我相信，我们的新教师在学习和实践的过程中会迅速成长起来的。

因材带教，助力成长

——一堂家长开放课的带教案例

上海市虹口区第四中心小学　郑　敏

一、案例背景

晓洁是一名大学应届毕业生，应聘到我们学校成为一名小学数学教师。学校把她安排在我的教研组里一起工作，我也因此成了晓洁的带教师傅。晓洁在大学学习期间学的是非师范类专业，没有一点教育教学理论基础，也没有在学校实践学习的经验，只是应聘后在我们学校实习了半年。这也给我的带教工作带来了一些难度。

初次见到晓洁，我感觉她是个很开朗的女孩，即使对每天的工作毫无头绪，她也总是满脸微笑，快乐应对。她把这种快乐的情绪传递给了身边的每一位老师，也渗透进了她的工作中。她从不会掩饰自己工作中的问题，只要在教学上不会了，她就会毫无芥蒂地来和我说："师傅，这个课我不会上，您能先和我说说该怎么上吗?"她总会缠着我，听我上课。按照规范化培训要求，新教师每周要听一节带教师傅的课，但是晓洁至少每周要听两节，她的好学给我留下了深刻的印象。她如此好学，我当然也愿意尽心尽责地去指导她。每周我都会安排时间去听她上课，有时还把自己看到的教学理论文章推送给她，让她一起学习。几个月下来，晓洁已经能独立担当每天的教学任务，上课也由原先的语无伦次进步到了表达清晰，有条理性了。

二、案例描述

再过几周就要面临一年级的家长开放日活动，作为一年级的数学老师都要在这个活动中承担一节开放课，这是晓洁第一次公开展示教学。家长开放日历来是学校的一个重大活动，对于开放课学校也非常重视，早早就布置下来要求教研组着手准备。我们首先通过小组教研活动进行了备课活动，将开放课的教学内容、教学环节和教学方法进行仔细的研磨，并确定了教学方案。然后就是准备试教的过程，这次我和她之间想打破师先徒后的安排，让她先试教。于是，我对她说："晓洁，这次由你先来试教，回家把这节课的教案整理出来，做好试教准备。"第二天一早，晓洁就把整理好的教案交给了我。教案写得非常认真，我们备课中说到的每个环节、每个问题，她都一一整理了出来；不足的是对于她这样一个新教师来说，教案过于简单了点。于是，我对她提出了改进的要求，要求她把上课过程中的每一句话都写在备课里，写一份详细的教案。晚上，她就把这份详细的教案发给了我，她的勤奋让我非常感动。

加倍与一半

教学目标：

1. 会用数学语言表达加倍的现象，并能通过相同加数的数句来描述加倍。

2. 熟记10以内加倍数即两个相等加数的和。

3. 用一个数的对半分拆($a+a$)来表示集合的等式分析。

4. 通过对实际情景的描述、看图编故事等活动，引导学生理解“加倍”与“一半”的含义。

5. 让学生在实际生活背景中，通过动手操作体验，构建“加倍”与“一半”的概念，并体会到“加倍”与“一半”在实际生活中的运用。

6. 在学习的过程中，培养学生善于观察、勤于思考的学习习惯。

教学重点：通过实例建构概念。

教学难点：理解“加倍”与“一半”的含义；会用数学语言描述“加倍”与“一半”。

教学过程：

一、新授

T：开学到现在小朋友们已经学会了很多的数学本领，今天我们和小胖一起来学习一个新的本领。

1. 小朋友们，图片上小胖在干什么？(吃生煎)

T：那么你们来数一数，小胖的盘子里有几个生煎呢？(4个)

T：小胖的盘子里有4个生煎，他不开心地说：“4个太少，加倍！”

T：有没有哪个小朋友知道加倍是什么意思？(生猜测)

贴：加倍

T：加倍就是这样的再来一份。原来一份有四个，现在服务员叔叔又端来了这样的一份，那么现在一共有几个生煎了？(8个)

T：你是怎么知道的，可不可以用一个算式告诉我们？(4+4=8)

T：我们知道原来有4个，再来同样的一份，就是加倍。

贴：4→加倍→8

读作：4的加倍是8。(学生跟读)

T：小胖看到服务员叔叔又拿来了这样的一份，高兴地说：“太好了，现在有8个。”

T：所以我们说，加倍就是加上和原来一样的个数。

2. T：来，我们一起来看，3的加倍是几？(6)

T：算式怎么列？(3+3=6)

T：原来有3个，再加上同样的一份3个，所以3+3=6。

T：5的加倍是几？(手势准备，出)

T：很好，5的加倍就是10。你是怎么想的？(5+5=10)同桌互相说一说。

3. 小胖现在有8个生煎，是原来4个的加倍，那么反过来4是8的什么呢？(一半)

贴：一半

T：你怎么知道4是8的一半呢？(4+4=8或者8−4=4)8−4=4就是在想8的分成，

因为8可以分成4和4，所以8的一半是4。

T：回答得非常好，我们知道因为4和4合成8，所以8就可以分成4和4，把8分成了两份一样的个数，所以8的一半是4。

贴：8→一半→4

读作：8的一半是4。

T：4的一半是几？（2）

T：因为4可以分成（2和2）。

T：那么10的一半是几？（手势准备，出）

T：你是怎么想的？（因为10可以分成两个5）

4. 我们今天跟着小胖学习了新本领：加倍与一半。小巧给大家出了一题，看看大家今天的本领学得怎么样。

T：表格从上往下看是加倍，我们看到上面一排的1，那么1的加倍是几？（2）

T：你是怎么想的？（1+1=2）

T：反过来，1是2的？（一半）

T：1是2的一半，那么这里4的上面填的应该是几？（2）

T：因为？（4可以分成2和2）

T：书本打开，第57页，垫板（垫好），铅笔（准备）。

T：表格从上往下看是加倍，从下往上看是一半，那么剩下的你都填了吗？核对答案/评价：都做对的小朋友举手，给自己表格的右上角打个五角星。

T：看看谁算得又对又快。你能根据3+3=6这个算式，知道3的加倍和6的一半是几吗？（3的加倍是6，6的一半是3）

T：你能学着第一题那样，完成后面三题吗？

T：□→加倍→10，你是怎么想的？

T：加倍反过来就是一半。

二、复习

T：开学到现在小朋友们还学会了很多本领。接下来，我们一起向家长汇报一下我们的学习成果。

1. 我们先来汇报口算，看卡片，开双轨火车，请小朋友们同桌两个人一起来开双轨火车。

T：看来连加连减已经难不倒小朋友们了，那么接下来我们进行连算。听老师报题目，用手势表示最后的结果。

6+3−5+6−2−1　　　7+2−9+2+7−4

2. 老师这里还有四道题目，让我们一起来填一填方框里的数，手势准备。

T：说一说你是怎么想的。

① 9−[4]=5　　② [8]−2=6　　③ [5]+3+2=10　　④ 4+[4]−6=2

3. 讲讲算算，要求我们小朋友讲三句话，有哪个小朋友能告诉大家是哪三句？（两句条件，一句问题）

① 左边有2颗五角星，右边有4颗五角星，一共有几颗五角星？

T：谁能来列式计算？（2+4=6）把两个部分合并在一起，我们用加法来计算。

T:在算式中2、4、6分别表示什么意思呢?(2表示左边有2颗五角星,4表示右边有4颗五角星,6表示一共有6颗五角星)

② 这幅图中,虚线框起来表示什么意思?(拿走、减去)

T:谁能来说一说并列式计算?(原来有5颗爱心,拿走了2颗,还剩几颗? 5—2=3)

T:5、2、3分别表示什么?

③ 谁能来不加字也不漏字地读一遍题目? 请同桌两个人合作,女生列式说给男生听。(6+3=9)

T:我们这里为什么要用加法?(在原来的基础上,又添加了一部分,所以要用加法)

④ 请小朋友自己读一读题目,这次由男生列式说给女生听。(12—2—4=6)

T:我们已经知道了三种小花的总和,要求其中的一个部分,所以要用减法。

T:这道题你是怎么来计算的? 说一说这道题你的计算顺序。

T:在做连加连减的时候,我们都是按照从左往右的顺序进行计算的。

⑤ 原来有几只小兔?(6只)我们知道在没有加也没有减的时候,这个大方框里就是原来有的兔子的只数。

T:我们既可以先减去拿走的,再加上拿进来的;也可以反过来,先加上拿进来的三只,再减去拿走的两只。(6—2+3=7或6+3—2=7)

T:(小结)讲讲算算是我们以后学习应用题的基础,我们要学会看图说三句话,读题时要注意不加字也不漏字,并会正确地列出算式,知道每个数字表示的意思。

4. 在复习了这么多我们以前学习的本领后,小胖给大家带来了一张比赛卷。我们小朋友比一比,看看哪个小组又快又准确地完成。

6+3—2=　　7◯3=10　　17—7◯6+3　　4=□—4　　□$\xrightarrow{\text{加倍}}$12

要求:同桌两人,女生做,男生检查。

以小组为单位,每做完一题往后传,后面一组同学做下一题。

最后一排的男生检查完后贴到黑板上。

试教那天关教导也来听课。或许是因为过于紧张吧,课前准备好的教案,想好的每一句话到了上课时全然不对了,一节课下来,她言语啰唆,语气过于平缓,该突出重难点的地方都没能从语气语调中体现出来,视线也无暇顾及学生,课堂纪律也没有控制住,有些学生整节课都游离在课堂之外。这是我始料未及的,怎么办? 整个年级共6个班,有3个班要留着开放那天上课用的,能试教的班级有限,再试教的话只能成功不能失败。于是,接下去的每一天我都和晓洁在说课,从每一句话,到每一个表情、每一个动作,我都一一对她进行指导。我还示范上课给她看,让她模仿我的表情、动作和语言。不能用班级试教,我们就下班后,在教室里由我当学生,让她进行模拟上课。就这样通过一次次的模拟、一次次的指导,第二次进行试教时,晓洁已经对整个教学过程非常熟悉了,虽然免不了还是有点紧张,但是上课时已经得心应手多了,对整个课堂的把控也进步了。家长开放日那天,她的教学得到了家长们的认可和赞扬。事后,和晓洁谈心时,她说这次的开放日公开课的准备为她后面参加市级见习教师基本功大赛打好了基础,特别是那一次次的模拟上课让她成长很快,收获很多。

开放日活动的第一关算是过了,紧接着还有第二关——家长会。第一次开家长会,不仅影响到晓洁老师在家长心目中的形象，更会影响到家长对她的信任、对她能力的评价。所以在开家长会之前一定要做好充分的准备，这样在家长面前才不至于面红耳赤、心乱如麻。我先把开家长会要讲的主要内容告知晓洁，然后要求她准备一份详细的会议稿。晓洁非常认真地把该说的都一一写在了会议稿上，然后在开会前我和她一起模拟了一遍开会的情景，把会议的内容慢慢地、有条理地过一遍，使之胸有成“稿”。家长会那天我没能有机会看到她的表现，但是从班主任老师那儿我了解到她很有教师的感觉，言行举止都很大方得体，态度也很谦逊，受到了家长们的肯定。

三、案例反思

通过这次对晓洁老师的带教，我感悟到：

1. 对见习教师的带教要因材施教

晓洁老师和我前几年带教的新教师不同，她不是师范专业毕业，缺乏教育教学的理论知识，缺少教学方法的学习。对于她的带教工作就不同于以往的带教，以往的带教以浸润式的培训为主，更多的是实践。而对她的带教我从扶到放，从宽到严，先是手把手地教，通过亲身示范，传授教学技能，让晓洁逐步了解教学的规范，学习常用的课堂教学手段和方法；然后进入实践，在实践过程中我要求她先从模仿开始，慢慢地，当她能上好一堂完整的课之后，再要求她超越模仿，自己独立驾驭课堂教学。

2. 跟踪课堂教学让见习教师成长于每堂课

带教的主阵地是课堂，积极跟踪见习教师的课堂教学，每堂课给予针对性的指导，帮助他们发现每课时教学的成功和不足，使他们尽快地进步和成长。指导教师跟踪到位、指导到位、帮扶到位，使每位见习教师在实践中学习，在学习中再实践，有助于他们提高教学技能。

如何引导新教师制定教学目标

上海市虹口区红旗小学　陈羽佳

一、案例背景

“如何制定教学目标”是见习教师规范化培训课程中重点内容之一。见习教师由于缺乏经验，对教材、课标不熟悉，在设计单元或一节课时，常有不对照“课标”，不结合教学需要、学生实际，粗线条地提出一两条要求，导致教学目标不周全的现象。

按照《上海市中小学音乐课程标准》，小学音乐课围绕音乐学科的“三维目标”，通过音乐的学习活动，从中培养音乐的兴趣与能力、提高审美能力、陶冶高尚情操。在阶段目标中，围绕审美情感、审美行为、审美能力，又有相对明确的规定性要求。

二、案例描述

形式：微讲座

主题：如何制定教学目标

主讲人：陈羽佳

讲座主要通过概念解析、方法指导、实践引领三个主要步骤，指导见习教师掌握从课程标准内容与要求的解析到课时教学目标叙写的思考路径与方法。通过讲座帮助见习教师对照“课标”，结合教学需要、学生实际，对教学目标合理地组织撰写、选择恰当的教学方法、明确教学行为，从而更好地促进学生学习，提高音乐教学质量。

（一）概念解析

在一篇规范的教学设计中，确立明确而有效的教学目标显得尤为重要。因为教学目标在教学设计中起着导向作用，也就是教师在选择和采用一切教学行为、教学步骤、方法、媒体时都要考虑教学目标。在小学音乐教学设计中如何制定明确有效的教学目标？在制定教学目标前首先要让见习教师明确：什么是教学目标？通过呈现清晰易懂的导图，结合课标，向见习教师阐释教学目标的定义和四个要素。如下图所示：

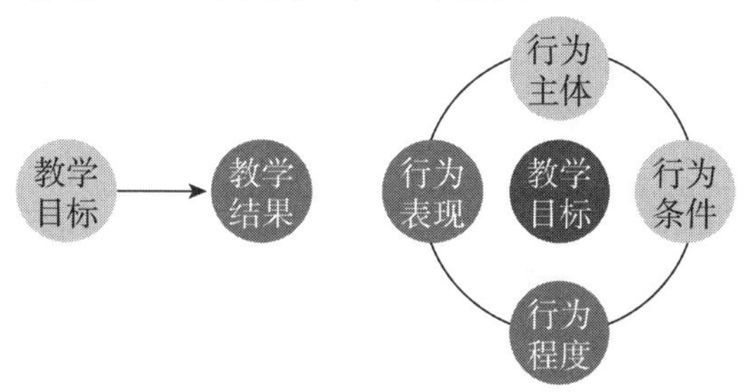

（二）方法指导

以一年级第二学期第一单元《家乡好》中的《数高楼》一课为例，向见习教师介绍从课程标准内容与要求的解析到课时教学目标叙写的思考路径与方法。

1. 聚焦课标内容，结合教材进行具体化——指导见习教师如何锁定主要教学内容和标准

梳理课标中小学音乐学科四个主题的内容与要求，再结合一年级第二学期第一单元《家乡好》中的《数高楼》一课内容，将课标内容与要求在教材内容中具体化，如下表：

1—2 年级课标四个主题的内容与要求				
	感知	表现	鉴赏	创造
教材内容	• 通过动作感受二拍子、三拍子的韵律 • 在由多种声源演示的过程中，感知由单纯音符组成的节奏型，并认识常用节奏符号，识读简短节奏型	• 学会用听唱的方法学唱歌曲 • 能够用自然的声音歌唱，学会齐唱 • 能够随歌（乐）曲作简易律动 • 体验歌曲的情绪，理解歌曲的内容，有表情地作歌表演	• 能初步体验音乐中的情绪变化，并用动作表示 • 聆听短小乐曲，能够想象音乐所描绘的情景	• 能够用多种生活语言、短小的诗句创编节奏型
课标内容与要求在教材内容中的具体化				
歌曲《数高楼》	• 感受歌曲二拍欢快的节奏、韵律 • 感知由四分音符、八分音符、四分休止符组成简短节奏型	• 能用轻快活泼的声音学会歌曲演唱 • 能根据音乐的节拍跳简单的恰恰舞，并作歌表演	• 能初步感受歌曲欢快的情绪，能够用多种生活语言、短小的诗句创编节奏型，表达对上海的热爱之情 • 根据对音乐形象的了解，进行角色扮演	• 根据关于上海建筑的短句，有节奏地说话，用创编儿歌《夸上海》来表达自豪的情感

2. 整合学习内容，明确学习行为——指导见习教师基于教材、学情明确教学行为及目标指向

结合学情分析、教材分析，对学习内容进行整合，明确学习行为、程度及条件。如下表：

要素目标 / 教材内容	行为表现		行为程度	行为条件	目标的意义指向
	行为动词	行为对象（学习内容）			
《数高楼》	辨别并演唱	相同衬词的不同节奏	准确	借助听觉感知、肢体动作表现及乐器敲击提示	感受歌曲热烈欢快的音乐情绪以及对家乡自豪、热爱的情感；能自信、有表情地投入多种音乐表演活动
	朗读	歌曲的“数板”部分	高位置	跟着音乐的节拍	
	演唱	歌曲中的“模进”	准确	通过听唱、对唱等方式，在老师钢琴的伴奏下	

（续表）

要素目标 / 教材内容	行为表现		行为程度	行为条件	目标的意义指向
	行为动词	行为对象（学习内容）			
《数高楼》	表现	歌曲的情绪	初步	用轻快、活泼的声音演唱	
	说话	用带有四分、八分音符以及四分休止符等简单节奏	恒定的速度	在老师的提示下，根据“上海标志性建筑”的短句	

3. 对照目标要素，确定教学目标——指导见习教师撰写目标

教学目标是一种在教学活动之前预期的学生学习的结果，即教师预先设定学生在学完这一课题后应达到的标准。由于这种标准要体现的是学生学习后要达到的标准，因此，在设定时应当陈述学生的学习结果，而不应陈述教师的目标。结合课程标准，通过以上路径和方法，将教学目标从“情感、态度与价值观—知识与技能—过程与方法”三个维度进行表述。

（1）通过学唱歌曲《数高楼》感受歌曲热烈欢快的音乐情绪以及对家乡自豪、热爱的情感；能自信、有表情地投入多种音乐表演活动。（情感、态度与价值观）

（2）借助听觉感知、肢体动作表现及乐器敲击提示等方式，准确辨别歌曲中相同衬词的不同节奏并演唱；能跟着音乐的节奏用高位置朗读歌曲中的“数板”部分；在老师的提示下，能根据关于“上海标志性建筑”的短句，与伙伴合作以恒定的速度，用带有四分、八分音符以及四分休止符等简单的节奏进行说话。（知识与技能）

（3）通过听唱、对唱等方式，能在老师钢琴的伴奏下，唱准歌曲中的“模进”，用轻快、有弹性的声音演唱，初步表现歌曲的情绪。（过程与方法）

（三）实践引领

通过逐层分析、讲解、举例，见习教师能够基本掌握教学目标叙写的思路和方法，并能够举一反三，教学目标撰写得逐渐规范。培训前后叙写教学目标如下：

- 培训前撰写

知识与技能：用欢快的情绪边唱边跳《上学》。

过程与方法：为《上学》编排动作。

情感、态度与价值观：热爱学校生活，尊敬师长，友爱同学。

——以《上学》一课为例

- 培训后撰写、修改成果

1. 复习并表演歌曲《我的家在日喀则》（行为条件），感受欢快、热烈的音乐情绪（行为表现），体验作品所表达的对家乡喜爱与自豪的情感（意义指向）。（体验性目标）

2. 通过聆听范唱，在音乐的伴奏下（行为条件），运用欢快的情绪、连断对比的方式（表现程度）演唱歌曲（行为表现）。（结果性目标）

3. 在老师的示范与指导下(行为条件),跟着音乐的速度,运用甩袖和踢踏步的动作(行为程度),边唱边跳,表演歌曲(行为表现)。(结果性目标)

——以《我的家在日喀则》一课为例

1. 在与老师同伴的互动中(行为条件),积极地投入肢体律动、乐器演奏等表演活动(行为表现+意义指向)。(体验性目标)

2. 在节拍的提示下(行为条件),运用拍击与个性化肢体动作准确(行为程度)表现带有四分休止符"停"的节奏(行为表现)。(结果性目标)

3. 在老师的示范与指导下(行为条件),跟着音乐的速度(行为程度),运用小乐器为歌曲《数高楼》伴奏(行为表现)。(结果性目标)

——以《感知四分休止符》一课为例

三、分析反思

(一) 注重带教实效

对于见习教师而言,在教学目标制定的过程中易出现盲目性、照本宣科地机械照搬、笼统空泛,目标的定位不准确、不全面,制定目标存在要求偏低或过高情况——偏低即对学生已掌握的东西,还要反复讲解;偏高即随意拔高要求,追求难度,学生难以接受,没有抓住重点。通过本次带教,见习教师对教学目标的制定有了清晰的思路和规范的操作方法。第一步看什么?第二步做什么?最后呈现出的样式是怎样的?有一套规范并且行之有效的思路和路径。在带教中,本人注重在具体化中提供可操作的策略,切忌"泛泛而谈"。以实践为主,面对实际问题,在教育教学上与见习教师多探讨与研习,常反思、修正自己的做法。在举一反三的过程中,逐渐规范教育教学行为。

(二) 发挥带教优势

本人曾参与2013学年见习教师规范化培训,是离新教师成长之路最近的导师,同样经历过并且得益于见习教师规范化培训。我的师傅曾经带教我的方法同样值得我借鉴。想要规范教学行为,首先要规范教学理念。带教中,我比较注重带领见习教师认真学习《课标》《学科基本要求》《评价指南》《单元教学设计指南》等指导性文献,通过学习帮助见习教师进一步明确并落实基于课标、基于学科基本要求的课堂教学,将评价融入教学设计与实施的过程,加强见习教师规范备课、规范教学的意识。然而,最直接的学习是模仿,仅仅停留在理论学习的层面是不够的。在日常带教中,我们坚持"师傅先行,徒弟跟进"的模式,任何要求都是我示范在先。比如制定教学目标,先给出规范的样式,再加以讲解,逐步指导见习教师完成从认知到理解再到撰写;再比如听评课活动通常是我上一节示范课,见习教师再上一节相同类型的课,做到听课认真记录、客观评价、互相探讨、勤于反思,并提出改进建议,解答见习教师提出的困惑。

引导教师初长成

上海市黄浦区卢湾一中心小学　陈　芸

2017学年伊始，我又荣幸地成为见习教师培训基地的指导教师，带教小钱老师。见到小钱的第一眼，我就发现她是一个文静的女孩，话不多，总是甜甜地微笑着。而在后来的接触中，执着、好学成为她给我留下的最为深刻的印象。

我们师徒从一开始就很好地进入了状态。作为师傅，我觉得首先是要在常规方面多加以提醒和指导，这是上课的前提；其中特别重要的一条就是引导她心中要有学生，这是为师的基本素质。然而，最最重要的还是课堂教学方面的交流和促进。每一次的互相听课，我们都会交流讨论，从中发现了很多问题。一旦发现了问题，就及时加以改进，以求帮助钱老师尽快地进入教师这个角色，成为一名合格的小学语文教师。

一年的见习时间过得很快，不久就迎来了一年一度的区见习教师基本功大赛。我相信凭着这一年的努力，钱老师一定不会让我失望。果然，经历一轮一轮的筛选，钱老师进入了最后的决赛——课堂教学。

课堂教学是一个教师的日常工作，也是真正考验教学能力的一环。我看得出，接到进入决赛通知的小钱既兴奋又紧张。

一、研读文本，把握年段特点，撰写教案

课堂教学的第一步是研读文本，撰写教案。经过一年的学习，钱老师对如何规范地撰写教案，已经有了一定的掌握。因此，此次准备的《荷叶圆圆》《小猴子下山》的第一稿教案，我要求钱老师独立完成。

钱老师的第一稿教案，基本能达到规范教案的标准，教学目标、教学重难点、教学过程都写得清清楚楚。但是，这样看似规范的教案却让我感觉无法有效达成教学目标；仔细读后，我发现钱老师对于文本还未读透，对一年级的年段目标把握不到位。

于是，我和钱老师一起细读了文本。一年级的教材，虽然内容简单，但文本结构和遣词用句容易让人忽略。通过细读，我们发现《荷叶圆圆》《小猴子下山》在文章结构上有着相似处——由几段结构相近的自然段组成。低年级的教材中，这样的课文很多，可以帮助学生读懂一类结构的语段。另外，这两篇课文中都有一些学生比较难理解的长句，而这些长句又是由几个分句组成的。读懂分句，学生也就能理解长句的意思了。而理解句子意思，又是低年段语文教学的重点。

读出了这些内容后，钱老师修改了教案，将句子理解作为教学的重难点，从分句的理解入手，设计教学步骤，引导学生逐步理解长句的意思。由句入段，从扶到放，巧妙地将低年级的教学目标融入了教案设计中。

二、在试教中，建立学生主体意识，把课堂交给学生

教案撰写后，就需要通过试教来修改教案的不足了。在初次试教时，我发现当学生的回答正确时，钱老师的教学会比较顺利地进行；可当学生的回答不符合正确答案，钱老师就不知道该如何引导学生正确思考了。

课后，我和钱老师做了交流，她也表达了这样的困惑。于是，再次修改教案时，我就向钱老师提出，应该对学生的回答作多种预设。当学生有不同的回答时，教师应该做出怎样的回应。在课堂上，学生是学习的主体，教师应该引导学生运用正确的方式去思考，但不能太过于强势地只允许学生统一答案，当学生的答案与标准答案不符时，也不知道如何去帮助学生。

在撰写教案时，就应当有学生主体的意识，果然在第二次试教时，钱老师在课堂上与学生交流就显得游刃有余了。

三、练习书写，端正字迹，做学生的榜样

教师需要在黑板上写字，对书写的要求就更高，尤其是语文老师。钱老师写字秀气，字迹也比较端正，但粉笔字写得比较随意。

在一次试教中，我发现了这个问题，并及时向钱老师提出练习粉笔字的要求。钱老师是一个非常努力的老师，听了我的要求，一口答应。于是，每天放学后，我都能看到钱老师在教室里一遍又一遍地练习粉笔字，我也忍不住走到她身边，指导她如何书写，如何把粉笔字写得更端正。练习几天后，钱老师已经能在田字格中写出端正漂亮的楷体字；望着学生钦佩的目光，钱老师开心极了，我也为她高兴。

经过我和钱老师的共同努力，钱老师在黄浦区见习教师基本功大赛中获得了一等奖。作为师傅，我知道小钱作为新教师所存在的问题，我也愿意帮助她尽快纠正、改善。钱老师很好学，也有一定的基础，作为师傅，我要帮助她创造更多实践的机会，使她能有更大的进步。同时我觉得我们这样开展交流、学习和切磋对她的成长大有帮助；对于我来说，在这样一种带教模式中也加强了教学研究，收获也是很多的。

钻研，善思——职初教师的金钥匙

上海市实验小学　邵　婕

一转眼，我荣升师父已有三个年头了。今年终于迎来了自己学校的新教师徒弟，而这一年我也因此始终处于高压状态之下。

小曹在入职前已经跟着我实习了半年，她个人素养非常好，高高瘦瘦，思路清晰，表达流畅。作为对外汉语专业的研究生，她读书期间就有多次出国交流的经历。实习的那半年，她每堂课都和我一起进班，新授课、复习课、拓展课，没有不听的内容。很快她就了解了教学的基本环节，我也在实践中看到了她作为一名教师的专业素养的提升。

4 月，所有的新教师都开始为"萌芽杯"教学评比做着最后的冲刺……小曹也不例外。

一天傍晚，我正带儿子在上早教课，手机震了一下。拿出来一看，"邵老师，我把详案写好了，您能帮我看看吗?"

她的教案已初步成形，媒体也着手做了起来。但比赛课有严格的要求，尤其对于新教师，课堂上的每一句话、每一个手势、每一个眼神、每一个站位等，都需要精雕细琢。

我看了看时间，五点四十五。通常儿子的课要上到六点二十分，再带他去吃晚饭，再开车回家，给他洗澡，陪他上床睡觉。安顿完这一切估计起码要到晚上九点半。

我立刻回了短信给小曹："我晚上到家给你电话，八点半左右吧。"于是回到家我拜托妈妈帮忙给儿子洗澡、哄睡觉。坐到台灯下，我细细看起了小曹的教案。从内容来说，详案里体现的过程和表格式的完全匹配。但就细节来说……我拿出纸笔，一边看，一边写，很快就写满了整整一页纸。随后我拨通了小曹的电话。铃声才响了一下，就立刻被接通了，可见她一直在那一头等着我的电话，我能想见她当时的心情。

"我认真看了你的教案，问题还不少，你现在准备下纸笔，我一条一条跟你说，你都记下来。""好的，邵老师我已经都准备好了!"……

我开始把详案里出现的我所能想到的问题都一一跟她做了讲解。有的是过渡语缺少语境，有的是宾语从句中没有用陈述句语序，有的是教学指令过于烦琐，还有的是详案呈现出的内容上的不严谨和方法上的不恰当。

"邵老师，那我在这个环节增加一个儿歌，这样是否更有助于课堂气氛的调节? 但光是用儿歌的形式是不是太机械了呢? 哎，我真的想不出有什么更好的方法。您能帮帮我吗?"小曹虽然也在积极思考着，但显然当她记录下我说的一系列问题后，不可避免地焦躁了起来。“你别急！我们一个个问题来解决。其实只要解决这个语境的问题，其他都会迎刃而解。”……

很快时针指向了十点。“实在不好意思，邵老师，打扰了您这么长时间！”电话那头小曹有点怯怯地说着。“没关系，这一通电话能把思路都理清还是很值得的！你尽快把详案调整好，我们再一起来看。”说这话的时候，我感到欣慰！小曹是个特别认真、肯钻研的年轻教师，虽然她没有什么教学经验，但跟她一起磨课，也总是能碰撞出新的火花，这源自她善于提问、善于思考。在她反反复复表示了感谢之后，我们才挂断了电话。尽管没有要求她当晚就整理好修改的教案，但我相信她一定会继续挑灯夜战。明天又是新的一天！

果不其然，第二天到学校后，她就笑眯眯地对我说已经整理好了新的教案，让我再帮她看看，哪里需要调整。面对这样一个聪明可爱又踏实努力的小徒弟，我瞬间感觉自己无比幸运！

一课一反思，师徒共成长

——小李老师带教案例

上海市嘉定区实验小学　倪　青

一、案例背景

小李老师毕业于上海师范大学，中共党员，开朗热情，成熟稳重，工作责任心强，积极要求上进。2012 年 9 月，她来校担任两个班的数学教学工作。学校领导非常器重她，希望她能尽快成为业务骨干。然而作为新教师的她，在教材把握、教学规范、班级管理方面都缺乏经验。

刚工作 8 年的我，担任她的导师，在倍感荣幸的同时，也深感压力。首先，我第一次带教学员，没有经验可循，一切要从头摸索。其次，8 年的教学实践使我的教学理念、教学能力都有所提高，但是，对教学的研究还不够深入、系统。俗话说："要给学生一碗水，教师必须得有一桶水。"为人师，不是一件简单的事，必须踏踏实实、勤勤恳恳，不断提升自身的素质，才能使新教师受益。

所以，本次带教，与其说是指导，不如视为互相学习、相互促进的一个好机会。

然而，传统的带教模式非常模式化，签上一纸"青蓝合同"，规定徒弟定期来听听师傅的课，当徒弟进行各项比赛或教学展示时，师傅做一些指导。这样带教很难培养出优秀的新教师。

二、案例描述

如何让小李老师能尽快地成长为一名优秀教师呢？我查阅了教师培养的资料，并结合自身的成长经验，决定和小李老师一起坚持一课一反思。

小李老师任教两个班。在课务安排时，我请学校教导处将她的课表做了特殊的安排，将她两个班级的数学课之间空开一个课时，用于教学反思和改进。待调整好后再上另一个班级，并作教学效果对比。

做好各项准备后，我和小李一起讨论这一带教思路，并获得她的认同。但是，作为新教师，小李遇到了一个最核心的问题：如何进行教学反思？反思什么？

其实，教学反思的范围是非常广泛的，如教学目标落实得怎么样；多媒体、学案和课本这三者是否做到了有机结合；课堂效果怎么样；课堂环节安排得是否合理得当；教学重点是否突出；教学难点如何突破；如何调动学生学习的积极性和主动性；对课堂突发事件是如何处理的。可以反思教学中的成功之处，即所谓的"亮点"。这些亮点可能是课堂导入，可能是典型事例，可能是某个教学环节，也可能是多媒体显示的图表或视频……也可以反思教学中的失误。

但是，作为新教师不可能做到面面俱到。因此，我让小李老师从每课一思做起。可以挑教学中最让你觉得困扰的一个问题去思考原因，寻求改进；或选一个让你觉得最满意的环节去分析，总结经验。

例如，有一次，我听她上“问题解决”。课上她设计了小组活动，但是在讨论时有小组的学生因争抢学具吵了起来，有些小组声音过大，有些小组讨论氛围不浓，迟迟没有完成小组任务。就此问题，我们进行了反思：为什么会出现这样的现象？如何改进？通过讨论，小李老师发现自己事先没有明确各环节的要求，导致学生无章可循、课堂混乱、教学效率低下。下一个班的教学中，小李老师在布置合作任务时，给学生出示了活动要求：(1)讨论时，声音要小，本组内听到即可；(2)每组的小组长要起到组织作用，调控讨论进度；(3)有组员发言时，其他组员要注意倾听。经过改进，课堂效果好多了。在长期的反思实践中，我们总结出了“回顾教学—分析成败—查找原因—寻求对策—以利后行”的反思模式。

当然也有对教学成功方面的反思。有一次，我听她执教了“四边形的认识”一课，她上得非常成功。课后我们一起讨论了成功的原因，便于今后形成教学经验。第一，调用以往的知识储备，找准知识生长点。课上老师以小组合作的形式动手摆拼图形，在摆、拼及汇报的过程中提炼四边形、长方形、正方形的特点。第二，注重动手操作，发展空间观念。本节课着重以画、选、拼四边形操作活动为主，在这些活动的过程中通过观察、比较、有条理的思考和交流活动，经历从现实空间中抽象出几何图形的过程、探索图形性质及其变化规律的过程，从而获得鲜明、生动和形象的认识，进而形成表象，发展空间观念。第三，注重方法指导，适当进行知识延伸。这是学生第一次学习几何图形的特点，所以教学中教师给学生提供了一种研究图形特点的方法或模式，便于他们在今后的学习中找到研究这类问题的着手点。

就这样，我们坚持了一年。一课一反思成了我们师徒的一种研究自觉和习惯，成了我们的一种思维模式。

三、案例分析

（一）实践成效

教学反思是提高教学水平最有效的途径。通过反思实践，小李老师很快地解决了自己控班能力不强、教学重点不突出、教学效率低下等问题。两个班的教学质量稳中有升，得到了领导、同事和家长的一致好评。工作第一年她就上了3节公开课，为外省市来访团作了1场专题讲座，发表论文2篇。这让我想起了一位教育家曾说过：“一个教师写一辈子教案不可能成为名师，如果一个教师坚持写三年教学反思，就可能成为名师。”虽然小李还不是名师，但是我相信她坚持反思，将来一定会成为名师。

而作为带教师傅的我，和小李一起研究的过程中对教育教学有了很多新的认识，相继发表了《小学数学教学中教学内容优化策略研究》《互联课堂环境下教学实践与思考》《1对1数字化学习环境下学生数学作业新变革》《基于标准的小学数学课堂教学评价方法探究》《数学就等于计算吗？》《多做题就能提高数学成绩吗？》《数学学习是枯燥乏味的吗？》《基于互联课堂的中小学课堂教学转型实践与研究》《问题情境创设有效性的课堂实践研究》等十多篇论文，被评为区小学数学骨干教师，真可谓“教学相长”。

师徒共成长是实现新教师培养目标的最好体现，也是新教师培训效果的最佳状态。

（二）实践体会

课后反思是一种促进教师改进教学策略，不断提升自己的教学水平，提高教学质量的好方法。有的教师执教多年，却长进不快；有的教师刚涉足教坛，却能后来居上。究其原因，主要在于教者是否在思考、探索和总结。可见，一个优秀教师的成长过程中离不开教学反思。

1. 教学反思有利于提升理论水平

新课程强调教师既是新课程的实践者又是思想者。“思之则活，思活则深，思深则透，思透则新，思新则进。”课后反思，从某种意义上讲就是使现有教学活动中的感性认识上升到理性认识的重要条件。教师通过自己的教学观念、教学方法、教学过程、教学效果等方面的反思，才能正确地认识和把握教学活动中的种种本质特征，成为一名清醒的、理智的教学实践者，成长为“专家型”教师。

2. 教学反思有利于教学风格的养成

每个教师都有自己的个性特点，有自己独特的思维方式，有自己独特的创造意识，有自己独特的解决问题的能力。因此，课后反思具有别人不可替代的个性特征。我们如果能自觉地把课堂教学实践中发现的问题，进行深入冷静的思考和总结，并能够有意识、谨慎地将研究结果和理论知识应用于下一堂教学实践中，就能够在较短时间内针对我们教学中存在的问题，改进我们的教学方式，使自己得到最大的发展。长此以往，教师就能形成个性化的教学模式，从而形成自己独特的风格。

3. 教学反思有利于增强教师的道德感

教师的道德感和教师的教学技能与能力对于提高教学质量具有同等重要的意义。一般来说，缺乏道德感的教师，除非因教学上的失误或迫于外界压力，否则不会自觉反思自己的教学行为。而道德感的重要方面就是责任感，责任感又是教师自觉反思教学行为的前提。提倡反思教学，教师便会自觉地在教前、教中、教后严谨地审视自己的教学行为，改进自己的教学实践，从而提高教学质量。

在磨课中助力成长

上海市金山区第二实验小学　王　华

对于见习教师来说，聆听师傅的讲座，观摩师傅的课堂，在师傅的推荐下阅读、学习经典的教育教学类书籍、杂志，能学到很多技能，少走很多弯路。因为在阅读、观摩、思考、模仿的过程中，他们从优秀教师的经验与教训中汲取到了教育教学智慧，从而规范他们的教育教学行为，促使他们得到专业化成长。而以公开课为契机，通过团队磨课的方式，对见习教师进行有针对性的指导，是能帮助他们较深入地理解课标理念，提升课堂设计能力、教学能力、作业设计能力、反思能力的最佳途径。

本学期，经过一致推选，我所带教的见习教师熊老师承担了我们第二实验小学基地英语学科的区级教学展示任务。为了取得最佳效果，我们从教案撰写、语境创设、活动设计、PPT制作、评价设计、说课撰写、反思撰写等方面不断商讨、修改，抓住每一次研讨、交流、试教、磨课、演课的机会细致打磨、精心雕琢，最终取得了非常好的展示效果。

通过备课、试教、磨课、展示的全过程，小熊老师的设计、教学、评价、反思等一系列专业能力得到了很大的提升；而在整个过程的推进中，共同参与的另外两位见习教师也随之一起思考、一起实践、一起反思，综合能力也得到了提升；而作为熊老师的指导老师，作为这堂课主要负责人的我，也真正体会到了“教学相长”的道理。

下面就对磨课的全过程作一个简单的描述：

一、第一次研讨(集体备课)

小熊老师确定了上课内容为 1BM3U3 Clothes 的第一课时，课时话题为 New clothes for Sanya，教学内容为本单元 Look and learn 和 Look and say 这两个板块内容。

首先，小熊老师就自己对教材的解读和分析描述了她的思考和大致的设计思路、设计意图。随后，团队成员(另外两位见习教师和我们两位一年级的指导老师)分别谈了自己的看法。经过讨论，我们决定调整教学内容，考虑到文本是以对话形式呈现，所以除了 Look and learn 和 Look and say 这两个板块之外，我们觉得把 Say and act 的内容也整合进来更加合适。

在确定了教学内容后，大家一起商讨、确定了单元目标和分课时目标，最后我们一起研讨了本课时的教学语境、教学文本和教学设计的框架。

二、第二次研讨(试教 & 评课 & 磨课)

小熊老师根据第一次研讨的内容，制作了课件，到我们学校一(9)班试教了一次。我认真听课，边听边思考，详细地作了记录，每个环节旁边都写好了修改意见，然后提出了如下建议：

(1) 吃透学习内容的学习水平和教学要求。根据学习水平确定合适的描述语，如“识别”“了解”“理解”等;另外,单元两个课时目标的描述要体现一致性和递进性,可以在程度上加以区分,如对于核心词汇的目标设定,第一课时程度可以为“初步理解”,第二课时的程度可以提升至“理解并尝试运用”。教学评一体教案中对教师行为和学生行为的描述要精准、得当、相互呼应,对评价的描述可以从评价内容、评价维度、评价方式等方面撰写,另外注意评价的描述和意图的描述要区分清楚。

(2) 教学情境要注意整体性。从课堂伊始的 Free talk 和对前一单元学习内容的复习,到 While-task 中教学内容的学习、教学过程的推进、课堂活动的开展,最后直至 Post-task 环节对新授内容的复习以及运用语言框架进行对话,要始终在一个完整的情境中,体现情境的整体性和完整性。

(3) 教学重点和难点的处理要仔细推敲、训练到位。核心词汇和核心句型的教学要扎实有效,运用各种不同的朗读方式吸引学生学习的兴趣;文本的引出、学习和尝试运用要体现由扶到放、层层递进。

(4) 课堂教学各环节之间的过渡衔接要更自然。大到教学大环节之间的过渡,小到每两张 PPT、每两句话之间的过渡,都要注意过渡自然、衔接无痕。特别是新教师,一定要写详案,把自己要讲的每一句话都写出来。

(5) PPT 的制作要更加精美。课堂是否精致能从每一个环节中得以窥见;对于一年级学生来说,精美的 PPT 能有效吸引他们的注意力,从而促使他们更加积极地参与到课堂的每一个活动中,有效提升课堂效益。

以上大的建议提出之后,我就帮小熊老师一个环节一个环节地推敲、修改,细致打磨每一个细节,诸如:过渡语“So many weather!”是错误的;由对话“—How is the weather? —It's...”到歌曲“Rain, rain, go away!”的演唱之间没有过渡语,很生硬;新句型中的新单词 new 要体现新授的过程;游戏 Spinner 要在学生回答之前播放,老师要有简单的游戏说明及示范;T-shirt 上的画和出现的文本内容不匹配;与儿歌“A shirt for a boy. A blouse for a girl.”匹配的课件上最好有两个孩子分别穿着合适的衣服;文本中“Sanya is hot...I like a T-shirt.”最好能改成“Sanya is hot...I need a T-shirt.”,这样语言会更有逻辑性;Post-task 环节要更有层次性,在单词复习和对话表演之间可以增加本课所学核心句型的复习……一句话一句话地细致抠下来,只为了让课堂更精致!

三、第三次研讨(听课 & 课堂常规训练指导)

因为小熊老师区级展示课要借我的一(3)班上课,所以第三次研讨活动我让小熊老师再仔细听我一节课,着重关注我的朗读方式的采用以及课堂评价的运用,听清楚我和学生之间的每一句互动和呼应的语言,看清楚我的课堂指令的手势。

课后,我又对所有这些进行了细致的解说和示范,帮助她届时能以学生熟悉的方式开展课堂教学,以此尽量保证师生之间有效的互动。

四、第四次研讨(演课 & 与学生熟悉互动)

因为时间比较紧张,第四次研讨活动我们没有安排进班上课,而是以熊老师做老师、我们两位指导老师做学生的方式进行演课,发现问题马上纠正。我们依旧秉承力求精致、完美的作风，一个细节一个细节地抠：从每一句过渡语的衔接到每一张 PPT 的切换，从每一个单词的朗读方式到每一段文本的引出方式，从出示板书的方式到贴板书的位置，从评价的维度到表扬语的运用，从每一幅图片的位置到每一个字的大小、颜色……我们提出了许多细节上需要再斟酌、推敲的地方。

为了保证展示课的顺利进行，之后小熊老师进入一(3)班，利用十分钟的时间对朗读方式和评价方式开展了一些师生互动，增进了师生之间的熟悉度和默契度。

五、第五次研讨(区级展示活动)

小熊老师正式代表我们基地的见习教师展示了课堂，整堂课生动、流畅，师生互动良好，目标达成度高，获得了观摩专家、领导、同行的一致好评。

课后，我对她的课堂作了如下点评：

本节课整合了 Look and learn、Look and say 和 Say and act 的板块内容，创设了 Alice、Danny 等四个主线人物在观看天气预报后决定去三亚旅游，并根据三亚天气去服装店选购所需衣服的情境。总体来说，这是一堂成功的课，课堂教学扎实有效、课堂活动精彩丰富、师生互动和谐自然、目标达成度高。

（一）亮点

(1) 熊老师个人素养很高，在这节课上充分显示了她扎实的英语功底，流畅优美的语言为课堂增色不少，同时甜美亲切的教态也拉近了与学生的关系。

(2) 教学目标科学合理，能基于课标、教材和学情设定适切的单元教学目标及分课时目标，并能在单元整体的视野下设计合适的话题，整体性强。

(3) 在目标导引下，设计了生动丰富的教学活动帮助目标的高效达成，能根据一年级孩子的能力和兴趣，采用了学生喜闻乐见的活动，运用如歌曲、儿歌、表演、游戏、图片等，始终吸引学生的学习热情；朗读也采用了 Little train、Big bus、Rabbit rabbit、Snake snake、Piano piano、Do re mi 等丰富多样的朗读形式，让学生始终跟随着老师的步调学习英语。

(4) 熊老师充分利用已学过的儿歌、歌曲等作为调控课堂的有效手段，既复习了这些儿歌、歌曲，又利用有节奏的朗读振奋学生的情绪、调整课堂，非常有效。

(5) 教案文本和说课的书写较规范，能按照教学评一致的备课样式进行备课，在目标的撰写中能注意措辞的严谨，关注了一年级学生应该要达到的要求。

（二）建议

(1) 评价要注意：一方面要注意评价的即时性，如学生读错后要及时反馈并纠正，又如当男生说了“I need a blouse”后，老师要及时让学生判断正确与否，如何调整；另一方面要注意评价要具体、细致，能从多维度评价，并且要说明学生达到的程度，如“Wow, you can listen carefully.”“You read the words nicely.”等。

(2) Part 3 的镂空练习让学生自己准备后，熊老师直接显示了答案，这里最好先检测，然后再听录音判断学生的答案是否正确，否则失去了准备的意义。

(3) Post-task 环节在全班朗读故事后，最好增加一个环节，让四人小组表演一下，然后再语用输出，这样给学生的阶梯更有坡度。

针对教学评价方面，熊老师还以此课为例完成了教学案例的撰写。

课堂教学评价用语之魅力

上海市金山区海棠小学　顾丹英

一、背景

教师课堂评价用语就是教师在课堂上对学生学习活动的口头评价语，是一种即时、即兴、瞬时的语言。教师的课堂教学评价用语又是课堂教学及时反馈的主要方式。课堂评价用语是否有效，将直接影响着课堂教学效果。新教师由于刚进入课堂教学，他们的重点在于教学设计，往往忽视了课堂教学用语，其实这恰恰也是把控课堂秩序的重要手段。

（一）带教过程

2015 学年，我带教的小王老师是一位研究型教师，文学功底深厚。每次上课前，小王老师都精心备课，研读课文，充分挖掘文本内容，教学设计环节清晰。从教学设计看，王老师的专业能力比较强。他也很好学，每次听完我的指导课后，总是围在我身边细细了解我的每一步设计意图，认真记录了解课堂常规，这是非常可贵的钻研精神。在多次进行示范课后，我开始前往他学校听取他的课堂教学。第一堂课，王老师基本完成课堂教学设计的内容。但是课堂教学过程中，学生处于被动，由老师牵着完成了学习任务。第二堂课，学生在课堂上的表现还是比较被动，而且课堂总是觉得比较沉闷。课后，我们坐下来共同探讨。我发现，王老师设计的教案是那么完美，无论是课题导入，还是整体感知，一环扣一环，足以看出王老师课前花的功夫是多么深。那么问题在哪里呢？细细反思，我发现了，王老师在课堂教学中的教学评价比较单一。如：“这个词谁来读？”课堂上老师面带微笑地问。“我来读，我来！”一只小手举起来了，这是老师所期待的。“你读！”随着老师的手指一点，一位小男生亮着嗓门读了起来。刚读完，老师伸出了大拇指，“读得好，表扬！”“你再读读。”老师又点了一位小女生，这个女孩的发音标准，翘舌音到位，读完后老师也伸出大拇指，“读得很棒！”接着开始讲解课文了。有一位学生，回答的如老师预设的一样，所以王老师说：“你真棒！”由此，我发现了，王老师的课堂评价用语仅仅停留在形式上。尽管受到表扬的学生是非常开心，但其他同学或者包括他本人是否真正知道老师为什么要表扬他们，他们什么地方值得大家去学习呢？这样的课堂评价用语流于形式，失去了应有的价值和意义，不能对学生产生积极的引导、启示的作用。

（二）反思

在我们的课堂中，老师们往往在学生回答问题之后仅仅是简单地说声“好”或者又重复学生的回答；这样的评价只是简单的肯定与否定，仅限于知识层面上的对与错，而没有对学生的学习方法、学习过程、学习习惯、思维发展等起到培养和引领的作用。长此以往，这样千篇一律的对话，就会使学生听起来乏味，而渐渐失去学习的兴趣。于是就会出现老师的控堂能力不够。同时，当遇到回答不出的问题时，没有足够的启发性语言，会使学生陷入紧张的境地，而出现无人应答甚至无法进行课堂互动的场面。那么我们如何正确使用课堂教学评价呢?

二、正确使用课堂教学评价

（一）表扬的正确性

王老师的课例中“这个词谁来读?”，当这位小男生亮着嗓门读完后，教师可这样评价：“他字音都读对了，而且声音还特响亮！我们应该向他学习!”这样一来，回答问题的孩子知道因为自己发音正确而且声音响亮受到了表扬，今后他或许会继续发扬优点；而听课的孩子们呢，他们知道刚才这位同学因为读得正确而且声音响亮受到了表扬，他们要想得到老师和同学们的肯定和表扬，他们一定也会努力这样去做。这样一来，全体学生学习有榜样，努力有方向!

（二）多元的课堂评价

教师的课堂用语应尽量避开过于复杂的句子，就像日常生活中的语言一样，应该言简意赅，生动形象，但又要避免单一。如果一节课上老师的评价语只是“好”“很好”“你真棒”这样一些课堂用语，不分对象，不分层次，给予的评价完全一样，这样的评价用语属于过度滥用，高频率地在课堂中使用就会失去对学生的激励作用。一般地说，评价以激励为主，一是赞誉鞭策优秀生；二是肯定激励中等生；三是宽容激励后进生。另外，现在“太好了”“好极了”“真聪明”“有感情”“说得不错”等这种教师常挂在嘴边的评价语已成为教师的口头禅，只要不经意就下意识地脱口而出。而学生则对这样的评价习以为常，常以麻木之态对之。如何改变这种状态，唯有将激情注入教师的评价之中，让学生通过这些细节从心里感受到教师的评价是诚心诚意的，而并不是在走形式。只有这样，通过自身的情绪来鼓励学生，才能激发他们的积极性，让他们真正从心灵深处体会到成功的快乐。教师课堂评价用语应该是多元化、多层次的，因人而异的。

显而易见，王老师的课堂教学用语还缺少了关注五年级学生当时的心理体验。在以后的课堂中，王老师有意识地使用多元的评价语，不断提高课堂效率。在实践中，正确的多元的评价用语除了日积月累以外，还需要老师不断优化教学用语。它具有很强的导向性，引导学生不断追求，促使学生学得有兴趣，促进学生全面发展。

青蓝互助,共同成长

上海市静安区第一中心小学　李　黎

教师是一个专业性强的职业,要成为一名合格甚至优秀教师绝非易事。著名教育家于漪老师曾说:“一辈子做教师,一辈子学做教师!”可见无论是刚入职场的见习教师还是身为导师的带教老师都需在实践中不断积累、感悟、提升。

一、三人行必有我师焉

我和徒弟 Yura 每周会互相听课、讨论。Yura 虚心好学,抓住每一次听课的机会,认真学习,及时消化,并在自己的教学中不断实践,不断总结,从中学习教学经验和教学方法。课后我们都会交流讨论对这节课的想法,若徒弟有不明白的教学环节、教学活动、教学思路,我就会仔细讲解直到她明白为止,并关注后期跟进,等徒弟上完这一课再认真对比同一节课,看看我们的处理方式、学生呼应、学生接受知识的成效等方面的区别。徒弟也会及时反思改进,而我也经常能从徒弟的课中受到启发,优化课堂。

对于新教师而言,控班、教学方法的适当使用和如何扩大发言的覆盖面是难题,而这三者之间有着密不可分的内在联系。教学设计有吸引力、方法选用恰当就能激发学生学习的兴趣,减少违反纪律的行为,让大部分学生获得成功体验,使整个班级的英语学习进入良性循环。

记得在教授 Oxford English 4A M2U3 I have a friend 时,我使用了 Tick-tack-toe 游戏来复习和巩固服装类单词并起到了良好的效果,徒弟受到启发,在自己课中进行大胆创新。Yura 把孩子们喜欢的游戏王者荣耀放进了自己的课件中,用来操练句型;把牛津教材中的“老面孔”Kitty、Peter、Miss Fang 变成了身边的同学或者老师,学生立即被贴近生活的情境设置所吸引,在轻松的氛围中学习新知,教学目标得以顺利达成。孩子们都很喜欢这样的改变,她的课也因此变得热闹有趣又有效。在师傅们的帮助以及伙伴们的鼓励下,Yura 在区与区之间的交流合作项目中展示的公开课成功 PK 宝山区的老师。而她课中迸发出的这些鲜活、时尚的灵感也激发了我的创意,我的课堂也因此悄悄地发生着变化。

二、学高为师，身正为范

俗话说“不想当将军的士兵不是好士兵”。那么，不为难老师的学生大概也不算好学生吧。成为一个令学生仰慕的好老师，必须得有本事，这本事就来自不断学习，做足够的知识储备。有一次小朋友考 Yura：“老师你知道 alligator 和 crocodile 有什么区别吗?”她心里咯噔一愣，只知道 crocodile 是鳄鱼的意思。alligator 是啥？手机一查，原来是指一种钝吻鳄。回办公室聊到这事儿，我说现在的孩子会在外面上很多提高性的内容，我们也得在平时积累词汇，提高各方面的能力。当我把平时坚持学习，记得满满当当的笔记本给她看时，Yura 露出惊讶的表情，她说：“真的体会到要给学生一杯水，教师要有一桶水。不努力向学生看齐的老师不是好老师。”于是她报了一个线上阅读课程，练习听力，增加自己的词汇量，提高自己的阅读能力。学科专业知识的提升也是重要的，原地踏步、停滞不前是完全不能满足现在孩子们的需求的。

在带教的过程中，我与徒弟亦师亦友，她向我学习英语教学方法，我向她学习创新突破；她感佩我坚持英语专业学习的精神，我欣赏她积极进取的态度。我们在互相的扶持和帮助下，成就彼此，青蓝互助，共同成长。

蜕　　变

上海市大宁国际小学　吴卫群

“老师，您好。这是我的简历。”白纸黑字的五个字让我一愣——特殊教育系。

再抬头一看，1米8的个儿，清瘦的脸盘上架着一副黑框眼镜，像是老师的样子。

出于好奇，我问他：“毕业于985院校华东师大，又是男生，从月薪上考虑，应该有更好的选择，为什么要选择小学呢?”他仿佛是准备好的答案：“从小喜欢数学，而且您这所学校离家近。”简洁的回答包含了情感因素，又是理性思考过后的选择，像是数学老师的样子。

这是五年前，华东师大的一场校园招聘会上，小陈作为华东师大应届毕业生向我递送简历的一幕。一递一接，一问一答，成就了我俩的一段师徒缘。

能力强，悟性高，形象佳，他的课很受学生欢迎。他会在两分钟预备铃内蹦跳着跑进教室，嘴里还喊着“Let's Go”；他会在课堂上想尽办法设计游戏，让教室常常充满欢声笑语。

看得出，他的自我感觉非常好。

但是，作为师傅，我急在心里。过多的游戏设计，常常使教学目的不清晰，重点不突出；太欢快的课堂，也使一些调皮的孩子不能做到收放自如。

更让我着急的是，他自己并没有意识到这一点，对我的反复提醒似乎总只在耳边飘过。我明白，要给他空间，很多的问题要他自己去悟，不要给他太多的束缚。但我更清楚，这是一棵好苗子，若在前三年不给他“塑形”，这棵好苗终究要夭折。我下定决心，就算他心有不服，我也要坚持这么做。蜕变的过程总伴随着痛苦。

“小陈，你的教案必须提前一周交我修改才能进入课堂。”

“每节课吗?”

“对，每节课。”

“可是，师傅，我是跨年级的，是不是只要……”

“不，两个年级都要给。”

他推了推眼镜，没有马上接话。我知道他在想什么。我心里也在担忧，如果他拒绝怎么办?

“好吧，我尽量。”

“不是尽量，是必须。你爱数学，你也要想办法让你班级里的每个孩子爱数学。”

大概是戳到他的“情感”了，他“嗯”了一声，就离开了办公室。

从那天起，他的工作节点提前，我的工作量翻倍。办公室的老师常常打趣地说：“这个师傅真尽责，改动地方这么多，还不如给他份教案呢!”

我没有答话，“改教案”才能让他知道自己有什么问题。这也是“师傅”的意义。此外，我们师徒俩每周互相听课至少一节；每周谈心一次，说说教学的困惑或所得。他喜欢营造宽松的、游戏式的课堂，这是他的特色；我没有阻止他，反而鼓励他，让他把游戏设计得更精细化。

就这样，我们在“互相折磨”下共同成长。渐渐地，我发现他把控课堂的能力提高了不少，独立备课的能力也在提高。

每年 5 月，区里都会组织一次见习期教师教学能力的大比武——“新苗杯”，其初赛的项目是解读教材。为了克服这个弱项，我和他提早启动，把每一册教材、每一节课都进行解读。看似大海捞针，但也是最有效、最直接的方法。

他顺利进入决赛。上课内容提前三天通知，要到外校借班执教，上的是练习课。“新苗杯”的每一项对新教师来说都是挑战。初赛是海底捞针，这决赛就是分秒必争了。连夜备课，设计教案，试教修改，场地查看……比赛前，在空无一人的教室，我在座位上听着小陈说课，脑海里是他递给我简历的画面——“从小爱数学，家离学校近”。近一年的课堂实践，我相信在他心里对于“数学老师”的角色认识已经大有不同了。

结束说课，我们一起下楼。

“你人高，写板书的时候要弯下腰，否则……”

“嗯！”

“走上、走下注意脚下的台阶，不要被绊倒了……”

“嗯！”

我也不知道他听不听得进……就像看着出门的孩子，母亲总要叮咛一句“路上小心”；仿佛只有母亲才有资格说这句话，也只有对自己的孩子才会说上这句话。

第二天，我再次陪同他来到了比赛现场，守候在教室门外，脑海里还是那天招聘会上的那一幕，“从小爱数学”……愿此时，课堂里的孩子都能爱上小陈的数学课。

……

捧回“新苗杯”教学评比一等奖，他如愿以偿，我如释重负。

工作第二年，受学校之托，小陈担任了教研组长。

2016 年，小陈被推荐在第三届全国基础教育课程教学改革研讨会上，作为上海市小学数学教师的代表进行教学展示。

2017 年小陈参加第三届两岸智慧好课堂，获得小学数学组一等奖。

2018 年小陈被破格评定为学校学科名师。

我知道，他的每一步都是一种经历，他的每一次蜕变都有成长的痛处。学校对于师徒带教聘期是一年；现代社会也早已不兴“一日为师，终身为师”的说法了。但每当他递给我教案，道一声“师傅”时，我又会埋头为他修改起来。

若有机会，我愿为更多青年教师的蜕变提供助力。毕竟化茧成蝶，才能嗅到满园芬芳。

精心预设，机智生成

上海市闵行区七宝镇明强小学　陆　一

一、案例背景

预设与生成是精彩的课堂教学不可或缺的两个方面。过分强调预设而缺乏必要的开放和不断的生成，就会使课堂教学变得机械、沉闷和程式化，缺乏生机和活力，使师生生命力得不到充分发挥。因此，教师应处理好预设与生成的关系，在精心预设的基础上，针对教学实际进行灵活调适，追求动态生长，从而让课堂在预设与生成的融合中精彩。

二、案例描述

这次带教的两位见习教师都是研究生，她们有着扎实的基本功，课堂上能准确把握好课的重难点。每次看她们的课，从教案上看环节清晰、流畅，有着充分的预设，但是在观课的过程中却发现一个共性的问题——为了课程的顺利进行，对于课堂中的“突发”状况，往往会选择视而不见，或是简单处理。而追求有效的体育课堂，教师的预设活动和生成活动应该是互相包容和促进的。下面是在听两位见习教师上课过程中的几个片段：

• 片段一

A 老师在一个掷绳环的环节中，安排学生以“掷飞碟”的方法进行两人或多人互掷互接的配合练习。在学生都兴趣正浓的时候，突然有学生一脸不满地跟老师反映他的伙伴在“乱扔”，根本接不住，原来该学生在用掷垒球的方式练习。对于这位学生没有按要求做，A 老师很生气，严肃批评了他的行为，而那位学生在老师批评后并不服气，之后的练习就是在消极的情绪中完成。

• 片段二

A 老师的班级里有位学生是个“皮大王”，在课上经常会打架，扰乱课堂秩序，同学都不愿意与他做朋友，是令老师比较头痛的孩子。可是在一节投掷课上，他却投得很远；我注意到孩子每次投完都会很兴奋地看一下老师，但是老师没有关注到，继续着练习。几次过后，孩子的积极性就没有之前高了。

• 片段三

B 老师执教了一节单脚起跳越过一定障碍的课，课中教学手段丰富，很好地解决了单脚起跳双脚落的难点。但在练习中还是有一部分学生经常会勾到橡皮筋，或许这与课的重难点并无关系，所以B老师并没有去解决这一问题；到教学内容结束，虽然大部分学生很好地完成了动作，达到了课的预期效果，但是那一部分学生的练习效果不佳。

三、反思

预设是课堂教学的基本要求，但是体育教学中大量存在着的教育是生成性的，相同的教案、相同的教学方法对于不同的学生来说，可能会出现不同的教学现象和效果。如何处理学生中突然出现的问题、突发事情，使预设与生成在课堂中有机结合，使教学更精彩？

1. 从学生突然出现的“问题”中，开发体育教学资源

片段一中的学生，没有按照老师的要求在练习，而用了投掷的方式在练习。表面上学生的练习方式错了，但是仔细观察这位学生的动作，会发现原来绳环可以用在投掷上，绳环在扔出后，在空中呈现圆形，能给学生一个很直观的印象。此时，如果教师换一种方式跟他谈，会不会效果更好？首先肯定他的方法很好，但是不适合这个项目；其次，这是一个互相配合的练习，就像足球赛，一个人踢得再好，如果他不懂得与队友配合，那么他们的球队还是会输；最后，答应会在下节课时向同学介绍他的方法，到时请他来做示范。相信这样的方式比一味地批评、强压更能促使他积极练习。

在活动中生成的并不是所有的都能用于教学，这时就需要教师凭借自己的经验及教学目标进行判断。对于有价值的即时回应，就地生成；但对于像案例中的当教师发现学生有生成的兴趣热点时，就要加以引导，设计成预设性课程。

2. 从学生突然出现的“闪光点”中，开发体育教学资源

每个孩子都会有闪光点，尤其是老师眼中的“皮大王”，或许在老师眼里他的闪光点并没有那么多，也并不时常展现，但是一旦发现，就要及时捕捉到、鼓励他，给他树立自信心，也改变他在其他同学心目中的形象。

我也遇到过这样的学生，当时是一节滚翻课，我在学生面前安排他与其他同学一起展示动作，结束后我给了他“10分”，顷刻间在学生中沸腾了，同学都向他投来了羡慕、崇拜的目光。于是我立刻组织学生分组练习，请他当小老师，很多学生都争着抢着跟他同一组，那一刻在他脸上我看到了难得一见的自信和满足。在练习中，他很认真地指导着每一位同学，而且我发现他的脾气突然间就变温和了，他会不厌其烦地一遍遍指导同学，完全没了以前那个“小霸王”的形象，同学们都很信任他。几次课下来他的火暴脾气有了很大的改善，也交到了不少朋友。

学生在学习的过程中总会有不足之处，但是也总会有其闪光点，教师要善于观察，善于挖掘每个学生的长处，捕捉学生独特、有建设性的想法。在肯定这些的同时让它们成为学生前进的动力，成为一种教学资源。这既能激起学生对练习的兴趣，又将形成一种互助互学的

学习形式。

3. 从体育教学出现的突发事情中，开发体育教学资源

片段三中的情形也是很多教师经常会忽略的问题。在课上发生了主旋律以外的问题，通常教师为了不影响课程正常进行，会选择忽略。但是这确实是教学中的一个问题，如果没有解决好就会影响这部分学生更好地掌握动作。换一种方式，如果教师及时捕捉到这个问题，让其他学生去观察，并设问：他们为什么会碰到障碍？有什么方法可以帮助他们解决这个问题？让学生带着问题去练习，一个个都在为找到答案而努力探讨，求知欲一下子就调动了起来。这样，问题很快就解决了，而且比教师课前设计同样的练习掌握得还要快。

如果教师善于抓住教学切入点，从突发事件中开发生成性教学资源，就既维护了学生的尊严，又培养了学生的创造性；使学生既掌握了要学的知识，又培养了发现问题、解决问题的能力，同时让学生学会自主学习。

体育教学是充满欢乐、充满智慧、张扬个性的教学过程。我们每个体育教师都应善于把握“预设”与“生成”的关系，让我们的教学充满激情与智慧！

润物细无声

上海市闵行区田园外语实验小学　陈玮怡

一、案例背景

从田园外小见习基地成立开始，我一直参与这个项目，带教见习基地的新教师。年轻人的青春活力带给我很多快乐，从庄重的结对仪式开始就开启了我们师徒的缘分。

小张老师与我同在一个校区一个备课组工作，比起以往带教外校的见习教师，这次我们师徒之间的沟通更方便了。在与小张的日常工作交流中，我发现她好学谦虚，对教育事业充满热情。学期初，小张老师非常认真地制订了自己的见习规划。毕业于华东师范大学的她，专业理论知识扎实，对学生很有耐心，平时的教学工作非常认真负责。她能认真制订参培计划，严格遵守学校的规章制度，积极参与听课学习，有虚心向导师学习的态度，也有认真学习理论知识的意识和愿望。她对待基地学校和导师提供的听课与实践课的机会非常珍惜，有主动参与和反思的意识，但小张的口语发音不够标准，实习期间在校学习的时间较少，还不太了解和适应上海英语教学发展的新趋势。

二、案例一

（一）案例描述

在这一年的带教过程中，我引导小张老师先从日常家校沟通入手，争取家长的信任、理解和支持。第一学期，每次听完我的课，小张都会第一时间与我交流听课心得，她经常说："陈老师，你们11班的孩子挺聪明的，课上孩子的反应特别快，语言表达流畅，他们都很会讲，思维活跃，善于用英语表达和沟通，而且他们对您的指令都立即执行，但是我班上的孩子好像不太聪明，懒懒散散的人比较多……"我笑了："每个我带教过的见习教师都会这样跟我说。其实，我和你一样也是新接手这个班级，对学生、家长都不熟悉，而且听说这个班特别调皮，一年级就把班主任给气走了，家长也不是很配合。没有规矩，不成方圆。新接手这个班级，我的首要任务就是要从规矩入手，跟学生明确英语学习的要求，跟家长明确家校沟通的机制，对几个特别有问题的学生先家访，打好家校沟通的基础。"小张若有所思地问我："陈老师，我没有您丰富的教学经验以及家校沟通的底气，碰到家长我不知道该说什么，心里有点虚。""不要着急，你有你的优势，硕士研究生的学习资历也是你的强项啊，你有扎实的理论功底，你年轻有活力，孩子们喜欢啊！"小张感觉到了一丝底气："嗯，我知道了，碰到问题，只想逃避是没有用的，多沟通，多请求师傅的指导才是捷径。”我心里想，高学历的教师确实起点高，如果自己肯钻研，有韧劲儿，何愁进步不快?!

在以后的家长会前，我都召集组内教师一起讨论家校互动的内容，大家明确各阶段目标，并分享好的经验，也欢迎小张和其他青年教师来观摩我在家长会上的发言，给他们可以借鉴和参考的真实案例。

(二) 案例分析

这样类似的谈话和观摩有很多次，在彼此的交流和学习中，我发现小张特别好学，每次来谈心后她都特别有干劲。年轻的她正逐步从无序走向规范，从青涩走向成熟，青春的脸上洋溢着自信的笑容。

三、案例二

(一) 案例描述

那是带教小张老师的第二个学期，她听了很多课，我也给予了她许多指导和帮助，开学初的见习基地诊断课，小张上得不是很理想。转眼快到期末汇报课了，我心里很担心，但还是故作轻松地笑言道：“姑娘，怎样？经过这一年的历练，汇报课应该有信心了吧?”她有点跃跃欲试，却又有点紧张。我拍拍她的肩膀，鼓励她早作准备。小张平时对学生非常耐心，性子较慢，不骄不躁的，颇受家长好评。由于我手上负责的事情很多，有时顾不上，往往都是她主动来问我。针对她的这一特点，第一节实践课，我让她自己先动脑筋，根据自己的想法备课，结果一堂课下来把她打击得七零八落。或许是她的经验不够，教学预设与课堂资源的呈现完全不同。缺少经验的她，一下子感到手足无措，不知如何迎接学生抛出的问题，不由得紧张。一节课下来，她语无伦次，视线无暇顾及学生；学生则游离在课本之外，反应平平。这是我始料未及的，课堂教学她急于走过场，急于问学生要答案，缺少给予学生思维空间和话语权的意识，也缺少了教师的感染力和亲和力，教知识成了她的唯一目标。

课后她反思说：“陈老师，我觉得我的学生和你们班不一样，有一些孩子成绩还不错，但是语言能力特别弱，课堂表现不积极不主动，感觉课堂都是我一个人在说，缺少师生互动。”“我觉得，如果你只关注教孩子学知识技能，缺少对孩子们核心素养的培养，那么你的学生发展将不平衡，语用能力弱，学生的思维和品格无法全面综合地发展和培养，这也是不符合我们学校的教育教学理念的!”小张着急道：“我也很想改进和更新自己的教学理念，但是我不知道具体该怎样落实。”我心里想，到底是年轻教师，直言不讳是他们的优点。“润物细无声！这不是一句空话，付诸行动就要动脑筋想办法。你看我们班的孩子特别喜欢英语课，首先我要了解孩子的喜好，分析他们的语言能力，把握教材的核心内容，设计贴合学生生活实际的语境，课堂中伴随评价，打开学生思维的品质。”“噢，原来备课首先要备教材、备学生……”

第二次汇报课，我转换了一下方法：备课组团队磨课。她先研究教材，制定了详细的教学目标、教学重难点、教学环节，然后我和教研组长一起帮她调整策略、理清思路，其他青年教师做她的学生来试教整个教学过程，团队青年教师共同进步。这一次，她走上了讲台，信心满满，课堂教学过程思路清晰，层次分明，有多个亮点闪现。

（二）案例分析

通过这样的实践，小张一下子清醒了，意识到了随时跟在导师后面照搬是不行的，自己必须下苦功，得有独立的思考，能独立设计课堂教学，独立设计作业。在日常教学小环节中她不断地磨炼自己，用适合二年级学生的语言和思维去面对每个孩子。接下来的教学反思和案例分析，小张终于让我见到了她深入思考后的高质量分析，理论引领，实例剖析，见证了一名硕士研究生的研究能力。通过备课组团队磨课的方式，这样一节汇报课带动了青年团队合作共进的氛围，为团队梯队教师发展也奠定了良好的研究基础。

在带教小张老师如何做到规范的同时，我也鼓励引导她要学会反思，要懂得积累，这样才能逐步获得自己专业成长的经验和教学智慧。基地非常重视对见习教师的引领和培养，为这些见习教师提供了很多珍贵的学习交流机会，专家的精彩报告录像、市区级的优质课堂录像都为小张等见习教师打开了视野。为了抓住这些教学实践中的契机，我经常和小张会后交流讨论，指导她如何看课，如何评课，如何反思，如何汲取营养，如何在实践中运用，如何审视自己的教学行为，如何总结教学观念的得失……润物细无声，希望小张老师一步一步地踩着踏实勤奋的足迹，逐步提高，走向卓越！

不可遗忘的“角落”

——注重中等生的发展与培养

上海市浦东新区园西小学　郁秀敏

在一次次带教过程中，导师作为见习教师发展的领路人和观察员，不仅需要“指点江山”，更为重要的是率先垂范。只有和见习教师一同蹚过河，才知道河水的深浅，指导才会更具针对性，也才会真正体验到与见习教师共同成长的乐趣。于是，修改演讲稿、开设小讲座、上好示范课……站在见习教师背后，推着他们艰难前行，直到看着见习教师们最终攀上成功的高峰，我和他们一起收获了成长。

其实，从一名一线教师成长起来的我，起初对于“导师”的理解还是比较粗浅的，认为只要自己满腔热忱，努力工作，毫无保留地把我教育教学的最佳状态展现给见习教师看就可以了。在带教过程中，我才逐渐感悟到：作为导师，除了指导以外，更重要的是要为他们的发展提供服务；只有建立在见习教师的需求之上，提供给他们最实际、周到的服务，才会真正体现导师的带教价值，见习教师也才能得到实在的发展。

一、案例背景

今年有幸和尹老师结为师徒，带教她的语文教学。小尹老师爱钻研、善学习，对于语文教学工作，通过近一年的带教已经初步掌握了基本的教学策略和技能。有一天，小尹老师告诉我，她接到班内学生小月家长来电，告知孩子这几天情绪低落，有些闷闷不乐。问孩子原因，才吞吞吐吐地说老师上课不请他回答问题，而且他自己很喜欢唱歌，但这次班级唱歌比赛，老师没有请到他，肯定是老师不喜欢他。还说老师最喜欢小佳（班内一优秀生），老师不仅上课经常表扬她，课间还常和她说话。

听了小尹老师的一番话，我让她先耐心地向家长解释：上课不请小月回答，可能是老师认为小月已经懂了，也可能是因为举手的小朋友多而忽视了，以后会注意。至于没有让小月参加唱歌比赛，是因为孩子的嗓音条件不是很好。小尹老师按照我的说法和家长沟通后，家长是通情达理的，当即表示可以理解。最后，家长还向小尹老师反映，小月曾说宁愿做班级内的小艺同学（班内一学习较差生），因为老师常常坐在他身边教他做作业；他只要会做些，老师就会很高兴，还会摸他的头。

家长反映情况可能是无意的，但却引起了我和小尹老师的反思：小月情绪低落的真正原因是什么？为什么作为中等生的小月，宁可当一名所谓的学困生来引起老师的关注与关心呢？在提倡关心每个孩子、让每个孩子都得到健康发展的素质教育时代，碰到小月这样的孩子，作为老师的我们如何做到真正关心这群普通而又易被遗忘的学生呢？

二、案例思考

中等生失落型心理状况产生的原因？

教育工作者如何注重中等生的发展与培养？

三、案例分析

学生的素质结构是呈橄榄型的，即中间大，两头小。对于夹在“好生与较差生”两头之间的中等生，常常因为他们既不出类拔萃也不惹是生非，而在教育上易被忽视，成为被遗忘的“角落”。但大部分孩子是有强烈的进取心的，好表现自己的才能，希望得到别人，特别是老师的赏识。他们一次次上进的要求得不到满足后，便产生了强烈的失落感，甚至产生了以当一名差生来引起老师重视的想法。

中等生的人数在班内占很大的比例，如果注重对中等生的培养，他们就会是“优秀生”的后备军；反之，则会是“双差生”的预备队。因此，认真研究中等生的心理状况特点及其发展轨迹，对其加强教育是我们每个教育工作者不可忽视的一个新课题。

四、案例成效

1. 转变观念，重视对中等生的管理

遵循“面向全体学生”这一教育原则，不以为中等生“稳定”而放松对他们的教育。小学生的可塑性很大，在一定条件下是可相互转化的。优秀生可渐变为中等生，甚至差生；中等生经过努力也可发展为优秀生。但若重视不够，方法不当，措施不得力，中等生很可能会变成差生。

2. 创造条件，多给中等生自我表现的机会

每个孩子都有自己的爱好与特长，在班级的日常活动中，如班干部的选拔、各项文体活动的举行，甚至是上课请学生回答等，老师照顾的面要广；应大胆起用中等生，给他们锻炼的机会，帮助每个孩子体验成功，让他们在活动中成为出类拔萃的人才，从而实现从中间层中分化，流向先进层，有效地提高全班学生素质。实行“班干部轮换制”是让学生实现自我表现的较好方法，有利于调动学生积极向上的进取精神，有利于学生产生平等观念。

3. 给中等生同等的爱，不断提出新的要求

教师当然喜欢那些品德表现好、学业成绩优异的学生，爱护他们，鼓舞他们，使他们有更大的进步；对后进生则会倾注更多的关爱，谈心聊天、手把手地补习功课……但由于中等生的“稳定”，常常被视为对他们可爱可不爱的范围之内。教学实践也证明：中等生之所以居于中间，与教师对他们爱得不够有关。这实际上就是教师不能平等对待自己的教育对象。教师对学生的态度不同，会导致学生在以后的发展中形成不同的发展水平。与学生没有感情，缺乏心理上的沟通，很难收到良好的教育效果。中等生由于品德或学习不突出，往往引不起教师的注意，因而他们的积极性常常是潜在的，有时还会受到挫折，所以要转化中等生，必须从尊重爱护和理解入手。但爱不是目的，而是为了达到目的而施行的前提、方法和手段。要让中等生感受到教师对他们的感情并不冷漠，必须不断对他们提出不同的要求，帮其树立不同的奋斗目标，要善于发现中等生身上的积极因素，及时进行表扬、鼓励，肯定他们的点滴进步。特别是对失落型的中等生，即使是不起眼的进步也要及时予以肯定和表扬，帮助他们认识自身的优点，从而使他们树立信心，增强勇气，向更高的目标奋斗。

精雕细琢显品质　细水长流促成长

——见习教师规范化培训带教案例

上海市浦东新区第二中心小学　赵艳雯

时间回到 2016 年 12 月 23 日，地点是第二中心小学录播教室。那是 2016 学年见习教师考评课考核现场，徒弟孙老师凭借优秀的英语学科专业素养、过硬的基本功和精心准备的教学设计，顺利流畅地完成了“3AM4U2 On the farm”的课堂教学。这节考评课的课堂改进过程好比精雕细琢地打磨一块美玉，过程漫长且艰辛，其间，孙老师经过了多轮说课与试教。我作为学科带教导师参与了全过程，见证了孙老师一次次的改进与成熟。我本人也同样有着颇丰的收获，可谓教学相长。

一、第一轮磨课：课题的选定与资源的取舍

11 月下旬，得知第一批考评课的时间定于 12 月 23 日，我便和学员学校的导师一起帮助孙老师商量上课单元及课时的选择。根据学校校历与进度表，12 月下旬的英语课程已经进入第四模块第二单元，孙老师决定上“3AM4U2 On the farm”这一课；接着我们一起研究教材，帮助孙老师明确教学目标。本单元的主题是“On the farm”，以农场动物为主线，从了解农场中的动物入手，学习农场动物的名称，如 chick、hen、duck 等，用“What are they?”和“How many...?”对所见农场动物进行提问并学会用复数回答。通过本单元的学习，能进一步了解农场动物，激发学生对农场动物的热爱之情。单元目标确定之后，由于不清楚学生的具体情况，我们建议孙老师教授第一课时，也和孙老师一起研究了配套教参，帮助孙老师一起收集各种相关的课件。

可是由于收集到的课件都是几年前制作的，相对来说比较陈旧，也达不到现在的要求，所以孙老师是无法直接拿来使用的。而且多个同主题不同形式的课件有点杂乱，这也让孙老师一时间乱了方寸，不知所措。于是当孙老师每次来基地学校学习时，我都会和她讨论课的设计。也许是年轻教师的通病，孙老师自己上过很多课，也用过很多课件，可是她缺少对课件原作者意图的研读，不能体会每张幻灯片存在的目的。通过对孙老师的讲解与指导，我们要让孙老师知道，设计一个课件并不是把一堆看似很不错的幻灯片堆积在一起，而是需要去理清呈现出来的每张幻灯片都存在着什么目的。比如有几张幻灯片设计得都很棒，我们会想着把它们都放进某个知识点去运用，可是最后发现这几张幻灯片其实都是在反复操练同一个单词、同一个句型，完全没有必要反复出现，所以这时要懂得取舍。我们帮助孙老师进行删删减减，从她打算使用的第一份课件有 68 张幻灯片，到最后删减到只剩下一半左右了。当她把每张不太需要的幻灯片一一删除后，起初不知所措的思路反而变得更加清晰，人

也变得更加有自信了。

二、第二轮磨课:条理的梳理,板书支架的搭建

当孙老师把课件大致完成之后,我们便安排好上课时间与班级让孙老师试教。虽然第一次的试教还算比较顺,但我们发现这节课存在着许多问题,比如在时间把控上还不行,由于课件上的文本内容篇幅过长过难,导致 35 分钟的一堂课完全无法全部授完。

另外就是孙老师设计板书的问题。试教课的板书设计不完整,不合理,而且出示板书的时机没有计划好,导致最后也没有完全把板书贴在黑板上。我们发现,在孙老师每教授一个单词之后都会有一个调查表,那为何不把板书设计成一个表格?

板书设计	3A M4U2 Period 1　A visit to the farm			
	What are they? They are...			Count the... How many...?
	pigs	pink	Oink	2
	ducks	yellow	Quack	4
	chicks	yellow	Peep	4
	hens	brown	Cluck	2

这样做是因为表格的形式十分清晰明了,而且这样设计的板书有助于提醒老师何时该在黑板上贴板书,不至于上课时万一手忙脚乱而忘记贴板书。

三、第三轮磨课:语篇的撰写与修改

孙老师的聘任学校邀请了区教研员吴老师对她的教学设计进行指导。吴老师发现的最大问题就是第二次磨课时出现的那个尚未完全解决的问题——语篇文本的问题。如何将这个情景文本设计得再简洁合适一点,成了大家讨论的主题。教研员指出了孙老师的文本设计不符合现实生活的情景,缺乏真实感,需要改进成比较贴切生活化的人物对话。在教研员吴老师的指导下,孙老师的第一个情景文本出现了。

> 主文本:
> Part 1
> Jim: Grandpa, Grandpa, what are they?
> Grandpa: They're pigs. They're pink. They go "Oink, Oink".
> Jim: Oh, they're pigs.
> Grandpa: Jim, how many pigs?
> Jim: 1, 2. Two pigs.

我们将这一文本片段设计与孙老师原来的主文本第一个片段进行了比较。

> Main materials:
> What are they? They are pigs. What colour are they? They are pink.
> What can you hear? I can hear the pigs. They go "Oink, Oink".
> Count the pigs. How many pigs? Two pigs.

吴老师修改过的文本片段比原文本更加简单清晰，又符合生活情景。小男孩向爷爷提问时加上了对爷爷的称呼，不但符合实际生活，也能体现出小男孩的礼貌用语，比起原文本中直接提问显得合理多了。

之后孙老师又在第一个情景文本的基础上继续设计出另外几个片段的文本。

辅助文本：
Jim：Hello，I am Jim. Today is the animal day. I go to see Grandpa.
My grandpa is a farmer. He has a big farm.

主文本：
Part 1
Jim：Grandpa，Grandpa，what are they?
Grandpa：They're pigs. They're pink. They go "Oink，Oink".
Jim：Oh，they're pigs.
Grandpa：Jim，how many pigs?
Jim：1，2. Two pigs.

Part 2
Jim：Grandpa，Grandpa，What are they?
Grandpa：They're ducks. They're yellow. They go "Quack，Quack".
Jim：Oh，they're ducks.
Grandpa：Jim，count the ducks. How many ducks?
Jim：1，2，3，4. Four ducks.

Part 3
Jim：Grandpa，Grandpa，some are small and yellow. Some are big and brown.
What are they?
Grandpa：They're chicks and hens.
Yellow chicks go "Peep，Peep". Brown hens go "Cluck，Cluck".
Jim：Oh，they're chicks and hens.
Grandpa：Jim，count the chicks and hens. How many?
Jim：1，2，3，4. Four chicks. 1，2. Two hens.

当天晚上，孙老师就完全修改好，把对话重新录制好，利用 App 软件再将录音进行变音成爷爷和小男孩的声音。孙老师那股钻研劲不禁让我们感叹——年轻真好！

四、第四轮磨课：规范格式，调整细节

课件经过多次修改后，孙老师第四次来我们基地学校借班试教。为此我们也请了学科专家车老师来指导。车老师听完课后，对学员提出了非常宝贵的意见与建议。比如，教案的修改与完善；教案封面的格式修改，封面需要包含的信息等应做到规范化；教案中的每个细节、每个描述、每个格式，包括教案后面附加文本材料中的个别细节问题，例如某个单词的复数形式 s 没有加上，某个标点符号格式不对，或某个单词拼写出错，等等。听了车老师的点

评,我本人也很震撼,真实感受到专业素养提升的真正的功夫在细节。因为只有不断完善,精益求精,才能不断成长与进步。任何事情都需要格外认真仔细,哪怕是一个 s,一个标点符号都不应该出现错误,可以做到尽善尽美便尽全力去做好。

五、第五轮磨课:板书再次修改与取舍

这次试教,无论是情景创设的文本、教案的设计与格式,还是整个上课的过程,都比较符合教学基本要求。但磨课就是这样,每磨一次都可以发现不同的问题。教研组内有老师认为这节课的板书不够美观,设计上还有改进的空间。课件创设了一个在农场里的故事,那么在板书的呈现上可以考虑放在一个农场上,可以画个农场小篱笆等,根据每种农场动物的位置进行板书设计,在教授过程中可以在不同位置的动物附近放上相关信息。

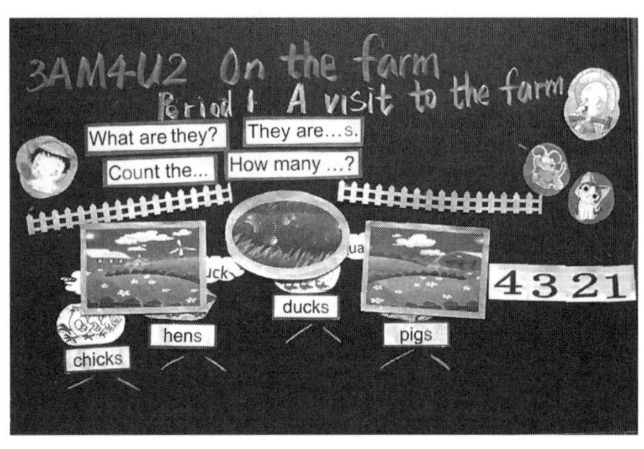

集思广益后,我们一起动手制作了效果图,这一版的板书果然更具有童趣也符合情景。但静下心来,我仍然觉得之前设计的表格式板书优势更明显。它具有重点突出、清晰明了的特点,这样的板书更容易让学生接受,更便于学生利用板书进行语用输出。第二版的情景式板书在视觉上确实美观,但是呈现在黑板上有点凌乱,也许学生无法真正理解这个板书的意义。最终我把板书选择的决定权交给了孙老师,让孙老师自己去决定。其实最合适的板书一定是要最适合授课的对象——学生的,毕竟学生才是课堂的主体,只有最适合学生的才是最合适的选择。孙老师最终还是选择了表格式的板书设计,而放弃了图文并茂的情景式板书设计。我对孙老师说,这次虽然没有用上图文版的板书,但这一轮打磨并非徒劳,既开阔了视野,又在打磨中学会了取舍,更重要的是她真正理解了“以学生为本”的内涵所在。

最终的考评课在历经多次打磨与试教之后顺利完成了,果然功夫不负有心人。孙老师在 2016 学年见习教师规范化培训课堂教学考评中获得了为数极少的优秀。通过这一段漫长艰辛的磨课历程,相信孙老师明白了要上一堂让自己满意的课少不了不断磨炼,不断吸取他人的宝贵意见与建议,以不断提升自己、完善自己!我相信孙老师在走出见习期后,仍会不忘初心,保留着这一股积极进取的力量,在专业发展之路上走得更远更稳。

我的课堂缺什么?

上海市浦东新区福山外国语小学　陈　秦

引言:通过实践课寻找“我的课堂缺什么”。在听课评课的基础上分析、对比,大家看到了自身所缺乏的东西,经过总结也找到了大家亟待解决的一些问题;针对这些问题,通过课堂实践改进,进一步促进教育教学水平的提高。

背景:课堂是教育教学实施的主要阵地,抓好课堂教学是关键。基于对教师教育教学实践能力的提高,我们结合带教培训开展了此次主题研修。

一、过程与问题

(一) 准备工作

策划活动,将计划和内容告知学员,请学员做好相应的准备工作。

学员精心准备课,拟定教学思路,撰写教案,做好上课准备工作。

学员事先了解本次研修的目的,做好自我分析,活动中进行交流。

本校教研组组员了解本次活动目的,并做好相关的观课评课准备。

(二) 活动过程

组员集中听课。

执教老师自我分析。

开展评课研修活动。

二、活动过程记录

(一) 活动内容

彩色的名字,执教:杨老师。

(二) 杨老师谈本节课的教学设计思路和自我分析

美术课,能带给学生什么?我们都知道,它带给学生的不仅仅是绘画技能的单一提高,更多的是向孩子们逐步渗透对一切美的事物的欣赏、感悟、理解的能力。美术欣赏、绘画的能力不是也不可能是一蹴而就的,必须依靠日常点滴积累而成。

一年级美术课“彩色的名字”是上教版美术教材“美丽的色彩”单元主题中的一课,旨在让学生通过这堂课体验线条的构成,知道色彩有冷、热、深、浅之分,在色彩与线条的排列中感受生活美,感受创造的乐趣。

这一年龄段的孩子对色彩已经有了一定的认识，但对线条的构成还没有很深入的了解和认识。汉字中本来就有许多象形文字，汉字较其他字体来说画味比较浓。因此，本课程的设计针对孩子年龄特点，采用大家都熟悉的汉字“自己的名字”作为线条构成创作的基础，在此基础上，对汉字笔画中的线条进行弯曲、延长，这样就降低了孩子进行平面组合的盲目性和困难。

在同龄班级实践教学中，我也发现了一个普遍出现的问题，那就是学生受习惯的影响，往往将自己的名字写得过小，显得拘谨，放不开手脚，给下一步的创作带来了障碍。我们知道孩子的好胜心都比较强，往往会在竞争情况下有超乎寻常的好表现。因此，我设计了一个同龄孩子向他们挑战写“超级大名字”的环节，课一开始就将他们引入挑战之中。果然，孩子们情绪高涨，个个跃跃欲试。大家写的名字也变得大了。偶然听到有位学生小声地说：“要写得顶天立地。”我立即抓住时机，鼓励大家要将字写得顶天立地，撑满纸边。实际教学效果的确达到了预期目的。有的学生前两个字写得大了，她灵机一动，将最后的名字缩小了写，形成一种大小对比，得到了另一种意想不到的趣味。遗憾的是我当时只是宽泛地表扬了一下，没有乘势点拨出其中的大小对比关系也是一种美。

画的色彩与线条是本课教学的关键。平时，孩子们对米罗这样的绘画大师认识颇少，而且，可能有的学生还是以像不像作为评价一幅画好坏的标准。教学时，我把对米罗作品的认知、欣赏、吸纳作为第三环节来呈现。因为35分钟的课堂时间有限，也因为孩子们年龄小，我对米罗的介绍比较简洁。在学生感知米罗画中的色彩这一教学片段中，我感到有的孩子的表述还比较简单，可能对于孩子内心来说，喜欢不需要理由，是一种直觉的体现。我想，也许我的思路太繁复，对孩子的内心研究较少，也有可能平时在授课时，让孩子们对画面色彩的细节关注较少，引导不够。

一直以来，教学环节过渡语的设计对整个教学来说都是至关重要的。它就像是串起珍珠项链的那根线，看似很不起眼，但缺了它，全局便会涣散。在课堂实践中，我感到自己在“米罗绘画大师”这一环节的导入太过直接、随意，过渡语不够儿童化，目的性不强。我内心虽然知道米罗的画色彩艳丽，常常有大片平涂的色块与生动的线条，画面效果与孩子们的绘画风格比较接近，实际操作中却疏忽了这一点。我应该引导孩子们看了米罗的画后，感叹“原来大师的画并不难画，我的画和大师差不多”，从而对自己的画充满信心，自豪感油然而生，为他们进行下一步的创新打下很好的铺垫。

每一堂课对于教师来说何尝不是一种新的尝试与体验，因为我们面对的是个性迥异的生动个体，不同的教学对象使得我们虽然有同样的教材、同样的课件，却得到不同的教学效果。上完“彩色的名字”这一课，有些许欣慰，也有些许遗憾。小朋友们自由生动的线条，丰富的色彩表现，使得画面呈现出类似抽象派的效果，许多孩子虽然没有在课堂时间内及时完成这幅画，但画面上完整的大体效果已经初见端倪。最重要的是孩子们在课堂上积极去尝试、认真进行绘画的表现，说明他们喜欢去亲手创作一幅这样的作品。

遗憾总是存在，在点滴细节之中总感到想要表述的东西还没有穷尽，学生做作业的速度还不够快，课堂上的时间总是过得太快……其实，细想之，不禁哑然失笑，正像王子荣老师所说的：“不必追求所谓的完美。为什么要求每一堂课都有完美结局呢？你这堂课可以只得到部分或半个结果，只要课堂内解决了你的预期目标，就是一堂成功的课。”那么，我必须重新审视我的课堂,每次将教学目标定得更为实际些、可行些。以发展的眼光看待学生的作品,以宽容的态度评价学生的反馈发言,以不同的视角挖掘作品中的独特魅力。在日常的教学中,抓住点点滴滴,及时渗透知识点,及时反馈教学中出现的问题。我深知,我要学的还有很多很多。

(三) 开展组内评课活动

• 教师一

在导入部分教师设置了与卡通人物打擂台的情景,较为新颖,激发了学生的兴趣;为了帮助学生克服写小字的缺点,教师采用诙谐的方式,要求他们写得“大名鼎鼎”“顶天立地”,学生易记易学,饶有兴趣,基本上都做到了画面的饱满。

整个教学中,充分利用多媒体手段,制作的动画形象生动,给学生形象直观的视觉享受,很吸引学生眼球。

在师生的互动过程中,学生表现得相当积极出色。

介绍画家的部分用时可能有点多。

• 教师二

导入部分设计得非常贴合孩子的心理,立刻吸引住他们的注意力。

Flash 制作的课件非常精美,充满童趣,名字笔画延伸的演示也很有效地解决了本课的难点。

欣赏米罗的作品这一环节,安排了大量的师生分析,这一部分稍显拖沓。先让学生选择喜欢的作品,后来又讲到色彩的冷暖、对比,内容太多,一年级的学生也很难理解。因为不能理解,所以显得教师一味传授较多;也由于这一环节用去的时间较多,所以学生完成作业时稍显匆忙。

总的来说,这节课教学目标明确、适度,教学过程流畅,在解决重难点上能层层递进,学生作业基本都能完成,作业效果也很好。

• 教师三

这节课教师运用多种手法解决本课的重难点,采用的方法起到很好的效果,而且能够引起学生的兴趣,吸引学生的注意力。在课件的制作上教师也下了一定的功夫,效果很好。从教师的讲解和学生的发言中,能看出教师重视美术本位知识的传授。但在时间的安排上稍欠妥,学生作业时间太短,最后讲评也来不及了。

• 教师四

教师在引入部分运用了“打擂台”的小游戏,充分调动了学生的学习兴趣和表现欲望。巧妙的设计让学生在活动过程中为了夺冠,在画面上尽显了教师对作业的要求,此处的设计体现了教师的一番苦心,不禁令人叫绝。Flash 的制作,也让学生形象地目睹了名字变成画的有趣过程,直观性、形象性、指导性强,这个环节的设计也相当不错。

教学过程中,个人认为米罗的引入在这节课中有些牵强,似乎是多余的部分,如果说将其作为拓展的部分来用可能会更好,这个大家还可以讨论。个人感觉由于这部分的引入,导致了整节课没有一气呵成的感觉,也导致了学生的作画时间缩短。如果这一环节不放入其内,是同样可以达到教学目的的,而且课的重心会比较清晰,课的结构也会比较紧凑。

(四)“我的课堂缺什么?”改进分析

通过组内老师共同分析,对这节课进行调整,解决了部分共性问题,如在对学生的年龄特点、知识体系的了解上有了进一步认识;设计策略发挥了学生的主体能动性;教学方式方法上有所开拓,体现了多样性和有效性;美术课特有的魅力和内涵发挥得较好,其功能性也充分得到体现。

三、案例启示

“我的课堂缺什么?”是带教过程中设立的一项主题活动,主要是针对教师提升课堂教学专业技能而提出的,由于目的性有所增强,整个活动的效率和价值也就跟随着提升。在活动中,教师事先准备充分,活动的质量就大大提高,因此学员的收益也颇大。我们感觉要切实提升教师的教育教学专业水平,最好的做法就是从实践中寻找不足,并通过实践去改进,像这样的教研活动我们将继续开展下去。同时,一次次实践研究让学员融入本校教研组,使教与学的活动氛围愈加浓厚,学员和组员间的团结合作的精神愈来愈强,而诸多实际问题的解决让学员们在活动中各有所得,收效较大。

在整个过程中,活动的开展从实践入手,以课堂教学案例为载体,以课堂改进和集体研讨为操作形式进行主题研究。基本操作程序为:确定研究主题—教师分别进行课堂实践—实践后自我反思—案例分析—第一次公开教学研讨—寻找问题,提出解决策略—第二次集体教学研讨—验证策略,深化主题。

(一)课堂实践

课堂实践是开展教学研究的主阵地,教师是研究过程中的主体。主题确立后,要求教师做到人人参与、人人实践、人人研究,在各自的实践中进行大胆的、个性化的创造和体验。由此,通过实践,每位教师都将拥有自己独到的见解、感受和体会,所设立的主题教研不再只是个别教师或教研组长的事项,带动和激发了教师积极主动地参与校本教研,从而形成群体性的合作研究,交流、互助、合作的氛围逐步形成。

(二)主题研讨

从研讨中获得提升,以反思教学、交流研究为主题研讨的互动形式。集体研讨是主题活动的关键环节。在研讨过程中,交流“我是如何做的?”“我为什么要这样做?”“我做到了吗?”“我做得怎么样?”“我能不能做得更好?”“我还可以怎么做?”,依靠专业引领、同伴互助,促进教师之间的沟通、交流和对话,在观念的碰撞与交流中达成新的共识。同时经过反思,学员们根据自己的实践经过,不断地总结、提出问题,再进行行为跟进,生成新的问题,如此重复,再实践再解决,从而获得更多的经验体会和收获。而一个主题研究的研讨会上,通过实践课的开展,既有执教者本人设计思路和实践反思,也有同伴对研究主题的反思,让参与的每个教师既是学习的参与者,又是学习资源的提供者。这种形式是教师将实践与反思相互联结的行动学习,是能产生积极有效的人际互动的培训方式。在这种形式的操作下,内容是真实的,形式是开放的,教师能深度参与,教研活动气氛热烈,学员们在看别人的课堂的同时,想自己的教学,积极地谈论自己的想法与做法。问题的研究在实践中逐步地进行,达到了教学与研究的一体化。在活动中,由于突出了活动的目的性、真实性与针对性,大家围绕主题开展的讨论不是一般的泛泛而谈,更多的是追求问题的本质。

职初教师见习培训的三项修炼

——见习教师语文学科带教案例

上海市普陀区武宁路小学　陈　静

一、案例背景

为全面落实《普陀区见习教师规范化培训试点方案》的精神与要求，帮助新教师尽快适应教育教学工作，立足校情，从实际出发，本着适应岗位、促进发展，让新教师于规范中起步的宗旨，我将重点围绕自我教学剖析、教学习惯养成与课堂教学修炼三个方面，系统规划青年教师语文学科培训。

二、预期目标

通过带教帮助新教师更快更好地熟悉小学语文学科教学工作。以“规范教学”为重点，使新教师能快速适应教学岗位，成为合格教师。

(1) 指导新教师写好一份学科计划。

(2) 在指导后，新教师可以根据学生特点，在备课前做好学情分析。

(3) 能根据学生特点、教学总目标、单元目标，制订一份教案。

(4) 在教学后，能进行反思，及时撰写案例。

(5) 在教研活动中，能进行说课及评课。

(6) 提高新教师对一年级新生的控班能力，能引导学生养成学习的好习惯。

三、预期成果

这样的见习教师培训模式，对新教师而言是一项希望工程；对我来讲是一项充电工程，也是历练师能的重要工程。我将积极应对挑战与机遇，与见习教师相互学习、共同提高，帮助新教师走好教学生涯的第一步。

四、案例概况

(一) 教学习惯养成——夯实新教师教学行为的助推器

新教师刚刚由学生转变为教师，由听课者转变为讲课者，教师的基本习惯还未养成。职初阶段，职业习惯的养成将决定新教师将来的职业生涯与职业追求，因此学校要求带教教师对他们“高标准、严要求”，将我校精细管理的举措通过带教无声地渗透到每一位新教师的教学工作中。我鼓励新教师不但要“讲一口流利的普通话，说一口准确的书面语，写一手漂亮的粉笔字,练一手过硬的课堂教学基本功”,还要求他们不断钻研,迅速熟悉《课程标准》或《教学大纲》,熟悉教材,并能较科学地处理教材。

实际带教工作中,我要求指导教师关注新教师以下四方面职业习惯的培养:

(1) 每日学习的习惯。学习对一个人成长进步的意义是不言而喻的。培训中,我定期与新教师就相同的学习内容作交流讨论。例如,我们以“一辈子做老师,一辈子学做老师”为主题开展了学习于漪老师事迹交流讨论会,新教师在认真观看于漪老师事迹短片后,写下了自己的感受与学习心得。交流中,小宋老师从信仰的进一步坚定到严谨的工作作风的形成,谈个人收获;小周老师从于漪老师的课堂优美的语言文字、精辟深邃的思想联系自己的课堂努力的方向。新教师们在深入剖析了于漪老师不平凡的教学经历后,更清晰地了解了于漪老师没有惊天动地的壮举,但她的伟大在于几十年如一日对教育事业的坚守,对万千学子的倾心奉献;敬佩之余,也更有助于新教师们树立对于教育工作的使命感与责任感。

(2) 充分备课的习惯。备课将是伴随每一位教师职业生涯的重要工作之一,是教师必做的基础性工作。它涉及教师对学科教学理论、方法的学习与内化,对教材的钻研与把握,对学情的分析等,其中的研究成分相当大。它考察的是教师的综合设计水平,因而我要求新教师一定要自主备课,规范备课,形成习惯。培训的第一个月里,指导教师手把手地教徒弟们备课五部曲——一备教材、二备学生、三备教法、四备学法、五备练习,并将自己精心备课的教学设计提供给新教师们学习,让他们从理论到直观,明确备课中需要经历的重要环节,需要关注的几处要点。

(3) 课后反思的习惯。新时期下,教师必须具备研究意识,不仅要教好学,更重要的是要认真地研究教学,由“教书匠”转向“研究者”。对于这批新教师,在职业生涯的起步阶段,就必须以这样的要求去规范他们的行为,使其养成思考的习惯,坚持在教研实践中探索,在探索中生成,在生成中反思,在反思中总结,在总结中提升,不断地改进和完善其教研方式,增强培训效果。

(4) 研究学生的习惯。教学过程的本质就是教师通过合理的方式把以教材为主体的知识传授给学生并达到培养学生能力、发展学生智力的目的。因此,我们要求指导教师教会新教师如何研究学生,通过日常观察、谈话、家访等方式走近我们的教学对象,这样才能让我们的教育达到事半功倍的效果。

(二) 课堂教学修炼——提高新教师教学效能的有效途径

课堂是教师安身立命之本,课堂教学能力在教师能力结构中处于核心的地位。本学期,我将新教师培养工作的重心定位于课堂教学能力的培养。就这一能力形成的途径而言,我大致将课堂带教分为这样三步:一为借鉴中感悟,提供学习机会,学习他人经验必须从根本上学,引导新教师透过表象看本质,在花团锦簇、精彩纷呈的景象中,感悟教学真谛;二为实践中探索,借鉴是“他山之石”,探索是“自我发现”,实践出真知,实践出智慧,要提高教师的教学能力就应当勇于在实践中探索;三为反思中前进,通过引导新教师分析教学能力形成的障碍,通过排除而“开源”,分析渠道梗阻的原因,通过打通而“助流”,推动新教师教学行为的持续改进。

1. 从组织教学开始

良好的课堂纪律,是课堂教学质量的保证。但在指导教师的第一轮听课后,五位教师不约而同地反映新教师在不同程度上存在着控班能力差的问题。针对这种情况，我采用帮带的方法，个别指导，加强课堂管理能力的培养，要求新教师做到严而有导，发挥教师的主导作用，以教育、表扬为主，讲求实效；做到严而有度，既要尊重爱护学生，又要培养学生养成课内外都要文明守纪的习惯；做到严而有法，发挥学生的主体作用，想方设法调动学生积极性，使他们在课堂上乐学善思，有效地提高课堂教学效率。在新一轮的听课中，我看到了课堂静悄悄的变化。

2. 从课堂问题出发

我采用"问题驱动、专题推进"的教研工作模式，抓住影响新教师教学效能、具有普遍性的教育问题，科学地分析问题产生的根源，设置相关的研究专题，在实践中不断反思，在反思中不断提炼与总结经验，最终提升新教师的教学理念与专业水平，从而促进其有效地改进教学，提高课堂教学的驾驭能力。教研工作基本流程如下图：

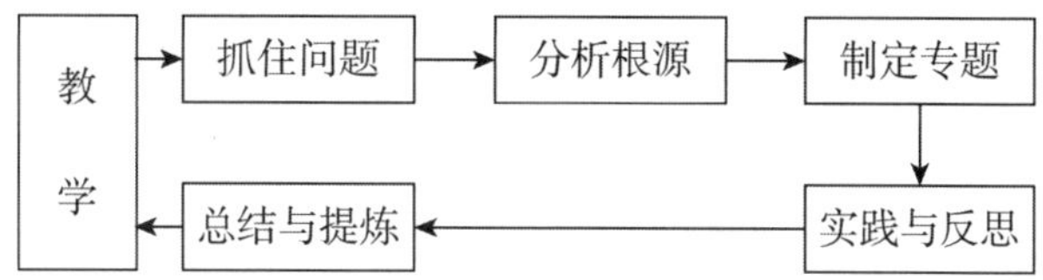

3. 在课堂磨砺中修炼

开展"磨课"系列研修，具体是指以青年教师为主要角色，以备课、教学、研讨、反思为主要内容的系列教研活动。新教师必须按照"磨课八步骤"开展研修：(1)个人准备；(2)集体研究；(3)先行授课；(4)听课研讨；(5)二度备课；(6)听课修改；(7)反思交流；(8)组内推行。在此过程中，青年教师独立设计教案，在教研组中研究、反思、修改、试教，听取课后点评后，再修改、再试教……写出课例分析文章或反思性总结，最终完成一份完整的磨课过程材料。这一研修过程，能有效而快速地提升新教师教学与研究的能力。

（三）自我教学剖析——实现新教师自主发展的重要环节

目标对人的行为具有导向和激励作用。明确的、有价值的目标能诱发人的动机和行为的产生，并指引人的活动方向。有效目标的设定可为教师自我发展蓄力。

教师自我发展的基本环节一般包括"教学设计—课堂观察—反馈交流"。其在我校展开的具体方式是：(1)师徒通过事先设定共同关注的专题，围绕专题学习理论，形成理念高地，然后切入一个课例，寻找现实与理念的差距，设计如何改进以往做法的教学计划。(2)按改进的教学计划上课，选择恰当的观察技术和方法，有针对性地观察课堂，共同诊断，引发对两难困惑的解释、分析和思考。(3)课后一起反省原有教学设计与实际效果的差距，在深入反思、讨论中，寻找改进策略。

在实践中，我发现每一位教师的专业发展自主意识是教师真正实现自主专业发展的基础和前提。尤其对于新教师而言，它既能将其目前的教育教学现状与以后可能达到的发展水平结合起来，使得"已有的发展水平影响今后的发展方向和程度"，"未来发展目标支配今日的行为"，又能增强新教师对自己专业发展的责任感，从而确保新教师专业发展的"自我更新"取向。

（四）职初语文教师培训研修记录单

根据职初教师参加培训后授课的表现情况，填写如下研修记录单，完成评价并对其下一步发展提出操作性建议。

<table>
<tr><td colspan="2">职初语文教师培训研修记录单
姓名：____________________</td></tr>
<tr><td colspan="2">职初语文教师课程学习体会：</td></tr>
<tr><td>课程
内容评价</td><td></td></tr>
<tr><td>课程
形式评价</td><td></td></tr>
<tr><td>建议</td><td></td></tr>
</table>

见习班主任"微主题式带教"的尝试

华东师范大学附属小学　章琪琪

作为一名带教老师，我一直觉得见习教师的班主任带教比学科带教更难一些。因为，很多学校是不安排见习教师担任班主任工作的，所以对于见习教师来说，班主任工作是陌生的。相比较学科可以通过听课、评课的方式直接指导，班主任工作涉及的面非常广，带教似乎只能是"纸上谈兵"。因此，如何更有效地开展见习班主任的带教工作，成为困扰我的问题。

一次，在翻看《见习教师规范化手册》时，我发现班主任带教的内容主要集中在"班级工作与育德体验"板块，涉及的内容比较多，比如如何召开主题班会、一次班干部会议、一次学生座谈会，就某位学生的某个问题进行一次家访，策划并主持一次主题班会、一次班级社会实践活动等。我突然想到，既然见习教师需要完成这样主题式的作业，我为什么不采取主题式的带教方式呢？每一次的带教都根据《见习教师规范化手册》上的内容梳理出一个主题，并结合自己多年工作的经验进行方法指导，会不会达到较好的效果呢？

于是，我开始了见习教师班主任主题式带教的尝试。

如指导学员完成"学生个案分析"时，我就尝试了主题式带教。

随着班级中"问题学生"越来越多，面对一个个这样的学生，教师常常感觉力不从心。可是对于班主任来说，正确处理对待"问题学生"，又是一个必须面对的问题。

虽然带教的三位见习教师所执教的都是一年级，可是每个班级都有一些让老师头疼的"问题学生"。正确对待"问题学生"，帮助"问题学生"解决问题是班主任的必修课。所以，这学期的带教重点就是找到解决"问题学生"的方法。

带教指导前，我先让三位教师各找一个班级里的"问题学生"，在活动中进行交流。在交流中，见习教师罗列了自己遇到的各种"问题学生"，有的是自闭症儿童，课堂上往往一个人无法参与到课堂教学中，甚至对课堂教学产生干扰；有的是孤傲自满的学生，在学校里看不得别人比自己好，常常通过言语或者动作去贬低别人；还有的是体型偏胖的学生，在学习和运动中的惰性表现非常明显，跟不上同学们的节奏……

面对一个个"问题学生"，大家各抒己见。通过讨论，大家觉得面对自闭的孩子应该鼓励家长积极面对，到专业的医院寻找对应的方法；面对孤傲自满的学生，教师除了进行个别谈话外，还应该发挥班级舆论的作用；面对有惰性的孩子，教师则应该采取积极鼓励的方法，让他们在勤奋中感受到快乐与自信。

随后，我作为指导教师，又给见习教师提供了两个看上去很相似的学生个案。这两个孩子都来自离异家庭，并且都跟着自己的父亲生活，父亲工作忙导致没有空管孩子。不同的是，一个孩子完全交给了奶奶管，奶奶除了宠溺之外，没有任何方法，最终导致孩子越来越无法管;另一个孩子完全交给了保姆,保姆除了管吃,什么都不管,最终孩子不做作业、逃学,出现了一系列的问题。

面对有着相似背景,却又发展得表现出明显差异的两个孩子,见习教师被惊讶到了,大家纷纷表示,真没想到如此相似的情况却会发生如此不同的结果。但是,通过分析,大家很容易发现,这些都是家庭教育存在严重问题的家庭,离异、无人管、宠溺,这些都是造成孩子变为"问题学生"的诱因。面对这样的孩子,教师应该积极地和家长交流,指导父亲担当起自己应该有的责任,而不是放任不管。同时对两个孩子又应该有所区别,第一个孩子应该教会他自我约束的能力,而第二个孩子应该通过教师和家长的积极配合,从管理好学生做好每天的家庭作业开始,端正孩子的学习态度。

"问题学生"其实每个班级都有,而且这些孩子往往是令教师最头疼的。教师们常常"头痛医头,脚痛医脚",每天都在应付他们的问题中忙得焦头烂额。通过这次指导,见习教师意识到需要找到"问题孩子"背后的那个"问题家庭",通过家校合力才能真正解决问题。当然,通过我提供的案例,见习教师也意识到,即使都是"问题学生",即使家庭背景相似,在教育孩子的过程中采用的方法也要不同,应该因材施教。

通过这次尝试,我发现主题式带教运用在见习教师的班主任工作带教上,效果还是不错的。在随后进行的多次带教指导中,我都是先确立主题,然后结合自己 20 年的班主任工作经验进行指导。我发现这对于见习教师来说还是比较受欢迎的,效果也还不错。

摸索中前行

上海市青浦佳禾小学　高　萍

2017学年我担任了重固小学徐老师的指导教师，主要指导其教学工作。徐老师刚踏上三尺讲台，对于刚从大学毕业的她来说，已经具备了一定的专业知识，也具备了成为一个好教师的基本功，但她所缺少的是经验以及对教材、学生情况的了解。徐老师面对的又是一年级的孩子，如何让学生专注于课堂是摆在她面前的重要课题。

一、教然后知困，知困然后能自强也——善学善思

记得第一次走进徐老师的课堂，我发现她在教学过程中只关注自己的教学流程，忽视学生的学习表现，对于课堂上不认真、不专心听的学生，她也不知如何是好，听之任之，这样就削弱了课堂的效益。一节课下来，教师手忙脚乱，学生学得无趣。小徐当时惴惴不安地站在我面前，胆怯地问我："师傅，怎么办？"看着她一脸茫然又无助的神情，我拍拍她的肩膀，笑着鼓励她说："没事，一开始上课有问题很正常的，别焦虑，我们一起想办法！"

放学后，我和徐老师一起探讨一年级孩子的特点：他们好动，有意注意的时间大约只有15分钟。那么一节课35分钟时间，想要使学生始终处于兴趣盎然中，教师该怎么做呢？多年的经验告诉我，只有当新教师有了自己的一定的思考，再去告知他们一些策略，这样才是持久、有效的，对新教师而言才是真正有收获的，才能付诸自己的教学之中。因此，我给小徐布置了回家作业——针对这一问题想想有什么对策。

第二天交流的时候，我发现她竟然拿出一本笔记本，有模有样地向我娓娓道来："师傅，我觉得上课的时候要多关注学生，看到不专注的孩子要走过去加以提醒；不仅要表扬好的学生，还要表扬有进步的学生……"听着她用心交流，看着那一条条工整的字迹，我顿时一阵感动，多么认真又肯钻研的小姑娘呀！看到小徐有了自己的思考，我及时加以引导与归纳："在教学中，我们就应当针对一年级孩子的特点以及文本特点，通过创设不同的情境以及丰富的评价形式，激发学生学习兴趣，提高课堂效率。"小徐听了，眨着那双大眼睛似乎又在问："那么，师傅，根据学生特点以及文本内容，我该如何创设有效情境，又该运用哪些评价形式呢？"

二、学而思，思而学——知晓端倪

于是，我继续采用"阶段专题推进式指导"这一方式对小徐这一问题进行针对性的指导。

为此，我带着小徐以及一年级的老师围绕拼音课《ang eng ing ong》开展了主题为"合理创设有效情境　促汉语拼音学习"的课例研究，试图通过这一课例研究深入了解青年教师是如何运用有效的情境促进汉语拼音学习的。小徐主要观察课堂中情境的创设以及老师是如何运用评价的。第一轮试教结束了，我们围在一起，我把目光投向了小徐。她望了

望我，说："这节课上，陈老师用了很多的情境，如游戏情境、图片情境，评价形式也比较多，送小红花、敲个章等。"说到这儿，她朝我看了看，好像没话说了，这时我追问道："那你觉得这些情境或是这样的评价好在哪儿呢?"她低着头，一言不发。于是，我对小徐说："你不仅要知道老师用了些什么策略，而且一定要明白这样用的好处，也就是说必须知其所以然。这样，以后你自己设计教案的时候就会考虑这个问题了。现在不清楚、不明白没有关系，听听其他老师怎么说的，下次要有进一步的思考哦。"她拼命地点着头，用心记录着老师们的评课要点，回去还细细揣摩，有疑惑的地方做好记号及时和我交流。就这样，通过两轮的打磨，她慢慢地摸着了一些门道。我记得最后一轮的交流上关于游戏情境运用，她是这样说的："本节课中吴老师设计了多个游戏情境，如在练习拼读带有后鼻韵母的音节时，吴老师设计了找钥匙开宝箱的游戏。以找钥匙的形式出现，以有趣的任务驱动学习，可以看到每个孩子脸上都露出兴奋的光芒。在游戏中，第一个宝箱里面是一朵大红花，学生见了，脸上露出欣喜的微笑，让学生获得成功的体验；第二个宝箱里藏着做练习的小秘密，提示孩子们养成良好的学习习惯。在这样轻松的氛围中，学生在游戏中练习了拼读带后鼻韵母的音节，在愉快的游戏氛围中掌握了拼读本领，老师也检验并巩固了学生的拼读能力。""学而不思则罔，思而不学则殆"，她在不断地学习，也在不断地思考，看到她取得了可喜的进步，作为师傅的我真是感到欣慰。

三、问渠那得清如许，为有源头活水来——拨云见日

同时，我叫小徐除了多听我的课外，也把小学语文教学研究网、上海市教育资源网、青浦教育资源网等一些网站告知她，让她每星期抽出一定的时间去观摩一些优秀的视频。当然，主要还是在观课过程中重点关注情境创设以及评价运用，并做好实录，我会随机和她交流听课所得或是心中的困惑。记得一次饭后散步，问她最近听了哪些课，有些什么收获，她兴奋地告诉我，她听了好几节课，觉得识字时也可采用多种游戏情境加以学习，这样能激发学生的学习兴趣，有效提高课堂效率。还没等我开口问，她就说了起来："开火车这个方式我觉得很好，一说呜呜火车开起来，学生马上就积极投入学习中来了；还有叫小朋友当小老师这个游戏也很好，让学生领着大家学，并提醒注意的地方，远比老师说有效得多；还有猜字谜……""哦，不错，那评价方面你有些什么收获呀?"小徐马上接过话茬："师傅，你叫我关注老师们的评价后，我发现有些老师课堂上评价形式很多，除了贴红花、星星贴纸之外，还有学生的表扬儿歌，如'送你一颗小星星，一闪一闪亮晶晶''送你一朵小红花，花儿对你笑嘻嘻'等。我觉得同伴之间的表扬及肯定，学生乐于听，无论是被表扬还是表扬的学生，脸上都带着灿烂的笑容，这也说明学生在说儿歌、做动作中活跃了气氛，学习热情也随之高涨了。这些儿歌我都记录下来了呢。还有……"小徐就是在一次次参与听课、交流、再听课、再交流、改进的过程中，逐渐解开了这一谜团。

四、纸上得来终觉浅，绝知此事要躬行——实践体验

就这样，小徐通过一个阶段"专题推进式指导"逐渐知晓了低年级孩子在拼音、识字过程中创设有效情境的策略，了解了评价的形式，提高了课堂的效率，真正促进了学生的学习。

在教学《青蛙写诗》一课时，徐老师也创设了一系列的情境，用图片情境激起学生表达的欲望，让他们有话可说；还通过教师自己组织的语言为学生创设情境，唤起学生的想象，激发学生想说的欲望。同时在学习过程中，徐老师采用丰富的评价形式去调动学生学习的积极性，如给读正确的学生奖励一朵小红花，为说连贯的学生翘翘大拇指。整节课上，学生学习的专注度比较高，师生关系融洽，教学氛围较好，达到了良好的教学效果。

五、几处早莺争暖树，谁家新燕啄春泥——携手成长

当然，看到进步的同时我也发现徐老师在执教过程中时间把控得不是很好，学生交流时质量不是很高……一些新问题又摆在眼前，接下来我们还将采用“阶段专题推进”这一方式去一个个攻克。

同时，我也深刻地体会到，要成为一名合格的带教者，需要在关注自己、借鉴同行、学习专家后，着眼被带教老师的现实情况与发展需要，丰富他们的教学经历，探寻适切的方法，在指导的过程中，让他们觉得可以接受，并乐于接受。今后，我将继续从新教师的个性化问题出发，以小问题为切入口，运用这一带教形式加以指导，努力使青年教师尽快成为一名合格乃至优秀的教师。

智慧地教　聪明地学

——《力的测量》带教指导案例

上海市青浦区逸夫小学　沈丽萍

一、第一次教学

《力的测量》是牛津自然第五册第四单元“身边的力”中的第四课时，是《上海市小学自然学科教学基本要求》(试验本)中主题七“运动和力”中的内容，“练习使用弹簧测力计测力”是本课的教学重点和难点。2017 年 12 月，在带教陈老师三个月之后，他进行了这个内容的教学。在初次教学中，他采用了教师先讲解正确的使用方法，然后学生反复操练的教学方法，学生在不断操练的过程中确实能学会使用弹簧测力计进行力的测量，从表面上来看教学目标已达成。在课后的交流研讨中，他认为这节课的设计没有问题，技能目标的达成就是要反复操作。当我问他，对于弹簧测力计的使用真的只能采用这样的教学方法吗？在这个过程中学生有自己的思考吗？一段时间后他们还能正确使用测力计吗？他茫然了……于是，我建议他再研读一下《学科教学基本要求》，找到“使用弹簧测力计测力”的两个关键要点，即“会对弹簧测力计进行调零”和“能读出弹簧测力计的示数”，再仔细思考一下如何更好地通过活动设计达成这个要求，并向他推荐了《小学科学课的建构——探究式教学设计的理论与实践》一书，希望通过阅读能加深他对探究式教学的认识，并运用于教学设计中。

评析：很多见习教师在教学中比较多地采用“讲授式”教学方法，过于强调知识和技能的传授，忽视了学生的主观能动性。自然学科的本质是科学探究，要让学生获得真正的科学探究经历和体验，有赖于教师对科学探究本质的理解和核心问题的把握，需要教师根据科学探究本质的要求选择有针对性的策略安排和过程指导。

二、第二次教学

通过学习我们再次就“探究式学习”这个话题进行了谈话，明确了科学探究的基本过程，在此基础上对这节课加以改进，特别是就“弹簧测力计的使用”这个教学重点如何设计活动交换了意见。我提出在学生认识测力计构造的基础上是否可以设置一个问题情境，让学生发现问题、建立假设进而寻找证据，在尝试解决问题的过程中学会测力计的使用，充分调动学生的学习积极性，让他们主动地建构知识。指导之后，陈老师进行了第二次教学，整个教学过程以学生活动为主,加强了活动的整体性安排,通过问题的引入,引导学生自主探究,达到了比较好的教学效果。

在学生了解了弹簧测力计的基本构造之后,教师请学生用测力计测量提起一个钩码所用的力。大约五分钟之后,九个小组依次汇报了他们的测量结果,教师用展台出示了这九个数据:

第一组:0.55N　　第二组:0.05N　　第三组:0.5N

第四组:0.55N　　第五组:0.55N　　第六组:0.5N

第七组:0.75N　　第八组:0.8N　　第九组:0.5N

师:从这九个数据中,你们发现了什么?

(数据分析可能对于三年级的学生有一定的难度,在之前的学习中也从来没有出现过,所以学生一下子陷入了沉思,经过短暂的沉寂之后,有两三个学生举起了手。)

生1:每个组测得的数字都不一样。

(这位学生显然观察得不够仔细,在他说完之后马上有学生举手表示异议。)

生2:不是都不一样的,有三个组都是0.5N,有三个组是0.55N。

(通过观察这位学生找到了六组比较接近的数据。)

师:那还有其他三组的数据呢?

生:我觉得第二组的0.05N肯定是不对的。

师:为什么你这么肯定呢?

生:0.05N也太小了,在测力计上只有一小格,和其他小组相差太大了。

师:你们同意他的观点吗?

(大多数学生表示赞同。)

师:第二组你们确实只测到0.05N吗?

生(第二组的组长):应该是0.5N,我们记录的时候多写了一个"0"。

师:看来我们以后在读数时一定要看清楚指针所指的刻度,在记录时也不能出现这样的错误,0.5和0.05虽然只差一个零,但是所代表的数值要相差10倍。

师:还有两组的数据呢?

生1:0.8、0.75和其他小组的数据也相差很大。

生2:可能他们像第二组一样看错或者记错了。

师:第七和第八组是这样吗?

(这两组学生均表示他们的实验和记录都没有问题,确实是0.75和0.8。)

师:到底是什么问题呢?大家帮助他们分析一下。

生1:是不是他们组的钩码不一样?

(请这个学生去检查了这两组的钩码,排除此可能性。)

生2:可能是他们的测力计不准。

(排除了其他的可能性之后,学生把目光集中到测力计上,于是老师拿了其中一组的测力计给学生观察，学生一下恍然大悟。）

生 3：我发现他们组的测力计下面出来了一些。

（她要表达的意思是刻度不在“0”这里。）

生 4：所以他们测到的数据比我们的都要大。

师：哦，原来是这样。那我们测量之前要先做什么？

生 5：先要把指针调到“0”这里。

评析：在这个环节的教学中，不难看出已经有了探究式学习的影子，通过问题的引入，激发了学生的学习兴趣，有效地引导学生开展探究，在一组数据的分析中引导学生发现问题，再去寻找问题的关键，从而关注到正确使用测力计上。

三、分析反思

（一）教的智慧——设置情境，引发冲突

学习测力计的使用是这节课的教学重点也是教学难点，然而在测力计的使用过程中有以下三个注意点是需要学生了解的：一是测量之前刻度要调到“0”；二是所测力不能超过刻度限量；三是读数时视线要和刻度平行。在这三个注意点中学生最容易忽视的就是第一条。在陈老师第一次的教学设计中，解决的方法是教师用演示的方法告诉学生正确的使用方法，对于注意点加以强调，然后学生在教师的指导下用正确的方法去测量不同的物体，在这样反复操练的过程中把这些操作的要点熟记于心。我们不难看出在这种机械操练的过程中，由于学生始终是处于被动接受的状态，一方面无法激发他们主动探究的热情，另一方面他们对于这样做的目的是模糊的，由于知其然而不知其所以然，所以在短时记忆的帮助下他们可能在操作过程中不会遇到什么问题，但是时间一长他们往往会忘记。

经过改进的教学中，出现这些迥然不同的数据并不是偶然现象，而是教师刻意安排下的结果。教师在课前对九个测力计中的两个进行了人为的改动，通过调节测力计顶部螺丝，致使这两组测得的数据和其他小组有明显的差异，从而引发学生的思维冲突，随后在分析这些不和谐的数据的过程中，引导学生发现测力计使用过程中刻度调零的重要性。可能在有些教师看来这样做似乎是把简单的问题复杂化了，而且和传统的教学方式相比，在教学的时间上也明显要多得多；然而自然课的学习到底是重结果还是重过程我想是不言而喻的，在这样一个发现问题—推测原因—解决问题的过程中，随着体验的深入学生对于测力计使用肯定会有更深的认识。

（二）学的智慧——分析数据，理性思维

小学自然课程以培养学生的科学素养为宗旨，而科学思维的能力和科学思维的方式是培养学生科学素养的重要内容。数据分析是培养学生科学思维能力的重要方式之一，如何人为地为学生创造分析数据的机会并引导学生去进行合理的分析，考验的是教师的智慧，而如何对这些数据进行分析也体现了学生的智慧。在小学阶段自然学科的学习过程中，学生

要接触到很多实验仪器和工具的使用，常见的如温度计、酒精灯、测力计等。从传统的观念上来看，这样的活动是没有探究必要的，因为正确的操作方法只有一个，教师只要告知学生就可以了，正如在第一次教学之后和小陈老师交流的一样。但是带来的问题是由于学生没有主动地参与到学习过程中，思维上缺乏碰撞和冲突，造成了他们只是停留在机械记忆和操作的阶段，因而获得的知识和技能是无法长时间保存的。

在第二次教学中，由于教师的刻意安排出现了引发学生思维冲突的数据，学生通过观察和分析首先发现了六个比较接近的数据，从而把一个钩码受到的重力定位在0.5N左右；再通过比较发现了一些比较特殊的数据，比如0.05、0.75和0.8，通过分析发现0.05显然是疏忽造成的一个意外，而0.75和0.8在排除了失误这种可能性的情况下，开始推测这两个数据出现的可能的原因，比如是不是钩码不一样，是不是测量方法不准确，是不是测力计有问题；最后学生在思维的碰撞中逐步发现测力计没有调零是造成这个结果的直接原因，因而意识到调零对于确保测量数据准确的重要性。可以看出通过数据分析，学生不再是将教师给予的知识和技能简单地进行复制，而是通过自己深入探究，在对各种猜想、观点和现象进行分析、解释和综合的基础上，完成了对新知识的建构，凸显了学生的主体意识，变被动学习、机械模仿为主动参与、自主探究。正是由于学生思维的参与使原本枯燥的学习变得更加精彩和灵动，正是由于融合了学生自己的智慧才使学习本身变得更具有意义。

在这样一次带教指导过程中，在教学设计上指导见习教师从原有的“传授式教学”向“探究式教学”转变，不仅仅是教学方式上的转变，更是教学理念的转变。为丰富学生的实践经验，让学生真正经历探究的过程，教师在教学中就要加强对活动的设计，包括形成问题和假设、设计方案、选择实验材料、安排实验步骤等。只有当这些活动由学生主动参与时，才是真正的探究；如果这些活动都是由教师来完成，学生只是按照教师的要求进行操作，那这样的教学过程本质上还是接受式的。通过带教指导，我也开始更深入地去思考学科的本质，更加关注学生的学，围绕科学概念去设计探究活动，促进学生思维品质的提升。

合理引导　善于纠错

上海市松江区实验小学　蔡子瑜

一、案例背景

又是一个新学年，作为市见习教师规范化培训基地导师，我又接到了指导三位新教师的带教任务。按要求我们制订好计划，以及各阶段具体的要求与目标。作为师傅我首先要求新教师要正心为本、修身为基，其次是上好课、做好常规。常规的养成是上好课的关键。我们经常在课堂教学方面进行交流，起初我让他们先听课，回去模仿我的课，做好听课记录与自己上课的反思。通过一次次互相听课、交流、讨论，我们发现了很多问题，也是新教师的共同问题，他们在理论联系实际上有待进一步学习。

二、案例描述

在一次带教课上，我安排了一个投掷内容，先是由我在前一天上好课，然后请胡老师来模仿我的课进行上课。

- 片段一

"哇，投得好远啊！"随着孩子们的一声惊叹，我迅速地把目光转移过去，看见胡老师班上的学生小嘴张得大大的，将目光聚集在一个男生身上。胡老师跑过去询问情况，原来是一个男生海绵球掷得很远。于是，胡老师把学生集合过来，请刚才的男生给同学们做一个展示。同学们用期待的眼神关注着，"1，2，3"，接着同学们又是一阵惊叹："哇，好远！"我在旁边看着，也为他能投掷这么远感到高兴，但是，我发现一个问题——这个孩子的动作不对。果然，胡老师说道："小明同学投掷得很远，但动作不正确（图 1），和老师的不一样。老师再给同学们做一次示范，请同学们看清楚了（图 2）。"这个男生看了之后，欣然说道："老师，我知道怎么做了。"然后，他低着头离开，继续练习去了。可是，在我目光寻找过程中，我发现小明练习的热情没有刚才高了。这个情况我已经料到……于是我让胡老师暂停了上课，让我来继续接上去。我安排了下一环节的练习。

图 1　身体侧面出手

图 2　肩上出手

• 片段二

我问：雷阵雨过后，我们有时会在天空看到什么？

学生：美丽的彩虹。

我再问：那同学们想不想运用我们刚才所学的本领，在天空中画出五颜六色的彩虹呢？(学生很期待地回答“想”)那先看老师是怎么在空中画彩虹的。(随着学生有节奏的口令声，一道美丽的“彩虹”展现在空中)

学生：我们也要画美丽的彩虹(学生个个跃跃欲试)。

老师：请每个小组根据老师的要求，比一比，看谁画的“彩虹”最漂亮。

在巡视过程中，我来到小明跟前对他说：“你想用原来的投掷方法吗？”他看着我点点头。我说：“那你就试试吧，用两种投掷方式在空中画彩虹。”经过几次练习之后，小明低着头说：“老师，我觉得还是按您教的方法画出的彩虹又漂亮又远。”这时我再请小明来做个示范，当小明投掷出手的一刹那，全场响起了一片惊呼声。

这节课后，我们师徒进行了热烈的讨论。

三、案例分析

1. 教师要善于观察指导

在课堂教学中，教师要善于观察，发现学生在技能学习过程中出现问题时，要及时加以指导和纠正，避免错误动作的定型。这节课胡老师在发现学生产生错误动作时，未能很好地去引导，导致学生对学习的兴趣降低。教师发现学生练习出现不正常情绪时，应采用不同的练习方式让学生分别体验，让学生自我感知两种方法哪个更好些，帮助学生掌握正确的动作技能。

2. 结合学生的身心特点，逐渐形成正确的动作

持轻物掷远要求学生掌握肩上投掷、快速挥臂、向前上方投掷的动作要领。投掷技能对学生的腰腹力量和快速出手以及身体协调用力要求较高，而二年级的学生在腰腹力量和身体协调性方面个体差异较大。对于这个小男孩会产生图1的动作，可能是因为这样身体能用上力量，而用正确的动作时，完全只靠手臂的力量进行投掷，这样一来远度反而大打折扣了。因此，教师要根据小学生的身心特点，设置不同的练习方式，让学生在游戏或练习中，由易到难，在掌握正确动作的基础上来达到一定的远度。

3. 尊重学生的想法，合理引导学生练习

小学生具有较强的模仿性，但也会有自己的创造性。这位男生虽然做出了错误的动作，但他能够自己体验、尝试不同的方法将海绵球掷得更远。从这点来看，他用自己的思维来学习了，这点是很可贵的。从上面的片段中不难发现，当教师发现学生练习中产生错误时，要及时调整方法，尤其是当这个男生在练习中出现为难情绪时，教师应当尊重学生的想法，巧妙地运用“画彩虹”等方式让学生采用两种不同的方法进行练习。学生通过反复练习，会发现自己原来的动作虽然能掷得远，但与老师教的动作相比在效果上是有差别的。

4. 教师要善于构建师生交流、互动、平等的平台

教师应该善于发现问题，通过自身的示范让学生看清正确的动作方法。当学生出现意见分歧时，教师不要以教育者的身份把思想强加于学生，而应带着学生的问题，巧妙地安排“画彩虹”等游戏，通过与学生的交流以及学生的亲身体验，帮助学生解决问题，使学生掌握正确的动作技能。这样也可以拉近师生之间的距离。

通过这个事例也充分说明了，我们的新教师需要有经验的师傅带上一程，使他们在成长的路上走得更快、更稳。

做一位有温度“不小气”的师傅

上海市徐汇区汇师小学　张莉珉

作为一名在教育一线工作26年的教师，我深爱着这份职业，深爱着我的学生。可以说，这26年对于如何做一名合格教师，我感悟深刻。但是，要如何做一名导师，却还是新手上路。从2013年开始，我每年都有幸担任这个角色，也是边学边做。

一、意识领航，把握方向

1. 确立导师的意识

（1）“教师＋导师”——科学而艺术

我感到一个人要做好一件事，思想意识很重要。导师这个角色，与平日自己熟悉的教师身份是有差异的，导师身份应该更有广度和深度。它既包含教师经验的传授，更注重如何在核心词“导”上下功夫——要导得科学，导得踏实稳步，导得有艺术。

学会合理地安排任务，科学地分析现状，有策略、有重点地实施任务。例如在为学员制订计划时，根据学员所在学校的特点和优势，作为基本学情来分析，为学员制订的计划就更符合他们的实际需求。

（2）“爱心＋服务”——“三心”融合

首先，从情感入手，要有热心肠，不怕麻烦，对于学员要有“三心”——爱心、耐心、包容心。学员都是刚踏上教育工作的新手，难免会有差池。他们在学习过程中有不懂、做错、不会做，都是正常的。导师不介意，学员也就不会胆小；但是，要告诉他们怎样才是正确的做法。其次，导师更需要有为学员服务的意识。我对自己说“舍得放下自我，舍得放弃名利，言传身教”，要做一名“不小气”的导师。

作为“不小气”的导师，我尽量无限地将自己人生中的所思所知“无限”传授。小到生活琐碎小事、教学用语，大到教育理念、做人的准则。

作为“不小气”的导师，我尽力为徒弟去争取机会，提供机会，不放过任何培养、历练的舞台，如见习教师评优、市区各级各类比赛等，无一遗漏。

（3）“责任＋规范”——一个都不少

导师整个带教过程中，虽然任务多，时间长，但还是要牢记“责任担当”意识。我时刻提醒自己“严字当头”，一步一个脚印做到位，努力不让一位学员掉队。同时，责任的背后有了规范的支撑，责任才彰显它的张力。例如，教学五环节的规范，教学手册规范使用，教材分析的规范，课堂教学的规范，我都结合自己的理解，深入浅出地总结归纳，手把手地教授。

2. 培育学员的意识

(1) 建立理想信念——爱孩子、爱学校、爱生活

当刚踏上工作的见习教师有了正确良性的教育观、人生观和理想信念，他们将一生受益。我紧紧抓住第一时间，培养拥有"爱孩子、爱学校、爱生活"的大格局大智慧的新时代教师。我和学员一起挤出时间陪伴学生，和学员经常一起走在校园中捕捉美景、欣赏美景，我们还聊聊家庭、聊聊生活、聊聊感兴趣的话题。这一幕幕都唤起他们对生活、工作、人生美好的憧憬。

(2) 传承"汇师"百年优秀文化——和谐、自信、创新、勤奋

汇师是一所百年老校，百年风雨铸就了"和谐、自信、创新、勤奋"的汇师精神。作为基地学校，我们的见习教师伴随着日常工作，潜移默化地浸润在这学校文化中。从教研组活动、艺术团训练、参与课题研究中，他们都能感受着汇师精神所带来的力量。

(3) 讲身边的感人故事——爱学生、爱课堂

有一次小胡班中有个"皮大王"在音乐课上打闹，课后小胡找"皮大王"谈心，孩子还强词夺理，气得小胡老师气不打一处来。小胡气着说："我妈妈从小培养我弹钢琴、跳舞，搞到今天就和这群熊孩子打交道，真不值得!"

其实每一位教育工作者，选择这份职业的初心一定是爱学生、喜欢课堂。但是我们很多见习教师，真正面对那么多孩子时，他们无从入手了。孩子们打闹了，淘气了，不听话了，有些学员会焦虑，会束手无策。此时的我，没有批评他们，因为我知道在成长过程中年轻人有迷茫、办法少都是正常的事情。于是，我推荐他们看于漪老师的书籍，讲我校"市劳模"殷老师的故事，主动让有经验的班主任帮助他们出主意、想办法。慢慢地他们知道了，冲动、焦虑、逃避不能解决问题，只有"爱学生、爱课堂、爱事业"才能坚定自己的初心。

二、立足高位，做严做实

1. 参与高端项目

高起点的培养，是我培养见习教师的重要策略。近几年我陆续有机会参与国家级、市教委多个项目的研究。借此平台，我尽量让有意愿的见习教师参与。在完成项目的过程中，聆听最新的教育理念、体验最新的授课形式、特级教师的亲历指导、现场活动的参与等，让他们都站在高纬度上，用更广阔的视野，去认识我们的教育教学。

在培训中，我关注学员自信心的培养，让他们有获得感和成就感。我告诉他们，青年时代如果没有敢于面对失败、面对挫折的勇气，就不会拥有完美青春。我相信他们的知识结构、信息储备、思维方式是超越我们这代人的。我总给予学员多一点空间、足够的信任，鼓励先行先试，同时也给予他们坚强的后盾。

小沈学的专业是手风琴，声乐是她的弱项。听课时，我发现她从来不进行示范演唱。课后，我问她为什么不范唱，她告诉我："唱得不好，怕孩子们笑话。"于是，我现身说法："张老师是声乐专长，当年我钢琴伴奏也不行，在课堂上也会出错，但我不怕难为情，练练就行了，其实我当年的专业技能还不如你。"在我的鼓励下，小沈有了信心，课后还一直请教声乐专业的小潘，慢慢地克服了害怕的心理，在之后的课堂上时常会见到她和孩子们一起拉琴唱歌。

2. 学懂弄通做实,激发能动性

在见习期间,对于各项目的学习和培训,我要求学员不仅以参与的角色承担任务,更希望他们尽力学懂、弄通、做实,激发内心的能动性。

例如学员对于那本厚厚的见习手册的填写,的确有压力,有些学员会烦恼、会应付,因为他们没有完全弄通、弄懂手册的内容及意义。这时,我怀着理解他们的心情与他们零距离交流,倾听他们的心声。而后,我帮助他们一一梳理、分析、归纳、总结,把握侧重点,结合音乐学科特色整合内容,把核心重点内容(如上课、教学设计等环节)挖深、挖透、做强、做大。通过这个分析、梳理的过程,学员有针对性地操作,达到了学懂、弄通、做实的要求。更重要的是,他们实践后,会主动问我如何提高学生的演唱水平,如何将律动有效落实到唱游课等。他们学会了思考,学会了观察,对于音乐教学的能动性被激发了出来。

三、真心赏识,共商共赢

1. 特色挖掘,精准定位

刚从大学毕业的见习教师特别是音乐教师,一定会在某个专业有特长。我时常用"品咖啡"的方式,去仔细了解每位教师身上的优势与不足。在我眼里,每种滋味都有着独到的韵味。我也力求用赞美的眼光,去挖掘不同人潜藏的能量,给予他们精准定位,激发其做"好老师"的潜能。

求知小学的小张灵动,实践能力强,我就从课堂实践研究着手;徐汇实验小学的小王活泼,艺术特长凸显,我就帮助她组建艺术团队;交大附小的小盛是国外研究生毕业,理解力强,我就着重多方位的培养;启新小学的小唐有钢琴特长,我就着重培养其校合唱队管理能力;汇师的小潘内敛,擅长写作,我就鼓励其做课题研究。他们的特点我看在眼里、喜在心头,有针对性、有导向地采取一人一策,做到"量体裁衣",帮助他们找到最适切的成长坐标。

2. 团队带教,经验分享

汇师小学有一支强大的导师团队,学员可以向导师团每一位来自不同学科的导师学习经验、吸取养料。导师们时常带领着自己的学员进行跨学科交流,分享成果。另外,基地导师教研组还与学员所在学校的教研组组成联合带教团队,为学员提供更多的学习机会。这种模式我校和徐汇实验小学音乐教研组合作了近三年。基地校导师所在的教研组也是一个带教群体,教研组的每位老师都成为学员的导师,随时回答学员的疑问,向学员传授宝贵的教学经验。例如,我所在的教研组有个特色,三位青年教师都在不同时期参加过见习教师培训,其中两位都曾获评优秀学员,他们都有着不同的经验和体会。因此,我利用这一特点,让老学员以"过来人"的身份,畅谈、交流当年的体会,还分享他们的教学设计。此时,大家从多个角色、多个侧面汇总见习生的实际需求,也给予了新学员更实用、更贴切的建议。

3. 互学互助,共同成长

见习教师确实有很多地方走在我们的前面。大到知识体系、专业技能,小到媒体制作、英语口语,我们不得不承认要"蹲下身子"向他们学习。

记得去年我在课题结题过程中,遇到了数据统计后汇总表的设计问题,我一直不满意自己的汇总表,它们不能完全表达我的意图。我去请教了小倪,只见她在电脑上三弄两弄就用图形表达了我的意图。我请她放慢速度,一步一步解释并教我操作。之后我一直沿用她教的这个方法。

同时，这些年的带教中，学员的需求也鞭策着我自己要不断地学习与进步。我们艺术教师通常喜欢实践，因为表现力强，但看到研究有些害怕。我也要求自己用“勇于探索、巧干实干、乘风破浪”的时代精神，逼迫自己去研究，努力探索自己的教学风格，始终坚持走着“科研促教、科研兴教”的道路。

通过几年努力我也有所收获，作为专家组成员参与上海市课程教材改革第二期工程“小学音乐教材日常修改工作及教材评价工作”，完成市重点课题“艺术学科彰显中华优秀传统文化实践研究”等多个项目，作为专家审查《国学乐歌》《美丽中国——绿韵炫动》等多本教材，同时开发全国农村教师培训课程“小学音乐课堂中音乐游戏设计的策略与方法”，开发区级课程“京剧进校园的实施课程”，多篇论文获得比赛一等奖，个人被评为区学科带头人。

四、一起出发，共谋未来

时代在前行，教育在前行，我虽然已人到中年，但是始终提醒自己“不忘初心”，要爱拼才会赢。我愿意忘记年龄、淡化校域，和青年人一起奔跑，和青年人一起出发，携手前行在教育路上。

我们可以继续一起带艺术团队，一起开发研究项目，共谋未来。今年我申请了上海市艺术类课题“小学阶段开展京剧进课堂研究”，获立项为市级重点课题。我邀请了胡君瑜等三位老师一起参加。假期里，我们一起努力开发《京韵润童心》教材，目前正筹备出版一事。我和潘璐、王添翼、张萌萌四位老师组成了少儿合唱研究团队，我们研究曲目、研究声音、共享服装，服务于各校合唱团。

我想，作为导师，我们的带教只有一年时间，但我们的目光要放长远，要有为学员想十年甚至三十年的准备——帮他们埋下做“好老师”的种子，培育让他们未来成功的麦苗。我相信，等到收获的那一天，我们会为自己点赞。

夯实基础

——如何提高见习教师规范化教案的撰写能力

上海市徐汇区爱菊小学　俞　健

一、案例背景

2011年，我第一次担任规范化培训基地的导师，由于之前已经在校内带过五位徒弟，所以一开始并没有觉得这是一件很难的事情。但当我看到见习教师培训手册后，我才发现，原来要规范、系统地指导一位新教师，需要整合各方面的知识与技能。于是，我仔细翻看了这套手册，并做了三四遍梳理，从培训内容的角度、学习进度的角度、教学基本功的角度、导师工作方式的角度，都做了实实在在的记录，并绘制了路径图，使自己对这项工作有全方位的了解。

在“上海市中小学见习教师规范化培训内容”的“四项十八条”中，教案编写也是扎实见习教师基本功的一个方面。我作为工作二十几年的老教师，也一直认为会写一篇思路清晰、逻辑缜密的教学计划，是一名合格教师所必须具备的基本技能。

在这样的思想指导下，我在带教过程中认真思考了：如何将自己多年来掌握的写教案的技巧和思维方法传递给新教师？如何使自己的传授不至于枯燥？如何使自己的培训能适应每一位新教师？鉴于此，我设计了“一课三磨”的培训模式帮助他们系统地学习，并在实施效果显现之后，整理成为我校规范化培训基地的一个课程，带领学校导师团共同创建了特色指导培训体系。

二、案例描述

2016学年，我带教了三位见习教师。他们性格迥异，基本功差异也较大，但共同点都是比较好学、谦虚，有追求上进的愿望。因此，我先制订出一份适合他们个人的带教计划，使培训的目的更清晰也更有效，再将培训路径进行了如下梳理：

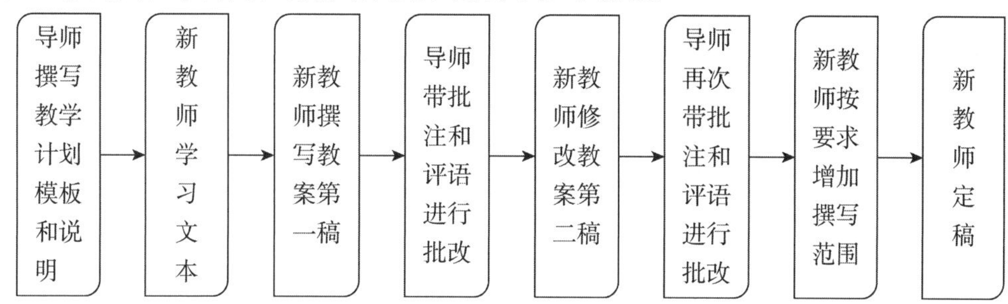

在此过程中，我是先对自己提出了要求，即撰写一份教学计划的模板与说明。为什么我会想到这一步呢？因为2011年开始，我协助本区教研员做了大量的体育工作，也接触了很多青年教师，他们大多思维活跃、激情四溢，但落实到文本，却都很难令人满意。因此，我一直想将自己多年来的经验和想法写成一份完整的教案模板和说明。借着带教工作，也就提上了计划。

有了计划，要做起来就有了指向。我将写好的模板与说明，先通过讲座的形式进行传授，让三位新教师对每个环节的存在意义和内涵都有了一定的理解，再通过微信群释疑解惑，使他们不至于无所适从。接着，他们就开始撰写教学计划。而我就从格式、内容、教法、绘图、语言衔接等方面进行批注修改和点评。

（一）格式

新教师交上来的第一稿，最容易犯的错误就是格式混乱。一份教案，不论是作为教师上课用还是公开给别人看，都担负着传递本节课内容、重难点、目标、教法学法、运动负荷、语言等方面的信息，而统一的格式可以便于教师理解和学习。因此，我就从格式入手开始指导。

比如两位教师的教案中都没有把每项要素对齐，如果刚开始就养成这种习惯，那将来就更不会重视这个问题。虽然有人会说这不是什么大问题，但若仔细看，就会发现，不对齐文本，教案中各项要素之间的关系就不能很好地体现，那在上课的时候也会出现错位的情况。

（二）重难点

重难点就是教学重点与教学难点的合称。教学重难点是书写教学计划的必备要素之一，如果这一项没有考虑到前课后课之间的逻辑联系，仅凭自己的主观臆断来确定，那肯定是不符合学生生理心理发展水平的。

比如甲老师没有好好研究学情，一股脑儿把技术关键点全写上，这样的思维方式，直接就暴露了他在教材研究方面的弱点。另一位老师也是对这个项目的关键点有点混淆（起跳、腾空是两个动作，它们之间有衔接的关系但也有可以分割的技术要领），因此，也暴露了他之前没有好好研究教材的问题。我作为导师，看清了他们的症结所在，就需要及时抓住这个点进行重点指导，这样，他们才会对教学需要研究教材有更深的理解。

（三）教学目标

教学目标是课的指向，教学活动以教学目标为导向，且始终围绕实现教学目标而进行。合理地安排教学目标，教师授课才能有的放矢。

比如一份教案的教学目标表述不完整，太过宽泛，这样就会造成目标不明确，最后的达成也会没有方向。因此，我用最简洁的语言让他明确教学目标是什么，具体又要包含些什么，使他对撰写教学目标有个框架感。另外，语言表述混乱也是新教师经常发生的问题，如果出现在教学目标中，就更容易使人摸不着头脑。我在修改的时候也非常注重这方面的指导，以引导新教师打下扎实的基础。

（四）语言

教师的教学用语直接决定了学生的接收信息量。规范的书面用语，不仅使教案的撰写思路清晰地跃然纸上，也能使阅读者尽快理解本课的意图和流程。

这里我把教学用语分成教案中的书面用语和课堂上的授课用语。书面用语需要的是规范、合理、通顺且具逻辑关系，而授课用语需要适合学生年龄、心理特征，以清晰易懂的技巧和规范的技术动作进行表述。

语句不通顺，会造成表述生发歧义，其根源在于思路不清晰，在撰写的时候也就出现了跳跃、前后不关联、不通顺的情况。一个教师不能把自己框死在一个学科内，不是说我们体育教师就不需要注重语言文字，不需要学会计算统计，不需要学习绘图制图，我们需要的是综合素质，缺一不可。

三、案例分析

教师的发展过程都要经历职初期、成长期和成熟期，而每一个层面的教师，都应有自己明确的、符合现状的目标。有了切实可行的目标，也就有了积极进取的动力，这就是“要我学”和“我要学”的最大区别。

见习教师培训基地学习对于新教师来说，就是一个起点。在这个起点前，他们要学会——做足准备、全力奔跑。我设计的这一培训模式就是为他们确立努力的目标——打好基础、积累经验。有了这样的大方向，整个培训过程就会更有成效。

“一课三磨”并不是我的原创，是我在原有的基础上进行的深化，主要体现在将所有的过程予以痕迹化。以前，我们在磨课的时候会将很多过程性的东西忽略，这样就会使一些过程中闪现的思维火花湮灭。我们要教给新教师的到底是“鱼”还是“渔”，答案不言而喻。

鉴于此，我想到了批注工具，在每一次的指导中都使用批注和评语，可以使见习教师反复琢磨导师的指导用意，也可以使资料永存，供未来巩固。

在案例描述中，我只挑选了四个方面的一些例子，而在我指导三位教师撰写规范教案的过程中还有很多细节的问题，我都一一进行了培训和示范。我还根据他们的不同性格，运用了风趣幽默的语言与他们互动，建立了良好的师徒关系，这也使我的培训辅导工作特别顺利和舒心。

见习教师也在我的悉心指导下，逐渐成长着，养成了良好的范式习惯和思维习惯。这种习惯也提升了他们研究教材、探究教法的能力，这在近几年的教学评比中可见一斑。他们在聘任校也将这种习惯辐射到其他教师身上，无形中也带动了聘任校教师的整体素质。于我而言，我的努力能有这样的结果，还是感到非常欣慰和感动，同时希望今后的见习教师也能用这样的热忱去夯实基础、提升能力。

研修永无止境，反思亦存疑惑。在这一模式的培训过程中，学员们也逐渐发现新的问题，通过研讨，又一一解决，如此往复，大家的收获确实不少。但学习是永无止境的，问题不断地出现，对学员们的现有知识、创新能力以及教学理念造成的冲击也是不小的。我想，这也是“规培基地”实施的目的之一吧，那就是把老师们的原动力调动起来。学员们为了教学都在认真地做着反思，而一个老师有了反思精神，他的教学一定是走在向前的路上的。

最后，我想说，通过“一课三磨”模式的实施，为见习教师的专业知识向深和广两个维度发展提供了一个很好的平台，也为我——见习教师导师的成长，提供了一个很好的发展空间，所谓教学相长就是这个意思吧。

开展教学活动要从学情出发

上海市杨浦区打虎山路第一小学　刘　嘉

一、背景分析

新入职的青年教师经历了高等教育，他们知识丰厚，又虚心好学，能够认真研读课标、教材，能够很好地解读教材，把握教学目标。在课堂上，他们重视落实课堂教学目标，能够根据目标要求安排教学内容，设计教学环节。他们能够做到眼中有教材、有目标，但是往往会忽略小朋友的实际水平。孩子们对于某个教学内容能不能完全接受，在学习过程中会遇到什么困难，他们思考得较少。另外，他们和小朋友接触的时间还少，对孩子们的已有知识、思维特点等了解得不够深入，所以他们有时布置的学习任务会出现难度较大的现象，学生一时摸不着头脑，不知道从何下手，课堂效果不尽如人意。针对这样的情况，导师要引导青年教师关注学情，深入了解学生的特点，根据学生的学习情况，设计教学环节，布置学习任务，如果遇到学习任务难度较大的情况，要给学生适当的提示，降低难度，以便达到良好的教学效果。

二、带教过程

车老师是上海师范大学专攻儿童文学的研究生。她教学基本功扎实，虚心肯学，业务和思想素质都很优秀。青年教师虽然学历高，综合能力强，但毕竟刚入职，对学生的了解不够深入，缺乏教学经验。因此，我对小车老师的指导是从最基本的研读课标与教材、编写教案、上课做起的。我每周听小车上一节课。经过一段时间的磨炼，小车上课有了不小的进步。于是，我放手让她独立备课、上课。

一段时间后，我听小车老师上第23课《跳水》。这一课的一个重要的教学目标是详细复述课文内容。这是本单元的重点训练项目，而且这是第一次要求学生复述整篇课文内容。

小车老师执教这一课，对教学目标的确定还是很准确的，上课时根据课后题目要求，指导学生详细复述整篇课文内容。

教学过程是这样的：

按照下面的线索复述课文。

水手逗猴子—猴子逗孩子—孩子追猴子—船长救孩子。

（1）学生准备。

（2）学生交流。

结果可想而知，学生只能大概说说人物之间的关系，具体的故事情节讲不清楚，达不到详细复述的要求。

针对这样的问题，我和小车老师进行研讨，建议她在教学过程中把文中的重点动词板书出来，以便在复述的时候给学生一些提示。同时，我还觉得应该让学生学完一部分就复述一部分；在学完全篇之后，再连起来复述。这样的教学过程，有层次，有梯度，更益于学生进行详细复述。小车老师听从我的建议，重新修改了教案。

复述环节教学过程是这样的：

第一课时：

1. 学习第1—2自然段，复述"水手逗猴子"和"猴子逗孩子"。

多媒体出示开头：一艘环游世界的帆船正往回航行，这一天风平浪静。甲板上________________。

板书：

水手：哈哈大笑　大笑　　　孩子：笑　哭笑不得

猴子：钻来钻去　模仿　　　跳　摘　戴　爬　摘　咬　撕

第二课时：

2. 学习第3—5自然段，复述"孩子追猴子"。

多媒体出示开头：水手们笑得更欢了，孩子却________________________。（配上有帆船、桅杆、孩子、猴子的插图）

板书：

孩子：气得脸红　边追边喊　气极了　吓得发抖

猴子：往上爬　龇牙咧嘴

3. 学习第5—7自然段，复述"船长救孩子"。

多媒体出示开头：正在孩子吓得两条腿发抖的时候，孩子的父亲——船长从船舱里出来了________。

板书：

船长：向海里跳

4. 复述整篇课文内容。

（作为家庭作业，录音，发网上，全班交流）

调整教案之后，小车老师在另外一个班级再上《跳水》这一课，学生能够根据板书，借助文本语境，自己组织语言，一步一步把课文内容较为详细地讲述出来。大部分学生能够完成这样的复述练习，较好地完成了这一教学重点。

后来，小车老师选择了第28课《扬州茶馆》继续对学生进行复述训练。这一课的一个重要的教学目标是继续进行复述训练，向大家清楚地介绍烫干丝的过程。

小车老师有了一些指导复述的经验，试教时，指导复述环节能够把介绍烫干丝的主要动词板书出来，能够让学生看着录像一步一步进行复述。请到的两名学生能够把烫干丝的过程讲清楚。但是课堂上学生主动举手的积极性不高。我觉得录像较慢，学生说一个步骤要等一等，再说下一个步骤，影响了学生参与复述的积极性。

于是，我再次和小车老师进行研讨。我觉得教学设计要考虑学生的实际情况，学生复述时的速度快于录像的速度，那么就应该把录像改为图片，把几个关键步骤的图片出示在多媒体上，学生复述的速度将不会受影响。

另外，我觉得在试教时，学生参与的积极性不够高，我们应该融入评价环节，以评价激发学生的参与积极性。

教学过程是这样的：

第一步：出示评价标准和要点。

能够抓住动作按顺序把烫干丝的制作过程讲清楚。☆☆

能够抓住动作按顺序把烫干丝的制作过程讲清楚，并适当加上一些动作。☆☆☆

第二步：多媒体出示烫干丝主要动作的相关图片，让学生借助图片和板书进行复述。

板书：

特色茶点（烫干丝）
- 切丝　切　切　放
- 烫熟　浇
- 加料　滗　拨　倒　搁

课堂上，学生在练习的时候，都很投入。有五六名男孩子站在座位旁，边练说边加动作。全班交流的时候，学生争相举手，请到的几位学生都能够加上动作把烫干丝的过程讲清楚，讲得绘声绘色。课堂气氛很活跃，学生学得很开心，很好地落实了详细复述这一教学目标。

三、反思

经历了这样的师徒研讨过程，小车老师觉得有很大的收获，在备课、上课方面有了信心。我在这个过程中也获得很大的成长，深刻体会到基于学情的教学活动才能收到良好的教学效果。

反思带教过程，我觉得在见习教师心中有了课标，有了教材，有了目标意识之后，还要引导他们做到心中有学生，具体要引导他们做到以下两个方面：

1. 关注学情，体现教师指导

学生是教学的主体，任何脱离于学生实际情况的教学设计都将难以达到良好的教学效果。所以，在培养见习教师的时候，要引导他们多了解学生的实际情况，学会站在学生的角度想一想，看看教学设计是不是符合学生的实际情况。遇到较难的学习任务，教师要给予提示，要分步骤，一步一步引导着学生去练习，一步一步去落实教学目标。在设计教学设计的时候，要充分预设学生会遇到的困难，教师要有相应的对策，要起到引领的作用。不要让学生出现畏难情绪，要让学生有章可循，有法可依。课堂上要充分体现教师的引导作用，要让学生在教师的引领下愉快学习。只有这样，才能真正落实教学目标，提高学生的语文素养。

2. 融入评价，激发学习兴趣

在语文课堂教学中，恰到好处的课堂评价是必不可少的。教师针对学生的不同表现给出及时又恰当的评价，可以增加师生间的互动，带动学生积极参与到课堂活动中，激发学生内心希望被关注的热情。

在指导见习教师备课的时候，要跟他们共同研讨，预设评价环节。对于重要教学环节，要设计合理的评价要点和评价标准，通过加星、发小奖品、给服务岗位等多种鼓励方式，给予学生鼓励，有效激发学生的自信和学习积极性。

总之，在指导见习教师时，作为语文学科教学方面的师傅，要深入思考小学语文课堂教学的特点，细致地了解见习教师的需求，根据实际情况给予见习教师细致入微的指导，促使见习教师能够更好地改进教学行为，收到良好的教学效果，感受语文教学的乐趣，从而喜欢上语文教学，让见习教师真正成长起来，使学生真正受益。

项目引领　团队互助　浸润带教

上海市杨浦区平凉路第三小学　黄　苹

一、案例背景

俗话说，众人拾柴火焰高。这句话用在我们数学教研组最为适切。作为师傅的我，很清楚传统意义上的一对一师徒带教有着不少的局限性。近几年，我们数学组在进修学院数学教研员的指导下，依托项目引领、借助群体智慧，已多次开展了区级课题的项目研究，大家体会到基于课堂观察的团队教学研讨使我们的校本研修有了更明确清晰的目标方向、更深入具体的探究主题，也使我们真正尝到了积极主动的课堂观察与反思的甜头。相比以往的教研学习，这是一条更为有效、更为迅速的促进教师专业成长的途径。我们希望这些新教师也能在团队中感受多元的教学风格，浸润浓厚的教研文化；希望他们在课堂观察中了解多种教学思路，汲取丰富的教学智慧，兼收并蓄、博采众长，争取更快地成长、更大的进步。因而，面对同时要带教四名年轻教师的艰巨任务，我很自然地想到了项目引领、团队互助、实作指导、智慧共享这一事半功倍的带教方式。

二、案例分析

（一）个别教材分析

在四位青年见习教师中，陈老师和我不在一个学校，平时只要一有时间，他都会在备课的问题上请教我，有时微信，有时电话。而我总是不厌其烦地为他进行解答。作为新教师，虽然有教研组的优秀教案作为参考，有教参上的课例作为示范，但是陈老师还是有很多地方比较困惑。比如陈老师在《千米的认识》这节课的前期备课中，感到对教材编排的不理解，认为课时数太多，他准备一节课就完成原定的两个课时内容。他在准备了一个星期之后，给我看了看他的教学设计初稿。仔细阅读后，我感到整个教学过程流程环节都很清楚，学生的活动也设计到位，体现了“主动・有效”课堂的教学要求。然而，陈老师对整节课的重点把握得还不够到位，对学生在学习中出现的难点还没有预估到。我对他提出了自己的想法，我认为学生对千米的量感是比较重要的，也是知识的难点，应该在第一课时让学生多体验、多感悟，不用急着将第二课时的内容合并在一起。经过一番探讨，他第二天就做出了调整，课上得很流畅。

虽然陈老师并不是我们学校的老师，但是我们数学教研组已经把他当作自己的一员，遇到学校任何一位数学老师有公开教学任务或者教研组的研课活动，我们都会叫上他一起参加。他跟着教研组听了不同年级的数学课，对整个小学阶段的数学教学内容有了大致的了解。记得十月份的时候，学校数学组迎来了中英交流项目活动，数学老师们纷纷向英国老师打开了教室大门。陈老师也在这样的研讨氛围中积极参与进来，听了我们学校各个年级数学老师的课。他不光在老师们的数学计算教学中发现了值得学习的地方，还和数学教研组老师们一起参与评课交流活动，并利用他的一口流利的英语为大家做翻译，架起中英沟通的桥梁。

（二）团队教研活动

四位新教师来自不同学校、不同的年级，为了让他们更快适应教学工作，我们分别为他们制订了带教计划，并签订带教协议，要求四位老师一起进入不同的指导老师班级听课，课后进行点评和指导。除了日常的组团式听课活动以外，我们数学教研组的团队带教工作主要结合了数学学科“引发低年级学生数学思维活动的教师行为变革”专题研讨活动进行。

为了更好地开展课题研究，我带着四位新教师一起开展了课堂观察活动。课前大家一起参与教案的修改，根据教案设计观察表，通过反复试教和一次次的修改观察表，新教师在这样的团队教研活动中有了更大的启发和触动。

第一次课堂观察活动是在平凉路第三小学分部进行的，围绕“引发低年级学生数学思维活动的教师行为变革”的课题进行研讨活动。活动邀请了杨浦区教师进修学院的教研员陈谨老师。四位见习教师和大家一同观摩了王老师的一节二年级数学课《有余数的除法》，带着明确的任务进入课堂，根据自己手中的观察表，选择观察位置和角度进行观察，并且分别从教师维度和学生维度，填写了课堂观察记录表。

课后王老师为大家介绍了这节课的设计意图，而后陈谨老师当场对这节课进行点评，给了见习教师们很大的启发。他们都纷纷谈了自己的想法。小张老师认为作为低年级概念教学内容，《有余数的除法》这节课注重动手操作，通过三次学习活动，为学生提供丰富的教学素材，在分小圆片的过程中逐渐帮助学生建立余数的概念。小王老师说学生在小组合作动手分一分中体会了对余数的认识，促进了学生数学思维的发展，培养了学生的数学学习能力。

第二次课堂观察活动还是在平凉路第三小学分部进行，仍然是“引发低年级学生数学思维活动的教师行为变革”课题研讨活动。参加这次活动的除了四位见习教师和学校全体数学老师以外，还有杨浦区教师进修学院教研员陈谨老师以及来自安徽蚌埠的校长们和集团内的新教师。这次大家一同观摩了王老师的一节二年级数学课《角与直角》，在观摩过程中，数学教研组以及四位新教师针对表象积累、直感激发、数学想象这三个层次对学生的数学形象思维进行了课堂观察，并填写了课堂观察记录表。

课后王老师为大家介绍了这节课的设计意图，见习教师们纷纷发表了自己观课后的想法。吕老师说《角与直角》是一节操作性较强的几何图形课，整节课贯彻了数学思想中猜想—验证的思想。任老师说这节课通过找一找生活中的角、判断一个角是不是直角、不借助工具折出一个直角等数学活动，让学生在观察中猜想，在操作中验证，在思考中发现，在交流中完善，培养了学生自主探究的学习方式和实践能力。

教研员陈谨老师从素材选择、学习策略选择和学习活动组织三方面对这节课进行了评价，为四位新教师今后的专业发展指出了方向。本次教研活动针对学生的数学形象思维进行课堂观察，引发了新教师对课堂教学的新思考，提升了新教师的专业发展。

第三次课堂观察活动在平凉路第三小学总部的多功能厅进行。这次活动邀请了上海市浦东教育发展研究院副研究员、佐藤学学习共同体的陈静静博士和杨浦区教师进修学院的数学教研员陈谨老师和王晴老师，所有见习教师和指导老师们都参加了这次活动。大家一起观察了王老师的一节二年级数学课《点图与数》，所有观课老师都坐在学生身边，观察孩子们的学习状态，记录学生的操作过程。

课堂观察之后两位数学教研员从数学专业的角度谈了各自的想法。同时也提出了很好的建议，给了四位见习教师很大的启示。

而后陈静静博士又从不同的角度提出了自己观察后的想法。她认为课堂应该营造更易于交流的轻松氛围和环境，教师如果能够侧身认真倾听孩子的表达，用柔和的身体姿势和平稳的情绪，带着学生一起创造出一个集中、安全的学习的“空间”，教师和学生的心情都会更愉悦、更放松，师生关系也会更柔和，课堂氛围也会更温暖、更安全。她的一番话为在场教师包括见习教师们打开了另一扇门。

就这样在一次次的课堂观察、一次次团队研修中，新教师们不断成长着，他们在听课过程中和孩子们坐在一起，看到了在自己的课堂上看不到的东西，体会了更多，学到了更多，收获了更多，也思考了更多……

三、带教思考

传统的一对一师徒带教，常常是师傅单向的经验输出、智慧奉献，而团队带团队后，他们暴露的问题和提出的困惑多了，我们关注的视角、提供的经验也多了。这是师徒间、师傅间、徒弟间的多向碰撞，每次对话有了同质与异质间的交融渗透，能够优势互补、教学相长、合作共赢。

团队带教使每次活动更有生气与活力，我们的心贴得更近，我们的群体智慧得到了充分激发，个体的行动智慧得到了催生和积淀，研讨氛围更趋友好、宽松和真诚，形成了重实作、重反思、重研讨、重分享、重分担的新型教研氛围。

项目引领、团队带教为我们提供了更多观察教学的机会与平台，聚焦课堂，以项目带动研修，让我们对新课程、新理念、新教学的理解、思考和领悟更上一个台阶。

寻找病因,对症下药

——如何提高见习教师的控班能力

上海市长宁区江苏路第五小学　陶　瑛

一、案例背景

2011—2015年,我有幸担任了三轮规范化培训基地的导师。翻开《指导教师带教手册》,“四大方面十八个要点”映入我的眼帘。年轻教师在短短的一年中要尽快进入教师的角色,不仅要用三天半完成工作学校五天的教学工作,还要空出一天半跟着导师走进基地学校,学习四大板块——职业感悟与师德修养、课堂经历与教学实践、班主任工作与育德体验、教学研究与专业发展的相关内容,每次上课后及时地反思,每次学习后写体验感悟……周末还要在教育学院进行专题培训。对于这些刚大学毕业的学生来说真不容易!回想自己第一次站在三尺讲台前上课的情景,紧张、焦虑,浮现眼前……作为导师,我想我要为他们消除心头的顾虑,带着他们一起解读见习教师规范化培训期间应该完成的培训内容与要求,安排好各阶段所要求完成的培训任务,制订好个人的学习计划及发展规划,让他们放松心态,带着愉悦的心情,迎接美好的一天。走进课堂,上好课,这是每位新教师必过的一关。“课堂经历与教学实践”中明确指出要在导师指导下正确熟练地掌握教育教学基本功,包括学校常用文体(备课、板书、学生作业批阅、学生评语等)的撰写、学科有关教学具的使用和学科基本技能的操练等。其中很重要的就是课堂纪律的把控。课堂纪律的好坏,直接关系到课堂教学的正常开展,直接影响到教学质量的高低。而对于这些见习教师来说,拥有的只是理论知识,没有实践的经验,只会纸上谈兵,一旦遇到突发事件,便手足无措,无法驾驭课堂。所以我要把多年积累的课堂教学的经验、把控课堂纪律的技巧传递给新教师,使他们尽快进入角色,成为一名合格的教师。

二、案例描述

- 案例呈现

第一次走进徒弟的课堂,我坐在下面听课。起初,小朋友们坐得都挺端正,眼睛盯着老师看。可没过多久,我就听到了窸窸窣窣的声音。放眼望去,能思想集中的孩子不到二分之一,其他的孩子都自顾自地在下面玩。有的东张西望,有的看自己的书,有的把铅笔盒里的铅笔、橡皮、尺当玩具,沉浸在自己的世界中。我耳边还不时传来铅笔盒掉落在地的声音……这样的听课效率显然是很糟糕的。语文教学中的诸多问题况且不谈,迫在眉睫的是要解决班级纪律的掌控问题。如何吸引这些孩子的目光,让他们喜欢上语文课呢?

• 原因分析

对这些才入学的孩子来说，要一节课始终专注是绝对做不到的。这个年龄段的孩子，无意注意占据主导地位，有意注意还缺乏自觉性，注意力很容易分散。他们对教师教学内容的专注时间不会持续太久，一般只有 15 到 20 分钟。他们注意的范围较小，注意不稳定，注意的分配和转移发展得也比较慢。教室里的任何一种环境的刺激都可能会“夺走”孩子听课的注意力。所以如何利用好孩子这些有效听课时间，就需要教师更智慧地去分析和琢磨教材，创设教学情境，合理地安排好教学的每一个环节，把握好重难点出现的时机。

孩子听了一会儿就分心了，是教授的内容孩子已经听懂了而不感兴趣，还是过难导致听不懂、不想听？是教授的方法过于单一从而无法调动孩子的积极性，还是教师的语言过于平淡因而无法吸引孩子的注意力？为什么一部动画片会长久地吸引孩子的眼球，会让一个注意力不集中的孩子静下心来认真观看？教师的一堂课如果也能像动画片那样，时时地刺激，牢牢地吸引住孩子，那么课堂效率必定会大大提高。

由于刚入学不久，孩子还处于幼儿园和小学的过渡期，良好的学习习惯和生活习惯都尚未养成。他们不懂得听从指令，没有学会遵守纪律，一切以自我为中心，不知道如何控制自己的情绪。当一个孩子发言时，其他人会插嘴；书写时，会不垫垫板就写字；朗读课文时，眼睛不看着书读……听说读写中所涉及的所有习惯都需要教师在日常生活中、点点滴滴中进行培养和训练。

• 对策建议

在和徒弟一起分析了原因后，我们制订了以下方案，多管齐下，提升控班能力，提高课堂效率。

1. 激发孩子浓厚的学习兴趣

一年级的孩子，年龄小，注意力不易稳定、集中，意志力比较薄弱，往往凭兴趣去认识事物，感兴趣的会全神贯注，不感兴趣的则心不在焉。课堂中要多创设情境，营造浓郁的课堂学习气氛，充分利用媒体图、文、声、像并茂的特点调动孩子的注意力。教师绘声绘色地朗读，具有磁性的声音，丰富有趣的游戏都能化作磁石，牢牢地吸引住孩子的注意力。课堂上进行各种形式的听说读写活动，还可开展“比一比”“争紫藤章”等一系列学习竞赛活动，激发孩子的学习热情，让孩子喜欢上语文。

日常生活中要让孩子从点滴的小事中感受到老师的爱。一句肯定，一句鼓励，一句赞美，一个灿烂的微笑，一张漂亮的贴纸，一个大拇指，一个拥抱……只要是孩子有进步，就要及时表扬！哪怕是微小的进步，也要用放大镜把它放大，让他感受到努力的结果、进步的喜悦。“亲其师，信其道。”一旦孩子喜欢上了一位老师，他一定会投入地上好这位老师的每一堂课。

2. 培养孩子良好的学习习惯

万丈高楼平地起，一年级是学习习惯养成的最佳时期。所有的好习惯并不是一蹴而就的，需要的是持之以恒地训练。首要的就是学会听从指令。听、说、读、写，是语文学习的四大内容。听说读写能力的提高，不仅要在每节语文课中进行扎扎实实的训练，还要在日常生活中加以落实和强化。习惯培养重在平时，要关注到每一个细节上。“左手按书，右手指书，眼睛看书。手指慢慢移，字字都过目。”“一二三，翻本子、垫垫板、拿铅笔。四五六，肩平、背直、头摆正。七八九，铅笔轻轻握。做到三个一，一拳一尺和一寸。”这些简短的口令，既帮助孩子掌握了学习方法，又有助于他们养成良好的学习习惯。

对于一年级的孩子来说，坚持几分钟是很容易的，坚持一节课，坚持一天是相当难的。这就要靠激励机制。根据一年级孩子的年龄特点，要逐条循序渐进地进行训练，可以在评比栏中进行“播种好习惯，争当好苗苗”的评比，可以设计“升旗礼仪能肃静，礼貌用语牢记心”等评比内容，还可以设计“我会上课专心听讲，我会按时完成作业”等评比内容。凡是做到的，可以将带有自己学号的贴纸贴在评比栏中。这样孩子每天都会去关注这块评比栏，数数有自己学号的贴纸。贴到贴纸的小朋友会为自己养成这一习惯而感到自豪，暂时没有贴到贴纸的小朋友也会有努力的方向、前进的动力。只要持之以恒地训练，一定能帮助孩子养成良好的学习习惯，将会让孩子一生受用。

三、案例分析

徒弟听我的课，小朋友思想集中，精神饱满，小手高举，乐于表达……而她的课上能思想集中的孩子不到二分之一，他们自顾自地在下面玩，沉浸在自己的世界中。为什么我的班级孩子很有规矩，而她的却不行？面对徒弟的困惑，我耐心地和她一起分析产生这种现象的原因，追根究底，对症下药。根据学生的年龄特点，针对不同的孩子采取不同的有效的方法：注视、暗示、提问、奖励……严中有爱，重视好习惯的养成。我手把手地教，徒弟认真地学。教学设计精心了，教学方法灵活了，教学语言丰富了，表扬和激励的话多了，课堂面貌焕然一新，专注听讲、积极发言的孩子也多了起来，课堂效率自然也提高了。平时她和孩子们打成一片，用相机记录下孩子们成长的一个个镜头，制成 PPT，在家长会上播放。对于工作的尽心尽责，让家长们对这位新老师放下了心中的顾虑，更积极地配合老师开展班级的各项工作。

导师不仅要做一个称职的示范者，也要做一个耐心的倾听者。我在课堂上专注地倾听她的课堂语言，课后倾听她对此课的教学反思、在教育教学中的困惑，关心她教育教学的情况，及时帮助她了解和研究学生，并帮助她及时分析和处理各种教育教学事件，分享她成功的喜悦。

师德共育，人格共建，业务相长。师徒结对就像一条无形的纽带联结在师徒之间，使我们在有意无意中增加了交流和相互学习的机会，从而共同得到提高。虽然带教工作是辛苦的，但收获却是快乐的。带教工作促使我加快学习的步伐，不断更新教育观念，提升理论修养，鞭策激励自己在教学上不断创新，提高课堂教学的能力。作为新一轮新教师专业成长的第一任导师，我将继续认真履行自己的责任，努力以自己良好的师德、严谨的态度和鲜明的教学风格帮带见习教师，帮助他们更快更好地完成从学生到教师的角色转换。

互学·共享·提升

——带教钮老师案例

上海市实验学校　张　琦

2016年12月,钮老师作为一名见习教师进入上海市实验学校,我就承担起了她的带教工作。作为一名年轻教师,她谦虚好学,做事勤恳,充满活力,在半年的时间里进步明显。2017年9月,我又承担了钮老师在浦东新区关于见习教师规范化培训的带教任务。在带教的这一年里,她积极参加区、校的教师规范化培训,表现出色。我们也严格按照制订的带教方案稳步推进每一项带教计划,同时她也承担了一个班的数学教学任务及班主任搭班工作,在实践中锻炼和成长。

一、团队式带教,全面练内功

上海市实验学校是教师专业发展学校,我们以"学生成长、教师发展"为宗旨,在教师专业发展方面严格遵循"以专业能力为本位,以解决问题为导向,以团队学习为手段,有效促进教师专业成长"的学校目标。

上海市实验学校小学数学采用的是校本教材,与二期课改教材在进度和年段目标上有一定差异;同时,小学部的学生既包含了四年时间完成五年学习的境内班,又包括了多元化的境外班,针对两类不同性质的学生,教学目标的难度、层次又有所不同,教学方法和手段也有所区别。针对现状,为了让见习教师能够迅速地适应实验理念,我们采用团队式的带教模式,由我主导,教研组老师协同配合。境内、境外同步听课,同步教研,尽可能加快新教师熟悉实验课程、掌握实验教法的步伐。

尽管教材不同,但对于课程标准和评价指南的解读和研讨是必需的。新的课程标准和评价指南无论在课程设置、课程内容、学习要求以及学生的评价等方面都是课堂教学的规范和标准,所以在整个带教过程中,我们尤其重视对教学理论、教学基本功的学习,在自我研习的基础上,还组织多次教研组、备课组学习研讨。这不仅能帮助钮老师夯实基本功,也为全体数学教师创造了学习提升的机会。

在学科教学方面,每周四上午是我们的共同交流研讨时间,钮老师不仅每周和我相互听课、评课,还安排了她和数学教研组长教学平行班,增加有效沟通,提高备课效率。在带教初期,她每节课都是在听完教研组长的同步教学之后进班上课的。我们要求钮老师每节课都要独立备课,备完课给我和教研组长细磨教案之后才能进教室上课,上完课要有反思,对不足之处提出改进。经过一年的磨砺,钮老师在教学设计、教学实施、教学评价等方面都取得了实实在在的进步和成长。

二、五课制引领,纵横学所长

学校通过五课制引领,让每个教师均能在不同的"课"中找到自己的位置,促进教师内涵发展。五课制,即新到教师汇报课、青年教师展能课、中年教师特色课、资深教师示范课、班主任竞技课。五课制活动也构建起了我校教师专业发展的基本模式,这对新教师是很好的学习资源。这学年的上半学期,已经开展了青年教师展能课,老师们各有所长:冯老师的课具体展现了个性化教学、分层教学是如何开展的;虞老师课中的例子结合了儿童的生活,体现了生活数学观、儿童数学观;唐老师、赵老师同课异构,以两种不同的方式展现了对于计算类的算法课应该如何教学;璐懿老师对于图形课中的 PPT 技术运用得炉火纯青……这些都给新教师提供了很好的学习素材,听课、评课的过程不仅让新教师看到不同教师的教学特色和教学风采,并且还能让他们从不同教师身上吸取到不同的精华,从而形成自己的教学风格。除了数学学科,我们还鼓励新教师多听其他学科教师的教学。虽然学科不同,但对实验理念的运用、传承是不变的,听课的过程也是多元文化的交流、碰撞,我们希望对新教师的启发也是多方位的。

三、个性化指导,有效促发展

年轻教师在成长过程中肯定会遇到各种困难,我们应鼓舞其信心,让他们放手大胆尝试,同时也针对其问题进行会诊,设计有效策略,帮助其尽快克服困难,顺利进行工作。

比如钮老师在控班方面稍显薄弱,我便汇集年级组老师共同观察和寻找对策。一方面,我、教研组长、年级组长、班主任老师言传身教,将自己在课堂教学中控班的心得悉心传授给她。另一方面,针对她所带班级课堂上出现的问题,由点及面,逐一分析,对其提出改进建议:在课上对于学生需要改进的行为直接指出,说明原因,后期巩固,并可增加些措施,如小队比拼等;加强自身修炼,备课语言要求精准,加强语音训练等。钮老师在同事们的帮助下,结合大家提及的建议,针对自身的特色,采取了一系列有效措施来积极改进。比如,为了更进一步地认识学生,钮老师主动在上学期末与本学期初进行了两次问卷调查,深入了解学生学习的目标与困难,与学生协商了新学期目标——增强计算能力、管理课堂行为、提高题目的趣味性;为有需要的学生增加有难度的挑战作业;针对班级数学学科中学生现存的问题,进行行为指标打卡集章,增强家校沟通;对学科学生岗位设有课代表(收发作业+督促作业)、数学小助手(奖励座位+课堂管理)、敲章小助手(每周行为指标记录+敲章)、超市小助手(每周四采购商品+营业);每周四还开放数学小商店,可通过答题进行还账,兑换精神类、物质类、服务类的小商品,效果良好。在大家的共同努力下,钮老师的课堂纪律有了明显改观,教学有效性提高了,学生也由喜爱老师提升到喜爱数学,老师的付出得到了家长的一致认可。

四、实践伴研究，思考勇突破

实验学校对教师的科研意识和科研能力有很高要求，对年轻教师也不例外，以科研促教育、促教学是实验学校对每一位教师的要求。所以在带教工作中我们也将科研工作作为其中的一个重要环节。由于我本身在学校的科研工作中有一定的引领作用，所以也希望能以自己所长带领青年教师更快地成长。除了参加教研组的课题及学科发展研修之外，今年我还让她参与了区级课题“提升信息素养：小学数学统计与概率课程教学优化研究”的研究，另外还与上海师范大学博士团队合作，进行“基于前概念分析的小学数学差异化学习研究”的课题研究，并让其在课题组中担任重要工作，以研促教，希望她在研究中感悟，在尝试中发现，争取教与学方式的更大突破。

经过一学期的努力，无论是教学理论还是教学实践，钮老师都有了很大的突破，在第一学期的见习教师汇报课中进入了“优良”等级，第二学期的汇报课考评“优秀”，参加浦东新区见习教师基本功大赛还进入了复赛。

希望她继续努力，争做一名“乐学习、善教学、会研究、懂实验、敢创新”的实验学校人。

我们备课的背后

上海外国语大学松江外国语学校　赵　玲

著名语文特级教师于漪老师“三个关注，两个反思”的备课境界，是我们每一位老师应该学习的。她把每一次讲课都看成一次生命的绽放，每堂课都要经过三次备课的过程。对此，在带教指导过程中，我要求每位见习教师对于自己的备课进行两次修改，课后及时进行反思。接下来，我就以指导唐老师备《熊猫妈妈听电话》一课为例，谈谈我们备课的背后。

这一课是唐老师的教学汇报课。选定课文后，我按照起初提出的备课要求指导她备课，即先让唐老师自己解读教材，然后根据单元目标及本课课后练习，制定本课教学目标，最后再进行备课。唐老师也习惯了，爽快地点头答应了，就说了一句：“师傅，到时我备好了，您看看，指点一下。”“没问题，但尽量早点给我，不要拖，不然一拖再拖，以后慢慢会养成拖拉的习惯。”

没过两天，唐老师就拿着备好的教案来找我。

一、案例一：制定教学目标

教学目标：

（1）记住本课 9 个生字的音和形，指导书写 1 个生字，积累词语 9 个。

（2）能正确朗读课文，并能根据课文读出熊猫妈妈和孩子们打电话的语气；能根据课文内容展开想象，并和同学分角色玩打电话的游戏。

（3）知道熊猫是我国的国宝，它把中国人民的友谊传到了世界各地。

教学重点：识字、朗读。

教学难点：

（1）知道熊猫是我国的国宝，它把中国人民的友谊传到了世界各地。

（2）表演时能注意熊猫妈妈的孩子们在打电话时说话的顺序，并把话讲清楚。

诊断分析：

我看后，指出了好的地方：能根据单元目标及本课课后练习，较准确地制定出本课教学目标；整个教学过程比较完整，并能采用一定的教学手段达到制定的目标。但是，在教案的撰写上还不够规范，体现在：教学目标（1）中“记住本课 9 个生字的音和形，指导书写 1 个生字”，目标不明确，得写清楚采用怎样的教学手段记住本课的哪 9 个生字，指导书写哪个生字；目标（2）中“能正确朗读课文”，朗读的要求要达到怎样的程度没写清楚；教学重点中同样是要写具体。

听完我的分析，唐老师笑着说：“都写下来比较麻烦，所以就简单写了。”我严肃地告诉她：“做任何事都不能嫌麻烦，特别是你刚踏上工作岗位，一定要一步一个脚印，踏踏实实地备课。这不仅对你的教学有帮助，也利于你今后业务水平的提升。你就是学生的镜子，你怎么样,你教的学生也就怎么样。”唐老师虚心接受后,立誓一定做到一丝不苟。

“至于教学过程,你有你的想法。接下来,你去翻阅一下教参,去收集一些资料,也可以是一些优秀的教案或课堂实录等,仔细对照,看看他们的备课中有什么你想到的,他们也想到了;你没想到的,但他们却想到了。到时你把教案修改好后,我们再一起讨论。”唐老师信心十足地答应了。

过了两天,唐老师拿着教案又来找我。这次,教学目标等制定得不仅准确,而且也很规范。

修改后的教学目标:

(1) 能结合课文语言环境认识“熊、猫、响、请、讲、束、争、再、次”9个生字,并能借助拼音正确拼读;指导书写“再”,掌握正确的笔顺。

(2) 能正确朗读课文,做到不加字、不漏字、不改字,按标点停顿;能根据课文内容读出熊猫妈妈和孩子们打电话时的语气;能根据课文内容展开想象,并和同学分角色玩打电话的游戏。

(3) 通过课文学习,知道熊猫是我国的国宝,它把中国人民的友谊传到了世界各地。

修改后的教学重点:

(1) 能结合课文语言环境认识“熊、猫、响、请、讲、束、争、再、次”9个生字,并能借助拼音正确拼读。

(2) 能正确、流利、有感情地朗读熊猫妈妈和孩子们的通话。

修改后的教学难点:

(1) 知道熊猫是我国的国宝,它把中国人民的友谊传到了世界各地。

(2) 能根据课文内容展开想象,在表演熊猫妈妈和孩子们打电话时,做到把话讲清楚。

“那在教学过程中,有了什么增改?”我看着唐老师,笑眯眯地问。唐老师认真地说:“通过结合教参再读课文以及翻阅其他优秀教案,我想到的问题几乎其他优秀教案中都出现了。但是,根据教参的教学建议,在让学生整体感知课文后,交流‘熊猫妈妈听了几次电话?分别是谁打来的?’,我的教学过程中没这环节……”

二、案例二:教学过程片段

整体感知:

(1) 师:听了课文录音,谁知道熊猫妈妈一共听了几次电话?分别是谁打来的?

(2) 出示熊猫妈妈听电话的三个自然段。学生交流(预设):听了三次电话,分别是丽丽、明明、林林。

(3) 师板书:丽丽、明明、林林。

(唐老师发现,这是她没有想到的:出示熊猫妈妈听电话的三个自然段,读一读,你发现这三小节有什么不一样吗?指名交流,圈出“又、再一次”。小结:当你重复做一件事时,我们可以用“又”或者“再”来表示次数的增加。)

(4) 学习生字:响、请、讲、再、次。

诊断分析:

唐老师的备课是为了学课文而学课文,没有根据课标中一二年级阅读目标中所说的“结合上下文和生活实际了解课文中词句的意思，在阅读中积累词语”。

“又、再一次”两个词语的意思，对已有生活经验的人而言，理解起来轻而易举，但对一年级小朋友来说，他们似懂非懂。于是，有经验的老师会让小朋友先自己观察这三个自然段有什么不一样的地方。小朋友通过仔细读，都能发现；然后老师让小朋友圈出，结合语言环境，让小朋友明白到了第二次、第三次等可用“又、再一次”来表示。这样不仅积累了词语“再一次”，又学习了“再”，很好地落实了教学目标，可谓教学无痕，精彩无限。

所以，要备好一篇课文，不仅要研读教材、解读文本，还要以学生为本，以课标为依据，让一年级学生慢慢学习运用祖国的语言文字，喜欢祖国的语言文字，并促进学生语文素养的发展。

经过一番促膝长谈之后，我和唐老师一起把她的二次备课一个环节一个环节地进行了探讨、研究。唐老师是个很认真又好学的女孩，她把自己没想到的一一跟我讲述，我也一一跟她讲述那样设计的用意。当然，并不是所有人的想法都适合运用到自己的课堂上。在我俩的一番商讨中，三次备课定稿。唐老师经过两天准备后，在自己班正式上课，受到了听课老师们的好评。课后，她又及时反思，总结了课堂中的得失，再次修改教案。最后，该课取得了松江区见习教师综合素养评比之模拟课堂教学入围奖的优异成绩。

通过这次艰辛而又成功的备课指导，我认识到了身为带教老师不仅要细致地引导他们明了为什么这样做、应该怎样做，更要“施压”，这样他们才会有动力；唐老师认识到了只有靠毅力，才能做成事。同时，我们都明白了备课一定要反复探索，反复修改。那样，我们的课堂才会一次次美丽绽放，才会更具有生命力。

初中篇

用生态理念布局生命课堂

——《羚羊木雕》听课札记

上海市崇明区东门中学　陆胜家

一、问题导向

生态环保问题是21世纪的核心问题。当前的教育也迫切需要引入一种全新的教育理念，就是如何有效建构生态课堂，激发学生的学习热情，还课堂以生命活力。与传统教育相比，生态教育更能适应当前教育发展的新要求。生态教育理念与“关心人，爱护人”“以人为本”的方针是相契合的，它能体现出全新的人文关怀内涵。

二、情景再现

按照见习教师带教计划，本学期的第三周周一我要求于佳老师在我班上《羚羊木雕》这篇课文。在对教材作分析的过程中，我要求于佳老师摒弃传统，在课堂教学设计中必须全力贯彻“生态”理念，把课堂上“活”，把知识与技能上“实”，把情感、态度与价值观上“透”。

于佳老师神采奕奕地站在讲台跟前，她的导入简洁明了。她采用与学生“唠”的方式，她的亲和力一下子消除了有些学生对“语文课堂”惯常的负重情绪。

她问学生：大家看过《羚羊木雕》这篇课文了吗？谁愿意说一说，课文讲了一件什么事情？

（学生纷纷举手发言，表示愿意回答老师的问题。）

一堂课的组织教学是非常重要的。我觉得，于老师抓住了生态课堂的特质进行教学，她把握住了让课堂焕发生命活力的根本——营造宽松的学习氛围。理由：第一，开场白让学生感到了老师的和蔼可亲，没给学生以语文课堂的沉闷感、压抑感；第二，很多问题的设置都围绕学生言语能力的表达及其发展，学生在自主解读文本基础上，回答问题时展示给我们的是那些虽然还很稚嫩但又很质朴的纯个性表达，这是课堂中最真实的言语亮点，也是教师可以引导与加工，完善教学目的的契机；第三，于无声处巧妙地为下一教学环节的展开做了铺垫，使课堂教学的流程因此变得流畅起来。

果不其然，于佳老师就围绕着“事件”，把教学环节有效推进到了对文本的探究之中，引导学生梳理文脉，体味文韵，领悟文旨。

师问：你们觉得在课文中作者讲了哪些事情？你能否围绕课题简洁地予以表述呢？

注重对文本的整体把握，赏析文章的篇章结构和写作技法，是落实文本教学的任务之一。我们通常的做法也许是去问学生“你们认为课文写了几个部分？分别说了什么内容？”，但于佳老师改变了问题的角度。她宁愿先把课文“敲碎”，再让学生“拼凑”，在不断“分拆”与“组合”中，让学生体验和感受完美，既培养了阅读能力，又教授了解决问题的方法技巧、实践了学生思维训练等目标，可谓处理妙绝。

在学生的自我体会和小组交流中，学生很快对文脉作了这样的梳理：

父母追问羚羊木雕去向—“我”回忆赠送万芳羚羊木雕的经过—“我”无奈要回了羚羊木雕。

于佳老师就以此为径，再把问题逐步细化，佐以一系列的询问探究，触发学生深入课文内核体会，理解作者的写作意图。例如：

师问：父母为什么那么着急追问女儿羚羊木雕的下落？课文上是怎么写的？说明了什么？“我”为何要把羚羊木雕送给万芳？对“我”讨要羚羊木雕这件事，万芳又是如何表现的？……

于佳老师组织这样的学习活动是有效的。原因在于，这一系列的问题都不同程度地践行了课堂“生态”理念。我认为，合理学法的选定与有效运用和沉入文本的教学就是生态的，选择什么样的教法取决于学法的选定，落脚点就是学情，所以课堂的“生态”就注定要和“预设与生成”碰撞。这节课，体现了教师预设的生态，从导入到切入，到展开，所有环节均表现明确，这就是课堂的生态型。而“生态”问题的设置就是一个个引发点，引发学生热情高涨地进入“生态”学习，推动课堂进程。课堂每一个流程的有效性都是由有效问题推进的，从有效的切入，到学生沉入文本的体验，到展示的层次逻辑、评价转承等环节，都是经得住推敲的。显然，于佳老师在教学中关注了学生学的生态，活动探究、教学预设、问题设计、生态空间，又体现了生本对话、与作者编者对话和学生自我对话的几大对话原则。总之，生态语文课堂就是应该在返璞归真中能见出“生态化”这一实体来。

作为一名见习教师，于佳老师在这节课上表现得沉稳老练，课堂进程扎实有效，体现了尊重学生生命意识、情感体验的教育理念，彰显了生态课堂“以人为本”“以发展为本”的原则。这是引导学生正确解读文本、提升自己思维能力的一个很不错的课例。

三、分析反思

“生态”的课堂是一个价值追问与能力形成的历程，是需要载体达成的点、线、面三维建构。在以学生为主体构建课堂的基础上，教师用生态的问题，建构有意义的交流、探讨、评价，组织轻松愉快而富有教学实效的学习活动，开启学生的经验与智慧之门，通过完成学生言语体验而完成其他目标，这应该是一条最合理的正道。

带教老师必须对新教师有高远的目标要求，引导他们用全新的教育理念武装自己，不断提升教育教学素养，这是我们应尽的职责。

生态教育是一个全新的教育理念，无论是理论的研究还是实践的探索，都有潜在的巨大的探索空间和育人价值。只要我们敢于闯，不断加大研究的力度，必定能取得更为丰硕的成果。

授之以鱼不如授之以渔

上海市奉贤区实验中学　管翠花

一、案例背景

每年，为了更好地发展，学校不断有新鲜血液加入。这些新教师从大学校园走上工作岗位，对工作充满热情与憧憬，但是缺乏教学经验和与学生沟通的能力。他们是教育战线上的新兵，关心和培养他们，提高他们的各项素质，是学校面临的重大课题。我校一直开展“新老结对，以老带新”的校本培训模式，充分发挥老教师的优势，用他们丰富的教学经验和人生阅历，帮助带动青年教师尽快成长，使他们尽快适应教育教学。

二、案例描述

小袁老师是我校的新教师，热爱教师职业，热爱学生，喜欢钻研，悟性也高，自身素质高。为帮助袁老师尽快成长，按照学校的安排，我有幸与她师徒结对，成为她的导师。

接到这个带教任务，我感到肩上有沉重的责任感和压力。为人师，不是一件简单的事，必须踏踏实实、勤勤恳恳，提高完善自身的素质，传授教学中的经验，才能使新教师受益。

俗话说：“授之以鱼，不如授之以渔。”“授之以鱼可供一餐，授之以渔可享一生。”由此可见，授之以鱼是现成的、短暂的、可数的，授之以渔是长期的、可持续发展的、终身受益的。当然，教之以“渔”的方法与“鱼”本身是不可分割的，应该通过“鱼”本身来教他们“渔”的方法。它们之间是一种辩证的关系。总之，既不能为“渔”而“渔”，更不能只是给他们一些“鱼”。

袁老师本人知识功底比较扎实，加之勤于钻研，经过一段时间的带教，所备的教案不断趋于规范，并渗透自己的一些思想，有了很大的进步。第二学期袁老师作为新教师，要开一节校公开课。通过讨论，我们最终选定《受宠的象》这篇课文。

我个人觉得，作为导师，起码要避免两种倾向或者说两个极端：一是大包大揽，管得过碎、过细、过于刻板，束缚了徒弟，使之不能自由释放；二是大撒把，根本不管，使徒弟无任何章法可循。年轻人思想活跃，接受新事物快，决不要将他们的思想束缚在一定的框式之中。

我的想法是要大胆放手让年轻人锻炼，给他们机会。所以，选定课文后，我只是提供些资料，提醒她上网搜寻更多的有关课文的解读和作者的介绍，先从解读文本开始，有疑惑的提出来一起探讨研究。俗语说“初生牛犊不怕虎”，正是因为年轻，袁老师有老教师所不具备的闯劲，有敢拼敢打的冲劲。她极其认真地查询整理了好几页的相关资料，涉及方方面面，不清楚的就主动问。我也尽自己所能，做到“知无不言，言无不尽”。

在充分熟悉文本之后，我让她独立写教案给我看，再修改上试教课。在听课之前，我会提出要解决的主要问题以及需要注意的一些环节，例如品味个性化的语言时别忘了朗读等。

从听课中，我发现袁老师声音响亮，教态自然、有亲和力，对于一些关键语句的分析也比较细，只是朗读还是不够。学生不能放开投入地读，无法读出几种不同动物的不同特点。另外教学目标表述不规范，板书有点乱。针对这些现象，我在课后及时提出，并和她一起一字一句地写教学目标，一起讨论板书怎样更清晰，什么时候写板书。袁老师头脑灵活，她果断决定如果学生读不出动物的不同个性，就自己读。

之后有了第二次试教，袁老师有了很大进步，只是发现在课堂中调控课堂的能力有待于提高，教学目标之一让学生“明白人应该谦虚，不应只看到自己的长处与优点的寓意”引导得有点生硬。我们还针对一些关键的问题在一起讨论，相互发表自己的看法，寻找解决问题的方法，不断改进与完善课堂教学方式。袁老师为了能更好地展示，还在办公室反复大声地朗读，模仿狐狸、熊、公牛和驴不同的特点，结合寓言中所表现的不同的个性。在听取了其他老师的意见之后，袁老师的朗读惟妙惟肖，很出色。最后她在校语文组内成功地上了一堂公开课，可能并非尽善尽美，但仍然得到组内老师的好评。

三、案例反思

我想，师傅的任务是做好后援工作，做好准备工作，徒弟上阵时助推一把，她的成功就是你的喜悦。我认为师傅不要总是“带”，不要让新教师感到自己像小媳妇似的亦步亦趋，师傅要提供机会促使他们尽快成长。“人无压力轻飘飘”，现在的青年教师起点高、悟性强，压一压、促一促，会很快从未知走向已知，走向成熟。

师徒结对的意义在于将师傅的经验传给新一代，徒弟在师傅的带领下迅速成长，少走弯路。教育本就是这样一代一代将接力棒传下去，学校的荣誉也就在这传递中再添辉煌。

听过这样一句话：“通过我的手指，你可以看到月亮；但你最终看到的不是手指而是月亮。”期待着我们所有的师傅都能做合格的、有特色的指向月亮的手指；所有的徒弟都能沿着师傅引导的途径最终窥得梦寐以求的月亮！

《扇形的面积》带教案例

上海市奉贤区育秀实验学校　吴丹花

本案例内容来自上海教育出版社六年级课本第四章第二节《扇形的面积》的第一课时，是在学生学习了圆的有关概念及其周长和面积的计算之后，再从整体到部分，研究学习扇形的面积这一全新的知识。

小翁老师最初设计的时候，在引入部分首先通过一把扇子让学生直观感受扇形，通过具体实物进而引出扇形的概念，在新知的探究中也试图通过打开扇子让学生感受扇形的面积与哪些因素有关，整节课的教学内容可以达成，但整个过程都是领着学生完成的，忽视了学生数学能力的培养。

在本节课之前，学生已经探究了圆的面积与哪些因素有关，而本课的扇形是圆的一部分，所以我指导小翁从回顾唤醒旧知—阅读获得概念—类比探究新知进行改进，展开教学。

一、回顾唤醒旧知

圆的周长：$C=\pi d=2\pi r$

弧长公式：$l=\frac{n}{180}\pi r$

圆的面积：$S=\pi r^2$

问 1：什么是弧？

问 2：我们已经掌握了圆的面积，接下来可以探究什么呢？

要求：

(1) 学生自主回顾旧知。

(2) 教师引导学生感受部分与整体的思想。

说明：小翁老师最初通过扇子引入从而引出研究课题，缺乏新旧知识的联系，不利于新知的探究。我通过指导小翁设置带领学生回顾旧知环节，通过回忆圆的周长、弧长公式可引导学生发现弧长与圆周长之间的关系——弧长是圆周长的一部分，让学生感受部分与整体的思想。教师通过“我们已经掌握了圆的面积，接下来可以探究什么呢?”这样的提问，引导学生自然想到要研究圆面积的一部分；教师再引出这节课将研究圆面积的一部分——扇形。这样的引入自然流畅，也为之后用类比的思想推导扇形面积做铺垫。

二、阅读获得概念

阅读书本第 114 页。

学生用自己的语言概括什么是扇形。

由组成圆心角的两条半径和圆心角所对的弧围成的图形叫作扇形。

将红色部分记作：扇形 AOB。

则蓝色部分记作：扇形 BOC。

则黄色部分记作：扇形 AOC。

要求：

（1）学生自主阅读课本。

（2）学生概括。

（3）教师指导。

说明：小翁老师最初通过学生观察扇子引导得出扇形的概念，确实能吸引学生的注意，但扇形的概念比较抽象，通过具体实物对学生概念的获得帮助不大，实物的展示也只是停留在了表面。所以我指导小翁设置阅读书本环节获得概念，这样不仅可以培养学生数学阅读的习惯，加深学生对于数学概念的理解，同时也可提升学生的理解分析能力和表达能力。

三、类比探究新知

回忆弧长与圆的周长的关系：$l=\frac{n}{360}C$

猜测扇形面积与圆面积之间的关系：$S_{扇}=\frac{n}{360}S_{圆}$

小组讨论、探究猜想。

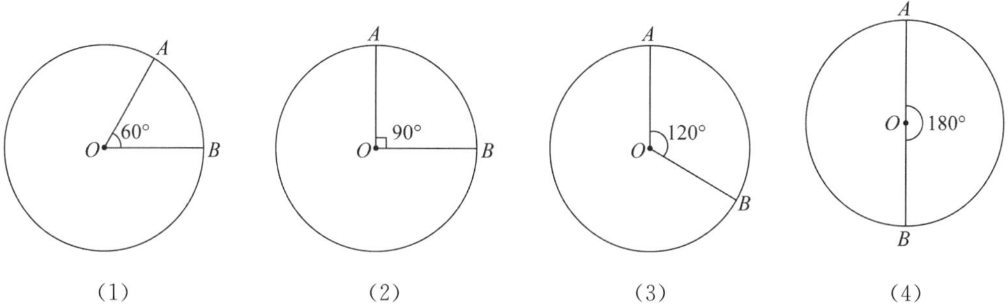

（1）　（2）　（3）　（4）

圆心角为 60°的扇形面积占圆面积的________，$S_{扇}=$________$S_{圆}$。

圆心角为 90°的扇形面积占圆面积的________，$S_{扇}=$________$S_{圆}$。

圆心角为 120°的扇形面积占圆面积的________，$S_{扇}=$________$S_{圆}$。

圆心角为 180°的扇形面积占圆面积的________，$S_{扇}=$________$S_{圆}$。

求下列扇形面积与圆面积的关系：

圆心角为 71°时________　　　　圆心角为 83°时________

圆心角为 1°时________　　　　圆心角为 n°时________

说明：小翁老师最初是通过让学生观察扇子的打开过程，进而让学生发现扇形的面积与哪些因素有关，这样的设计也能调动学生的学习兴趣，但扇子的运动过程只能体现扇形面积与圆心角之间的关系，而不能得出与半径的关系，探究过程不够顺畅，也不利于学生能力的培养。考虑到扇形面积公式的推导是本堂课的一个难点，而且扇形面积与弧长推导很类似，所以我指导小翁设置了小组合作环节，类比弧长进行探究。通过小组交流可激发学生间的思维碰撞，培养学生团结协作的精神；最后通过学生代表交流和师生合作完成探究，层层深入地突破难点，体会类比的思想。

通过回顾旧知，让学生感受新知的学习与旧知间的密切联系，为之后用类比的思想推导扇形面积做铺垫。通过数学阅读的指导，加深学生对于数学概念的理解，提升学生的理解分析能力。通过类比弧长与圆周长之间的探究过程，让学生再次经历扇形面积与圆面积之间的推导过程，体会从特殊到一般以及类比的数学思想。这样的调整充分体现了以教师为主导、学生为主体的教学思想，培养了学生的数学能力。

立足新课标，把握核心素养，深研打造“好设计”

上海市曲阳第二中学　沈洁华

一、案例背景

“凡事预则立，不预则废。”课堂教学作为整个教学过程的中心环节，事前必须做充分的准备。备课就是那个必不可少且十分重要的部分，是建设高效课堂、提高教学效率的保证。无论教学怎么改革，都不应淡化备课环节。只有备好课才能上好课。对于新教师而言，备课是基础。对于如何真正备好课，除了态度，具体操作方法以及备课中应注意的细节问题，也是新教师要重视和规范的地方。为此，带教的重点就是与新教师一起学习提高，帮助其完善备课的环节，以期待对其今后的教学发展产生直接切实的影响。我所带教的新教师多为非师范专业或实践经验缺乏的新教师，他们在教案撰写方面缺乏经验，大多缺少理论规范或多为纸上谈兵，教案设计中没有学情分析，因此我带教中指导的重点之一就是教案设计指导。

二、案例描述

以 2017 年带教小庞老师为例，我从教案指导的三个环节出发，简单描述一下自己如何结合小庞老师的教学设计需求开展带教指导情况。

（一）撰写教案前的理论指导

撰写教案首先以学习课程标准、理解教学理念为基础。在带教过程中，我给小庞介绍了课标的主体部分，告诉她课程标准是教师教学的依据，教师必须领会课程标准对教材、教师、学生的要求，在课程标准的指导下进行备课与教学。与传统课程环境相比，新课程环境下课堂教学的突出变化是要“以学生的发展为中心”，是致力于学生语文素养的形成与发展的。为简单扼要地提炼介绍语文素养所包括的方面，让她能够清晰掌握，我引用了钱梦龙先生概括的五个方面：一是对母语的情感态度，二是语文能力，三是语文知识，四是文学审美趣味和能力，五是文化视野。语文课必须体现语文学科的工具性，夯实学生全面发展和终身发展的基础，体现语文学科的人文性。

于是，在我的引导和鼓励下，小庞选择了教材未选录、没有教参用书能直接参考的经典篇目——汪曾祺先生满怀故乡情思的作品《端午的鸭蛋》作为阅读教学的课堂设计的研究对象。她努力在教材分析中体现对语文素养的理解，具体如下：

《端午的鸭蛋》是汪曾祺所写的一篇回忆性散文，文章中有关家乡的人文感情，对于学生的精神领域具有扩展和启迪作用。语文课标指出，欣赏文学作品，要能有自己的情感体验，领悟作品的内涵，从中获得对自然、社会、人生的有益启示，品味分析作品中富于表现力的语言。由此，这篇内涵丰富，兼具淡而有味语言特点的文章被选择出来。本文写的是民俗文化中的饮食文化，是随处可见的一枚小小鸭蛋背后蕴藏着的浓郁民俗风情文化。它可以启发人们通过身边有声有色的民俗风情画，来感受平常生活中蕴藏的无穷乐趣。

（二）教案撰写中预设与生成的关系处理

起初听小庞上课，总觉得可能因为任教的班级生源一般，学生理解能力和领悟能力都比较弱，所以常常只能自己讲一通，有一言堂的倾向。我力求改变她的这种教学方式，让她明白："阅读是学生个性的行为，不应以教师的分析来代替学生的阅读实践，而应让学生在主动积极的思维和情感活动中，加深理解和体验，受到情感熏陶，获得思想启迪和审美乐趣。"我还告诉她，"阅读能力不是教师讲出来的，而是学生悟出来的"，"书读百遍，其义自见"，要把阅读的权利下放给学生。

在备课之前，我们一起学习了曹刚老师《沉船之前》的教学实录。曹老师的教学注重用问题链和提问法引导学生不断深入思考，使学生在教师引导下循序渐进地把握主旨。《端午的鸭蛋》一课的教学中，庞老师果然明确了充分尊重学生的体验和感悟。尽管有些学生的理解和感悟不成熟，但相信长此以往，他们会随着生活阅历的增加、知识的积累，逐渐深入理解文本；理解时，只要善于把握思考问题的切入点和正确方法，就能达到良好的预设效果。

学生所具备的语文核心素养主要包括"语言建构与运用""思维发展与提升""审美鉴赏与创造""文化传承与理解"。其中，语言建构与运用是基础，学生通过积累、阅读大量的语言材料，培养对汉语言文字的感性认知，总结并运用语言的基本原则与规律。在此基础上，语言实践能力、思维品质与情感价值观得以逐渐发展。根据对核心素养的理解，根据新课标的教学要求，我提议庞老师在《端午的鸭蛋》的教学设计中，首先把握散文的特点，着力从学生的概括能力、文学作品的感悟能力等方面入手，引导学生个性化阅读，充分调动他们的生活经验和知识积累，进行学生语文素养的培养；在主动积极的思维和情感活动中，获得独特的感受和体验，让课堂真正实现学生的自主发展；要让课文中的知识、情感完全通过学生自己的阅读体验，内化为学生的语文素养。改进之后，庞老师的设计理念充分体现了新课标的要求，并在教学设计主要环节中体现了出来：

【阅读课文，细品鸭蛋之趣】

1.（展示图片，认识络子）外面是女性亲属们用丝线所编织的络子。里面，孩子们又会挑选怎样的鸭蛋？（引出外形好看的描写，对"蠢"和"秀气"语言品味赏析，体会"挑"鸭蛋的慎重。）

2. 挑选鸭蛋后就要挂鸭蛋络子，圈画文中如何"挂"鸭蛋络子的动词，比较简单的描写与文中的描写。（通过句子比较，体会汪曾祺平淡有味的语言风格，以及对儿时充满童趣生活的怀念。）

3. 除去挂“鸭蛋络子”外，对于孩子们来说，还有什么富有乐趣的玩法？（引出囊萤映雪的故事，进一步体会玩鸭蛋的快乐以及对儿时生活的怀念，解决核心问题。）

4. 请学生朗读第五段，一起品味一下这通俗易懂又平淡有味的语言，思考：为什么标题不叫“端午的鸭蛋络子”？（引出课文主要描写的对象，突出高邮鸭蛋与别处的不同；并让学生通过对文中具体词句如“吱”“冒”“扎”的分析，朗读后再次体会汪曾祺语言的精妙之处，以及自豪和喜爱之情。）

（三）深入研究教材，创新使用教材

如何进行正确而深入的教材分析？我建议庞老师在分析前，除了文本之外，还要仔细阅读教材中每一单元的阅读指导及课前导读，先生成自己的基本理解，再借助教学参考书和网络资源，加深对教材的理解。分析教材具体包括以下两点：

其一，本课教学内容在本单元乃至整册教材中的地位、作用及意义，教材的前后联系及其编排意图。

庞老师在《端午的鸭蛋》解读中有结合学情的分析：“作为一门人文性极强的学科，在传统文化与西方文化强烈碰撞的现实下，语文有责任在课堂上为学生做出适当的引导，增加其人文底蕴，提升其核心素养。在初一年级第四单元‘风俗世情’的学习后，学生表达了他们对这类文章的兴趣和喜爱。考虑到班级的学生对家乡意识比较淡薄，缺乏‘一乡水土养一乡人’的认识，因此我选定了这篇文章作为延伸学习。实质上，他们并不是没东西写，而是习惯于忽略家乡的生活、身边的生活。《端午的鸭蛋》正是一篇能够启发学生，根据自身的兴趣，在平淡生活中发现情趣和诗意的文章。”

其二，把握教材的内容安排，吃透教材的潜在点——字、词、句、段的特殊含义，这样有助于加深对文章内容的理解，找到解决重点、突破难点的方法。

指导本课中，我建议为了达成教学目标，设计以下几个具体的教学环节：“检查预习反馈”“阅读课文，细品鸭蛋之趣”“品读课文，体会故乡之思”“拓展延伸”以及“作业布置”。其中品读体会是难点，为此，庞老师通过两个环节来体现：

【品读课文，体会故乡之思】

1. 汪曾祺对于家乡的鸭蛋是自豪的，但文中又说：“我对异乡人称道高邮鸭蛋，是不大高兴的，好像我们那穷地方就出鸭蛋似的！”这是为什么？两者相矛盾吗？（从语句中，体会汪曾祺嗔怒而又自豪的感情，同时也体会语言中的孩子气和童心；学会带有情感地朗读句子。）

2. 汪先生是怎么表现“确实是好”的？根据他人肃然起敬的称赞、双黄鸭蛋多、袁枚的《随园食单》中提及、质细而油多的特点等相关句子，再次从文章中寻找关键信息，并理解作者借物抒情的方法。

【拓展延伸】

多媒体展示汪曾祺晚年看电视片《梦故乡》不禁老泪纵横的一段文字，请学生猜测一生颇多建树的汪曾祺的墓碑上会写什么。（以进一步体会汪曾祺先生与他一生难以割舍的思乡之情，同时启发学生带着一颗富有情感的心去感悟生活。）

三、分析反思

在备课过程中，我希望通过带教，与庞老师达成共识，既立足于教材，又敢于超越教材，创新使用教材，在对教材的把握中努力形成自己独到的见解与思路，对教材内容进行大胆的整合与取舍……如果每节课，我们都去做这样的思考，那么我们的课堂就能成为学生学习的乐园，成为孩子健康成长的乐土！

在以备课为主题的带教过程中，导师的创新理念及针对性带教策略，发挥着总结引导作用，能够挖掘新教师备课时独特的思维亮点，鼓励引领他们发扬具有穿透力的自觉意识去“解读”课程内容，构建有个性特色的教学方案和凸显自己解读的个性教学。在这样的充分预设下，加上重视学习主体，鼓励发展学生的思维能力，体现开放与动态的生成性，这样就能让新教师少走弯路，令其备课基本技能向深入和综合发展，令其专业水平得以迅速提升。

每个学生都是天使

——2012 学年班主任带教案例

上海市格致初级中学　梁　颖

今年，我们学校成为黄浦区新教师培训基地，我有幸带教向明初中的小周和小曲两位老师。在第一次见面的时候，我就推荐他们阅读《第 56 号教室》一书，希望他们树立每一个学生都是天使的理念。

可是，没过多久，小周老师就对我说："梁老师，我看了书很有感触，可自己真做起来就不是那么回事了。"小周老师研究生毕业，学校对她委以重任，让她中途从初一接班并担任班主任。她班上有个学生赵某，上课无精打采，要么搞小动作，要么影响别人学习，提不起一点学习的兴趣；下课追逐打闹，喜欢动手动脚；作业不做，即使做了，也做不完整，书写相当潦草……每天不是科任老师就是学生来告状。她说："像这样的学生哪是天使，小恶魔还差不多，我怎么可能爱他呢？"

看着小周老师双眉紧皱的神情，不由得想起自己刚做班主任时遇到的与之相似的烦心事，我会心地笑着对她说："班主任工作是学校管理工作中的重要组成部分，班主任是班级管理的组织者和引导者，对学生的品德修养、学习生活和健康成长起着非常重要的作用。班主任工作头绪多、事情杂，做好班主任工作如果没有爱心、信心和耐心是绝对不行的。因此，一个优秀的班主任必须具备高尚的品德、强烈的责任心和事业心，要善于发现和挖掘学生身上的闪光点。"

"他身上还会有闪光点吗？"

"先不要急着给任何一个学生下定义。现在你第一步要做的是坐下来好好和他沟通交流，把他的想法摸清楚。"

一周后，小周老师看到我就说："我找他谈过话了，希望他能遵守学校的各项规章制度，以学习为重，按时完成作业，知错就改，争取进步，争取做一个他人喜欢、父母喜欢、老师喜欢的好孩子。他开始是一副爱理不理的样子，后来口头上答应了。可他又一如既往，毫无长进，真是'虚心接受，屡教不改'，真正是'朽木不可雕也'。"

小周老师的脸上看似仍有一团愁云，想来这个孩子给她带来的困扰着实不小。于是，我给她讲了我刚接班时遇到的情况。说来也巧，我一毕业也是从初一开始接班的，班中有个特殊学生史同学，他父母离异，父亲在监狱服刑，他和祖父母还有姐姐、哥哥一起居住。他不学习，打架、偷窃，什么坏事都做，家庭环境也很糟糕，祖父年轻时也是在社会上混的，他觉得孙子学不学习无所谓，在外面打架是正常的，输了是他自己没本事，活该。因为这么一个学生，我们班与雏鹰中队失之交臂，恨不得他能够留级。而他的转变只是因为我的一句话。当时学校打算把他送到工读学校，我看着他又觉得可怜，就说再给他一次机会吧。就这么一句话，使得他开始每天语文课上都认真听讲，按时完成语文作业，虽然成绩还是不怎样，但却不再给我找麻烦了。毕业这么多年，逢年过节都会来看我或打电话问候——就是一句话的作用啊。“这样的学生都能转变，赵某与之相比，简直小菜一碟，你身为班主任，不能因一点困难就退缩，要有‘不转化你，誓不罢休’的决心。要想转变学生，你必须走进学生的心里，而你上次的谈话却没有做到这一点。”

小周老师听着我的故事，时而目瞪口呆，时而频频点头，最后，她坚定地表达了坚持到底的决心。

学期快结束的时候，小周老师喜悦地对我说：“通过一学期的努力，他能遵守学校的各项规章制度，上课开始认真起来，作业不仅工整也能按时上交，各科测试成绩都有明显的进步，与同学之间的关系也改善了，各科任老师都夸奖起他来了。”

“那你具体是怎么做的呢？”

“为了有针对性地做工作，我决定先让他认识自己的错误，树立做个受人喜欢的人的思想。于是我再次找他谈话，谈话中，我了解到他心里十分怨恨从前的班主任老师，因为老师经常批评他。于是我顺势利导，让他知道我对他并没有歧视、不喜欢，只是因为他常违反纪律，没有按时完成作业，书写也不工整，让他认识到自己的错误。后来，他无论是在纪律上，还是在学习上，都有了明显的进步。当他有一点进步时，我就及时给予表扬、激励，使他处处感到老师在关心他。他也逐渐明白了做人的道理，明确了学习的目的，端正了学习态度。”说着，小周老师不无得意地抬起头看着我，接着说：“为了提高他的学习成绩，除了在思想上教育他、感化他，我特意安排一个责任心强、学习成绩好、乐于助人、耐心细致的女同学跟他坐，目的是发挥同桌的力量。后来，他取得进步时，除了表扬他，我还鼓励说，这也离不开同学们的帮助，特别是某某同学的帮助。在同学们的帮助、他自己的努力下，他各方面都取得了不小的进步。他学习上更努力了，纪律上更遵守了，甚至自己当起了值日生，劳动也更积极了，成绩也有了很大的进步。现在我开始相信书中所说的每个学生都是天使，因为他们，我感到了快乐。”

听完小周老师的述说，看着小周老师的笑颜，我真心希望在每位老师的心田都能种下一颗种子——每个学生都是天使！

小宋这次又请假了

上海市嘉定区教育学院　章文军

一、案例背景

2012年起上海市在基础教育系统全面实施见习教师规范化培训制度。嘉定区作为见习教师规范化培训的领头羊，充分统筹市、区两级优质教育资源，力争使见习教师在优秀的教育教学团队的浸润和专门的指导教师带教的过程中，正确认识与适应教师角色，形成良好的教育教学行为规范，强化教育教学实践能力，尽快胜任教育教学工作。

2015年9月，马陆育才联合中学连续第二年成为嘉定区教师专业发展学校暨见习教师规范化培训基地，主要承担初中体育见习教师规范化培训任务。作为嘉定区体育学科带头人、该校见习教师培训基地的负责人，我采用邀请外校优秀教师加盟带教导师团队的培训模式，在职业道德与教师基本功方面帮助青年教师尽快胜任教学科研工作，同时我也成为青年教师小宋的带教老师。

二、案例描述

2015年12月13日，是我们见习基地的日常培训时间。没想到，见习教师小宋通过微信向我请假，原因是身体不适并在医院预约了胃镜检查，不能来参加培训了。看着消息，我微微蹙眉，心想道："如果没记错，这是她第三次缺席培训活动了。"

记得2015年9月7日见习基地的开班仪式上，见习教师们都信心满满，表示自己在接下来为期一年的培训中将会严于律己，尽快地适应并胜任自己的教育教学工作，小宋正是其中的一员。她给我的第一印象是略微有些腼腆，带着初入职场的小迷茫，但总体的心态非常良好，带着我们体育教师特有的阳光气息。因此，我深信她一定会成为学生眼中的好老师。

与我的预期相符，在之后的几次培训中，她都表现出色。小宋总能针对导师的培训内容发表个人见解，及时提出各种各样的疑问；在教学实践中，她总能及时纠正自己的小失误，从教态、讲解示范、队形组织、参与活动等方面入手，规范自己的教学行为。很快，她的表现赢得了导师们的认可，俨然就要成为这批学员的"领头羊"了。

没想到的是，进入11月后，小宋有了明显的变化，她给人的感觉变得有些萎靡，阳光的气息减少了，并且增添了些许倦容，正如某饮料的广告词一样——不在状态！在与她的交谈中，我也了解到了一些基本情况：现在她每周有一天半的时间要在培训基地参加见习培训，其余的三天半时间里，她在本校要完成16节课的工作量，同时负责网球队的训练、健美操队的辅导，班级管理也需要参与，区级培训、活动更是不能缺席。作为青年教师，她感觉有些分身乏术，工作效率似乎也降低了，工作的劲头也有所减弱。而这时，超强的负荷让她身体也吃不消了，突然发作的胃病让她不得不缺席基地的培训。

看到她的状态，我也十分担心，每次询问她的情况时，她的回答总是："章老师，我好累啊！"她的反馈也让我对见习教师的培训强度进行了反思。在我的疏导下，小宋的心态已经慢慢地调适过来了，希望她能继续发挥优势，成为更出色的青年教师。

三、案例反思

参与两年的培训基地带教工作，我感受到小宋的情况不是个案。的确，见习教师的第一年总是很累、很辛苦的，这其中的因素是多方面的：首先，作为新入职的教师，一般都希望自己有所作为，尽快地出成绩，往往会带着一股拼劲，教学实践、运动队辅导以及班级管理等各项事务都不能落下，对自我的要求有时过快过急；其次，学校体育条线事务多、任务重，见习教师往往无奈地作为成熟教师一样勇挑重任，除教学任务外，多个运动队都需要教师承担，少的教师承担一两个，多的教师承担三四个；再次，学校体育节越是高大上，体育教师就要付出越大的精力和体力，区镇运动会有时也要参与，大型团体操也有我们见习教师的身影。

总体来看，现在各个学校的工作都是事务多、任务重、要求高。因此，见习教师们承担了很多的"重担"，他们感到力不从心是情理之中的事情。与其他学科不同，我们体育学科不单单有教育教学任务，还有运动队、学生社团的辅导等。因此，如何平衡参与基地培训和本职工作之间的关系，是青年教师应该学习和提高的重要能力；见习基地的负责人也应重视这一矛盾冲突，在制订培训计划时更为合理和人性化。

首先，见习教师的培训不应该只是课堂教学和德育管理，如何带好运动队、组织好校内学生体育活动，也应被纳入见习教师的培训规划中，使其成为培训的重要内容之一；其次，为保质保量完成见习期的规范化培训，青年教师所在的学校应将运动队的训练课纳入课时及工作量中，避免教师工作量过多、分身乏术；再次，见习教师应树立良好的心态，提升自我身体素质，以更坚韧的态度应对挑战，导师及培训基地可以开设适当的心理辅导课程，帮助青年教师及时调适心理，以阳光、积极的心态走过见习期。

特别的爱给特别的他

上海市嘉定区疁城实验学校　马　莲

一、案例背景

最近徒弟小朱因为班级一个问题学生很是头疼，多次教育无果后，向我求助。我和小朱老师坐下来详细了解了问题学生小伟的情况。

小伟，男，14 岁，性格古怪，脾气暴躁，喜欢和同学嬉闹，经常故意制造些小事与同学发生争执和矛盾，并且恶语相向，甚至对老师也非常敌对。他上课不专心听讲，还要骚扰其他同学听课、打扰任课老师上课，作业永远是不做或乱做，应付了事。最令人头疼的是，无论是在班级公开批评他还是在办公室里单独训话，他或与你顶嘴或爱理不理，永远那么一副漠然的样子，永远那么一套“随便”的话语。

二、案例分析

经了解得知，小伟从一出生就一直由外公外婆带着，父母很少问津；后来小伟的父母因感情不和而分居，而两人都争夺着要带小伟，小伟选择跟着经济条件相对较好的母亲生活。父亲在之前的几年里对小伟一直是置之不理的，而且在学习上也是完全放任，还经常把小伟当成自己的出气筒；但是随着小伟的长大，父亲越来越想给小伟多一点的感情关爱，他以为往后的日子自己跑得勤快点，在感情上对小伟是可以弥补的。万万没有想到的是，小伟对父亲的敌意很强烈，而小伟的母亲也煽风点火地给小伟灌输父亲的种种“罪行”，经常把小伟藏着不让他父亲看望。父亲只能悄悄来到学校看小伟，但是小伟避而不见，就算见了也是面带仇视的样子。而小伟的母亲似乎也有自己的“事业”，对小伟的学习并不上心，并且经常不在家里。小伟的内心又一次经历了“无视”，所以他对母亲也日渐疏远，性格变得孤僻内向。

可以看出小伟经历了家庭变化后，他的情感、行为、品德都出现了问题，并且已经是个问题相对比较严重的孩子了。究其原因，主要有五：

（1）家庭温暖的缺少。小伟自出生后就由外公外婆抚养，缺少原有的父爱母爱；后来相继经历了父亲的无视、母亲的无视，使小伟对原本就没有太深感情基础的他们更加敬而远之，甚至充满敌意；在小伟的心里，严重缺乏“家庭”的概念和“被爱”的体验，这些都深刻地影响了小伟的情感发展和性格形成。

（2）家庭教育的缺失。小伟父母一开始就把他扔给外公外婆抚养，是一种对孩子极其不负责的行为，父母原有的对小伟的家庭教育也就成为泡影。由外公外婆带着小伟，更多的是对他生活上的溺爱和迁就、学习上的无知和放任。于是小伟的家庭教育就这样缺失了，甚至被遗忘。

(3) 学校教育的忽视。小伟在学校的种种不良表现,导致了很多老师对他的失望甚至放弃,老师对他的观察和引导相对会减少和不到位,教育也就很难触及小伟心灵的深处,这对小伟良好品格的养成是一个很大的障碍和阻挠。

(4) 自尊心受到伤害。从一开始父母不带小伟,到父母亲的相继无视,都在小伟的脑海中留下了深深的烙印。他一直认为自己是个多余的包袱,是大家的累赘,是一个本不应该到这个世界上的额外品,他的自尊心和自信心严重地受到了打击。

(5) 心理素质的欠缺。小伟遭受的种种不幸殃及他的内心,幼小的他心理承受不了这样的打击,这直接影响到他心理的正常发展,破罐子破摔的想法在他心里慢慢地根深蒂固。

三、指导过程

详细分析了问题产生的原因后,我和小朱老师一起对小伟进行了深入有效的家访,家访中帮助小伟家长重新审视自己的孩子,建议多给小伟一些关爱,努力走进孩子内心深处,真正地了解孩子,积极乐观地帮助孩子认识自我,并与老师通力合作,使小伟重新燃起对学习和生活的希望,正视父母对自己的爱。

一是加强与小伟的家庭联系,明确其父母的责任。

小伟之所以会发展到今天这步,主要原因还是在于家庭。他的家庭存在很大的特殊性,父母虽然分居,但作为小伟的亲生父母,他们应该共同承担起教育他的重任,谁也不可以放弃,谁也不可以逃避。让其父母认识到家庭教育的重要性和责任感非常必要。小朱老师一次次地进行家访,做好他母亲的思想工作,希望她对小伟多进行生活上的帮助和学习上的指导,经常跟孩子沟通思想、联络感情,对孩子学业、思想上的进步、美好的理想、健康的爱好等及时给予肯定和鼓励;还设法联系小伟的父亲,希望他多花一些时间看孩子,给小伟多一些父爱,给小伟身心健康多添一份爱心,尝试与妻子共同担当起教育孩子的重任。

二是努力与小伟及其家长成为知心朋友,用爱心抚慰小伟的创伤。

小伟是个性格比较怪异的孩子,小朱老师也尝试着和他接触并努力读懂他,和他倾心交谈。孩子毕竟是孩子,在他的心里始终对自己父母的所作所为耿耿于怀,有憎恨,有怨言,更多的是想逃避和摆脱。小朱老师与其谈了父母亲的不容易,以及作为子女应该有的理解、包容,同时告知他生活中应该注意的问题,同时帮助他树立起对人、对己、对事的正确态度和观点。

三是在师生间、同学间架起爱的桥梁,用友情和集体的温暖弥补小伟的亲情。

小伟走极端的时候会故意在班级制造状况,引起大家的关注,这是他孤独心理的一种表现,其实他还是渴望大家的同情和关心的,他还是渴求那种被爱的感觉的。小朱老师通常以极大的耐性和热情给他讲道理,同时让热心的学生平时多关心小伟,多和他沟通、谈心。同学们的主动接近,缩短了小伟与集体间的心理距离,集体的温暖消除了他内心的焦虑、暴躁和不友善,心灵的交往、热情的鼓励都温暖着小伟那颗失落的心。

四是组织集体活动,激发小伟对生活的热爱,学会自强自立,学会调适心理。

家庭的裂变,让小伟承受了巨大的压力和不幸,但所幸的是,小伟在集体的各种活动中,渐渐地体会到自强自立的重要性,并且学会合理地调适自己的心理状态,他对生活还是充满无限的热爱和激情的。凡此种种,从他在主题班会上的发言中可以清晰地感受到:“同学们,我从现在起要面对现实，做一个勇于克服困难的坚强的人……”

五是发挥小伟的特长，培养并锻炼小伟的能力，努力发掘其自信心。

虽然小伟各方面都存在问题，但不可以忽视他身上的闪光点：校运动会上，小伟很贪玩而且不守纪律，但他主动在班级同学参赛的时候帮忙呐喊助威，有着一颗关心班级的心……小朱老师在点点滴滴中搜索小伟的闪光点，适时地鼓励他、表扬他，并希望他能够拥有正确的生活目的和人生观。而后小朱老师也得到了这样的惊喜：“老师，没想到您这么看得起我，谢谢您，我现在想好好学习了，不知道还能不能追上别的同学。”

六是调动所有科任老师共同努力、共同指导、共同关注小伟成长的每一步。

有时候一个人的话语真能让人为之一振，于是小朱老师与所有的科任老师商议：只要小伟在任何方面有些许进步，都要给予他及时的肯定和表扬；只要小伟在任何方面有些许不如意，都要给予他不断的鼓励和支持。每一位科任老师都尽着自己最大的努力在关注小伟的成长，每一位科任老师也都用着自己最大的信心期待着小伟的成长结果。

四、指导效果

现在，可以看到小伟每天有父母等亲人来送他上学、接他回家。

现在，可以看到小伟每天课堂上专注的眼神，课下认真做好的作业。

现在，可以听到小伟在课余与其他同学谈论自己的学习和自己的家庭……

当然，小伟心里的灰暗色调与叛逆心理不会在一朝一夕改变，但是我相信，我们会高兴地等到那一天……

五、案例反思

通过小伟，我们可以看到一类孩子——他们的自暴自弃，其实是一种对爱的渴求，当他们发现自己不能被重视时，就会产生消极颓废甚至极端的行为，他们的目的其实都只有一个，那就是想引起更多人对他们的关注，从而博得大家的关爱。所以，老师、同学、家庭、社会都要给予他们足够的关注和关爱：老师要给予这类学生更多的信赖和赞扬，一个鼓励的眼神、一个爱抚的动作、一次诚恳的表扬、一个会心的微笑，相信都会在他们的心里激起层层浪花；同学要给予这类同学更多的帮助和鼓励；家庭离异或者重组的父母，要最大限度地减轻这类孩子的心理伤害，给予他们更多的宽容与关爱。

通过小伟，我们可以想到一类方法——转变一个问题学生，首先应该彻底地了解他，然后再耐心地引导他，而引导中摆在第一位的应该是对他们的心理引导。学生的身体健康是物质基础，而学生的心理健康是精神基础。问题学生往往都由于各种原因造成了这样那样的心理缺失，我们要抓住他们的心理特点，用一颗不懈努力的爱心，长期地深入工作，使他们体验被关爱、被尊重、被理解的感觉，从而身心同健、快乐成长。

通过小伟，我们可以悟到一类问题——家庭、学校教育对青少年的影响的确是非常大的，提高家长的文化素质和我们教师自身的各方面素质尤为重要。

“问题少年，就像海面上行驶的一叶孤舟，如果领航员能正确引导，他们同样会避过惊涛骇浪，渡过暗礁岩石，安全抵达明净的港湾。”教师、家庭、社会都应该做这个正确的领航员，给予他们更多的爱、更多的机会。相信小朱老师在这个成功的案例上一定收获更多！

“跨越式跳高 6－2”带教案例

上海市金山初级中学　周正锋

一、背景分析

沈老师在课堂教学实践上对自己有比较高的要求，积极尝试多样化教学手段的运用，有主动抠课堂细节的意识。因此，在第二学期见习教师汇报课的工作布置中，在教研员的支持和指导下，我们把沈老师的汇报课——“跨越式跳高”升级为区级教学展示课。在准备的过程中，我们对跳高教学的单元计划、6－2 课次的设计和课时计划等进行了多次修改；上课的过程中拟运用自制器材并引入多媒体进行演示。

二、过程操作

本学期第 10 周，确定汇报课暨区级教学展示活动的主题内容为七年级“跨越式跳高 6－2”，并由沈老师就上课的每个环节制定比较详细的落实措施，为日后的具体设计做前期准备。

- 见习教师

(1) 认真研究七年级“跨越式跳高 6－2”课的内容构成，针对七年级学生的具体特点，制定教学主教材内容的安排和延展内容的设计，研判课的重难点。

(2) 仔细研究授课班级学生的学力状况，针对该班学生比较喜欢运动但又比较容易出现兴奋过头、容易满足的实际情况，把课堂中学生的评价作为重要的组成部分进行设计，综合运用自我评价、相互评价、师生评价和利用多媒体的交互式评价，整堂课始终贯穿着让学生对课堂练习有较明确感知的教学手段、方式的运用。

(3) 为了提高运动器材的综合利用率，在选择辅助器材时，采用了自制多用途短棍——跳高棒，用各种不同的颜色进行包裹装饰，并对每个颜色的练习队伍进行个性化命名，吸引了学生的注意力。

① 准备、结束整理活动时让学生两人一组共持“跳高棒”练习，增强了新鲜感。

② 课中让学生寻找“跳高棒”上的“宝藏”（跳高动作技术的口诀），让学生体会口诀、体会要领，提高了学生的练习兴趣。

③ 对学困生进行针对性辅导（分层），按照学力水平分组练习，让学生分层次体会蹬摆起跳动作；在此过程中，老师鼓励学生注意同伴互助、认真体验。

④ 运用多媒体影像实录和即时反馈系统，使得学生始终对练习内容反馈充满着新鲜感，通过与标准示范动作的对比、同伴之间的对比、师生之间的对比，对自己动作掌握的程度有了充分的了解；多媒体技术在本课中的尝试运用，提升了课的层次和质量。

• 指导教师

（1）指导见习教师制订课时计划，并严格审核；协助见习教师自制教学用简易辅助器材——五彩跳高棒；建议将练习要领布置在跳高棒上，让学生体验不一样的技术传授方式，并提出准备活动和结束整理活动时都要运用该器材，做到器材的多维使用。

（2）课中多媒体技术的运用需要多种设备予以保障，从器材的搬运、安装到调试，指导教师和见习教师培训基地的体育组、信息组给予了大力的支持。

（3）发现的问题：

因恰逢下雨，原定计划中的场地布置等有较大的改动，上课过程中存在着一定的不周之处：

① 队伍调动稍显过多，课堂教学中出现了不必要的停顿。

② 安全防范存在隐患。利用“跳高棒”作为障碍进行跨越练习时，应注意学生跑动、跨越的方向应该是从棒的高端向低端方向；应考虑到室内场馆地面较滑，提示学生跑动过程中要注意控制跑速（不宜过快）。

③ 因为教学活动在室内进行，因此考虑学生之间练习的缓冲距离稍显不够，进行了及时的纠正指导并协助在课中进行队伍的适当调整。

三、反思与成效

不管是在教案的设计还是课堂实践中，与第一学期的“一日研修”相比，都有明显的进步，具体体现为：

（1）教案的格式、运动负荷的预计、负荷峰值出现的时机把控等有了质的飞跃。

（2）教与学的活动设计更趋严谨，特别是对学困生的针对性辅导（分层）安排合理、恰当。

（3）教态愈发自然，口令响亮规范，教学语言精练易懂，自制运动器材的综合利用率高。

（4）练习内容安排有衔接，整合较合理，运动器材的综合利用率较高；授课时间、分段练习运动负荷的把控比较到位，与课前预设吻合；课中调动学生练习积极性的手段较为丰富，教学的因材施教原则贯彻得较到位。

（5）分层教学实施顺利，对不同学生的练习要求具体、明确，学生练习的针对性较好。

（6）课中利用多媒体的过程性评价多次实施，学生参与的积极性高；个体和小团体展示对丰富课的内涵有较大帮助，师生互动明显、效果良好。

纵观本课，主教材环节教学内容循序渐进，教学方法、手段多样化并围绕重难点展开，技术动作的教学介入多媒体，学生的直观感受清晰，练习达成度高。在课堂进程的把握上也显得较为老练，面对不熟悉的学生能较好地驾驭课堂；准备活动和整理放松阶段的两人持一棒，既起到了热身和身体素质练习的效果，又培养了小团队合作的意识。相信以本课的实践展示为起点，沈老师今后的教学会有更大的进步与提升。

师徒结对，教学相长

上海市静安区教育学院附属学校　王广转

我和见习教师程老师开展了一年的“师徒结对”活动，在这个学年内，我再次努力践行着作为师傅所应尽的各种责任与义务。尽管心中有几许压力，肩上添了许多额外的责任，但我还是能清醒地认识到我校为青年教师所搭建的这个培训平台的重要性，也很清楚自己作为师傅，对小程的在职培训起着非常重要的引导、榜样与示范作用。在这朝夕相处中，我似乎又获得了许多新的感悟与启迪。

程老师非常好学，在教学中肯钻研，肯动脑，上进心很强，遇到问题非把它“吃透”为止。这种钻研精神令我感到佩服，所以在帮助她的同时，我也在她身上学到了很多东西，也让我有了一定的提升。作为一名新教师，她深爱自己从事的教育事业。在教学上，她能认真对待每一项教学工作，认真学习，深入研究教法，经常翻阅各种优秀教案及参考资料，关注教育网站，开展科研课题研究，及时了解教育教学动态，认真开展好日常工作；抓住每一次学习的机会让自己得到及时的充电，平时很虚心地向同学科教师请教教学中的问题。

程老师是位十分睿智的老师，教学经验不够丰富的她在一年级的教学过程中有时对于学生的学情分析不够充分，没有考虑到学生对于学习新动作、新技术时的众多不理解以及学生的心理特点。于是她经常要求主动听课，虚心学习，勤学勤问。

一次，程老师就问我：后“茶馆式”教学怎么在我们体育课中体现呢？我告诉她下周一来听我的课。接下来的周一，我给她上了一节六年级跳山羊课(6－4)。在学生热身活动结束后，我让学生自己每人先试跳几次，在练习2—3组后，对学生的情况分析评估，请一部分跳得好的学生相互保护、相互指导，进一步提高跳山羊动作质量。我的重点放在指导另外一组跳山羊有困难的学生。上完课后，我告诉程老师，我的这一节课只是后“茶馆式”的一个小片段，希望她多读一些关于后“茶馆式”教学的书籍。在听完我的这节课后，我们也达成共识，面对不同的学生，我们要采取不同的教学方法和策略。也就是说，面对同一年级的平行班级，我们的教学手段和方法也要有所不同；同样适用于其他学校的教学理念也不能照搬照套完全放到自己学校，要经过剪接和嫁接变成适合自己学校的一套方法。在教学中，要发展学生的个性，使好的学生进一步提高，同时更要关注那些需要帮助的孩子；在一节课中使每一个孩子在原有基础上都有进步，那么这节课就是成功的。在我的悉心指导下，加上她自己的努力，程老师进步很快，已经能较好地胜任中学体育课堂教学的工作。

程老师是位悟性十足的老师，有自己的思考，有自己的见解。她在平时坚持“每课必备”的原则，按照教学计划认真备好每一节课，不但备学生，而且备教材、备教法，能够根据教学内容结合学生的实际情况设计好相应的教学过程及方法。她针对两班的不同情况拟定不同的教学目标及方法，做到“有备而来”；课后能对自己的教学进行反思与小结；课外注意收集素材及知识要点。我与程老师经常进行沟通交流，不仅增进友谊，同时还加强了合作，互谈体会。在教学上，为了指导好她的教学，我也在课外研究教材，经常挤出时间和她一起探讨教学中的疑惑。对于她在教学上认识还不深的问题，我都会耐心地讲解、分析，同时也征求她的看法和意见，共同提高。如在进行六年级球类练习时，程老师提出的四人互传的小游戏既让学生乐于练习，又让教学效果得到了很大的提升。就这样，我们的这种活动方式得到了认可，也达到了很好的效果。青年教师有充沛的精力，有好学的热情，有丰富的知识，有创新的能力；而我作为师傅应该乐意把自己的一切毫无保留地传授给徒弟。师傅在帮带徒弟的过程中也不断完善自己，取人之长，补己之短。

师徒结对的活动让我自身也进步不少。我和小程一起开展初中体育多样化的研究，向她学习教学研究中的调查和实验法；和小程一起研究体育课堂教学中的微方法研究，研究生学历的她总能开拓我对这些问题的新思考。体育教师要真正做到“以学生发展为本”，就要特别关注学生个体的不同的体质状况及其不同的兴趣爱好，还有在体育活动过程中的不同心理感受和情感体验，应该从这诸多的“不同”出发，去开展丰富多彩的体育教学工作，引导学生走向美好。

师徒结对也让我意识到自身的诸多不足。“学然后知不足，教然后知困”，其实在师傅这“名”与“实”之间还是存在较大差距的，但既然接受重任，就要努力缩小差距。在提高徒弟业务水平的同时，我也努力充实自己。工作有所成效是一种幸福，也是一份荣耀，我会努力去追寻它。

我的带教方法

上海交通大学第二附属中学　孙琳琳

如何上好一堂让学生喜欢的音乐课，尤其是对工作不久的音乐教师来说，确实是一件不容易的事。备课很关键，在备课环节上，我的带教方法是示范—自备—说课—听课—评课。

在备课中我要求见习教师刘老师制定好切实可行的教学目标和教学步骤，教学目标围绕着"知识与技能—过程与方法—情感、态度与价值观"这三点去做，注重音乐与自然、音乐与人文的结合，为取得优良的教学效果打下了基础。

一、案例一：非洲旷野的回响

这堂课教材所提供的教学内容与参考资料较少，要在一堂课内对非洲音乐有全面、准确的了解存在一定的难度。因此在选择教学内容时，应体现以审美为核心，注重艺术实践，通过聆听、讨论、创编等形式引导学生主动参与音乐实践，感受非洲音乐之美，加深学生理解非洲音乐文化的独特魅力。我和刘老师还以非洲音乐的节奏特点、风格、非洲鼓乐的作用为主线的教学思路，从走进地理上的非洲、走进文化上的非洲、创作非洲音乐、走出非洲四个方面，拓展学生音乐鉴赏的视野，体验非洲音乐带给我们的热情奔放的音乐情绪。为了达成目的，我们尽可能采用音像资料。这里刘老师花了很大的工夫去查找资料，我们反反复复磨课，通过教师和学生一起实践体验非洲音乐，来完成教学任务。

本课的亮点是引导学生运用非洲音乐鲜明的节奏特点来进行创编和实践体验非洲音乐。在整个教学过程的设计上，我们始终以激发学生的兴趣为目标，遵循艺术的愉悦性原则，从学生熟悉的生活经验、已有的文化程度出发，让学生实践渗趣，让学生动起来，成为课堂的主人。本课的最后一个亮点是在互动过程中及时肯定、鼓励学生的回答和创作，树立学生的自信心，使学生很容易就能尝到成功的喜悦，让学生愿意学、主动学。

当然本堂课也存在着一些需要改进的地方。最后一个环节师生一起体验非洲鼓乐，引导学生"动起来"，启发学生大胆参与动作的创作，大胆地进行边唱边舞边打节奏。教师最好给学生示范一两种舞蹈动作，要求学生参与跳起来，并且配合节奏动起来，这样才使学生真正用肢体体会到非洲歌舞曲欢快、热烈的情绪并感受到非洲歌舞曲的风格特点，使音乐课堂做得更好，更完整，更体现以学生为本的观点，使学生越来越爱上音乐课。

二、案例二:聂耳、冼星海在上海

这堂课是音乐鉴赏课。对于七年级的孩子来说,一堂完全的音乐鉴赏课有一定难度;对于教师的一些问题,孩子们由于知识比较薄弱会很难回答。我们在设计教学目标时应多引导孩子对作品进行理解。

在情感、态度与价值观上:欣赏聂耳、冼星海两位人民音乐家的音乐作品,感受、理解音乐作品表达的情感,加深对音乐家爱国情怀的理解,陶冶爱国情操,进一步提高对革命时期音乐作品的理解。

在过程与方法上:在音乐欣赏、实践、课堂交流等活动中,感受、体验、表现音乐作品所蕴含的爱国情操和革命精神。

在知识与技能上:了解聂耳、冼星海两位音乐家的生平及由他们创作的歌曲,通过对歌曲的分析,理解情绪、演唱方式对歌曲的影响。

基于音乐新课程标准,在吃透教材的基础上,我和刘老师确定了教学重点和难点。

教学重点:通过分段式学习,帮助学生理解歌曲含义,分析歌曲要素及创作方式;采用表演、演唱等方式感受乐曲蕴含的情感,体会歌曲的深层意义。

教学难点:理解歌曲表达的情感,陶冶爱国情操,体会爱国情怀。

为了讲清教材的重难点,使学生能够达到本课设定的教学目标,我们再从说教法和说学法上面讲,选用举例、聆听、比较、自行分析、小组讨论、交流看法、情感共鸣等分析作品的方法达到教学目的。我们常说:"授人以鱼不如授人以渔,教会学生知识不如教会学生学习的方法。"因而,我们在教学过程中特别重视学法的指导。音乐课应重视学生的音乐实践,所以我们把学习的主动权交给学生,让学生主动参与学习并且自由发挥。

这节课在指导学生的学习方法方面,我和刘老师主要采用了小组合作法、自主探究法、总结反思法等,同时我们还让学生多听多练,自省自悟,从而达到预定的教学目标。总的设计思路分为五个环节:情景导入—聂耳、冼星海生平及代表作—作品欣赏—作品体验—总结讨论。整个环节中,在学生体验作品时,有些孩子还是不够大胆,比较腼腆。

三、评刘老师的这堂课

这节课充分渗透了新课改的教学理念,以音乐审美为核心,以兴趣爱好为动力,面向全体学生,注重个性发展,重视音乐实践,鼓励音乐创造,提倡学科综合。教学形式多样化,充分营造了和谐、互动、探究、创新的良好的学习情境和氛围。

1. 教学设计巧妙,过程精确,以故事为主线,体现其音乐性

刘老师上课的过程充分利用了音乐语言去引导学生、启发学生,让学生在音乐引导中自然地进行学习。比如,在引入音乐活动前,用音乐进行师生问好;以故事的形式导入新课,音乐知识教学恰到好处。在音乐节奏教学环节,巧妙结合音乐知识强、弱、渐强、渐弱等,引导学生识、记、运用,收到了很好的效果。这样既使课堂更加完整活跃,又增强了音乐性,让学

生在唱唱动动中充分感受美妙的音乐,体验其中的快乐。

2. 学生自主创编表演,其乐无穷

一节课是否精彩,除了看教师的教,还得看学生的学。在本节课中,刘老师设计了由学生自己组成表演队、合唱队来表演唱这首歌曲,充分体现了学生的主体地位,让学生乘着想象的翅膀,自由翱翔于音乐世界。

3. 教师基本功扎实的重要性

作为一名音乐教师,音乐基本功是很重要的因素。在课堂上无论是教师的教态,还是弹唱表演,都显示了一名音乐教师扎实的音乐素养。俗话说:"教学是一门遗憾的艺术。"虽然这节课有很多闪光点,但也有一些不足的地方值得去改进:(1)教师在评价学生的时候应尽量用些委婉的言辞。(2)在欣赏音乐的时候教师应在旁边进行动作演示。这首歌曲音乐变化的地方很多,教师应随音乐的变化做适当的动作提示学生,而不是站在一旁。(3)时间应控制好。前面教节奏花的时间太长,占了整整半节课时间,导致后面重点部分——学唱歌曲、创编表演等时间偏少,影响了整体效果。

"态度决定成败,细节铸就成功,创新意味辉煌。"这句话,是我们教育者应该牢记的。对刚工作不久的刘老师来说,这堂课取得了较好的教学效果,已体现出刘老师的不懈努力和优良的音乐基本功,相信她今后会更加出色。

牵手成长路

——课堂教学实践进行时

上海市洋泾-菊园实验学校　黄敏霞

陈老师作为一个刚刚踏上工作岗位的新教师，并没有被每天需要完成的教学任务、需要整顿的课堂秩序、需要批改的学生作业以及需要不断解决的学生问题弄得手忙脚乱，而是冷静客观地分析了自身的现状，把提高教育教学水平作为重头戏，这是很令人欣喜的。作为带教老师，我通过启发、引导，与陈老师共同诊断，基本把准了他存在的问题，并且共同制定了陈老师的专业发展目标和整改措施。

一、用课程意识来整合教材

过去是教师围绕教材转，教师只要紧扣和落实教材就是完成了教学任务。今天的教学需要我们对教材进行适当的剪裁和加工，使之更适合学生发展。为了让陈老师更好地驾驭教材和了解学生的学情，我要求他阅读六、七两个年级的科学教材，将其中涉及的知识与八年级的物理知识进行对比整合，在教材编写、教学设计、学生能力等方面做了解读；为了把握好同一知识在不同学段的渗透、理解和应用，我要求他研读九年级的考纲和综合练习中牵涉到的相关知识，在课后的拓展和延伸上埋好伏笔。

二、反复研读课程标准，吃透课改理念

新一轮课程改革是以学生发展为本，物理教学需要改进教师的教学方式、完善学生的学习方式、构建新的教与学的双边关系，以关注学生个体学习力的发展。在教学的实施中我们力求从传统课程实施的执行者转变为新课程改革的建设者和开拓者，课堂从单纯的知识传递转变为终身学习力形成的主阵地。我们共同设计物理实验探究课来帮助学生形成探究意识，使学生能主动寻找和创造新的方法解决问题；我们规范使用学习簿教会学生学会听课、学会认知、学会作业、学会纠错、学会反思、学会接收和整合信息，使学生形成可持续发展的综合能力；我们从知识的权威转变为平等交流的伙伴，在课堂中努力形成师生、生生间相互交流的氛围。

三、按教学设计要求规范完整地备课

新教师往往备课时会重点备教学过程，而忽略教学任务分析、教学三维目标的制定、教学设计思路的整理、教学重点的确定、教学难点的突破以及教学方式的选择等。因此，我们进行反复说课，先见习老师说课，后带教老师说课，通过两者不断地对比，交互式促进备课质

量，教会学员处理不同的教学内容。通过这一过程教会学员处理不同的知识点应实施不同的教学方式，使学生掌握不同的学习方式。如“密度”等这一类型的课实施启发实验式教学，加强学生对数据表格和直角坐标图形的分析处理能力，提升学生语言归纳能力；“液体压强”等这一类型的课实施实验探究式教学，引导学生关注生活情景，加强学生设计实验方案的能力，注重控制变量法、转换法等科学方法的渗透；“电功率”等这一类型的课实施温故知新发现式教学，提升学生对比迁移知识的能力；“滑动变阻器”等这一类型的课实施实验创造式教学，提高学生将所学知识应用于生活的能力，体验学习的成就感；“燃机”等这一类型的课实施读书指导式教学，提升学生查阅资料和阅读教材的能力，提高自学的能力，体验教与学的身份转换。这些多姿多彩的多元化教学手段丰富了学员的视野，也明白了怎样使物理课堂远离枯燥乏味，怎样使学生愿学、会学、学会。

四、提升教学预设和生成产生矛盾时的处理和应变能力

陈老师觉得缺乏课堂驾驭能力，部分是心理因素造成的，因为没有经验，往往自己先乱了阵脚，无法冷静地分析问题，就难以及时、合理、机智地引导学生解决问题。针对这一现状，我提出了每周都要学员跟进课堂，观察和学习有经验的老师的应对之法。但是要真正解决这一点最关键的还是要在课前充分思考和讨论学生可能有的反应和反馈，充分考虑学情，了解学生的学习意向、体察学生的学习情感、诊断学生的学习障碍，设计出真正关注学生、促进学生充分发展的教学策略。

五、丰富教学课的类型

我观察到陈老师较多地关注新授课的教学效能，而轻视了习题课、实验课、复习课和试卷讲评课的重要地位，我们商定重点解决复习课和试卷讲评课的实践。复习课一般包括以下几个教学环节：专题集成→问题诊断→针对解惑→巩固提升。其具体做法是，在阶段教学的基础上，对原先的教学内容进行知识集成、专题归类和脉络梳理，和学生交流之后，让学生做诊断练习，在薄弱环节继续引导学生总结归纳各个知识点的规律和用法，使其得到有效提升。试卷讲评课一般遵循的流程为：教师研读试卷，研透考点，了解命题特点；统计、分析学生答题情况，找出共性的典型错误，并分析错误生成原因；根据试卷特点和学生答题情况，确定讲评目标和重点内容；课堂上必须呈现错题统计数据，重点解决学生普遍集中的问题；选编针对性和巩固性练习。切忌不做错题统计，不分轻重，从头讲到脚。

六、要求学员锻造出一堂优质公开课

从整体设计到每一个细节的雕琢，我都按照优质课的标准全程把关，在跟踪过程中有针对性地确定教学观测点，和学员一起剖析课堂产生的问题和解决方法，用团队的智慧引领他们快速成长。我还鼓励学员参与优质课比赛，和学员一起备课、上课、修改，模拟师生对讲，寻找最佳效果，课不结束我们的思考就不会停止。有时为了推敲一句话、斟酌一个问题，我们常常会冥思苦想到深夜。经历过比赛的小陈说：“我终于知道优质课是怎样生成的了，以后我也会给自己导课了。”

七、磨课过程

（一）教学设计诊断第一遍

课题名称	重力	教学课时	1 课时
教材	八年级第二学期	见习教师	陈老师
课时目标	1. 知识与技能 (1) 知道重力产生的原因； (2) 知道重力的方向和作用点； (3) 理解物体所受重力与其质量的关系及其公式 $G=mg$，知道比例系数 g 的数值、含义和单位。 2. 过程与方法 通过实验探究，了解重力与质量的关系。 3. 情感、态度与价值观 激发学生对于科学探究的兴趣，养成与同学合作交流的意识。		
教学重点	重力的概念及重力与质量的关系。		
教学难点	重力的方向，以及根据直角坐标中线性关系建立物理量之间的关系。		
学情分析	八年级学生通过半个学期的物理学习，已经初步掌握了物理学习的一些基本方法。学生的好奇心强，观察能力也强，正是通过循序渐进培养逻辑思维能力和学习方法的最好时候。同时，学生具备了一定的生活体验，有一定的实验探究能力、逻辑思维能力。		
教具准备	弹簧秤、钩码、乒乓球、小铁球、细线、铁架台、重垂线、记号笔、装有水的水槽、三角尺		

教学过程		
环节	教师活动	学生活动
一、创设情境，引入课题	观看图画：运动员高台跳水、踢飞的足球最后落到地面、飞流直下的瀑布、树上的苹果落向地面、发射出去的炮弹等。 问题：你观察到了什么现象？这些物体的运动有什么共同特点？这是为什么？ 引导学生得出重力的概念。 问题：你还想到了哪些类似的现象呢？说明了什么？ 问题：施力物体和受力物体分别是什么？	听讲、仔细观察并思考。 回答。 归纳得出重力的概念。 思考回答。
二、重力的大小：探究重力与质量的关系	1. 提出问题、进行猜想 日常生活经验告诉我们，重力是有大有小的。根据你的生活经验，比较这两本书，哪本书的重力大呢？比较这两个钩码（或砝码），哪个更重呢？ 实验：大家可以用手掂掂各自桌上不同质量的物体，比如厚度不同的书、铅笔盒、书包等，想一想，物体受到的重力与质量的大小是不是真的有关系呢？如果有，那么它们的定量关系是什么？	回答。 动手实验并猜测。

（续表）

环节	教师活动	学生活动
	2. 进行实验 问题：我们如何研究它们的关系？ 引导点拨：我们可以利用实验来找出重力与质量的关系。 分组，提供实验仪器进行实验。 教师巡视，指导学生进行实验；指导学生对实验数据进行分析、讨论，解答学生的疑难问题。 3. 交流讨论 指导学生进行交流讨论，得出初步关系；通过引导建立直角坐标，以质量为横坐标，以重力为纵坐标，并将数据描点，得出线性关系，得出结论。 得出结论：重力和质量成正比关系；或重力和质量的比值是常数。	讨论交流制订的实验计划，设计表格，进行实验，收集数据，分析数据，得出初步关系。 建立直角坐标系，进一步找出它们之间的关系。 各抒己见。
三、重力的方向	问题：重力的方向是怎样的呢？大家根据日常的生活经验和我们上课时录像的现象猜想一下。 演示实验：从空中释放粉笔，粉笔由静止开始自由下落。 问题：重力的方向会发生变化吗？大家利用桌上的铁架台做个小实验，看看在铁架台抬起的过程中，重力的方向是否发生了变化。 点拨：各种情况下观察的方向是否一致呢？重力的方向是否与地面情况有关？是与当地地面垂直呢，还是与水平面垂直？ 总结：我们观察到的细线的方向与重力方向一致，它垂直于水平面，而不是垂直于地面，我们称这个方向为“竖直向下”。 介绍重垂线。	学生进行实验： (1) 把带细线的小球系在水平放置的铁架台上，让学生观察细线的方向。 (2) 把铁架台底座的一侧轻轻抬起(模拟在不平地面上的情况)，在抬起的过程中观察细线的方向。 思考得出结论。
四、重力的作用点——重心	直接给出重心的概念，告诉学生如果有其他物体支持着重心，物体就能保持平衡。 带领学生一起做个小实验：用手指支在直尺的中心，直尺能够保持平衡。 教师介绍重心与物体形状、质量分布是否均匀的关系，让学生知道质地均匀、形状规则的物体的重心，在它的几何中心上。并且向学生介绍重心位置在工程中的作用。	实验。
五、小结和布置作业		

（续表）

<table>
<tr><th>环节</th><th>教师活动</th><th>学生活动</th></tr>
<tr><td>板书设计</td><td>重力 Gravity
1. 定义：地面表面附近的物体由于地球的吸引力而受到力叫重力。
2. 大小：物体所受的重力跟它的质量成正比。
$g=G/m=9.8\ \text{N/kg}$
$G=mg$
3. 方向：竖直向下。
4. 作用点：物体的重心。</td><td></td></tr>
<tr><td colspan="3">我的点评意见：
从教学设计的全过程来看，陈老师有以下几个亮点：
1. 教学环节的设计、教学内容的开展是陈老师的强项，基本还是写得比较详尽和到位的，教学的各个环节条理清晰，层层递进，较好地落实了这节课的知识与技能、过程与方法目标。
2. 通过前面几次的课程标准的研读，陈老师能较好地把握新课改的理念，有两个方面体现得特别好：一是改变了以往传统的“填鸭式”教学方式，整堂课以实验探究为主线，落实了提出猜想—设计实验—实验探究—分析处理数据—得出结论等几个基本环节，体现了“以学生为主体”的课改理念；二是体现了“从生活走向物理，从物理走向社会”的课程理念，陈老师为学生创设生动有趣的生活情境，鼓励学生善于发现生活中的物理问题，让知识来自鲜活的生活生产事实、自然现象，并引导其运用所学的物理知识解决生活和社会中的实际问题。
3. 物理是一门以实验为基础的学科，陈老师的实验功底应该很扎实，在几个教学环节中的实验的选择、变化分步的操作较好地解决了设置的问题，相信通过这几个实验学生一定能加深对知识的理解和掌握。
陈老师的教学设计也有以下几处需要改进：
1. 三维教学目标中过程与方法的书写存在问题，情感、态度与价值观没能在教学过程中体现。其实三维教学目标是一个整体，我们在追求知识与技能的同时，要更加重视过程与方法、情感态度与价值观。三维目标不是目标的简单叠加，过程与方法、情感态度与价值观是依附于知识发生、发展的过程之中，是在不断探究知识、掌握技能的过程中形成和发展的。教师的责任就是要在传授知识的过程中，使学生形成积极良好的学习能力、情感和态度，逐步养成正确的价值观。同样，也只有通过能力的培养和情感的体验来帮助学生更加有效地学习知识和技能。
我将过程与方法做了这样的改动：通过探究“重力与质量的关系”的过程，经历制订简单的实验方案、设计记录数据的表格、收集分析处理实验数据、在小组交流的基础上探求物理规律，认识确立物理规律的思维方法。
我将情感、态度与价值观做了这样的改动：①通过小组探究实验，懂得合作学习的重要性；②通过物理知识与自然、生活现象的关系，使学生乐于探索自然现象和日常生活中的物理学原理。
2. 在教学过程的设计中重教师活动的开展，轻学生活动的预设。陈老师在“专业发展瓶颈问题”提到：缺乏课堂驾驭能力，课堂上出现与预设不同时，难以及时、合理、机智地引导学生。但是在教学设计中陈老师未能体现课前教学的预设，为了加强课堂的应变能力，在教学设计中不妨尝试分析对于老师的某个提问，预设学生可能出现的回答方向，针对不同的回答事先预设不同的解决策略，这样能提高课堂的及时反应和反馈，在不断的日积月累中逐步提高课堂驾驭和应变能力。
3. 课前的学情分析不够全面。学情分析不仅包括学生年龄特点的分析，也可以包括学生已有的知识经验的分析、学生学习能力的分析，还可以包括学生学习风格的分析。学生的学情分析越充分，教学设计就越能从学生的需要出发，以学生发展为本，更能关注学生的长远发展。
4. 教学设计的结尾可以灵活处理，除了小结，也可以进行课后延伸，比如让学生进行想象：如果地球对物体没有了重力作用，我们的生活会变成什么样呢？学生一定会打开话匣子，得出形形色色的答案：①人会飘浮在空中；②踢飞的足球不会回到地面；③水不会往低处流，看不到美丽壮观的瀑布；④炮弹打击不到地面的目标；⑤不能玩滑梯；⑥秋天的落叶不会飘落到地上，等等。最后可以给学生播放一段《没有重力的世界》的视频，那一定能激起学生兴趣，将这节课推向又一个高潮。</td></tr>
</table>

（续表）

陈老师的体会： 刚开始写教学设计时参照模仿网上资源较多，借鉴了许多人的智慧，写完后只觉得挺丰富的，自己抓不到自己的长处和短处；经过黄老师指导后，我明确了自己还需要整改的方向，顿时豁然开朗，继续深入学习新课改理念，关注教学目标的设定，注意在教学设计中整改自己的专业发展的瓶颈问题，多实践，多积累，争取更大进步。

（二）课堂试教诊断第 n 遍

见习教师	陈老师	班级	八(1)	指导教师	黄敏霞
课题	重力	年级	八年级	课型	新授课
一、必选诊断点					
1. 教学目标的预设与达成度					
预设的目标： (1) 知识与技能 ① 知道重力产生的原因； ② 知道重力的方向和作用点； ③ 理解物体所受重力与其质量的关系及其公式 $G=mg$，知道比例系数 g 的数值、含义和单位。 (2) 过程与方法 通过探究“重力与质量的关系”的过程，经历制订简单的实验方案、设计记录数据的表格、收集分析处理实验数据、在小组交流的基础上探求物理规律，认识确立物理规律的思维方法。 (3) 情感、态度与价值观 ① 通过小组探究实验，懂得合作学习的重要性； ② 通过物理知识与自然、生活现象的关系，使学生乐于探索自然现象和日常生活中的物理学原理。			达成的效果及理由： 知识逻辑清晰，详略得当，学生都能掌握，知识与技能目标基本达成。 过程与方法教学目标中，因为要用到直角坐标系和正比例函数相关知识，数学功底较为弱势的学生反应比较慢，跟不上教学节奏，其余学生都能达成。 情感、态度与价值观教学目标同知识与技能、过程与方法目标结合和谐，可操作，能落实。		
2. 教学环节的设计与有效性					
有效性较高的环节与理由： 第二个环节重力的大小：探究重力与质量的关系。创设具体情境，设置问题激起学生大胆猜测，引导点拨学生思考设计实验方案，继而进行实验探究，捕捉数据、比较分析数据，并将学科整合，运用数学方法进一步定量分析，得出实验结论。			有待提高的环节与理由： (1) 有一个实验小组得到错误数据、两个实验小组误差太大，得不到正确的实验结论，老师没有对其作分析。 (2) 在建立坐标系中的线性关系后，没有做好分析，将数学和物理的衔接与转化讲得不是很清楚，导致一部分学生有点茫然。		
3. 文本解读的恰当性					
恰当处： 教学环节设置还是比较循规蹈矩、比较常规的，运用数学线性关系解决重力和质量的关系还是比较恰当的。			需修正处： 要是将不同小组的结论对照，比如运用投影胶片，教学效果会更具有冲击力。		

（续表）

<table>
<tr><td colspan="2">4. 课堂互动方式与效果</td></tr>
<tr><td>有效的是：
(1) 在重力的定义教学中创造问题情境、通过概括共性特点，激发学生思维，获得重力概念。
(2) 在重力大小教学中努力改变传统的单一的学习方式，即从单一、被动的学习方式，向自主探索、合作交流、操作实践的学习方式转变，使他们在自主探索的过程中真正理解和掌握基本的物理知识技能和相应的思想与方法，同时获得广泛的物理活动经验。</td><td>值得商榷的是：
(1) 有时问题提出后，留给学生思考的时间太少，有时没能让学生回答问题时表达清楚，老师就接口了，互动不充分。
(2) 老师答题时局限于个别学生，参与度不广。</td></tr>
<tr><td colspan="2">5. 课堂生成及其处理</td></tr>
<tr><td>欣赏的是：
课前做了一定的预设，体现了老师对文本的尊重，同时对预见到的生成性内容，能尊重学生，体现教学的动态性和开放性。</td><td>遗憾的是：
对于未预见的内容出现时，老师会漠视生成性内容，继续按原定思路进行，如在测出不同物体的质量和重力数据后，因为选择物体的质量没有成整数倍增长和实验中不可避免地存在误差，其实是很难得到重力和质量成正比的，但是有四个小组得出了正比，这时需要追问，听听学生的分析。</td></tr>
<tr><td colspan="2">6. 教师的课堂评价语言</td></tr>
<tr><td>欣赏的是：
对学生的回答基本都有评价，且无论答对答错都予以肯定。</td><td>遗憾的是：
评价多以“不错”“很好”“还要再想想”等短句为主，激励性不够，对于极其精彩的回答没有能激起全体学生的共鸣。</td></tr>
<tr><td colspan="2">7. 练习、媒体设计与效果</td></tr>
<tr><td>欣赏的是：
现代教育技术和课程整合得较好，多媒体视频选得恰到好处，能较好地为教学目标服务。</td><td>可修改的是：
(1) 媒体和板书分配不合理，重点内容还是必须板书的。
(2) 多媒体中出现了几个错别字。</td></tr>
<tr><td colspan="2">二、自选诊断点</td></tr>
<tr><td colspan="2">1. “课堂提问”诊断
作为教师都知道，课堂教学过程的流畅、气氛的活跃、学生学习积极性与主动性的调动，关键在于教师问题的设置。因此，课堂提问应该是基于情境的提问，预设应该贴近学生，要“精心、精致”，问题的指向应该明确，最好能够触及学生的心灵，引发学生的思考，并以问题链的形式，提问要有层次性，层层递进。陈老师封闭式提问较多，开放式提问较少，问题的难易度适中，提问的数量是适宜的。如此，课堂中就不会出现因教师提问不当，导致无人回答，使得教师处于自问自答的尴尬境地。希望陈老师能在备课过程中将问题指向更为明确，直击教学目标，对关键的、主要的问题设置反复揣摩、斟酌。
2. “课堂教学时间分配”诊断
陈老师在教学内容上的轻重分配、详略处置基本是恰当的；课堂教学节奏基本张弛有度，把握较好。但在与学生的互动上，所占的时间还需适当增加；探究重力和质量的关系上时间还需充裕一些。</td></tr>
</table>

（续表）

<table>
<tr><td>
3. “教师课堂内巡视线路”观察与诊断
或许是新教师的缘故，上课时比较紧张。陈老师基本就站在讲台前授课，不能在学生活动时走近学生，参与到学生的活动中，并加以指导。如此无形中教师和学生之间会产生距离，不利于师生间的互动。就算在实验探究时，陈老师走近学生了，但也是流于形式，盲目巡视，抓不住重点。
4. 教师语言习惯诊断
作为一名新教师，经验的不足，紧张不自信，往往会在教学上将日常生活中的口语带入课堂中，课堂语言不够严谨、规范，有时还会开开没有必要的玩笑，影响教学效果。希望陈老师在备课过程中对每句课堂语言都能书面写好，以克服语言的不规范。
5. 教师课堂管理观察与诊断
课后陈老师基本能观察到自己教学中存在问题，找到自身的不足，快速有效地进行整改，执行力比较强，整改效果也比较好。
</td></tr>
<tr><td>三、我的点评</td></tr>
<tr><td>
陈老师这节课最大的亮点是采用了探究体验式的教学方法，具体的教学思路如下：
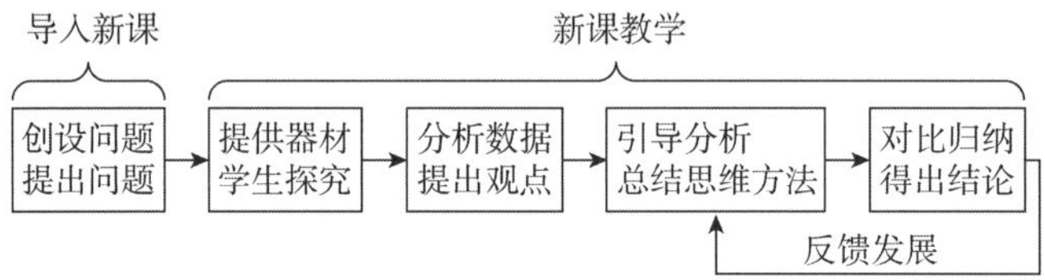

教学中让学生亲自经历运用科学方法探索的过程；让学生在探究实验中自己摸索方法，观察和分析数据，从而探索出新的规律，大大激发了学生的兴趣，体验成功的喜悦，促进学习力的发展。
课堂教学过程就是教师的“教”与学生的“学”的一个互动过程，课堂教学是否有效，其关键在于教师与学生的和谐交流。新教师课堂上考虑最多的是自己怎么“教”，就怕自己讲错了、讲漏了。而一个成熟的教师在课堂上，不仅考虑自己怎么“教”，考虑更多的则是学生怎样“学”。希望陈老师不仅能有效地组织教学，圆满地完成教学任务，也能恰当地调控学生学习的情绪，不失时机地调动学生的积极性，让学生能够积极有效地投入整个教学活动中去，以有效的课堂教学活动带动学生，师生间教学相长、互勉互进。我相信陈老师一定会取得不错的教学效果。
</td></tr>
<tr><td>四、陈老师的反思</td></tr>
<tr><td>
整节课上下来，感觉自己准备的内容还是挺充实的，和学生的互动也还可以。起初的设计，内容上有点混乱，经过黄老师的建议和指导后，我进行了修改。修改后的比之前的思路清楚很多，所以整节课下来也很顺。这让我知道，一个好的教学设计对于一堂课是非常重要的。在今后的教学过程中，我会把每个教学设计都做得力求完美。我也十分感谢黄老师在这一学期对我的帮助和指导，让我收获很多。
</td></tr>
</table>

其实，在带教的过程中，我也从年轻教师身上学到了很多的东西，他们朝气蓬勃、不怕失败，勇于探索、敢于创新，现代教育技术驾轻就熟……这一年来，我们一起共同努力，共同研究，共同幸福地成长着。

小细节,大智慧——做一位“别有用心”的数学教师

上海市梅陇中学　陆海兵

一、成长故事之一——体验数学语言

见习教师小黄在设计一节新课的教学,课题是“画角的和、差、倍”。在备课时,小黄碰到了难题。她在观摩网上一些优质课时,发现视频中部分老师和书上一样是用量角器来画角的和、差、倍的,还有部分老师是用尺规来作图的。即使是用量角器画的老师,也有两个版本的画法:一个版本是量一下两个角的度数,算一下和、差,然后就直接把加减所得度数的角画出来了;还有一个版本是量出两个角的度数后,先画一个角,再顶点重合、一边叠合,在这个角的内部或外部画另一个角,最后得到所需的角。

在备课时,黄老师的初步感觉是这三种画法之间虽然存在差别,但它们都可行,各有优点。于是,我引导她界定了量角器方法和尺规方法的差别——使用量角器我们的关键字是“画”,而使用尺规我们的关键字应该是“作”。这节课的题目是“画角的和、差、倍”,那我们肯定要立足于量角器画图,尺规作图可以作为拓展探究的内容。我继续解答了她对于量角器两种画图方法方面的疑惑:直接把加减所得度数的角画出来看似可行,但数学画图不仅需要体现出角与角之间运算的数值意义,还应该体现出它们运算的图像意义,故不可行。

数学语言的表述需要严谨精准,一字之差,可以差之毫厘、谬以千里。在上课前,一定要清楚这节课的重难点在哪,只有教师自己把一节课的关键点研究透彻,才能保证学生在学习过程中不被误导。

后来,黄老师邀请我去观摩她的这节课,整节课的设计还是比较流畅的。课后我带领黄老师对整节课进行了反思,整个过程中还有好几个细节可以加以改进:首先,探讨一副三角尺可以画出哪些度数的角时,多次使用了“拼角”这样的说法,“拼角”和“画角”的数学意义是有略微不同的;其次,“角平分线”和“角的平分线”意义是存在差异的,“角平分线”是线段,而“角的平分线”是射线,应注意区分;然后,在指导学生画图时,可以让他们进行更细致的标注,标注的过程也是他们整理思维的过程;再次,板书设计还有可改进之处,对于一节新课而言,最好是所有的板书都能保留在黑板上,尽量避免擦拭;最后,如果想更好地进行分层教学,可以在这节课的最后加入需要分类讨论的题目,帮助学生更深层次地理解、运用相关知识点。当然,因为这个课题共有两课时,这项工作也可以放到第二课时去完成。在我的指导下,她撰写了教学反思,对于怎样更好地设计一节课有了进一步的理解。

相信只要保持常思考、多反思的好习惯,她可以更上一层楼。

二、成长故事之二——学会批改作业

做教师的好像天生都会改作业：一支红笔，一个个大钩，最后加个“订正”和批改日期。虽然也进行了讲评，但是第二天等来的订正还是不尽如人意。这是新入职教师的困惑之一。也许正是因为批改作业这种“默会”的教学本领造成了教学这一环节的“脱位”。所以，如果你做个有心人就会发现，负责细心的老师批改作业特别花工夫，批改作业像是在欣赏一篇文章，而不像有些老师“流水线”似的只求效率。而恰恰这样的老师，作业量不多，但是质量却比较高。为了揭示这个规律，我先让自己指导的见习教师批改学生作业，果然不出所料，她所批改的作业要么是打大钩，要么是打大叉，全对的也没有任何批语，错得多的就写上“错误率太高，质量差，认真订正！”几个字。

我问见习教师：“这样的作业如果是你做的，你拿到后的第一反应是什么？”她告诉我说：“如果看了全对，就塞抽屉里完事；如果有订正，就先自己看看（自觉性好的学生），然后就问同学再订正待批。”我又问见习教师：“如果你是学生，作业中有道题是有一定难度的，而且是花了心思认真考虑后才做出来的，虽然方法有些拙，结果离标准却很接近，那么老师没有在批改中加以关注和适当地以批语表扬，只是一个大叉，你如何想？”见习教师说：“那学生今后肯定不会再多花精力钻研了，因为在他看来，那些不想、不做、乱写一通的同学也只不过是一个大叉，他感受不到老师对他的努力所进行的鼓励。”我再问见习教师：“那么你觉得那些错误率很高的学生真正想看到的批语是什么，是不是现在老师写的那段话？如果是这样，我们都这样做就行了。”答案是不言而喻的。见习教师认为应该把步骤中的关键错误点找出来，重点批注，而这样的批注正是再现另一种师生交流的样式。学生不仅知道自己错在哪儿，更重要的是为什么错了，而且有时他真的会来找老师再帮他解释错误的原因，此时，他把老师当成朋友、他所信任的人。而如果给那些做得质量高的学生的作业也注以激励批语，那么他们会更加认真对待每次作业，因为他们体验到了老师对他们进步的鼓励。所以，导师要在带教中，教会见习教师批改作业，教会他们如何批改好作业，如何写批语。我会时常拿出我批改的学生作业给他们看，基本上得出一个结论，就是批语多的且针对性强的作业，学生订正得也认真，而且作业质量逐步提高，作业量不重。反之，老师埋怨，学生烦恼，家长揪心。因此，我始终把这一点看作考察见习教师基本功的一个重要方面，不可小觑。

搬掉地理课的“绊脚石”

上海市长征中学　张春贞

记得去年秋天的一个下午，受普陀区教育学院师训部领导的信任和委托，华东师范大学第四附属中学的董老师和上海师范大学附属第二实验学校的林老师成为我需要指导的见习教师。接下来的日子里，我们通过课堂教学的同课异构进行培训和带教。一年下来，两位老师都顺利通过考核，地理教学基本功都有了明显的长进。

虽然她们恰巧是大学同学，学习背景接近，但是上课过程中表现出来的问题却有着明显的不同。为此，我根据她们的特点，有针对性地开始了指导。

一、课堂纪律成了董老师地理教学的“绊脚石”

师徒结对仪式结束后，我就开始了带教工作。一个星期后的一天上午，我第一次听董老师的课。那天她所讲的课堂内容是经度纬度的有关知识，内容比较枯燥，课堂纪律不是太好，甚至计划好的内容都没有落实。接下来听课，一连几次，董老师的课堂纪律似乎都有一点问题。课堂纪律成了董老师地理教学的“绊脚石”。

二、找到问题，“对症下药”

几次听课以后，我跟董老师进行了一次深入的交流。我首先就强调说课堂纪律不好，对教学效果会有很大的负面影响，这一点一定要让她引起重视。她就强调说，由于地理课本身是副课，学生本来就不够重视，再说这些课内容本身就很枯燥，也不太能吸引学生。听了她的话，我很严肃地告诉她，这都是她在给自己找借口。其实上海并没有主课、副课的官方说法。再说我们地理老师首先不能够自己看不起自己所教的学科，要知道地理课是很重要的。地理系的学生，大学期间要多次进行野外考察，国家培养一名地理教师的成本比培养一名其他学科的教师要高出很多，我们一定要对得起国家对我们的培养。课堂纪律的好与差，老师的课堂教学设计是至关重要的一个因素。以今天的课堂内容为例，她就拿着课本，十分机械地照本宣科，当然不会吸引学生。学生对课堂内容不感兴趣，旺盛的精力没有地方释放，那就只好在课堂上说说笑笑，扰乱课堂纪律了。今天讲自然地理知识，的确不太容易引起学生的兴趣。所以地理教学过程中，我们最好能够尽可能地提高课堂教学知识的趣味性。根据我多年的教学经验，我发现将自然地理知识与人文地理知识有机地结合在一起，可以适度地提高地理课堂内容的趣味性。像那天以经纬度为主的教学内容，应该适当引入一些相关的人文地理内容，这样就能吸引学生的注意力，课堂纪律的问题也就会好一些了。例如，她可以在练习读纬度的时候，请学生读一读朝鲜、韩国的军事停火线的纬度。学生可以很容易地读出来：这里的纬度是北纬38度。“三八线”的典故可以提高学生对这一部分地理知识的兴趣。这样新奇有趣的知识，学生很容易被吸引，地理课堂纪律问题应该会减轻一些。

三、坚持提高课堂教学的趣味性，地理课堂纪律问题“迎刃而解”

根据我的指导，加上董老师的认真实践，董老师深刻体会到，提高地理课堂教学的趣味性是改善地理课堂纪律问题的好方法。而在地理教学中，自然地理知识与人文地理知识的有机结合，是提高地理课堂教学趣味性的良好途径。在以后的教学中，聪明好学的董老师始终遵循着人文地理知识与自然地理知识相结合的理念。例如在上“温带海洋性气候”这一节课时，董老师联系到福尔摩斯一年到头风衣、雨伞的打扮，讲授了该地气候终年温暖湿润的特点；在讲时差的问题时，她插入了麦哲伦团队环球航行过程中产生了一天的时差，差一点送命的历史故事……她的学生对地理课的兴趣越来越浓，她的地理课的课堂纪律问题就慢慢地解决了。

董老师的课堂纪律问题解决了，她的地理教学有了明显进步，控班能力有了明显提高。华东师范大学第四附属中学十周年庆典活动中，董老师开的一节地理课受到了与会专家、领导和老师们的好评。她也被学校委以重任，担任了副班主任的工作。

授之以渔，播种希望

——小说《孔乙己》带教案例

上海市青浦区实验中学　崔乐乐

带教陈老师近一年半的时间里，我欣喜地见证了她从一名刚走出校园的青涩大学生到如今身正为范、循循善诱的人民教师。她以深厚的文化底蕴、勤学善思的求学精神、兢兢业业的工作态度向我们诠释了教师的成长。陈老师正式步入实验中学半年的时间里，一心扑在教育事业上，勤奋好学、踏实肯干、尽职尽责，能圆满、出色地完成学校布置的各项任务，深受学校领导、全体教师的尊重和喜爱。

至今仍记得陈老师在见习期间上的第一堂公开课《孔乙己》，从试教到磨课再到正式授课，我们又何尝不是教学相长、互助奋进呢？试教之前，我让陈老师独立完成教学设计，虽然陈老师花了很多时间查阅资料、准备教学设计，但一堂课试教下来，课堂气氛不够活跃、问题容量小且无法形成问题链、教学目标无法完成等情况让这节课显然不尽如人意。于是，我帮助陈老师一起分析她所存在的问题，并提出相应的改进措施。

一、教学目标和重难点的确立

试教的时候，陈老师将教学重点放在了分析《孔乙己》的叙事视角。她认为《孔乙己》中最为独特的是叙事视角的选择，小说的叙述者“我”是咸亨酒店的小伙计，通过小伙计的视角呈现出包括叙述者小伙计自己在内的人们对孔乙己的态度，以及孔乙己的可笑行为。然而，孔乙己的喜剧是悲哀的喜剧，他的死去的悲剧也是没有眼泪的悲剧，以小伙计的视角搭建出的三组“看”和“被看”的结构，体现了鲁迅为表现孔乙己这一新型悲剧的精巧设计，更包含了鲁迅对孔乙己横遭迫害的不幸的同情和对待孔乙己如此冷漠的人们的批判。因此将小说的叙事视角确立为文本核心价值进行教学，并围绕小说的叙事视角，确立了以下教学目标：

（1）知道小说的叙事视角和不同人称起到的不同作用。

（2）通过圈画相关语句，体会叙述者小伙计眼中的孔乙己和掌柜、酒客们的形象。

（3）通过圈画叙述者小伙计的表现，体会隐含着的作者鲁迅对小说中人物的情感和态度。

（4）分析选择小伙计为叙述者的作用，鉴赏小说独特的结构。

要知道，纵然《孔乙己》是九年级的课文，但要分析和理解“叙事视角”这一文学名词未免过于困难了。按照传统的教学方式，一节课若能完成目标 2 和目标 3 便已经需要花去较多的时间；如果按照陈老师的设计，以上四条教学目标都要完成，每个目标所对应的问题就都无法进行深入的探讨，只能浅尝辄止。这也是许多新教师最容易出现的问题，太想把自己的所学全部交给学生，却恰恰忽略了学生的接受能力和已有水平。于是，在我的指导下，陈老师将教学目标定为了如下两条：

(1) 通过圈画、品读描写性语句，分析孔乙己和掌柜、酒客们的形象，学习小说多角度刻画人物的方法。

(2) 认识孔乙己悲剧产生的根本原因，理解作者"将社会对于苦人的冷淡，不慌不忙地描写出来"的深意。

其中目标 1 为教学重点，目标 2 为教学难点。

二、围绕目标进行问题链的设计

确定了符合学情的教学目标后就是教学环节的设计。针对陈老师初次试教暴露出来的问题琐碎且问题容量小的不足，我建议她根据教学目标好好梳理需要解决的问题，特别提醒她问题一定要开放式、容量大、有坡度，这样才能让不同层次的学生都有话可说，教学的重点也比较突出。

经过思考和分析，陈老师修改了教学设计。考虑到这是一篇小说，陈老师围绕人物形象进行问题的设计。课堂导入的时候，陈老师通过鲁迅本人对这篇小说的解读"一般社会对苦人的凉薄"入手，通过组织学生圈画、品读描写性语句，重点解读"苦人"，从而让学生分析出孔乙己和酒客们的形象；通过分析"一般社会"理解小酒馆就是一般社会的缩影；而对"凉薄"的分析就是整堂课的难点，因为鲁迅对孔乙己不是单纯地批判，更多的批判在于对杀死孔乙己的看客们，对于孔乙己这样的可怜人，他更多的是同情和悲哀。由此可见，整堂课核心问题的分析都围绕导入时鲁迅的解读，问题链的形成十分自然。

另外，在分析完人物形象后，陈老师的两节课中都关注到了对比手法的运用，不仅有孔乙己两次出场的形象对比，还有孔乙己与酒客们形成的对比。比如，在孔乙己第二次出场时，学生关注到了孔乙己的形象已是"黑而且瘦，已经不成样子，穿一件破夹袄"，分析出他已经衣食无着、穷途末路；但是通过陈老师的引导，学生发现了这与第一次出场时构成细节对比，因为孔乙己一辈子未脱下的长衫如今变成了夹袄。还有众人的哄笑对比孔乙己"颓唐""不十分争辩""低声""恳求"，孔乙己已经这样不堪了，但酒客们仍一直不停地追问、取笑他，显示出对弱者的连续性的无情嘲弄。陈老师一边引导学生分析孔乙己和酒客们的形象，一边有意识地进行板书，最终学生就能很自然地得出对比手法的运用。

三、文本解读中对细节的把握和关注

除了问题链的形成，在撰写教学设计的时候，还需要关注文本中值得探讨的细节，尤其是像《孔乙己》这样深刻的名篇，其中有许多值得在课堂上组织学生品读的关键句。在试教的时候，因为要分析人物形象，陈老师关注了两次对孔乙己的外貌描写，但是对细节的品读还不够深入。于是，在修改教学设计时，我指导她对其中的关键句进行细致的研读，并对学生的回答做了预设。

比如，"孔乙己是站着喝酒而穿长衫的唯一的人"，就这么短短的一句，其中，"站着喝酒"可以读出没资格像穿长衫的阔绰人一样坐着喝酒，只能与"短衣帮"为伍；"唯一"显示出他的特殊、特立独行。在正式授课时按照这样的方式品读，学生自然而然学着去关注细节。例如，长衫"又脏又破"可以看出孔乙己迷恋自己头脑中虚幻的"高人一等"的身份；"身材高大"

可以看出孔乙己有劳动能力;“青白脸色”说明孔乙己穷苦潦倒、营养不良;“皱纹间有伤痕”则是孔乙己挨打、走向没落的标志;“一部乱蓬蓬的花白的胡子”则说明孔乙己年龄较大又精神萎靡。通过分析第一句话时的有效引导,学生在之后的分析中有意识地关注细节、分析细节,让孔乙己的形象在分析中立体了起来。

再比如,小说著名的结尾“我到现在终于没有见——大约孔乙己的确死了”这一句,在试教时陈老师由于没有合理安排好各环节所需要的时间,导致忽略了对结尾的分析;但在正式授课时,陈老师把握住了对结尾的分析,让学生品读“大约”和“的确”这对看似矛盾的词背后的情感,由此体会鲁迅的写作目的。在陈老师的引导下,学生能品读出“大约”说明没人再见过孔乙己,也没人关心他,所以不知道他的情况;而“的确”则说明根据时间推算,二十年前孔乙己已经非常老了,而且双腿被打断,失去了自主生活的能力,又过了二十年,确实是不在世的年纪了,何况他最后的面子都已在众人的嘲笑中崩溃,注定了结局是走向死亡。通过对结尾的分析,引向对鲁迅写作目的的分析,过渡也十分自然。

四、总结与反思

一堂语文课从教学设计到实时授课,其中有许许多多的学问值得深思,即使是较完整地解读了文本,其实还可以关注学生在写作中可以学习到的方法和技巧。例如,学生可以学习课文中多角度描写人物的方法、对比的手法及其作用、用词的细致和严谨等。虽然初次试教难免问题较多,但陈老师愿意花时间一遍遍推敲细节、尝试不同方式的教学设计,她对于工作的热情和对学生的热爱更是感人至深,激起了我初为人师时的心潮澎湃。

授之以鱼不如授之以渔。日后的带教过程中,我尝试着从不同文体的角度去指导陈老师,每种文体选择几篇典型的课文,通过我自己的示范教学和她的反复试教,三实践两反思,相互切磋、教学相长。陈老师课堂教学水平日益提高的同时,我自身也加深了对语文教学的全方位理解,让我深深认识到带教也是对自身素养的考验和提升。

带教如此出类拔萃的教师令我倍感欣慰,期待陈老师的教师之路越走越广阔、越走越远……我在此提出两点建议和希望,以此共勉:(1)班主任是一项辛苦琐碎并且长远的工作,希望陈老师能不断学习教育理论,完善自我,早日摸索出自己独到有效的教育方法,始终保持教育热情,用心爱学生,一心为学生发展,不忘初心。(2)进一步提升自身的语文专业素养,刻苦钻研,积极承担教学任务以磨炼自己,同步提升教学能力和科研能力。传播知识,就是播种希望,播种幸福。愿她就是这希望与幸福的播种人。

附:

《孔乙己》教学设计

【授课对象】九年级第一学期学生

【学情分析】

1. 对小说的学习

初三的学生已经基本了解了小说的三要素,在六年级已经学过了《祖父和我》《凡卡》,在八年级学习了《变色龙》《我的叔叔于勒》和《二十年后》，所以对小说人物形象、小说环境的分析以及正面描写、侧面描写的效果有大体的认识和鉴赏的能力。

2. 对鲁迅的认识

鲁迅的课文在六年级第一学期有《从百草园到三味书屋》、七年级第一学期有《社戏》，所以初三的学生对于鲁迅的生平经历、所处的时代背景有一定的了解，对鲁迅的文风有大致的印象，也知道鲁迅在中国文坛的重要地位。

【教材分析】

《孔乙己》是沪教版语文教材九年级第一学期第三单元"走进鲁迅"中的第三课，该单元中包含了《风筝》(散文诗)、《故乡》(小说)、《孔乙己》(小说)、《诗两首》(诗歌)和《有的人》(诗歌)五课。

小说《孔乙己》是鲁迅继《狂人日记》后创作的第二篇白话文小说，作于 1918 年冬天，发表于 1919 年 4 月的《新青年》杂志，后编入《呐喊》。小说以极简洁的笔墨和典型的生活细节，塑造了孔乙己这个被残酷地抛弃于社会底层，生活穷困潦倒，最终被强大的黑暗势力所吞没的读书人形象。孔乙己那可怜而可笑的个性特征及悲惨结局，既是旧中国广大下层知识分子不幸命运的生动写照，又是中国封建等级氛围"吃人"本质的具体表现。

【教学目标】

通过圈画描写性语句，分析孔乙己和掌柜、酒客们的形象。

通过圈画叙述者小伙计的表现，体会隐含着的作者鲁迅对小说中人物的情感和态度。

【教学重点】

分析孔乙己和掌柜、酒客们的形象。

【教学难点】

体会小说隐含着的作者对小说中人物的情感和态度。

【课时安排】

一课时。

【教学流程】

教学环节	教师活动设计	学生活动预设	设计意图
预习并完成预习单，大致了解课文文本内容	学习单问题设置： 1. 孔乙己从第几段登场？ 2. 课文中出现了几次笑？都是谁在笑？ 3. 孔乙己在小说中登场了几次？ 4. 孔乙己登场时的肖像描写分别是怎样的？	1. 第四段。 2. "笑"出现了四次，是酒客们、掌柜和"我"在笑。 3. 孔乙己登场了两次。 4. 第一次：(第四段)孔乙己是站着喝酒而穿长衫的唯一的人……也没有洗。 第二次：(第十一段)他脸上黑而且瘦……用草绳在肩上挂住。	大致了解课文的主要情节和内容，对小说形成初步印象。

（续表）

教学环节	教师活动设计	学生活动预设	设计意图
导入课文，简单回顾所学(2分钟)	1. 用孙伏园的文章引出课文。 2. 简单回顾鲁迅生平(结合预习单)。	交流鲁迅的生平(可能的回答：原名周树人；代表作《呐喊》《彷徨》《野草》等；弃医从文的经历)。	知人论世，导入课文。
初读课文，分析人物形象(17分钟)	1. 孔乙己一共出现了两次，第一次出场时作者是怎样刻画的？ 2. 分角色朗读孔乙己第一次出场时众人的“笑”和孔乙己的反应(对比)，归纳孔乙己的形象(包括“排”字、写“茴”字的情节—迂腐、矛盾)。 3. 孔乙己第二次出场时和第一次有什么不同？从中你看出了什么？ 4. 孔乙己的两次出场，小伙计都是旁观者，那么小伙计对孔乙己的态度又是怎样的？(分析小伙计的形象)	1.“孔乙己是站着喝酒而穿长衫的唯一的人”—— 站着喝酒：没资格像穿长衫的阔绰人一样坐着喝酒，只能与“短衣帮”为伍。 唯一：显示出他的特殊、特立独行。 (肖像1)长衫“又脏又破”：迷恋自己头脑中虚幻的“高人一等”的身份。 身材高大：有劳动能力。 青白脸色：穷苦潦倒、营养不良。 皱纹间有伤痕：挨打、走向没落的标志。 一部乱蓬蓬的花白的胡子：年龄较大又精神萎靡。 2. 分角色朗读： 众人：故意的高声嚷、哄笑。 孔乙己：涨红了脸、争辩。 (动作)排：拮据而穷酸的本相，卖弄自己付得分文不少，是规矩人，体现了对“短衣帮”的耻笑的若无其事。 (语言)窃书、偷书：不能改变偷书的本质、自命清高、自欺欺人、死要面子、迂腐不堪。 君子固穷、者乎：卖弄学问、迂腐可笑、喜剧性的体现、读书人最后的“面子”盾牌，对“读书人”身份的固守和痴迷。 3. <u>只有孔乙己到店，才可以笑几声，所以至今还记得。</u> 孔乙己被笑了四次。 第二次出场(肖像2)： 黑而且瘦，已经不成样子，穿一件破<u>夹袄</u>：衣食无着、穷途末路(细节对比：一辈子未脱下的长衫如今变成了夹袄)。	1. 把握小说人物形象，关注细节。(肖像、动作、语言描写) 【板书第一层、第二层】 2. 分角色朗读，活跃课堂氛围。 3.“笑”贯穿全文，联系起孔乙己的两次出场。 4. 分析小说叙述者小伙计的形象，引出文章的第三个层次。 【板书第三层】

（续表）

教学环节	教师活动设计	学生活动预设	设计意图
		盘着两腿，下面垫一个蒲包：失去生活的能力（断腿前后的肖像对比，更显示出他的悲惨，如此悲惨的孔乙己还要在酒店受众人的哄笑，更显众人的无情和冷漠）。 众人哄笑：对比孔乙己“颓唐”“不十分争辩”“低声”“恳求”。——一直不停地追问、取笑，对弱者的连续性的无情嘲弄，身体上饱受伤害，仍被取笑，完全意识不到对孔乙己的伤害，反而觉得并无恶意，开玩笑似的。 4. 小伙计：（第七段）“我”可以附和着笑；“我”想，讨饭一样的人，也配考“我”么？便回过脸去，不再理会；又好笑，又不耐烦，懒懒地答他；“我”愈不耐烦了，努着嘴走远。——从局外人（不在意）到附和、冷漠、麻木（隐含作者的情感出现）。	
再读课文，深入分析作者的写作目的（20分钟）	1. 小说第九段独立成段，其作用是什么？ 2. 之前已经分析了孔乙己是如何使人快活，那么，没有孔乙己的时候别人是怎么过的呢？（分析第十段侧面描写） 3. 文章结尾，鲁迅写了“大约、的确”这组看似矛盾的词语，如何理解？ 4. 是什么导致了孔乙己的悲剧？（得出文章隐含着的作者鲁迅的情感）	1. 第九段：孔乙己是这样的使人快活，可是没有他，别人也便这么过。结构上承上启下，内容上写出了“无可奈何的寂寞之感”，这寂寞属于孔乙己的可有可无的悲哀，还属于小伙计和一般人。 2. 第十段（封建社会的黑暗之处）： （1）丁举人：也是读书人，通过科考取得功名，然而，一个读书人对一个底层的小人物无情地施暴。 （2）人们的对话很冷漠、无情，对于一个给酒店带来欢笑的人的厄运，一点反应也没有。 3. 大约：没人再见过他，也没人关心他，所以不知道他的情况。的确：根据时间推算，二十年前孔乙己已经非常老了，而且双腿被打断，失去了自主生活的能力，又过了二十年，确实是不在世的年纪了，何况他最后的面子都已在众人的嘲笑中崩溃，注定了结局是走向死亡。	1. 除人物形象以外，进一步分析段落在结构上的作用。 2. 关注细节。 3. 小说虽然叫《孔乙己》，但孔乙己只是小说人物的一部分，整个咸亨酒店是一整个封建社会的缩影，所以在分析孔乙己的时候还要兼顾酒客们、掌柜和小伙计的形象。

（续表）

教学环节	教师活动设计	学生活动预设	设计意图
		4. 悲剧的原因：自身的矛盾、迂腐、可笑；众人的嘲笑（中国的看客是“无主名无意识的杀人团”）；中国封建等级制度背景下人们的无情、冷漠。 鲁迅：对孔乙己的不幸和可笑有同情、有悲哀；对看客们的无情和冷漠、对旧中国的封建等级制度所遗留的“吃人”本质是批判和痛心的。	
总结并布置作业（1分钟）	1. 用导入时孙伏园写的鲁迅总结全文。 2. 布置作业：以“孔乙己，我想对你说”为题写随笔，字数不限。	1. 总结。 2. 完成作业。	1. 总结时也引用孙伏园的文章，呼应导入部分。 2. 随笔的形式让学生自由抒发对课文的感触。

【课后作业】

1. 本文选自（　　　　　　），文体是（　　　　）。

2. 给加点字注音。

茴香豆（　　　）　　羼水（　　　）　　舀出（　　　）

打折了腿（　　　）　　蘸了酒（　　　）　　门槛（　　　）

3. 简单概括小说的创作背景。

4. 本文的作者是（　　　　），简单说说你对他的了解（不少于三点）。

5. 孔乙己第一次正式出场是在小说的第（　　）段。

6. 小说的叙述者“我”的身份是（　　　　　　）。

7. 摘录孔乙己在小说中两次登场时的描写。

（1）第一次：＿＿＿＿＿＿＿＿＿＿＿＿＿＿＿＿＿＿＿＿＿＿＿＿

（2）第二次：＿＿＿＿＿＿＿＿＿＿＿＿＿＿＿＿＿＿＿＿＿＿＿＿

8. 用一个词语概括孔乙己在你心中的形象：（　　　　　　）。

9. “孔乙己是这样的使人快活，可是没有他，别人也便这么过。”这一句独立成段，谈谈你读这句话的体会。

追求卓越，奋楫者先

——从“我不敢”到“我可以”

上海市松江区民乐学校　谢红新

上海市见习教师规范化培训考核方案一出，见习教师的议论引起我们的关注。在听取了他们的想法以后，我做了一次分析，大致集中在以下几点：教学活动中的观察和讲评我行吗？备课专业吗？上课规范吗？反思深刻吗？

通过一学年带教磨课的历练，见习教师课堂操控能力得到全面提高。“因材施教，因生定法”是我向他们推荐的课堂教学理念。根据本校学生的特点，应注重基础教学，加以适当的知识拓展教学，那我们就必须从教案设计和课件制作入手，利用好校本，适应学生，落实教学。见习教师会担心在考核中的表现，影响到最终的见习成绩，因而不主动承担展示活动。我们没有批评见习教师们的想法，而是从他们的想法中重新思考我们的带教策略和形式是否真正有实效。指导教师深入见习教师中听取意见，有的面对面谈心，有的通过网络进行沟通，详细了解见习教师的真实想法和建议，对我们的带教策略和形式进行了调整。

一、指导教师“做”什么

将培训内容分块落实，每块培训内容分解细化成每月内容，并落实到每周和每一次活动中。

要求见习教师在每次见习时都带着问题、提交问题，接受指导。指导教师根据见习教师提交的问题设计下一次指导方案。

指导教师通过布置学习任务，做到任务驱动，让见习教师带着任务去思考。

二、指导教师怎么“导”

每月必须向所有见习教师公开进行教学活动一次，起到示范与展示作用。

每月我们邀请资深专家来校，为见习教师开讲座，进行专业引领，实地为见习教师答疑解惑。比如在指导见习教师上《上海的弄堂》一课时，通过深入课堂，从本土挖掘教学素材，在掌握教学基本功的同时，去备好教材，备好新课标，备好学生，巧设教案，巧制课件，巧用教法，共同向更高的教学技能迈进。

以身示范。在承担见习教师带教工作过程中，我以身示范，承担市区级公开课《一百个问号之后》，践行以学定教、先学后教理念，以此课为案例帮助见习教师直观地感受教案的规范化撰写，并坚持每月对见习教师进行现场案例剖析与诊断，有针对性地指导。

三、指导教师如何“变”

通过一学年的见习教师规范化培训，指导教师总结经验，反思方法，不断完善培训方案，探索出一些有效的带教形式。有效互动：我们开展“师师互动”“生生互动”的带教形式。除了每日指导教师和本班见习教师之间的互动外，还采用了指导教师间和见习教师间的互动，大家交流带教经验、学习心得，彼此之间洋溢着浓浓的师爱、友爱。跨班学习：除了在指导教师班中观摩，还到班中学习，了解同一年龄段学生不同的行为表现，提高解读学生行为的能力。通过看教学、评学习、设计问题，较全面地了解各年龄段学生的年龄特点、课程目标、组织实施等。通过对带教策略和形式的调整，使新教师的见习工作更加落到实处。在学年末的考核中，见习教师积极大胆地进行实践展示，在自评、互评、指导教师和领导小组共同评分下，推选出佼佼者，他们分别承担生活、运动、教学、学习中的一个内容进行实践展示。考核的氛围轻松愉快，大家抱着学习、交流、共同提高的心态，在讲评的环节中，见习教师畅所欲言，纷纷发表自己的想法，并进行现场演示。“如果是我，我会这么做……”成了整个活动的主题。

在见习教师规范化培训的管理模式上，行政与教学双向指导，把握培训的总体方向和培训策略，全面负责培训工作，检查落实培训计划的执行；指导教师落实培训内容中具体工作的培训方案，带教好见习教师。这样的管理模式体现了行政监管、业务助推、指导教师具体落实、见习教师主体化地位四位一体的合力。

在培训的考核模式上，我们变四大板块的逐一考核为过程性评价与总结性考核相结合的考核方式，更关注见习教师的自主发展。

另外还形成日常见习质量考核与实践考核相结合的方法，采取学员的自评互评，带教教师的定时间、定内容、定要求的检查与评价，领导小组阶段性抽查等多种形式的培训考核模式。

见习教师规范化培训的管理与考核，使新教师从原本的只跟从带教教师变为敢做了、敢说了，与指导老师之间有了对话，学会了思考，敢于提问。

成长如烹饪

上海市徐汇中学　陶　琦

2011年10月，徐汇中学成为“上海市中小学(幼儿园)见习教师专业化培训”60所试点学校之一，接受了五位见习教师的培训。学校围绕“职业感悟与师德修养、课堂经历与教学实践、班级工作与育德体验、教研与专业发展”四个模块十八项要点扎实推进各项培训，积极探索既体现学校特色又符合新教师成长规律的规范化培训机制。

我有幸成为零陵中学数学教师小陆的带教导师，着重就“课堂经历与教学实践”这一方面开始了我的导师生活。随之也带来了我的思考：要想烹饪一道好菜，前期的准备工作很重要，当挑选食材、清洗完毕、刀切配料等一切准备就绪之后，下锅便是那样的水到渠成。那么，一年的见习培训，要想水到渠成，我们需要做些什么呢?

一、准备期

(一) 练听课

1. 听课，听什么、记什么

新教师听课往往只是记录上课讲了哪些例题、让学生做了哪些练习，较多关注的是讲了些什么，而不重视怎么讲。而事实上，职初教师要练的基本功之一就是讲正确、讲清楚。因此，指导新教师学会听课、学会记录，应该是培训的第一课。

记得第一天小陆听我的课时，他一直在很认真地做笔记。课后我拿过他的笔记，只见上面记录的是这节课的整个过程。我思索了一会儿，问了他一个简单的问题：“小陆，你觉得作为一名教师，听课到底要听点什么?”他被问得有点莫名，不知如何回答。我笑了笑，说：“听课不能只是简单地记录过程，要多想想每个地方讲课的老师为什么这么讲，对于每个问题是如何提出的，又是如何引导的。作为新教师没有经验，听完课以后还要仔细思考这节课的重点在哪里，细节是如何处理的，板书是如何设计的，等等。单单记录过程是不够的。”见他频频点头，一副恍然大悟状，我顺势给小陆提出了听课的要求：每次听课时要记录下分析问题时的设问；听完课后还要思考这样讲的目的是什么，这节课的重点和难点是什么。有意识地培养他听课时的关注点要全面。

慢慢地，听的课多了，我感觉小陆自己也能总结一些方法技巧，也能够独立判断出一节课的精华，有时还能提出一些意见来互相讨论。这一切，为新教师今后自己设计教案打下很好的基础。

2. 多听课，学评课

只听导师一个人的课总觉得有局限，还不够丰富。于是我充分利用身边的每一份资源，让小陆能有机会听到不同教师的上课风格。从本年级备课组的活动，到学校骏马奖的比赛，再到区教研活动的展示课，无一落下。课后我还与他一起讨论其他老师课堂上的亮点以及可以改善的地方，并让他做出书面的点评。这样让他作为旁观者能初步分清一堂课的优劣，不断提升评课的能力，让他初步了解一堂好课要注意些什么。

特别是让他全程观摩了徐汇区数学青年教师大奖赛的决赛，并让他自己在心里也当了一回小评委。多人上同一课题，更是让他感受到同一问题不同处理的优劣，从中学会了听课、学习了评课。正如小陆所说："当我心中评出的人选恰巧与结果一致时，真实地感受到了培训带来的进步。"

（二）练做题

1. 大量做题

新教师要能较好地把握教材、做到精选例题，首先要大量地做题。这样，他才能更好地熟悉教材，才能对教材的重点有所感悟，才能了解哪些题具有典型性。所以，我要求小陆大量地做题，并要求他将所做的题进行归类，相应地分析某一个章节的知识点可以如何应用，学习挑选有代表性的例题。

另外，做的题不仅仅局限在本年级本阶段的相应习题，有时间的话还要求做毕业班的复习题。这样才能纵观全局，更理性地认识每个知识点在整个初中阶段的比重，为精选例题、优选练习、编好试题做好准备。

2. 规范书写

要想让学生养成良好的书写规范，教师首先要知道如何才是规范的。例如平面几何证明题，不仅要培养学生的逻辑思维能力，而且还应培养学生规范的表达能力。教学生写好每一个逻辑段是一项重要的任务，因此新教师首先要规范好自己的写法。于是，我要求小陆也像学生一样认真地书写几何证明的回家作业，并交给我面批。我还要求他写出每一条定理在使用时如何将文字语言转化成正确的符号语言，以此来训练新教师自身的几何素养。

（三）练批改

新教师刚开始批改作业，学生作业本上常常只留下简单的"钩"与"叉"，教师自己也没有留下什么记录。这样批阅之后，学生不一定能自我订正，教师也不明确哪些问题需要讲评。这样简单的批阅显然是不行的。

于是，我要求小陆仔细阅读学生的解答，圈出错误的地方，记录下典型错误，还要挑出明显没搞清楚的学生作业，以备单独交流。这样，在集中讲评时就能有针对性地讲主要问题；个别学生的个别错误，通过老师的圈画可以自我订正；困难学生可以通过单独辅导达成学习目标。这样做，从批改的时间上看是增加了工作量，但是讲评的效率也增加了。因为有效的批改才能使得作业能有效地讲评。

（四）练命题

命题是教师工作的一个重要环节，也是教师基本功的重要组成部分。因为它关系到日常教学评价的准确度，关系到教师作业布置是否有效、对学生的思维训练是否得当。命题能力体现教师的专业水平，因为一份科学、有效的试题不仅体现教师对课标、教材的理解与把握能力，也体现教师对学生的研究深度、对学生学习的了解程度。

第一次命题时，我先给了小陆一些资料，让他从中挑选题目完成一份单元试题；初稿完成后，再指导他对照本单元的知识点，看是否都有相应的试题与其对应，从而找出遗漏的内容；然后指导他注意试题编排的顺序是否合理、难易比例搭配是否科学，最后再对试题整体的排版加以调整。通过这样一些有针对性的指导，让新教师可以初步感受怎样命题，试卷命题要注意哪些方面，为以后能独立命题打好基础。

二、慢火期

进行了大量讲台外的工作之后，是时候走上讲台了。

第一次，安排小陆上一节代数课“反比例函数第一课时”。首先让小陆自己独立准备教案，第二天我与他一起讨论分析；接着让他回家修改并设计板书，第三天我再帮他一起修改；然后回家再修改并写下各环节的连接词；随后让他听我上了同一节课，回家再做思考。就这样，前后经历了长达一个星期的时间才让他走上了讲台。课后，继续根据课堂上出现的问题再次做了点评。总体来说，通过反复磨课和修改点评，小陆第一次上课效果不错。

第二次，安排小陆上了一节几何课。经历了前一次一样的过程，但是课堂效果明显不如上一次代数课——语言啰唆，分析不够，对于课堂上的生成性问题无法灵活面对，一些备课时无法预料的问题让他有一些措手不及。他自己也感到“几何课比代数课难上，看别人上课容易自己上课难”“备教材不够，还要备学生”。此时的小陆再次体会到：听别人上课要听“怎么分析，怎么引导”。

可惜的是没有把当时上的课录下来。如果下一次再有机会带教的话，一定要把新教师上的每一节课都录下来，没有录像的话录音也可以。让他回家再仔细听，哪些地方啰唆了？哪些地方没讲清楚？自己边听边记录边反思，可能进步会更大。

三、大火期

经过一个阶段的带教、培训，在全校教师面前进行公开课教学展示，也是很重要的一个环节。为此，学校为青年教师搭建了一个展示自我的舞台——一年一度的“新苗奖”评选活动。

依托学校“新苗奖”这一平台，小陆给自己提出了挑战，他依然决定上一节几何课“平行四边形判定第一课时”。我作为导师自然不敢怠慢，调动了备课组所有成员和教研组内一些资深教师，一起组成了导师团。经历了一次次试讲，通过一次次磨课，反复修改了教案。最后一次试讲结束之后，又借了没人的教室，指导板书设计，就在那里不断地写了擦、擦了写，并要求他把上课讲的每一句话都写下来，把学生可能出现的问题考虑清楚。由于在短期内进行了高强度的磨课，正式开课那天自信的小陆圆满地完成了任务，取得了一致的好评。这次“新苗奖”的经历，对小陆来说也许是一次“痛苦的煎熬”，但是只有通过这样的磨炼，新教师才能更快地成长。

成为上海市见习教师培训基地对我校是机遇更是挑战，它必将成为我校教师专业发展的助推器。学校将继续处理好见习教师培训与教师研训的关系，将见习教师培养融入教师培训系列中，对教师培训进行整体设计，探索不同阶段教师培训机制，努力提升学校教师专业发展的整体水平。而作为导师的我，在这一年中与新教师互相学习，让我在各方面的能力也不断得到了锻炼与提高。同时也让我深深感受到“培训如烹饪”，只有经历了长期的准备、慢火的炖煮、大火的煎熬，才能收获美味佳肴。

育人先行,着眼细微

上海市徐汇区教育学院附属实验中学　姚　卿

2012 年 9 月长桥中学的王老师正式成为我校见习基地的学员教师,而我也成了她的带教导师。面对这个朝气蓬勃的青年教师,面对每周两次的听课与研讨,我深感责任重大。

一、接纳共情,用心引领

刚刚走上讲台的青年教师,两个教学班加上一个班主任,再加上每周跑两天基地学校,工作量已是超负荷,但好学的王老师依然热情饱满,勤学好问。一开始她就满肚子问题,诸如学生上课闹腾、课间打闹、不交作业等怎么办,满心希望能从我这里得到些法宝,把学生治理得井井有条,个个爱学习守规矩。

我没有直接告诉她我的治班法宝,而是先和她聊她的学习经历,诸如喜欢什么学科、讨厌什么学科、为什么喜欢、为什么讨厌等。慢慢地,她自己得出了结论:喜欢的学科是自己最擅长的学科,最擅长的原因是以前遇到一个好老师,教得好,人也好,同学们都喜欢她,也都喜欢上了这门课。我笑着告诉她,希望她也能成为这样的老师。

随后,我和她分享了几个孩子的成长故事。小浩十分调皮,各科成绩都是十几分,上课撕纸做纸笛子吹,下课闹腾,四处惹人,下楼不走楼梯而从扶手上滑下去。家访时,我得知他从小父母离异,跟着妈妈在斗室里生活,没有活动空间,甚至没有书桌,他的所有活动空间就是他的小床,床上堆满了他的玩具和书。小涛天天惹是生非,课上时时插话搞笑博关注。后来我了解到,他小学时父母离异,爸爸几个月后就重组家庭,不久他就多了个妹妹。他跟着爷爷奶奶,因为过分顽劣,爷爷奶奶管不了,就送到了爸爸家里,没有多余的房间,他只能睡在客厅的沙发里。这两个孩子的表现很相似,家庭情况也很相似,了解了他们的处境,就不难读懂他们这些出格的言行的背后是多么深沉的自卑和渴求被关注的心理。这样的孩子太缺乏关爱了,以至于他们要用顽劣、搞怪的方式来博关注刷存在感。面对这样的孩子,我们怎么能就批评几句了事呢?

每一个孩子的心灵只会向那个真正懂他的人敞开,教师想要去改变一个孩子,首先要和这个孩子建立信任感,正所谓"亲其师,信其道"。初中的孩子,都不是一张白纸,十几年的原生家庭与学校教育都给他们留下了深深的烙印。有的学生成绩不好,可能早在小学两年级就已经掉队,你要他短时间内跟上大部队是不现实的。所以,教师要尊重每一个学生,接纳他的所有,优点与缺点都要全盘接纳,以此为基础,慢慢引导他进步。要让孩子觉得你相信他能做好,且坚信他在努力,只有这样孩子才会有勇气、有信心。

在随后的日子里,王老师经常会向我询问一些关于学生的问题,我也会经常向她分享我以前遇到过的一些学生的事情。每一个孩子都不一样,可教师对孩子关爱尊重的心是一样的，善于捕捉闪光点的方法是一以贯之的。我校的德育工作一直有这么几句话："育分先育人，育人先育心，育心需动情，育志方远行。"附中的育人文化、我的育人经历都是滋养王老师的极好养分。

二、聚焦课堂，以学定教

作为教师，站稳讲台是根本。初入职的王老师，对于课的设计还懵懵懂懂，所以刚开始时，我要求王老师听课后完成课堂实录，还原这堂课的重难点和大环节。每次王老师完成后，我们都会有很长时间的交流，慢慢地王老师能划分出大的环节，能明白教学重点与难点，能明确哪些是预设哪些是追问。在随后的日子里，每次听课前我都会要求王老师备好课再来听课，课后我会先听王老师说说她的设计与想法，然后再与王老师分享我这堂课的设计思路，为什么重点要这么定，难点究竟怎么铺设引导。我也会带王老师去听另一个班的课，引导王老师明白，不同的班级会有不同的诉求，教师的课堂既要有自己的风格，更需要根据学生的学情来制定教学重难点、设计课堂重要环节。学生会的不教，不会的就是课堂的重点，这就是以学定教。

正如王老师在培训小结里所说："在老师的引导下，我渐渐地知道了要根据《课程标准》来确定一篇课文的教学重点，要根据学生的实际情况来确定教学难点，并根据重难点来确定教学环节。教学环节不宜过多，问题不应问得过细。每堂课的主要问题的设计要牵一发而动全身，要引导学生深入文本去思考、去体悟。"

在王老师上《天上的街市》一课时，一开始王老师准备在课上教学生明白联想和想象，可对于六年级的学生来说，对于诗歌的理解需要浸润。我们结合课标，最后定位为通过朗读来体会诗歌的节奏美、意境美，从而理解作者追求美好生活的思想感情。一开始王老师的设计过于零碎，一句一句地读，一句一句地品，这样的课堂，很容易让学生厌烦。在不断地磨课后，我问王老师自己读这首诗时第一感觉是什么，王老师说，没什么特别的感受，就是觉得很美。我请她就用这样的思路去设计教学。于是，王老师设计了"我认为诗中________一词(句)写得很美，因为________"的核心环节，终于避免了零打碎敲的问题。可对于诗歌必须重朗读，王老师一直觉得自己朗读不好，不敢范读。于是，我为她示范，鼓励她尝试，在最后正式上课时，王老师终于用自己的范读取代了放录音。用她的话来说，这也是一次"突破"呢！在王老师的培训小结中，她说："那堂课的设计、实施很让我激动，那种心情包含着前期的忐忑、初次尝试的不安，以及一丝敢于突破自己的自豪。"

教学课是这样，主题班会也是这样。在我校育人奖主题班会复赛时，我叫上了王老师一起来听课，听完后一一探讨，帮助王老师明白主题班会的意义。主题班会的召开应该要解决班级学生的共同问题，而教师要做的就是帮助学生学会分析问题、解决问题。所以，教师应该是一个发现者、引导者，学生才是课堂的主体。王老师很善于学习，一点就通，她之后的主题班会源于班内生物角的鱼死了而展开，引导学生思考这件事是谁的责任。是管理者？班干部？普通同学？并随之思考班级里还有哪些责任需要大家来承担。这堂课上得很成功，成功在这堂课引导学生意识到每个人都是集体的一员，既需要各行其责、认真履责，也需要互相配合、共同承担——一个优秀的班集体正在慢慢形成之中。

三、言传身教,春风化雨

面对青年教师,作为导师的我压力不小。我既要认真设计我的教学,课堂上做对做好示范,平时的一言一行也会尽入学员教师之眼。教育,从来都是言传身教的。

这一点在王老师的小结里也得到了很好的印证。对于"业精于勤",王老师说:"这次展示课的正式教案前前后后与姚老师一起磨了四五次,而在上课的前一晚,我的简案还修改了五稿,姚老师也一直陪着我修改到晚上 11 点多,并且还嘱咐我第二天早点到校再为教案进行一个最终的修改。说实话,我是真的有些埋怨的,一开始是重难点的混淆和措辞的不妥,后来是重点问题的预设,再后来是字号、序号。我心想:为何一定要做得如此完美? 连字号、行距都得调整,真有点过于严苛。现在回想起来,做任何事都必须认真细致、精益求精,尽管过程很'麻辣',但只有这样才能出精品,才能有长进。"

对于育人,王老师说:"在基地校里,我也看到了一幕幕值得我学习的地方。比如姚老师与学生之间的关系就掌握得恰到好处。在下课的时候,我总能看到姚老师的周围围着一圈学生,而姚老师也会利用这段时间或是和某一个学生谈话,又或者是与学生们一起讨论他们班上最近的小发明,还经常能看到姚老师给学生整理衣领、拉着学生的手谈话。……姚老师告诉我,只有让学生真正体会到你是关心着他的,学生才会愿意听你说。所以,情感上的投入最为重要,尊重一个学生就要全盘接受他的全部,包括缺点,包括以往的种种不佳表现。……姚老师总是提醒我,每个孩子都有一颗向上的心,不少孩子的问题都是以往十几年累积而成的,有家庭家长的因素,也有以前教育的因素,所以要充分理解孩子,包容接纳他的过去所有。"

在带教王老师的一年里,我看到了王老师的勤奋与努力,也看到了王老师的好学与毅力,一年培训结束时王老师代表见习教师做了发言,也获得了优秀的考核等级。见习期结束,王老师依然会在 QQ 上与我沟通交流教育教学上的问题,她的爱心与智慧深深地打动着她的学生。每次遇到长桥中学的校长、老师,大家都夸她能干。今年王老师获得了区育人奖,我真是十分为她高兴。

为新教师起飞铺好跑道

上海市辽阳中学　葛琛静

一、案例背景

随着教育综合改革的不断深入、学生核心素养培育目标的提出，我们不难发现：社会、学校对教师队伍专业素养、创新实践能力等提出了更高的要求。加强教师队伍建设，特别是加强新教师培养，使其更快成熟并在教育教学中承担实践研究重任，已成为当前上海市各校普遍的发展需求。近年来，因所在学校被确定为中小学见习教师规范化培训基地，自 2012 年起，我有幸承担了数十位见习教师的带教任务，就如何有效开展区域青年教师的培育展开了深入思考。

二、具体做法

（一）注重培养一个意识——深度思考、广度学习

在带教见习教师的过程中，笔者发现，新教师普遍不能正确处理好课前预设和课堂生成之间的关系，往往对教学问题的预设过于死板，给予学生对问题思考的路径过于单一。其结果就是，打击学生参与课堂教学的积极性，降低学生在学习中的思维活跃度。正确处理预设和生成的关系，取决于教师对教材的熟悉程度。说到底，这是语文教师在教材把握上是否有相当自信的问题。而回到现实，由于深度备课和广度备课需要大量时间，且不一定产生即时效果，因此初中语文新教师刚刚走上岗位，急于证明自己，其备课常常是以教参为依据，以他人教学设计为参照，缺少自己对教材的独立思考、对文本价值的有效挖掘，自然地，深度备课、广度备课就无从谈起。所以，预设自然缺乏足够的包容空间，回应生成自然也缺乏必要的弹性。同时，语文学科的特性，决定了语文课堂教学中需要教师高度关注学生咬文嚼字、语言逻辑方面的情况。学生回答的每一字、每一词都关乎其对文本的理解。由于教案设计简单模式化、单一平面化，新教师无法在短时间内对学生生成作出有效判断，出现教师简单应对生成，刻板遵守教案，将学生生拉硬扯回预定教学轨道的现象也就不足为奇了。因此，正确处理预设和生成的关系，需要新教师摒弃务实主义备课模式，围绕教材多进行些看似“无效”的无用功。在培养见习教师的过程中，带教者应该不断帮助见习教师形成一个意识：只有进行了有深度的思考、有广度的学习，方能厚积薄发，才能在课堂上轻松应对学生生成的问题。

笔者以为，在课堂实践指导时，带教教师重点不是教新教师如何设计教案，而是围绕教材，针对新教师实际，为其设计学习任务。如在新教师执教《永远执着的美丽》一课前，笔者首先要求其搜集袁隆平的相关信息，并要求其摆脱教参观点，撰写《我眼中的袁隆平》。同时，又与其一同就通讯报道这一文体如何展开教学进行了教学路径的深入探讨。笔者再要

求其仔细阅读相关成功的课堂教学实录，撰写《永远执着的美丽》语文知识教授重点。随后，再要求她围绕课文内容进行主问题以及问题链的设计。就这样，通过一个个备课环节的细致指导，新教师对教材有了深度的思考、广度的学习，对《永远执着的美丽》所蕴含的价值观、语文知识元素有了清晰认识，在课堂教学中，应对学生的回答，从容自如、有效引导，学生思维活跃，参与教学积极，与其以往课堂教学沉闷的表现对比，有了明显的进步。

（二）注重完善一套评价——分层分级、正确评价

正确处理预设和生成的关系，还取决于教师对学生的熟悉程度。教师足够熟悉学生个体、足够了解学生认知规律，即备好学生是备好课的前提。当然，对新教师来说，这需要时间，也需要过程，能够懂得和能够实践完全是两码事。因此正确评价新教师，激励与鞭策其成长尤为关键。笔者在带教见习教师过程中，曾邀请一些学科教师前来指导其课堂教学，教师们的评价普遍都是以一名优秀教师为标准展开的，因此评价基本都是负面的，正面激励性的评价几乎没有。这一度造成了新教师对自己职业选择正确性的怀疑。笔者认为，“好孩子是鼓励出来的”，好教师亦是如此。

以一名优秀教师的标准去要求成长中的见习教师，这既不公平，也违背了循序渐进带教的初衷。因此，如何正确评价见习教师，引导见习教师正确评价自我，明确自我发展步骤，需要进一步细化见习教师成长阶段，明确阶段评价重点和要求。结合实际，笔者将新教师成长划分为三个阶段：第一阶段是有效师生互动阶段，第二阶段是教师有效引导阶段，第三阶段是教学完整性阶段。第一阶段重点是要求新教师能与学生就课堂教学问题进行平等探讨。例如，在课堂教学环节设置一个板块“你说我说”，让师生就一个课堂教学问题进行讨论，畅通师生交流渠道。笔者在带教过程中曾尝试在课堂上增设了一个“论 · 语”板块，即以《论语》教学为出发点，以陈述性知识掌握为基本点，以师生互动交流为尝试点，提供师生互动交流平台。第二阶段是教师能在不限制学生思维的情况下，对学生进行引导。这一阶段带教教师可以将语文拓展课、语文探究课作为新教师历练的平台。例如，笔者曾以沪教版九年级第二单元“综合学习——爱情，心中的玫瑰”为实践点，帮助新教师就如何引导学生形成正确的爱情观进行实践。新教师将“爱情是什么”这一话题作为贯穿全课的主话题，通过“爱情佳作我赏析”“我眼中的爱情故事”“爱情如是说”等环节开展教学，逐步引导学生感受爱情的魅力，懂得爱情的真谛，树立正确的爱情观。第三阶段就是教师通过互动和引导，完成课堂教学。这一阶段是前两个阶段效果的检验阶段，通过实践积累，指导新教师独立完成课堂教学设计，实施课堂教学，完成教学任务。这一阶段也可采用实验参照教学，即要求新教师自主设计教案，在实验班进行初次教学，并采用录播形式，将新教师的课题教学情况全程录像后进行课堂教学行为的分解与评估，帮助新教师诊断自身问题，反思教学问题，及时解决问题；之后要求新教师在对照班进行二次教学，全程录像，比对问题，帮助其解决课堂中存在的问题。通过分阶段、分层次设计并运用新教师评价体系，实践证明，笔者所带教的新教师成长较快，得到了新教师所在学校教研组的好评。

（三）注重依靠一个团队——组团聚力、合力带教

在进行见习教师带教过程中，笔者尝试进行组团式带教，即邀请语文组内富有经验的语文骨干教师参与见习教师指导工作。组团式带教的步骤和方法主要有“组团聚力”“亮牌承

诺”“划块明责”“合力带教”“多元评价”。在带教过程中，带教团队做到各展所长、各司其职。我们按照教学实践、教学理论、本体知识、教学研究四个方面划分带教任务，明确带教责任，切实发挥带教团队成员的各自优势。如在对见习教师李老师进行课堂教学行为矫正指导时，笔者设计了这样一个任务：依据课堂观测要求，如师生互动、课堂导入、问题设计坡度、教师教态等，观测组内五位组团带教教师的课堂教学组织情况，做好记录、认真分析。通过观测不同教师的课堂教学，见习教师获得了大量的观测数据，并在此基础上对如何把握教学主导与学习主体之间的关系有了理性的认识。这一做法对其自主矫正自身的课堂教学行为起到了很好的效果。

通过一个阶段的实践，笔者还着力从三个方面进行拓展，深化组团式带教。一是在组团范围上拓展，即从校内向校外拓展，进一步吸纳教学有优势特长的教师加入团队，切实提升带教团队整体力量。二是在带教内容上拓展，即在教学带教的基础上，着力就家校社协同育人开展研究，尝试进行“‘三位一体’下的学生语文核心素养培育”的课题实践，进一步拓宽带教内容，切实形成全方位带教工作机制。三是在带教形式上拓展，即从“划块明责”带教向项目化带教拓展，进一步细化带教责任，制订并公布带教项目菜单，通过项目认领，进一步明确带教责任，切实提升带教实效。

三、成效与展望

（一）教学相长，实现了一个师徒共同成长愿景

带教工作是辛苦的，但更是有收获的。收获一是见习教师成功完成了角色转化，从一个大学生快速地转型为一名语文教师。六年中，笔者所带教的青年教师成长良好。两位教师脱颖而出，参加了上海市中小学（幼儿园）见习教师基本功大赛，获得市级奖项。多位教师撰写的教学论文在市区级刊物上发表了。多位教师进行了公开教学展示，获得市区级奖项。收获二是作为带教者的我也在带教过程中实现了自我的成长。2012 年至今，笔者成为杨浦区语文学科中心组成员，杨浦区第二、三届语文骨干教师，杨浦区第四届区学科带头人，上海市青语会成员。笔者也不断向自己提出了专业发展规划，撰写的多篇文章收入市级核心刊物，所撰写的论文荣获市区教育教学科研成果评比奖项，曾荣获上海市园丁称号、杨浦区园丁称号、杨浦区新长征突击手、见习教师规范化培训学科优秀指导教师、杨浦区感动校园人物、区德育先进个人等多项殊荣。

（二）组团发展，创新了一种培训实践模式

新教师的带教工作对于笔者而言是一项极具挑战的工作。如何提升带教工作实效，让见习教师得到最大限度的提升是我在带教过程中思考的一个课题。因此，笔者尝试以课题为引领，带领所在学校语文组的教师们通过“基于组团式带教模式，开展初中语文学科见习教师培养的实践与研究”课题实施，进行见习教师培育模式的探索。我与学科教研组教师们共同探索，形成了“亮牌承诺”“划块明责”“合力带教”“多元评价”等组团带教板块。这一实践既有效提升了带教效果，同时也对学校学科教研组建设、不同层次的教师专业成长起到了很好的推动效果，更为区域开展见习教师培养提供了可行的带教参考模式。

为新教师铺设好一条起飞跑道，让他们自由翱翔蓝天，我将继续一路探索，一路前行！

课堂建模，课程建设，育人管理

——打好见习教师带教第一桩

上海市第三女子初级中学　马　琳

从走上工作岗位那天起，教师就应自觉地专业成长，否则，就会遭遇职业倦怠侵袭。作为一名导师，我深知自己承载的历史使命，教师职业生涯第一步的精准和踏实，与教师未来的发展和职业幸福感息息相关。而数年的带教心得让我更加清晰地把握了教师专业发展的三个重要方向：课堂建模、课程建设和育人管理。

一、课堂建模，立足之本

课堂经历和教学实践是教师入轨的立足之本。经过一年的培训，学员应能独立备课、上课，站稳三尺讲台。课程设计聚焦新教师课堂驾驭最核心的技能与素养，从授课的方式上看，讲授为主，研修并举，以任务驱动，反馈学员课程学习的效果。

但凡优秀教师，都必须过课堂关。没有课堂做基础，优秀是没有办法实现的，沿着课堂建模方向成长，应该过好四关。

（一）教学设计关

基于课标、源于教材的国家课程校本化实施的第一步，即要求教学过程设计新颖、教学目标把握准确、预设空间宽广、方式方法选择适当。

以阅读课型设计为例，我在指导学员时，特别强调从四个方面进行整体教学设计：一是以课程目标和学科基本要求为纲，涵盖语言能力、文化品格、思维品质和学习能力；二是熟悉教材，全面把握文本，包括文本的特征、背景资料的收集、文本语言分析等；三是依据学情，关注学生的认知水平和特点，确立目标策略；四是把握原则，进行有效设计，关注阅读过程、挖掘人文内涵、重视学生语言和思维的培养。

课堂活动设计要有格局性和针对性。读前活动突出目的性、针对性、关联性、直观性、启发性和趣味性。读中环节聚焦语篇的理解，从文本大意到细节，阅读教学活动使学生保持活力和动力。读后环节活动设计以文本为依据，以学生为主体，以生活为背景，突出巩固性、开放性、应用性、生成性原则。

通过研究课标、教材、学情，重新审视有效课堂教学的要素和策略，从宏观到微观规划、设计课堂教学，帮助青年教师树立课程观和科学发展观。

（二）目标达成关

新教师刚踏上讲台，多关注自己所授内容是否讲完，而容易忽视教学内容的落实度和学生的掌握度。

目标达成是基于课堂结果的评价指标，每个教师都必须特别关注，怎样精美的教学设计都不能替代达成教学目标。堂堂有质量、节节有精彩，目标达成的方式方法要有鲜明的个性，要有改善教学过程的策略。

见习教师课堂实践的第一桩要打得准，打得扎实，打得响亮，诊断性跟踪听课经实践证明是非常有效的。我在见习教师授课前和他们一起磨课备课，修改教案。之后，我带着观察量表走入课堂，看见习教师的时间分配是否合理，七年级英语句型教授是否落实引入、操练、运用三环节，语言的输入与输出是否有效，师生、生生的互动是否到位，教师的评价是否得体等。

（三）教学反思关

依据学员的核心问题，每次跟踪调研解决核心问题。我组织学员互听，同伴之间进行交流，相互汲取。在听评课环节，我要求学员就课提出两个问题，发现学员授课的闪光点，激励学员勇敢面对问题，不断反思、改进、前行，扎扎实实迈好每一步。这是教师改进教学方式方法、改善教学过程的一个关键环节，反思越彻底、越恒久、越深刻，课堂改进就越有效，专业成长就会越快、越好。

（四）课堂建模关

很多教师教了一辈子书，都不知道自己的课堂教学模式是啥样，总结不好，表述也不到位。专业成长向好的重要标志就是有自己课堂建模的过程和结果，可以学习，也可以推广，这便是课堂建模方向的最好发展。

因此这就要求学员需要有教学的研究能力。专业发展离不开教学理论专业书籍的研读。我推荐学员研读特级教师朱萍老师主编的《初中英语阅读教学设计》一书。这本书阐述了阅读教学等不同课型设计，对于初涉教学岗位的教师非常适合且极具指导意义。

我作为一名导师，一直孜孜以求，不断突破和挑战自我。我为学员示范展示了自己进行教材二次开发的写作课型和阅读课型，其中 8A U4 Numbers 折线图的写作，8B U2 关于流程图的写作课，以及 8B U4 Benjamin Franklin 阅读课型，以活动任务单调动了学生参与其中，让“听”的课堂变为“说和写”的课堂，将“教”的课堂变为“学”的课堂，推动课堂教学从“知识导向”向“综合素质导向”转变。

我作为一名课改、教改的践行者，笔耕不辍，及时总结提炼，将课例撰写成文，科研成果斐然。2015 年 9 月《英语教材的二次开发——以八年级第四单元语篇阅读教学为例》获第十四届优秀教育论文评比二等奖；2016 年 9 月《三环六单：英语写作目标不断深化和结构内容的迁移创生》获 2016“活力教育”主题研讨“长教杯”论文评选二等奖；《深耕课堂，让英语学科育人价值落地》获区德育研讨论文评比三等奖；《单元主题视角下的初中英语实践类分层作业设计》一文刊登于 2018 年 1 月的《上海课程教学研究》。这些物化成果也为学员课堂建模提供了范例。

二、课程建设，卓越成长

新教师不触及深度的课程建设，但国家课程校本化实施的技术、方法，从教伊始，就该涉猎、研究和发展。

教师自觉地专业成长，在课程建设方面应该有一定的发展。国家课程校本化是重中之重，因为每个教师都要上好国家课程，依据课标、基于学生实际、着眼自己的专长特质，对国家课程进行二次开发，达成国家课程的最有效实施。

在多年的课程推进实践中，作为一名课程推动者，我致力于“国际论坛”校本课程的研发，并探索国家基础型英语课程与“国际论坛”的结合点和创生点。我创造性地提出每周两次课前五分钟微演讲，主题围绕八年级英语教材展开，实现演讲技巧礼仪和语用表达的迁移与运用，也是对基础课程的延伸拓展。

在我的引领指导下，学员纷纷开设人文短篇小说阅读拓展课以及英语朗读和配音课程，这些课程从课程目标、课程框架内容到课程实施和评价都受到我的悉心指导。我用自身的投入和激情感染着学员们一同攻坚克难，使有专长、有情怀、善成长的学员获得卓越成长。

三、育人管理，丰盈内蕴

在近几年的见习教师带教培训中我发现，学员的视野较狭窄，大多只关注学生的学习成绩。然而学生学习成绩是一个表象的东西，背后与学生的家庭环境、性格和自我管理等方面必不可分。为了帮助见习教师树立威信，鼓励他们朝“学高为师，身正为范”的教师典范而努力，就既要求他们掌握过硬的教学基本功，又要在班主任专业化发展方面有所建树。

我充分利用学校课程资源，组织学员观摩“紫色之旅”社会实践活动，组织学员参加每月一次学校班主任培训课程，指导学员完成若干篇有关班主任德育工作的教育体验随笔，并且观摩了学校的主题教育课展示活动。我校每月一次的“紫藤系列——班主任专业发展”培训，让学员分享班主任专业发展需具备的五项技能：班会课的设计能力、有效班规形成能力、班干部的成长能力、学生成长的驾驭能力、学生心理健康专业指导能力。另外我还组织学员学习如何设计主题班会、社会实践课程，如何写学生的个案分析，如何撰写学生学期综合评价评语。这些课程的浸润培训，为学员独立承担班主任工作奠定了基础，帮助其全方位了解班主任工作所涵盖的方方面面。

总之，我始终从课堂建模、课程建设、育人管理三个方面指导培训学员，可谓有的放矢，亮点频现。我对带教工作孜孜以求，尽心尽责，不断探寻教师梯队培养的有效途径，让我校成为新教师获得幸福感的精神家园！

美玉细雕琢，好课勤打磨

上海市第三女子初级中学　叶宾姿

2016年度我承担了苏老师的见习带教工作。苏老师是一个温婉大方、极有耐心的老师，大学就读于香港中文大学，并在香港有过工作经历。独特的学习工作经历对于教学来说既是一笔丰富的资源，也可能会带来一些适应新环境新工作的困难。但苏老师的耐心细致、谦虚好学，让她迅速适应了全新的教学环境，并在见习教师基本功大赛中获得了市一等奖。回顾这一年的学科带教工作，我和苏老师最多的交流当然要数磨课了。

一、因材施教话学情

新教师适应教学岗位首要的是了解学情，针对学生的情况、本校的实际情况开展切实有效的教学。跨校的见习带教，能够让我和苏老师在不同的学情碰撞中，了解两校的各种教学特点，并在实践中探索寻找到最适合自己开展的教学形式。新教师也可以拓宽思路，不囿于一种模式。女子初中的语文教学，有其女生学语文的独特性——比较感性，对语言文字总体比较喜欢，善于识记，理性分析相对比较薄弱。而苏老师任教的娄山中学，要兼顾男生女生不同的学习状况，所以在教学内容的安排、课堂的反应上会有些不同。

例如作文的教学中，女校学生的作文比较细腻，善于叙事描写，但在思路的拓宽、叙事的逻辑性以及议论分析上有所不足，在日常的教学中我们就比较注重学生对议论分析能力的培养以及行文构思的逻辑性引导，比较注重培养女生撰写作文提纲。而在娄山中学的教学中，我要求苏老师要关注男生女生各自的优缺点，能有针对性地扬长避短。既要能有意识地去培养男生的叙事表达能力、细节刻画能力；又要培养女生严密的思维、基本的分析议论能力。在批改作文中找出典型的问题对症下药，找出作文中有代表性的佳作，让男生女生共同受益。

在课堂教学中，我提醒苏老师要关注男生女生各自的性格特征，有针对性地引领孩子们成长进步。男生的课堂反应相对而言比较敏捷，但考虑问题不够细致周全；而女生思考问题比较审慎，没有周全考虑往往不肯发言。在各种场合的公开课中，我们看到班中的男生常常占据了课堂的主导地位，女生显得相对沉默一些。教师在请孩子们回答问题时，就要有意识地关注到男孩女孩的反应差异，让男孩女孩都能参与到语文的课堂中来。在教学的篇目上，男孩女孩的喜好也各不相同，例如六年级第一学期第二单元的课文中，男孩比较喜欢有英雄情结的《花脸》，女孩喜欢感情细腻忧伤的《口哨》。老师在选择教学的时候，要兼顾男生女生的不同需求，能够给予充分的关注。

基于两所学校不同的生情，苏老师在我校见习中所体验到的模式是不能完全照搬的——可以借鉴部分女生教学的经验，但还要多思男生教学的独特性。

二、斟酌推敲备教案

对于刚踏上教学岗位的见习教师而言，撰写好教案是教学中首要的基本功。语文教学不是简单的知识灌输，而是要带领三四十个孩子感受语言文字的魅力，剖析行文脉络，鞭辟入里地解读出文本的思想内涵，并没有程式化的路径可以遵循。每一堂课都可以是一种艺术的创作，要融入教师的才情去解读文本，运用自己独特的教学方式，精心设计每一堂课的教学程序，构思教学的问题链，让孩子们能在教师的引领之下探寻到语文的魅力，能从对文本的浅层阅读走向深层的内涵理解。所以课前的教案设计显得尤为重要，从教学目标的设计、教学重难点的预设到教学步骤的设计，要反复推敲。

在整个带教的过程中，我们花了很多时间在教案的研讨上。例如苏老师的校公开课《藏羚羊跪拜》，光教案就先后撰写了五次。从一开始文本的深入解读，教学目标、重难点步骤的基本框架制定，到教学过程中具体问题链的设置，还有板书细节的落实，我们不断地修改完善。备课越细致，想到的问题就越多，对于新教师而言就越难割舍细节，使得主要教学目标不能凸显；而且教学中的枝节越多，教学的问题就越细碎，以至于问题盘根错节，将文章分析得支离破碎，思路混乱。所以我让苏老师反复斟酌教案中的问题链，思考问题中的逻辑关系，找到能牵动全文的一发——老猎人“杀生与慈善共存”的特点，找出藏羚羊送上门时老猎人这一矛盾特点的具体体现，带领学生读懂文章。在板书的设计上，苏老师修改了多次，在几次的修改中表现了自己备课思路逐渐清晰的过程。第一次的板书为：

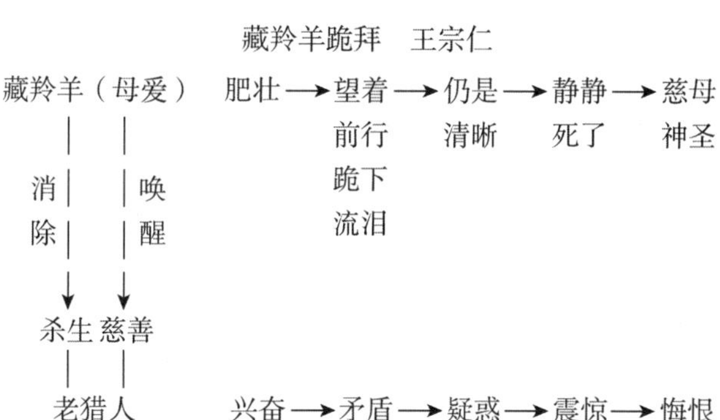

这里的板书呈现了藏羚羊的母爱故事和老猎人被藏羚羊母爱唤醒而放下猎枪，成为一个一心为善的人的故事。两个故事之间的关联点是母爱消除杀生、唤醒慈善，同时两个故事又各自独立有自己的发展线索。但是很明显，藏羚羊的母爱故事中各部分缺乏逻辑联系。“肥壮→望着→仍是→静静→慈母”并没有线性联系，前后之间没有关联，这里的箭头指向是明显不合理的。另外藏羚羊的故事“肥壮→望着→仍是→静静→慈母”和老猎人的心理脉络“兴奋→矛盾→疑惑→震惊→悔恨”成了没有关联的被割裂的内容，这部分的板书就会造成学生思维的凌乱。

第二稿的板书中，我们经过讨论进行了如下更改：

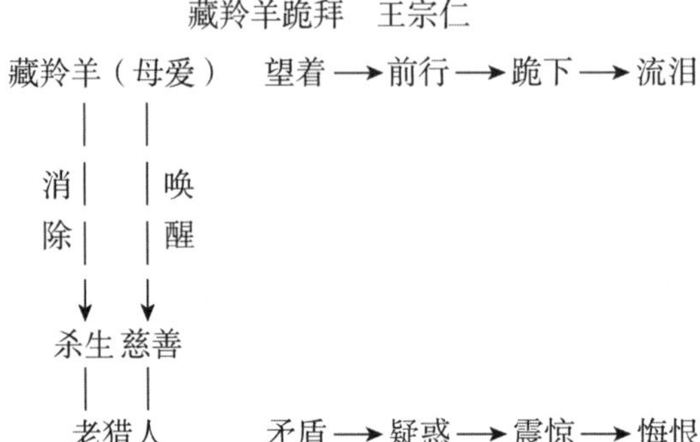

通过修改，藏羚羊的母爱行为“望着→前行→跪下→流泪”和老猎人的心理线索“矛盾→疑惑→震惊→悔恨”呈现了各部分的对应关系，思路进一步清晰了。

经过授课试讲，我想板书还可以再精简提炼，凝聚精华。我们进一步提炼要核，将板书修改为：

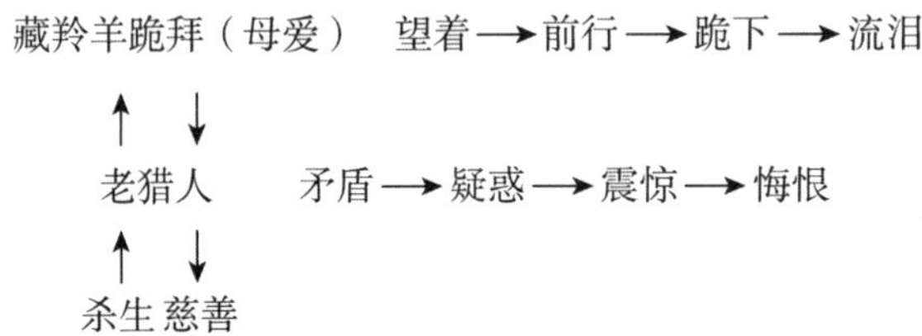

借用课文标题概括藏羚羊的故事，因此不再出现“藏羚羊(母爱)”。“跪拜”体现人性唤醒人性；而杀生是猎人的职业，见到藏羚羊就猎杀是猎人的职业习惯，所以文章还有一个老猎人猎杀藏羚羊的故事。因此将第一列的箭头指向做了更改，板书中的双向箭头体现了猎人和藏羚羊的矛盾冲突。

从文本核心思想的挖掘，到具体细节的解读，再到文脉的精准把握，一堂课的板书设计，在反复的推敲斟酌中呈现教师备课中的思维品质，进而影响学生的听课效率和思维品质。多年的从教经历让我明白这种推敲的重要性，也希望苏老师能在开设公开课、反复备课的艰辛中不断突破，获得钻研教学的乐趣。

三、千变万化磨课堂

新教师在充分备课之后，还要不断磨炼驾驭课堂的经验，积累灵活处理各种课堂反馈的智慧。同样的教案在面对不同的学生时会有不同的反馈，如何应对学生的各种问题，需要教师经验的积累。苏老师的精益求精、锲而不舍，让我看到了一个新教师的优秀素养。为了上好一堂公开课，苏老师反复试讲，虚心求教，积极反思，不断优化自己的教学。诸多的实践弥补了她作为新教师经验上的欠缺，从教态到课堂语言，从学生问题的机动处理到课堂气氛的调节，她在实践中一步一步地完善着。在最后的见习考核课中，我们欣喜地看到了一个从容自如的教师在课堂上侃侃而谈。这样飞速的成长无疑来自她平时对自我的反复打磨。

在带教的过程中，新教师身上的谦虚好学、锐意进取，让我看到了一名人民教师的初心。带着这份美好的初心，相信苏老师能不断突破自我、完善自我。

聚焦课堂，标本兼治

——如何整体提升见习教师教学素养

上海市延安初级中学　沈　洁

一、案例背景

我从事教育教学工作三十多年，长期担任延安初中数学教研组组长，也是区优秀学科带头人，有多年带教青年教师的经历。2014 年开始参加市青年教师规范化培训项目，带教区域内多名青年教师，我深深感到青年教师的成长与学校的发展息息相关，帮助青年教师成长承载的是一份荣誉，也是一份责任。在指导青年教师不断成长的过程中，我不仅成为他们的良师益友，也促进了自身不断学习、不断实践、不断改进。根据"上海市中小学见习教师规范化培训内容"的要求，我将课堂教学能力提升作为培训重点，通过学习、实践、再学习、再实践，逐渐形成自己的工作作风和指导风格，促使青年教师在不断提高课堂教学能力的同时，理论水平和师德修养也得到整体提升，真正成长为一名合格的人民教师。

二、案例描述

1. 学习理论，发掘潜力

要成为一名合格的教师，首先要让年轻教师热爱这份充满活力的工作，在他们遇到挫折时给予鼓励与帮助；同时身体力行地帮助他们提高教育教学的能力。为了尽快提高青年教师的业务水平，我引领青年教师阅读专业书籍，拓宽青年教师的学科知识面；指导他们观看优秀课堂教学录像、名师教学讲座视频，将新课改理念及现代教育理论的学习作为重中之重，要求他们摘记新课改理念及现代教育理论之精华，将所学到的理论、教法、技能运用到课堂教学中，不断更新教学理念，丰富课堂教学手段，提高教学技能技巧。通过学习、实践、再学习、再实践，学习目的是借鉴，总结结果是提高，将他人的经验加以实践、提炼，内化为自己的思想和行为，并逐渐构成自己的工作作风和教学风格，来促使青年教师不断提高理论水平和业务能力。

2. 端正心态，提高素养

在工作中首先要爱护学生，如果心态不好，再有教学能力也会无济于事。青年教师往往对教师职业的认识有些偏颇。刚入行时，理想远大，憧憬着完美的未来，热情高涨，干劲十足，然而对教育教学实践工作中可能出现的困难和阻力估计不足，且年轻急躁，感觉事事不顺心，适应不了理想与现实的巨大反差，就会有消极情绪，这样难以用好的心态去应对工作中出现的问题和困难。好心态是教师做好每一件事情、应对工作中出现的问题和困难务必具备的一个前提条件。因此针对这种状况，我会用亲身经历与青年教师交流，以自己在工作中的感受,帮青年教师在教学实践中正确认识教师职业特征——琐碎、艰辛、平淡、清苦,教师职业工作需要不厌其烦、不遗余力、耐得住寂寞、挡得住诱惑。帮青年教师端正教师职业意识,树立正确心态,才能让青年教师认识到教师职业崇高的背后是艰辛,艰辛的背后是无尽的乐趣;才能让青年教师认识“心在哪里,成功就在哪里”;才能让青年教师明白无论成功之路有多曲折,都应秉持一种不服输的顽强精神,用心去应对,唯有努力才能走向成功。

3. 注重沟通,实现互赢

青年教师既年轻又有活力,对新事物理解吸收得快,教育的发展更是给了他们用武之地,但他们教学经验少,无法把学习到的教育理论应用到教育实践中来。而老教师有经验,但对新事物理解吸收不如青年教师快。因此两者互补性强,若要构成团结协作的教师群体,就务必做到“同行相尊”。相互尊重,才能形成和谐环境及彼此信任关系,才能坦诚交流沟通,才能知己之不足,知人之所长,互相学习,互相鼓励,使青年教师的活跃思想与老教师的丰富经验融为一体,生成更多的理论经验,以便新老教师都进一步提高教学技能,到达共同进步的互赢局面。

4. 跟踪课堂,促进成长

青年教师是课堂教学的生力军。导师应用心跟踪青年教师的课堂教学,每一节课后帮其开出“诊断单”,指出成功之处、不足之处及改善措施等,帮助他们发现每课时教学的亮点;指导青年教师对已经发生或正在发生的教学活动以及支持这些教学活动的观念、假设,进行用心、持续、周密、深入的思考,成功实现教学目标;跟踪到位、指导到位、关爱到位、帮扶到位,鼓励他们大胆进行课堂教学实践,探索课堂新教法,开创教学新局面;让青年教教师自觉地把自己的课堂教学实践,作为认识对象而进行全面而深入的冷静思考和总结,改善教学方法与学习方式,不断对自己的教育实践深入反思,用心探索与解决教育实践中的一系列问题。透过教学反思,构成教育理念,重构课堂,重建教学,青年教师方能促成自身专业发展,不断提升专业水平,而成长于每课时。

我平时悉心辅导青年教师学习和掌握课程标准,分析教材等课程资源及教法,拓展教学思路,帮助他们处理好教育教学疑难问题,使他们迅速掌握教学规律和方法;尽量推动他们参加各类比赛活动、公开课,通过反复磨炼,多次试教,不厌其烦地反复修改,锤炼青年教师,力争做良师益友。

在课堂教学实践中,我对青年教师在以下教育教学能力方面提出了努力的方向:(1)语言表达能力;(2)组织教学能力;(3)传授知识的能力;(4)调动学生学习积极性、学习兴趣的能力;(5)启发学生思维的能力;(6)分析处理教材的能力;(7)课堂应变能力;(8)因材施教的能力;(9)创造性地设计教学过程的能力;(10)洞察学生心理变化的能力;(11)渊博的知识(知识面广、有专业水平);(12)严谨的思维能力;(13)及时发现、纠正学生错误的能力;(14)阅读理解的能力;(15)设计问题的能力;(16)教学反馈能力;(17)教学诊断能力;(18)控制自身情感的能力;(19)科研、教研能力;(20)板书能力;(21)把握相关学科发展动态并渗透到本学科的能力。

我坚持在区、学校、教研组的支持下与见习教师互相学习,在指导他们的过程中共同探索教育教学规律,整体上提升教育教学水平。我培养的见习教师进步迅速,基本上已经能独当一面,有的在市、区的教学比赛中脱颖而出,获得了佳绩。

高中篇

浅谈高中语文作业设计的优化

——我与年轻教师一起设计作业

上海市罗店中学 邵 昀

作业设计是教学的一个重要环节，是课堂教学的延伸。有效的语文作业可以检测学生课堂听讲能力和知识消化、巩固、运用能力，也可以督促学生及时复习、巩固和运用所学的知识与技能。我们有必要依据课标要求，重新全面认识作业的意义，改变传统的思维模式，力求布置的作业是有效的，对学生是有帮助的。

对于年轻的教师而言，站稳课堂实属不易，如何进行作业优化设计更是一件艰难之事。许老师作为一个只有一年教龄的新教师就碰到了这样的问题。她不知道怎样的作业设计才能检测学生的真实学习情况，也不知道怎样的作业设计才是对课堂教学的有效补充提升。

于是在了解了许老师的困惑之后，我决定由我们师徒一起来攻克这个难关。

一、初试身手

我首先让许老师设计了一份《种树郭橐驼传》的作业设计。两天之后，许老师的作业设计放在了我的办公桌上。

一、填空

1. 本文选自柳宗元的《________________》，作者字______________，世称____________，又称_____________。和他齐名的“唐宋八大家”中另七人是__________________________________。

2. 本文中郭橐驼种树的精髓是____(用文中的话回答)。文章主要采用了____的写作手法，从种树移到_________，告诫当时的为官者要____。

二、找出下列词类活用的字并解释

1. 名我固当　　2. 而木之性日以离矣

3. 则其天者全而其性得矣　　4. 非有能早而蕃之也

5. 爪其肤　　6. 见长人者好烦其令

三、指出下列语句中的通假字

早缫而绪

四、一词多义

1. 病

① 病偻　　② 故病且怠

2. 实

① 早实以蕃　　② 不抑耗其实而已　　③ 其实害之

3. 业

① 驼业种树　　② 官理,非吾业也

4. 虽

① 虽窥伺效慕　　② 虽曰爱之

5. 故

① 其土欲故　　② 故不若我也

五、解释下列加点字

1. 名我固当　　2. 为观游及卖果者

3. 窥伺效慕　　4. 寿且孳

5. 顺木之天,以致其性　　6. 其莳也若子

7. 苟有能反是者,则又爱之太恩　　8. 而木之性日以离矣

9. 促尔耕,勖尔植　　10. 字而幼孩,遂而鸡豚

11. 吾小人辍飧饔以劳吏者　　12. 又何以蕃吾生而安吾性耶

六、翻译下列句子

1. 驼业种树,凡长安豪富人为观游及卖果者,皆争迎取养。

2. 凡植木之性,其本欲舒,其培欲平,其土欲故,其筑欲密。

3. 其莳也若子,其置也若弃,则其天者全而其性得矣。

4. 然吾居乡,见长人者好烦其令,若甚怜焉,而卒以祸。

二、问题探讨

作业设计交上来之后,我和许老师坐下来一起分析这份作业设计。我让许老师谈谈这份作业设计的意图。

许老师介绍:首先考虑到《种树郭橐驼传》是一篇文言文,因此在设计作业的时候,重点考查学生对文章的字词句的掌握;其次该文的作者柳宗元是重要的名家,因此学生必须识记掌握有关该作家的文学常识;再次文章教完之后,学生对文章手法、主旨的把握也应该作为作业的考查重点。

听完许老师的作业设计介绍之后,看到她脸上漾出的笑意,我感觉到许老师对这份作业设计还是颇为自信的。当然对于一个新教师而言,能交出这样一份作业设计已经相当不错。从她的介绍中,她已经认识到文言文教学中字词句等基础知识的重要性,也意识到文章的主旨、手法的使用是作业设计的重点。光凭这些想法,她应该得到肯定。但是这份设计也暴露出诸多问题,那么如何提高许老师的作业设计能力?我应该怎样帮助许老师来改进这份作业设计?

我重新端详了这份作业设计,然后给许老师提出了这样几个问题:

作业有哪些类型?只有课后作业吗?

这篇文章的教学设计是怎样的?你的作业设计与你的课堂教学设计匹配度怎样?

这篇文章的教学设计中主问题是什么?在作业设计中体现出来了吗?

中学语文课程标准、2017 年考纲你是否仔细研究过？

许老师听完之后，若有所思，似有所悟。

三、再接再厉

两天之后，一份新的作业设计又映入我的眼帘。

一、课前练习

（一）填空

本文选自柳宗元的《________》，作者字________，世称________，又称________。和他齐名的“唐宋八大家”中另七人是________________。

（二）找出下列词类活用的字并解释

1. 名我固当　　2. 而木之性日以离矣

3. 则其天者全而其性得矣　　4. 非有能早而蕃之也

5. 爪其肤　　6. 见长人者好烦其令

（三）一词多义

1. 病

① 病偻　　② 故病且怠

2. 实

① 早实以蕃　　② 不抑耗其实而已　　③ 其实害之

3. 业

① 驼业种树　　② 官理，非吾业也

4. 虽

① 虽窥伺效慕　　② 虽曰爱之

5. 故

① 其土欲故　　② 故不若我也

（四）解释下列加点字

1. 名我固当　　2.为观游及卖果者

3. 窥伺效慕　　4. 寿且孳

5. 顺木之天，以致其性　　6. 其莳也若子

7. 苟有能反是者，则又爱之太恩　　8. 而木之性日以离矣

9. 促尔耕，勖尔植　　10. 字而幼孩，遂而鸡豚

11. 吾小人辍飧饔以劳吏者　　12. 又何以蕃吾生而安吾性耶

（五）概括这篇文章的内容，思考该文用了什么写作手法。

二、课堂练习

《罴说》(原文略)

课堂问题：

1. 概括文中寓言故事的内容。

2. 分析文中所用的手法。

3. 这篇寓言故事想要说明一个怎样的道理？

4. 根据老师给你们的有关“中唐时期社会状况”的内容，你认为这篇文章作为一篇兼具

寓言和政论色彩的文章，柳宗元想借这篇文章表达他怎样的政治主张？

三、课后练习

《三戒》(原文略)

(一) 文学常识

柳宗元字__________，世称__________，又称__________。和他齐名的“唐宋八大家”中另七人是______________________________。

(二) 加点字注释

1. 益习其声

2. 以为犬良我友

3. 断其喉，尽其肉

4. 饮食大率鼠之馀也

(三) 句子解释

1. 假五六猫，阖门撤瓦灌穴，购僮罗捕之，杀鼠如丘，弃之隐处，臭数月乃已。

2. 稍近益狎，荡倚冲冒，驴不胜怒，蹄之。

(四) 问答题

1. 概括文中三个寓言故事的内容。

2. 分析作者通过这三个寓言故事分别告诉我们怎样的道理。

看了这份作业设计，我不禁为许老师叫好。想不到许老师对我提出的问题作了深刻的思考，两天之后就交出了这样一份作业设计。高兴之余，我还想听听许老师设计的初衷。于是我又听到了许老师结合我给出的问题作了这样一番介绍。

首先，作业类型并不是我们传统所理解的“课后作业”，它还包括课前作业、课堂作业、课后作业、单元作业，甚至还有长式作业。上次的作业设计我就进入了传统的误区，以致作业类型设计简单化、粗暴化了。

其次，作业设计必须与我的教学设计匹配，而我的第一份作业设计几乎没有考虑到这一点。过于强调字词句等基础知识的落实，而忽视了文章的教学重点与难点。中学语文课程标准以及 2017 年考纲强调文言文教学不只是关注文言基础知识的落实，还考查学生分析能力、赏析能力、评价能力。而这些能力点在我的前一份设计中完全没有体现出来。

再次，《种树郭橐驼传》在设计教案的时候，主要问题是：这篇文章是通过什么样的手法来说理的。尽管在第一份作业设计中有所体现，但是没有得到强调。仅凭这样一道题目是无法考查学生对该手法的掌握程度的，因此必须通过课堂作业和课后作业来进行反复强化。

最后，我在设计这份作业的时候，也关注到了与学生之前学过的内容的衔接性，这样把新旧内容前后联系，进一步拓展了教学内容。

听完许老师的介绍，我看到她脸上再一次漾出了笑意，但这次我并没有不安，许老师已经用实际行动完成了在作业设计方面的成长蜕变。

四、未完待续

作业设计既是一门科学，也是一门艺术。每一课、每一单元的作业设计都值得我们去研究、推敲，只有尽可能地优化作业设计，才能提高作业的有效性，实现教学效益的最大化。

与许老师的合作还在继续，我们师徒的关系也越来越和睦，感谢“青蓝工程”给了我们师徒这样一个机会，在作业设计的道路上互相学习，互相促进，共同成长。

教学设计的形成

上海市卢湾高级中学　王金铎

本学期，我与带教的蔡元钦老师重点进行了教学案例的形成指导，我们在教案的书写方面进行了梳理与归纳，初步形成了教案书写的一般性规范。

第一，教学设计中项目填写要齐全，教学环节要完备。教案项目包括题目、教具、教法、教学重点、教学难点、教学目标、任课班级、授课时间等，一般都有固定表格，填写要规范，如有变动必须马上注明。教学重点、教学难点、教学目标是在对学生、教材与培养目标科学分析的基础上形成的，概括必须准确、科学；教学环节是教学全过程的总和，一般包括导入语（由旧课导入新课）、教学主要内容、板书设计、重点提问（互动环节）、课后思考（或作业），教学环节完备，教学过程才能完整。

第二，教学设计中重点、难点要突出。重点、难点和教学目标不能仅停留在表格中，必须在教学实施过程中予以体现；教学内容的组织必须紧紧围绕这一课的重点、难点和目标展开，对重点给予重视，对难点分析明白。这一切都服务于实现这一课的具体教学目标，而这一具体目标是一门课程总目标的一个子目标，因而要做到每一课教案和全部课程目标体系上的有机统一。

第三，教学设计中教学材料处理要灵活。教案不能写成教材的缩写，不能写成教材的提纲，也不能完全脱离教材自搞一套。因为教材是死的，教学是鲜活的；教材只是提供了教学参考材料，不能代替全部教学，更不能代替教师备课和教学中的创造性劳动。教案中对教学材料的处理要紧紧围绕教学目标形成有机整体，一要完整，二要逻辑严密，三要通过创新形成特色。

第四，教学设计中板书设计要力求创新。教师的教学活动是极富个性特点的创造性劳动，其个性特征最突出地体现在每次课的板书设计中。教师备课时要在充分研读教材的基础上，为每一节课设计板书方案。因此板书设计可以借鉴、参考，但决不能照搬照抄。

第五，教学设计要不断充实完善。教学设计的撰写不是一次性劳动，是创造性劳动，是对教师研究能力、写作能力、概括分析能力的有效训练，也是对教师书写水平、概括能力、材料组织等综合素质的反映，所以教学设计是教师创造性劳动的结晶，也是检验教师水平的一个重要依据。初稿完成后，需要不断充实完善。一是因为初稿往往有顾此失彼之处；二是教材研究与教学实施时常有灵感产生，出现新的闪光点应及时补充进去；三是需要用新材料与新信息对教案进行补充；四是备课不是一次性劳动，一节课的备课也不是一次有效、过期作废，需要从局部与整体的联系角度补充不足；五是集体备课或教研组活动中从课程之间的衔接上或交叉中获得提示、补充。充实完善不是推翻重来，可以利用备注栏，也可以形成一页纸粘在一角，对照研读。

以上是我们半学期的一个重点活动的内容，对我们的教学都有帮助。

附：

《力的分解》课堂学习体会

上海市向明中学　季石涛

本节公开课非常成功，值得我们认真学习，从中吸取良好的教学方法，提高教育教学质量。本节课在各方面所体现的优点如下：

一、教师的基本素养

教师的姿态优雅，没有多余动作，既给人以亲切感，缩短了师生之间的距离，也树立了教师的威严，为提高教学效果打下了良好的基础。

使用了标准的普通话，语言流畅，抑扬顿挫，节奏性强，音色动人，利用语言本身的魅力能紧紧吸引学生的注意力。在教学中无不规范的口语，词句精练准确，叙述得当。

知识丰富，引用资料形象生动，富于哲理，对教材起到了良好的补充，相辅相成。

课堂调控能力强，能灵活地根据学生的回答正确引导，并使用良好的激励语言，激发学生的求知欲。对学生认识深刻，了解学生透彻，为做好教学工作打下了良好的基础，做到有的放矢。

时间分配得当，详略得当，重点突出，难点攻破，对教材认识深刻，对大纲吃透。

板书有条理，规范漂亮，字迹工整，科学规范，重点突出，使学生一目了然，对知识点了如指掌。

对学生进行品德教育恰到好处，通过对赵州桥力学结构的分析，领略我国古代人民利用力学原理的久远历史和伟大创造，增强了学生的民族精神和爱国主义情感；鼓舞学生探索科学奥秘，为国争光；激发学生学习知识的兴趣，努力学习。

二、教学环节及价值

1. 生活实例，创设情境

通过创设情境和学生活动引入“力的分解”的概念。

首先开篇创设情境，上课开始时，引入赵州桥和水滑梯的生活实例，教学内容从生活中切入，亲切自然，饱含着人文的气息。从学生的经验和已有的知识出发，利用他们熟悉的画面创设生动的物理情境。物理教学把课堂与生活紧密联系起来，体现物理来源于生活，寓于生活，又是解决生活问题的基本工具。将学生学习物理知识的难度降低，在丰富的感性中建立起物理的概念和规律，激发学生学习的热情。

然后设置了一个简单演示实验，书放在倾斜的手掌上，手掌会有什么感觉？学生根据已经掌握的知识能够初步明白重力可以分解为两个方向的分力。在这个过程中充分体现了教师主导和学生的主体地位。

2. 引导回顾,承旧启新

在这里教师还用“合力在中间、分力在两边”的口诀方便大家记忆如何判断合力和分力。由于学习力的分解的前提和基础是要掌握合力和分力的概念,因此教师通过这种方法使学生快速回忆起之前课上关于合力和分力的内容。

3. 自主活动,定性研究

接下来教师引导学生利用橡皮筋、铅笔和钩码进行了自主活动,从而让学生亲身感受力的分解。个体的认识来源于活动,在活动的基础上,建立起认识的图式。一方面是对之前书放在倾斜手掌上例子的补充,让学生明白力的分解无处不在;另一方面由于橡皮筋的作用方向可变、钩码的重力可变,也为后面定量研究力的分解做了铺垫,起到了承上启下的效果,自然地由为什么要进行力的分解过渡到怎么进行力的分解。

4. 理论分析,实验验证

通过学生实验探究得出力的分解遵循平行四边形定则。

力的分解是力的合成的逆运算,这是一种很重要的物理逻辑思想,对力的合成进行一个简单的回忆后有温故而知新的效果。

用 DIS 实验装置探究力的分解遵循的规律,从而得出力的分解也遵循平行四边形定则。实验演示得当,使教学直观了然、具体形象,使抽象的知识变得浅而易懂。在演示实验的过程中做到了边演示边讲解,明确为什么要做实验,告诉学生静止在斜面上的物体除了要研究的力以外不受其他外力的作用,解释了实验原理,使学生在引导下有目的地观察。在分析数据的过程中,教师指出了实验数据与理论计算在实验误差内吻合,体现了尊重事实、严肃认真、实事求是的科学态度。

力的分解遵循平行四边形定则,教师在这里注重数理的联系,培养学生应用数学知识处理物理问题的能力,如能够根据具体问题列出物理量之间的关系式,进行推导和求解,并根据结果得出物理结论,必要时能运用几何图形、函数图像进行表达、分析。

5. 典型问题,加深理解

既然一个力有无数种分解方法,那在实际生活中对于一个已知力究竟该如何进行分解?能不能随意分解?通过这样一个设计过程就自然地将主题过渡到这节课的重点内容上来,即如何按作用效果分解力,如何应用力的分解。这也是本节课的难点所在。

通过实例的分析、归纳总结力按作用效果分解的步骤和方法。

用势如破竹、迎刃而解这样极具人文气息的内容引发学生思考如何按作用效果分解力来解释生活中的实际现象。在学生练习时教师非常注重细节,针对性地指导学生养成良好的作图规范,这样既训练学生作图基本功,提高学生研究和解决问题的能力,又为以后的物理作图打下了良好的基础。为学生服务,为生活服务,这正是我们的教育目的。在全体学生练习的基础上,教师让两位学生上黑板作图并对错误的地方进行纠正,这样让学生对自己容易错的地方印象深刻,比教师直接给出正确的答案效果要好。

如果刀比较锋利呢?进一步让学生思考,使教学内容逐层深入,从而自然地与四两拨千斤的人文现象相照应。

6. 总结拓展,前后呼应

最后,学习了今天的主要内容,教师又引导学生回到赵州桥的例子。拱形桥由很多块砖石组成,因此对于这个例子学生可能会对研究对象、施力物体、受力物体的确定产生小问题。它既作为力的分解的进阶练习实例,也正好呼应了本节课开头的引入部分,体现了内容的一贯性和完整性,同时还在很大程度上巩固了本节课的重难点。

三、教学重点及突出方法

本设计要突出的重点是分力、力的分解的概念和利用平行四边形定则进行力的分解;方法是以生活中的常见现象入手,通过演示实验、学生分组实验,结合学生的亲身感受,从等效性的角度,通过分析、推理,建立分力和力的分解的概念,进而通过 DIS 学生分组实验得出力的分解同样遵循平行四边形定则。学习本节内容需要的知识有:力的图示、力的合成、平行四边形定则和等效替代的思想方法。学生在这方面已经具有一定的物理和数学基础,综合这些基础是要做的一件重要的事情。

四、教学难点及突破方法

力的分解是继力的合成之后,对力的等效替代思想方法的进一步学习,是以后解决力学问题的一个重要方法,也是中学阶段其他矢量运算的基础。力的分解既是本章教学的重点,也是本章教学的难点。具体而言,本节课要使学生学会按实际作用效果分解力。其方法是结合简单实例,并通过演示实验,把抽象的问题转化为直观形象的问题,根据具体情况,分析力作用的实际效果,根据学生对实例的分析,归纳、总结得出按力作用的实际效果进行分解的思想方法,然后从简单问题中归纳出规律,并推广到一般情况,以达到通过简单的个性问题的分析推广到一般情况,起到突破难点的作用。

五、教学效果

本节课教学效果很好,能做到以学生为主体。从师生互动态度上来看,教师的讲解非常到位,学生能积极配合回答讲课者的提问;教师很好地完成了演示实验,并引导学生进行了观察,学生理解效果好;及时以题目的形式对所有知识进行反馈。

综观一节课,充分发挥了教师的主导和学生的主体地位,学生真正是学习的主人,在探究过程中学到了知识,锻炼了技能。学生在快乐中学习,无形中受到多方位的启迪,对他们的情感态度影响深远。

教师很好地完成了三维目标。具体来说,在知识与技能方面,学生:(1)知道力的分解是力的合成的逆运算;(2)理解分力和力的分解的概念;(3)初步学会按力的实际作用效果来分解力;(4)初步学会用作图法求分力,初步学会用直角三角形的知识计算分力;(5)初步学会用力的分解知识解释一些简单的物理现象。在过程与方法方面,学生:(1)通过本节学习,感受实验是建立物理概念、探究物理规律的必由之路;(2)通过用两个力等效地替代一个力,从而建立分力和力的分解的概念,感受等效替代在力的合成与分解学习中的重要性;(3)通过对力按实际作用效果进行分解的探究过程,感受具体问题具体分析的方法。在情感、态度与价值观方面,学生:(1)通过联系生活实际情境,激发求知欲望和探究的兴趣;(2)通过对力的分解实际应用的分析与讨论,养成理论联系实际的自觉性;(3)通过分组实验体验分工合作在实验过程中的重要作用，增强合作的意识；(4)了解对赵州桥力学结构的分析，领略我国古代人民利用力学原理的久远历史和伟大创造，增强学生的民族精神和爱国主义情感。

根据学生分组实验的自主探究的结果，通过分析、比较，总结出力的分解遵循平行四边形定则；感受伽利略开创的研究物理的科学方法——提出假设、实验设计、分析数据、得出结论；培养学生的探究精神和严谨的科学态度；通过对简单实际问题的研究，学生知道了力的分解在生产和生活中的应用，从而自觉联系生活、生产实际，激发求知欲望和研究周围事物的兴趣，感受到生活中处处有物理；充分体现责任与自主的新高考改革精神，实施“创造教育”课堂教学模式，营造和谐的课堂气氛，发挥了学生学习的能动性、主动性。

六、教材的处理方法

比如，教材用钢索拉车作为引入的例子，实际中用水滑梯作为引入的例子，这样更贴近学生的年龄层次和社会认知情况。又如，教材以杨浦大桥为例子引入，学习合力和分力，而实际中用的是书放手上和手掌顶铅笔的例子，体现了从学生的实际感受出发，让他们有切身体会的教学原则。再如，教材上 DIS 实验部分只记录实验结果，而实际中理论和实验分别制作数据表，这样可以起到对比的效果，更为直观，对于误差也更实事求是。

问题—对策—成长

上海市澄衷高级中学　徐玉华

一、案例背景

本学年我校共有三位数学教师担任学科教学指导工作，分别带教来自五十二中学的曹敏、鲁迅中学的董倩和瑞虹高级中学的金鑫三位新教师。为了使得带教的效益取得最大化，我和另外两位指导教师协商，在开展个性化培训的基础上增加团队培训的内容。2017学年第一学期期末的时候，三位新教师均需要开设校级教学展示课，他们不约而同地选择了《反函数》(第一课时)这一课。反函数的概念是高一函数教学的难点，新教师在进行教学设计时往往会遇到困难。为了帮助新教师更好地解读教材，分析重点难点，我设计了系列主题培训活动。

二、案例描述

- 活动一：微型讲座

主题：教学设计的基本原则和基本内容

主讲人：徐玉华

讲座主要围绕进行教学设计时的两个重要环节——情境引入和问题设计展开，通过相关的理论学习和案例分析，引导学员思考如何科学有效地设置问题情境，以及如何通过设计问题链串联教学主线。通过学习讨论，我和学员们达成以下共识：

(1) 情境引入的方式有很多，可以是复习引入，可以是类比联想，可以是设计问题。不同的课型可以采用不同的引入方式，不同的教师在设计问题情境时都可以有自己的见解。但是无论我们选择哪一种方法，我们都应该以引发学习动机、激发学习兴趣为目的，以简单、自然、和谐为原则。与学生实际学习情况不相符的问题，与课堂教学内容不相关的设计，我们应果断摒弃。

(2) “问题链”的设计应符合学生的认知规律，遵循学生的“最近发展区”。教师在进行教学设计时，要了解学生已有的知识储备，熟悉学生学习新知识应具备的基本技能，学生在学习过程中存在的欠缺等，并在此基础上设计相应的问题加以引导或补充，以帮助学生打开思维。问题的设置应由简单到复杂、由已知到未知、从具体到抽象，从而引导学生的思维逐步深入，让学生充分经历知识的发生与发展，在问题的引导下自然达到一定的高度。

任务：在本次培训的基础上思考并撰写《反函数》(第一课时)的教学设计。

教学设计应包括以下内容：教材分析、学情分析、教学目标、教学重难点、教学装备、教学流程等。

• 活动二：说课比赛

课题：反函数(第一课时)

参赛者：曹敏、董倩、金鑫

在三位见习教师完成了教学设计初稿后，我们组织了一次说课比赛，旨在通过“同课异构”这一形式，让老师们形成思维碰撞，互相借鉴，取长补短。

以下摘录三位老师在情境引入环节的不同设计：

曹敏：我没有找到特别好的引入问题，所以我还是选择了书上的引入方式，即华氏度和摄氏度的转化。(1)50 华氏度是多少摄氏度呢？59 华氏度是多少摄氏度？(2)y 华氏度是多少摄氏度呢？请用 y 来表示。在这个问题的基础上学生能够建立起华氏度和摄氏度之间的函数关系式，从而引出反函数的概念。

董倩：我选择的问题是正方形的边长和周长、面积之间的关系，让学生观察到已知正方形的边长，可以确定正方形的周长(或面积)；已知正方形的周长(或面积)，可以得到正方形的边长，再引出反函数的概念。

金鑫：我的设计是从映射的概念入手，复习函数的概念是一个 x 对应唯一的 y，那么如果一个 y 也对应唯一的 x 的话，这个函数就有反函数。

在后续的讨论环节，我和学员们明确了以下几点：

(1) 映射的概念在上海数学教材中不曾出现，且对学力较弱的学生来说理解起来会有困难，不建议呈现在教学设计引入环节。

(2) 曹敏和董倩两位老师的问题设计符合学生的基本认知规律，可以作为问题情境引入，但是在分析问题时，不能仅仅说明变量之间可以互相转化，而是要引导学生思考变量之间的一一对应关系。

(3) 教材中的情境引入有借鉴意义，可以结合实际情况适当地进行改编，以更贴近学生的生活。

任务：在互相讨论的基础上，三位学员对教学设计进行修改，并在各自学校进行试讲。

• 活动三：个性辅导

第三阶段的活动主要是带教老师和学员之间的听课指导及微信交流等，个性化的辅导能够有针对性地帮助学员进行教学设计修改，完善教学流程。

以下是我对曹敏老师的教学设计提出的建议：

教学设计(曹敏)	修改建议(徐玉华)
教学目标 1. 掌握反函数的概念，会求简单函数的反函数。 2. 掌握函数与它的反函数在定义域与值域上的内在联系。 3. 会判断简单函数的反函数是否存在。 4. 经历具体问题的探究过程，感悟特殊到一般的方法，提升归纳概括能力。	教学目标的表述应以学生为主体，具体叙述通过怎样的活动，经历怎样的过程，学生可以掌握哪些知识，获取哪些方法及获得怎样的体验和感悟。
教学重点、难点 1. 重点：反函数的概念及求法，反函数存在的条件，原函数和反函数之间的内在联系。 2. 难点：反函数概念的理解。	本节课的重难点都是对反函数概念的理解，所以在教学过程中应突出对反函数概念的剖析和理解。
教学过程 1. 创设情境，引出概念 最近天气温度比较低，今天中午平均气温是 60 华氏度，你能告诉我，今天中午的平均气温是多少摄氏度吗？	引例的设计与现实情境紧密联系，且能够很好地过渡到教材上的引例，自然流畅。可以在问题提出的同时展示同一时间段的两张气温走势图(华氏度和摄氏度)，让学生找寻两者之间的区别和联系，更能调动学生的积极性和兴趣。比如，显示华氏度的气温图时，会引起学生的认知冲突，顺势再给出同一时间段的摄氏度气温图，学生自然会想去研究两者之间的关系。
2. 探索新知，剖析概念 (1) 反函数的概念 设置问题：①任何函数都具有反函数吗？②什么样的函数存在反函数呢？ (2) 一个函数存在反函数的判定 例 1. 判断下列函数是否存在反函数？ ① $y=\frac{3}{x}$ ② $y=\frac{x}{x+1}$ ③ $y=x^2+1(x\in\mathbf{R})$	本环节的重点是对反函数的概念进行剖析，需要通过问题设计引导学生对概念进行解读，通过对比函数与反函数的概念，进一步引导学生思考一个函数具有反函数的条件是什么。在进行概念辨析时宜从学生熟悉的例子入手，这样学生能够有比较直观的认识。另外，在例 1 问题的选择中，第②小题对学生而言可能略有难度，不宜放在第一课时，建议删去，可以再补充 1—2 个用列表形式表示的函数，使学生能够进一步巩固函数的三种不同的表达形式。
(3) 如何求一个函数的反函数 例 2. 求下列函数的反函数。 ① $y=4x+2(x\in\mathbf{R})$ ② $y=x^2+1(x\geqslant 0)$ ③ $y=x^2+1(x\leqslant 0)$	这块内容应该是本节课的第三个环节，可将小标题列为：3.练习巩固，应用概念。本环节中教师应在板书的过程中提醒学生重视书写的规范性，进一步理解求反函数的基本步骤。若时间有多余，可鼓励学生自主编题，以加深学生对这节课所学知识的理解。
3. 课堂小结 反函数的概念。 求反函数的一般步骤。	课堂小结这一环节在组织教学实施时可由学生完成。

任务:(1)完成教学展示;(2)完成相应课时的作业设计,作业设计可根据教学情况加以分层;(3)教学展示结束后根据实际教学情况及学生作业反馈情况对本节进行反思,并对教案进行再设计。

三、分析反思

见习教师规范化培训的一大重要任务是尽快帮助学员完成从"学生"到"教师"的转型。为完成这个任务,学员亟待解决的问题是从"怎么学"到"怎么教"。设计任务驱动的主题研讨使得培训活动不再仅仅停留在理论层面,而是落实到操作层面。具体、明确的任务要求让学员在学习和思考时有明确的方向和落脚点,能够切实帮助学员去思考并解决在教学实践中出现的各种问题,并在不断修正的过程中逐渐提高教育教学水平。

教师的专业成长包括自我研修、专业引领和同伴互助三个方面。团队协作的带教模式可以满足学员多元、快速发展的实际需求。学员的学习背景和经历不同,对于教学的理解和把握就会各不相同;学员来自不同的学校,学生的生源情况和学校的文化氛围也不尽相同。创设团队培训的环境,形成一个良性的研学机制,便于学员在学习研究的过程中产生思维碰撞,互相取长补短,从而促进他们更快地成长。

我和我的徒弟们

上海市嘉定区第二中学　许正芳

一、事件一

（一）事件描述

“《项链》是法国作家莫泊桑的代表作。课前，经过预习，大家应该都对内容有所熟悉。下面请大家谈谈小说到底要表达什么主题。”小岳老师如是导入课堂。紧接着，开火车的节奏在学生中展开。“我认为是批判女主人公的爱慕虚荣”，“我认为是写主人公性格的转变”，“我认为表现了小人物的人生命运”，“我认为是写人生的变化无常”，说到这里，小岳的表情由之前的微笑似乎变成了疑惑不解。

课后，她来和我交流意见。“许老师，我的教案此处并没有预设这么多的答案。学生说了这么多，我有些无法判断了。”我笑了，对她说：“预设和生成是不同的教学结果。学生的多元解读是可以的，关键是我们怎么备足课，怎么应对问题。”她明白了我说的道理，后来我又听了她的另一个班的教学情况，果然，她做出了调整。

（二）分析

“课堂教学活动首先应该被看作师生人生中一段重要的生命经历，是他们生命的有意义的构成部分。”教学，最重要的不是学生是否百分之百地学会了什么，而是学生是否以健康积极的情感态度参与课堂。我认为语文学习既是一种学生个性化的活动，也是一种学生创造性的活动。教师不仅要珍惜学生的感悟、体验，更要保护他们的智慧火花。这样更有利于开发学生的创造性潜能。认真备课，把握重难点，完成教学任务固然很重要，但我认为更重要的是把语文教“活”、让学生“活”好，这才是语文学习的灵魂。

课堂教学应成为人与人之间心灵沟通、智慧碰撞的对话过程。在多元解读的语文课上，学生的多元反应不一定都是正确的。当学生的表达与一些固有观念发生矛盾的时候，教师就不应做放任自流的旁观者，或是毫无价值取向的中立者。课堂灵活地放开一些，反而更能充分发挥教师的主导作用，更能活跃思维，激发学生学习的积极性，收到意想不到的效果。这是我教小岳老师的，也用以自警。

二、事件二

（一）事件描述

十月的某一天中午，我突然接到了小杨老师的电话。“许老师，您现在有空吗？我想让您帮我看一下教案！”电话的那头，是一个焦急的声音。接到电话后的我，感觉有些奇怪，平时的小杨不是这样的，她都会事先和我约好时间，今天为何这么着急？尽管带着一丝好奇，我还是在办公室边批作业边等她。

过了一阵，急促的脚步声和几声敲门声过后，风尘仆仆的她出现在我的面前。“怎么了？”只见小杨拿出两份打印好的文字稿递到我的面前。当“种树郭橐驼传”几个字映入眼帘时，我有些不明所以。“不是我昨天才给你看过，还提出了修改意见？”我奇怪地问。当我翻到第二页时，我顿时明白了。她将我昨天提出的修改意见都做了调整，并附上了学生在此环节中出现的状况。

“这年头，还有这么认真的人！”我不禁心里渐生佩服。小杨也向我说明来由，因为今天经过调整后上课，果然和之前的效果不一样。她的急切来访，不过是想向我追问教案修改的那些事。她的热情感染了我。曾经，我也是悉心钻研，努力研修，但十几年的教学生涯似乎浇灭了我的热情。年轻真好！那种“初生牛犊不怕虎”的干劲真是难能可贵，那是满满的正能量！

（二）分析

教学相长，带教指导亦是如此。新教师充满活力和干劲，他们的求知欲是最好的品质。见习教师的成长离不开听课、上课、反思等各个环节，反复磨炼，不断改进，别无他法。

教学是一个新教师最重要的一种技能。我们常常在课堂教学中追求技艺，不断地创新，不断地求异。或许，返璞归真才是更重要的教学真谛。如今信息化时代，我们更需要的是对语文教材的深入解读，以转化为自己的教学材料。一切技艺固然需要锻造，但根本性的是认识到自己的下一次会比这一次更好。

作为带教教师，或许我们给予他们的不只是一次具体的教案修改过程，我们所交给他们的更是面对学科、面对教学、面对学生时的一种态度。

带教教师的幸福，或许正源自一种互相影响的态度和心情。

三、事件三

（一）事件描述

期中考试结束了，同学们和老师们都在忙碌地进行成绩分析和总结。几家欢喜几家愁，这些天，班级的气氛似乎有些凝重。小陆老师更是分外忙碌，因为作为新教师的她不仅要挑起两个班的课业教授任务，还有班主任的成绩分析和班级管理工作在等着她。

平时，小陆老师总是最早来到班级，经常自己加班到晚上。这一天，她一个人仍在办公室加班。我走进办公室，看到小陆老师在写着什么。凑近一看，原来她在给每个学生写一封信。桌面上摊开的信封，似乎告诉我，她坐了很久都没有离开座位。“××同学，你的学习成绩进步很大。我想，如果你能在理科方面加强，定会离你的目标更近”，“××同学，虽然你现在的成绩不是十分理想，但老师坚信你是一个十分有潜力的孩子”。一封封信，都饱含着小陆老师对孩子们的期待。眼前的这一幕深深感动了我。曾经，我也用真心教导着学生，只是现在很多时候放弃了温和，多了些抱怨。但教育学生，往往就是最朴实的真情和真心足矣。

小陆老师看见我进来，马上停下手里的笔，向我询问家长会具体怎么开，需要如何与家长沟通等。看到她勤勉的样子，我的内心充满了向往——年轻班主任恰恰是最美的校园风景线。

（二）分析

一次家长会，一次谈心，都是最平常不过的事。班主任是一个班级的核心人物，我们需要做的，还有很多。作为带教老师，我们除了教给年轻教师策略、技法，还应该给予他们更多的鼓励和点拨。教育，往往就是这么平凡而又伟大的事。如沐春风，春风化雨，我想，教育的魅力就在于此。而带教的幸福也在于此，那就是教学相长、互相促进的幸福感。

桃李不言，下自成蹊

——在细微中见执着

上海市晋元高级中学　宋国平

一、概述

2016年9月从上海外国语大学硕士毕业的李老师，通过考试选拔进入曹杨二中任教英语学科，从而就在普陀区见习教师规范化培训项目中有缘和我结成了师徒关系。李老师在校就读时学习成绩优异，专业素养好，而且一进校就开始担任班主任工作。曹杨二中我认识的老同事们也都对她评价很好，说她勤奋、踏实，能努力完成学校交给她的每项任务。但李老师性格比较内向，说话声音不够响亮，因为她是四川人，对于有可能影响教育工作的上海话和很多上海文化要素还需要时间来融合，所以在工作中要强化主动性，需要长时间历练才能真正适应学校各项教育教学工作的要求。

和李老师相互认识后，我会经常关心她的心理需求和生活上遇到的问题，微信中广泛的交流让她对我这个师傅有了信任和依赖。根据对小李的初步了解，短期内我采取了"抢""逼""围"的培养策略。

"抢"：抢时间，缩短新教师的成长周期。小李作为一名硕士研究生，各方面素质较高，所以她的新教师的成熟期可以缩短。

"逼"：人总有惰性，有时需要外界给予一定的压力。对小李来说，她所表现出来的不是惰性，而是一种"怯意"。针对她的问题，在见习工作的各项活动中，我都力争把小李"逼"上展示自己的舞台。从实践课到研究课，到教学展示活动、教学评优活动，每一次都"逼"着她参加。从说一句话都声音发抖，到上了20分钟课就无话可说，再到能掌控课堂，慢慢地，李老师开始变得老练了。

"围"："围"涵盖了太多的内容。从英语教育大环境来说，我会努力营造一种积极向上、勤奋踏实、探索创新的对话氛围。这种氛围促使小李不断努力。从小环境来说，我鼓励她在二中本校和区内积极参加教研活动，不断汲取各种营养，规范和改善自己的课堂教学，提高教学能力。最有效的还是"示范教学"。在"围"战略中，这是最具针对性的。小李担任的是高一年级的英语教学工作和高一(5)班的班主任工作。我本人作为具有多年教学经验的老教师，虽然今年在教高三，但我对高一学生的教育教学方面也有自己独特的方式方法，有丰富的教学经验。一开始，我发现小李不太主动，有问题也不向我请教。在一次听完课共同就餐时，我们无意间聊起小李课堂上存在的问题——有一个知识点她老讲错，其实这个问题很多人都犯错——她有些不好意思地说："看师傅也挺忙的，再说，我不知道该怎么问。"其实，因为年轻，小李的性格还有点像小孩，跟人熟了，话还是挺多的。她缺乏的是与人主动沟通的技巧。于是，我就努力扩大与小李接触的机会和时间，主动影响和带动小李。第一学期的期中考试，学生的英语成绩不是很理想。她非常着急。于是，我就与她一起分析原因，发现小李的抓差补缺工作做得还不够。找到原因后，小李也明白了问题所在，并且主动加大了抓差补缺的力度，利用课余时间无偿地为学习上暂时落后的学生补习。到了期末考试，她所带班级学生的英语成绩果然上去了。通过一年的带教学习，小李已完全胜任自己的英语教育教学工作了，这是我最感到欣慰的事。而在带教期间，在我的鼓励下，小李又积极参加了区里的“新蕾杯”大奖赛，取得了不错的成绩；要不是碰巧学校派她带学生去甘肃会宁开展教育活动的话，她应该完全可以拿到市级比赛的一等奖。在带教的过程中，我们经历了很多，但给我印象最深的还是那次我们两个人在参加区里开课比赛前夕，教研员要来视导的那节准备课的师徒互动。虽然有波折，有争执，甚至有想过放弃，但最终，我们共同的努力促成了一节被教研员点头称赞的“优质课”。

二、“在细微中见执着”的指导案例

2017 年 3 月 21 日，我在本校上好第一节课，赶到曹杨二中，去听李老师的试讲汇报课。上午九点四十分我到高一(5)班教室，已经有包括她的校内师傅葛老师在内的四位本校老师坐在教室后排了，气氛热烈而积极。

和她平时上课一样，学生在课前进行了“Daily talk”，话题和当天要上的主题毫无关系，说的是一些体育明星的新闻，而当天的课题是“Plants”，这让我感到很不理解，而且教师本人对学生的话题没有准备和认识，从而没有任何评论和互动，5 分钟时间就这样晃过。

接下来她开始导入话题，展示了一些图片并且就学生熟悉的植物提了两个问题，学生讲得也还可以，但她自己似乎对有些植物并不了解。

后来的一系列教学活动和安排在我看来都不够细致和紧凑，因为教师本人对教学内容的准备不够充分，从而凸显出许多环节中的尴尬和无趣，后来时间到了，课也没有讲完，草草收场。我感到很无奈，但是因为时间紧，我自己还要赶回去上课，也就没有过多评论。不过，我告诉小李，让她下周二到我学校来，我来给她说说怎么上这堂课，让她来评价我的课上可能存在的问题。

在周二李老师到了我的学校后，我就按照自己的计划说了一遍课。我说我首先要让自己的课堂成为一个有系统的课堂，让学生今天谈论的话题要和课堂相关联起来，事先得让他们准备和植物相关的材料来进行“Daily talk”，再让学生看屏幕上的图片，认出是什么种类的植物，再请学生说出他们能了解到的植物知识，进而让学生回答我们对于植物的呵护以及其他环保知识。这不就是最佳的导入吗？小李听了，表示认同。

在阅读部分，采取跳读和扫读两种方式。我说你用问题回答和图表方式对 A 段文章进行理解，提问学生的问题你自己非常熟悉，作者的意图你不就可以完全领会了吗？她点了点头。

阅读后是深入思考，我说你这个时候要请学生说出作者用什么方式阐述观点，然后请学生小组讨论，对植物保护提出自己的看法——环保或者不够环保，而不应该只是自己在那里自圆其说。她脸红了。

最后布置家庭作业，我说你可以让孩子们假设自己是两位孩子的家长，写一封信给编辑，研讨环保与植树绿化、保护植物的相关话题，这样的话他们不就既有话说，又符合时代特征了吗？李老师说："是的。"

听完我说课，我又花了二十分钟，和李老师进行广泛交流。我说我感觉她上的那堂课整体设计没有大问题，逻辑性也很强，但是她没能很好地带领学生用阅读的两种方法层层深入地分析文章，没有做到说理清晰，启发性不强，设计立意有些简单，设计目标和达成度有出入。另外，李老师对于我以前经常跟她说的，在学生课堂表现的评价上单一甚至疏于评价的问题也一直没有改进。

因为之前没有这样批评和指正过，李老师显得非常不自在，一直默不作声，但我还是毅然决然地把所有能想到的问题都讲给她听了。我想今天不讲以后还得讲，希望她能够更加认真地对待这次比赛，当然更重要的是以后的日常教学了。李老师在今天的师徒活动中，被我说得有点重了，我也观察到她眼睛都有点红了，但她在最后返回本校时跟我说的一句话，我至今记忆犹新。她说："宋老师，我知道您的意思了，'于细微中见执着''桃李不言，下自成蹊'，我会努力的，下周我一定给您一个不一样的教案和教学展示。"

一个愿意听取他人意见和建议的人，配合自己的悟性和努力，一定可以成就一件大事。第二周我们所看到的另外一次试讲，李老师对于教材内容的熟练把控以及课堂上积极呼应学生的表现，让我激动不已。

这次课后，李老师又按照我们共同的感受把教学内容做了以下修改：

1. 课的时间控制还需把握好，后面的亮点要突出。

2. 板书的内容应该是可以用于后面学生的反馈需要，起提示作用。

3. further thinking 的概念不对，不是提供句式，而是阅读基础上的深层次思考。学生的反馈应该是有创新，而不是重复。评价学生课堂表现要多元化。

因为李老师还要上第四节课，下班回家后，我和她在微信上进行沟通。其他听她课的老师认为，目标设定太大，任务没有达成，时间的分配也不太合理。这和我的想法大致一样。下周三正式上课，不大可能改变太多，我没有将更多的不同意见反馈给她，毕竟每个人教学风格不同。我建议李老师在接受他人意见的基础上，根据自己的意愿重新修改教案，使之符合教学规律。新入职教师有很多工作，但汇报课是最折磨人也是最锻炼人的硬活。

结果，李老师教案修改后，在教研员来再次视导时，呈现出了一种优良的课堂氛围和教学体验。以下是我们共同修改后的教学设计，我认为非常值得以后的见习教师学习和参考，所以我把它拿出来作为我指导见习教师的一个重要案例。

课题 Learn to Care for Plants

我对小李说：阅读课要有教材导入和引言部分。

【教材分析】

本课是第三单元 Main Reading 的延伸，介绍了几种我们日常生活中常见的植物。本文属于说明文体裁，主要对三种植物——茉莉花(White Jasmine)、玉兰花(Yulan Magnolia)、金球仙人掌(Golden Ball Cactus)进行介绍。每段主讲一种植物，结构十分清晰明了。由于有了 Main Reading 的学习，对介绍植物类型的文章有了一定了解，学习这篇文章较为容易。与 Main Reading 不同的是，这篇文章除了介绍植物的外形特点，也着重描述了植物功能和生长环境。通过学习这篇课文，学生可以了解植物的特点及其功能，为自己选种植物提供参考，同时提高学生的科学素养，也为以后口语和写作练习打下基础。

1. 文本特征

本课是来自报纸的一篇文章，包含了三种植物的介绍。这三种植物是我们较为熟悉的植物，文中介绍了其功能、特点及生长环境，让学生对其有更深一步的了解。

2. 文本特点

(1) 从文本的语言来看，文本属于说明文。此说明文有如下特点：文本的描述具有简洁性，没有过多的修饰语；同时在描述植物的特点时具有科学性，例如在描写花的时候，文章不再是用 flower 一词，而是用 blossom，同时还出现了 vine 和 bush 一类词语；这篇说明文还不乏趣味性，说到叶子铺满地面时，用到了 litter...with 的结构，让说明的对象更为生动；最后是严密性，在文章中没有出现带有作者情感态度的词，对植物进行了客观描述。

(2) 从文本的结构来看，本文是报刊上的一篇文章，包括了标题、引言及正文。引言部分清楚地介绍了文章要讲的话题，同时告诉了我们这篇文章的来源。正文以每段介绍一种植物的方式，首先交代了植物名称，然后介绍植物的详细信息，让整个文章的脉络十分清晰，学生也能一目了然。

(3) 从文本的内容来看，文章描述的是三种植物的特点及其功能。这三种植物都是我们日常生活中可以亲自种植的。通过学习，可以增加学生的科学素养，最终实现自己能种一株植物，培养学生热爱生活与爱护环境的情感目标。

3. 阅读策略

(1) 练习学生的 skimming 和 scanning 技巧。

(2) 提炼和补充介绍植物功能与生长环境的科学用语，增强文章的实用性。

(3) 引导学生在阅读过程中分析文章介绍植物时所采用的策略，着重于植物的特点及功能。

4. 学情分析

(1) 学生在生活中与植物接触较多，但是只停留在对其名称和外形的认识上，或者不知道怎样用英文表达，对植物生长所需要的气候条件也考虑较少。

(2) 由于本文没有要求学生进行预习，在阅读过程中对较为生疏的词汇(vine, bush, blossom, frame, tolerate)会难以理解，需要教师加强引导(图片、实物或者意译)。

(3) 学生对于科普类文章不太熟悉，还是在于平时的阅读和涉猎不足。教师可以推荐一些 BBC 纪录片，让文本和视觉、听觉相结合，学生的理解会更加深刻。

5. 阅读教学的重点与难点

(1) 教师要帮助学生掌握介绍植物时所要用到的科学词汇，还要树立学生在种植植物时需要考虑到各种因素的意识，看问题不能只从情感角度出发，还要讲求科学性和合理性。

(2) 教师要善于利用图片及实物来扫清学生阅读中的词汇障碍(vine, bush, blossom, frame, tolerate)。

(3) 教师要充分利用相关的影像资料，让学生对于植物的认识更加深刻，同时也能更好地体会植物王国的奇妙，从而让学生产生想探索和观察大自然的兴趣。

我在指导中强调：课堂教学目标表述一定要到位、清晰。

【教学目标】

1. Knowledge aim：To help students get the meanings of some new words and expressions (vine，bush，blossom，frame，tolerate).

2. Skill aim：To enable students to understand the passage by searching for functions，characters of the plants and the required climate conditions.

3. Emotional aim：To develop students' strategy of introducing a plant by considering the reasonability. To arouse students' awareness of caring for plants by raising plants.

教学活动设计要内容适切，喜闻乐见，活跃课堂，调节气氛。

【教学活动设计】

Lead-in (*5mins*)

活动一：Show some pictures of some plants and learn the names of them.

活动二：Look at a picture of our school and ask students to grow plants on that land. The teacher asks the students' suggestions and reasons.

What do you want to grow on the land? Why?

Possible answers：

Rose：romantic；beautiful(decoration)；money-saving

Jasmine：sweet-smelling；decoration

Potatoes/tomatoes：edible

Fruits：edible；ornamental value

Gardenia：sweet-smelling；decoration；for tea

这个活动可以让学生对本节课的话题产生兴趣，通过给老师出主意，能够迅速抓住学生的注意力。

Skimming(*5mins*)

Task：Read the title，the introduction part and the first paragraph and answer the questions.

1. Which month does the passage talk about?

—March or April.

2. How do you know?

—The spring is in the air.

3. Can you paraphrase "Spring is in the air"?

—It means spring is everywhere. Or spring is coming/around the corner/approaching.

4. What can you see when spring is in the air?

—The trees produce flowers/blossoms/(bloom).

—The leaves begin to sprout and turn green.

—Animals come to life from hibernation.

5. Have a guess, what are the three plants to be described in the passage?

—Cherry blossoms (sakura), Yulan magnolia, peach blossoms...

6. From which aspects will the plants be described?

—What it looks like? How to grow? Where to grow? Why to grow?

Scanning (20mins)

活动一：Read the passage carefully and answer several questions.

1. What's the difference between jasmine bush and jasmine vine? (Look at the picture to describe.)

—Jasmine bush is a low thick tree.

—Jasmine vines produce more flowers than jasmine bushes.

—Jasmine vine needs a frame to grow on.

2. Why is frame needed while growing the jasmine vine?

—Because the frame can hold up/support the vine.

3. What's the city flower of Shanghai?

—Yulan magnolia.

4. Why is the Yulan magnolia suitable for Shanghai?

—It is ideal for cool, moist climate.(humid/damp)

5. Can you describe the growth of Yulan magnolia according to the pictures?

—The tree is covered with white blossoms in spring, followed by the green leaves in summer, which litter the ground with red and orange colors in autumn.

6. Why does the author suggest planting cactus if you have no idea what to grow?

—It is easy to raise. (well-adapted)

—It can tolerate temperatures of below zero degrees centigrade.

活动二：Discuss with each other in the group what functions plants have and what kind of environment the plants need.

Plants	Features	Ways of Growing	Living Conditions	Functions
White Jasmine	white, sweet-smelling flowers	bushes or vines; frame		for tea; for perfume; for decoration
Yulan Magnolia	beautiful blossoms; 12 meters tall; 12 centimeters wide; in four seasons		be ideal for cool, moist climate	a symbol of Shanghai
Golden Ball Cactus	over 60 centimeters tall	grow it indoors or outdoors	prefer the sun; tolerate low temperature	prevent radiation

活动三：Watch a short video and fill in the blanks.

Some desert plants that live in exceptionally <u>hot dry conditions</u> take even more <u>drastic</u>

measures. Leaves are thin and have a large surface area, so they lose a lot of moisture in heat. And many desert plants have done without them all together. Instead the valuable green pigment develops in the stems. And desert stems are often very thick and swollen, which enables a plant to store water in them. Not only that, some desert plants have pleats in these stems, so when there is sudden rainstorm, those ridges can suck up all the moisture.

Post-reading(*10mins*)

活动一：After learning the passage, ask the students to think about the question again and give the teacher some suggestions. This time the students should not only give the reasons of choosing the plant but also provide some suggestions of how to raise it by referring to the living conditions of the plants. (Some plants will be give in a piece of paper with some hints.)

该活动是为了复习学生在本课学习的一些重点词汇，学会正确使用这些词语，同时也让学生学会科学地思考，多方面地去思考问题。

活动二：Review the phrases on the blackboard and read aloud together.

我告诉小李，一节成功的课绝对不能不关注作业的设计及其科学性。

【回家作业】

1. Review the new words and phrases and finish the exercise book.

2. Write a composition of the plants you want to grow and name at least three reasons, using as many phrases we have learned in this class as possible.

3. Look up the usages of some new words in a dictionary. (blossom, litter, cover, ignore)

三、我的指导案例反思

一年的指导过程中，我一直在告诉小李老师，一节优质的英语阅读课，其设计要基于教材，又超越教材，还要能够体现英语学科核心素养，要让我们的学生在接受相应学段英语课程教育的过程中，逐步形成和提升适应个人终身发展和社会发展需要的必备品格和关键能力。其综合表现为四大素养，即语言能力、文化品格、思维品质和学习能力。这些英语学科核心素养涵盖了知识、能力和态度，四大核心素养相互渗透、融合互动、协调发展，是所有学生应具有的、学以致用的基础性综合素养。而一个优秀的新教师，在进行教育教学活动时，就一定要基于核心素养理念，立德树人，服务于我们的新时代和伟大祖国。

桃李不言，下自成蹊。宝剑锋从磨砺出，梅花香自苦寒来。一个优秀的见习教师的成长既体现其自身的投入和悟性，也体现了导师的尽心和引领。

在师徒带教中建构“情感花园”

上海市浦东外事服务学校　张文萍

随着时代的变迁，带教方式也发生了很大的变化。但实践证明，师徒带教模式，在今天依然不失为一种有效的方法。古人云：“亲其师，信其道。”尤其是面对新时代高学历的学员，我认为要想取得良好的带教效果，带教导师必须重视与学员之间的情感沟通，在整个带教过程中，让学员从情感上真正接受你，你才有机会走进学员的内心世界，让学员做到“言听计从”，从而达到带教目的。对带教导师来说，我们不是只简单地做工匠型的功利之师，仅仅将一份份的相关资料填写完整，而是做园丁型的艺术之师，帮助新教师建构一座温馨、可人的“情感花园”。

一、用心达情，播撒美好情感的种子

心理学家认为，情感是人对客观现实的一种特殊反应形式，是人对客观现实所持态度的体验。因此，面对完全陌生或不很熟知的学员，在带教伊始，导师就要注意运用情感因素激发学员的内在动力，调动其积极性，而不只是机械地完成相关任务。一句鼓励的话语、一个关切的眼神、一条问候的短信、一个关爱的举动，无不透出以情动人的魅力。

小赵是我今年新带教的学员，美丽、上进。刚步入职场的她就被安排在任务繁重的教务处工作，在正常的教学工作之外，常常加班加点，还要兼顾完成见习任务。小周是我去年带教的一名外校学员，聪明、博学。初涉教坛的她由于工作安排的缘故，就担任了班主任工作。要知道，职校的班主任工作任务重、事情杂，她每周还要抽两天来我这完成影子带教的相关任务，常常是“身在曹营心在汉”，而自己的教学任务又全部压缩在剩余的几个工作日完成，可谓有些身心疲惫。两人相似的经历显现出相近的情绪，似乎都有些开始怀疑自己选择教师这份职业了。我了解了她们的这些情况后，首先想到的是不能浪费她们宝贵的学习时间，于是和她们一起坐下来根据她们的所思、所需，重新修改我原定的带教计划，争取让带教落到实处，而非流于形式。比如原计划中，我并没有安排中职班主任如何与家长沟通这个带教任务，但小周告诉我她在实际工作中常常为此烦恼，我就及时补充了此项内容，等等。其次我还及时调整了带教方式，将原定的单一的导师主导型的影子带教，拓展为学员需要型的QQ带教、短信带教、团队带教、送教上门等多种形式，尽量为她们压缩实地带教时间，但更有针对性地提高带教实效。渐渐地，我发现她们的情绪有了明显变化，脸上的笑容灿烂了很多，和我也越发亲近了。

因此，我认为建构师徒带教“情感花园”的第一步就是导师要以人为本，能尽量想学员所想，急学员所急，把“理解人、关心人、服务人”等渗透人文精神的内涵传递给学员，要让学员感受到导师心中蕴含的“情”字，在初涉教坛的学员心中播撒美好情感的种子。

二、以德育情，培育美好情感的花朵

情感交流是师徒间相互理解、信任的纽带，也是顺利完成带教任务的基础。无论是教育教学方法的传授，还是教育教学活动的参与，都需要情感的支撑，需要师徒共同去体验、分享。因此，师徒间默契的情感交流显得尤为重要。

带教导师与学员一旦形成师徒关系后，带教导师的生活理念、思想品质、文化修养等，对学员都会产生潜移默化的影响。所以带教导师要重视以德育情，在与学员的接触中，处处注意自己的言谈举止，尽量不要在学员面前抱怨工作境遇的糟糕、学生的愚钝等，以免给新教师传递太多的负面信息。在日常的交流中，导师可尽量多地跟学员分享自己从教生涯中值得回味的事情、感人的瞬间等，多给学员传递从教的正能量，从而激发他们从教的自豪感。

由于小周是第一次带班，难免在工作中会遇到不顺心的事。比如，班级中有个女生，跟同学们总没法相处，时常惹事。有一次，她在对该女生进行批评教育后，谁料该生并不买账，还直接数落她的诸多不是。她来我这后，我发现她情绪非常低落。我先是耐心地倾听了她对事情过程的叙述，找到她情绪的焦点，是她觉得自己已为该生付出了很多，可学生根本不领情，所以很失望。接着，我没有用太多的语言安慰她，而是让她看了一篇我的学生在目睹了我为学生流泪之后，发表在《浦东职教》上的专为我而写的题为《读泪》的文章。看后，她若有所思地说："啊，好感人哦！张老师，原来您也经历过这些事？不过您的学生最终读懂了您的泪，您好幸福。"此刻，她的情绪已有了明显的改变，我趁机对她说："放心吧，只要你不放弃，你也会收获这种感觉的。学生不是无情物，情到深处自动心。"最后，我们分析了该女生的情况，觉得她主要是自卑的另一种表现形式，是想引起老师的关注。于是我让小周老师特地分派了一些事情给她，同时用书信的方式跟她交流，而且常常当着她同学的面传递书信。这个女孩的自尊得到了极大的满足，此后在待人处事方面果然有了很大的改变。有一次放学前正赶上下雨，该女生临走前专门跟她说了声："老师，路上滑，走慢点。"这令小周感动了好久。

我想，在有限的带教时间里，导师要想成为学员的良师益友，恐怕着实不易，但既然肩负起带教的责任，就至少让学员能从带教导师的心灵深处体会到爱教、乐教的丰富感情，从而陶冶自己的良好情感，以德育情。

三、以行传情，收获美好情感的果实

我们知道，情感是教育的渠道、教学的灵魂，它贯穿教育教学全过程，对带教而言也不例外。我想从某种意义上讲，带教成果应该是对它最好的诠释和体现。

无论是导师的示范课还是学员的随堂课，都要以人为本，精心准备，认真评析；无论是自己学员的技能比赛还是其他学员的考核项目，都要尽心传授，用心打磨。

无论是教学设计还是教学实施，无论是教学评价还是教育过程，都要尽量凸显一个"人"字，让学员真真切切地感受到带教导师过人的业务能力和超强的人格魅力。

功夫不负有心人。我去年带教的学员在全区新教师演讲比赛中荣获一等奖，考核课的开设也获得一致好评。

小连是我校今年刚踏入教师行列的一名专业老师，阳光、上进。她和我同办公室但并非是我的带教学员。有段时间我发现她总是忙进忙出，却常常愁眉苦脸。经询问，原来考核课的开设近在眼前，她的带教导师给予了非常悉心、专业的指导，可虽几易其稿、多次试讲，却总感觉教学效果不尽如人意，非常焦急。得知这一情况后，我首先和她一起寻找问题的症结，发现她总是关注自己怎么教，每次都把焦点放在教学方法的使用、教学环节的局部调整上，而心中无人，并没有真正关注学生到底应获得什么，所以教学目标的确定只是白纸黑字而已，自然也就不能很好地顾及整堂课的教学设计，越改越混乱。接着，针对新教师控课能力不是很好的特点，我让她把教学目标设定得再明确些，有总目标也有分目标，帮她重新梳理了教学环节，并帮她从学生角度，围绕分目标为每个环节设计更有效的教学活动。经过有的放矢的修改后，她自己也觉得顺畅多了，长长地吁出一口气。最后，我和其他导师一起听了她的试讲课，老师、学生都感觉教学效果不错。最后她的这节考评课被评为良好，她脸上终于又露出了久违的甜甜的笑容。我们几位导师也被她感染，替她高兴，这大概就是我们做老师的才能体会到的最朴素的成就感吧。这不也正体现了我们团队带教的成果吗？

这一切都得益于我们无愧于“导师”这个名分，以行育情，努力让学员从爱教、乐教的情感体验转变为会教的真情流露。对初涉讲坛的他们而言，一个自信的眼神、一次甜甜的微笑都是对我们导师真情付出的最好回报。

带教时间是短暂的，但在我们师徒的共同努力下，导师得以发展，新教师得以成长，这是值得点赞的。今天，“以情传情，以情激情”，激活学员生命个体丰富的思想和感情，恐怕才能给学员今后的点滴回忆注入更多的活力，陪他们走得更远。我至今还记得，去年带教的学员在我们完成最后一次带教任务后，临走前说的一句话：“张老师，我以后自己还可以来吗？”不为任务，只为真情流露。我想，如果我们努力做到带教伊始情已生，带教进行情正浓，带教结束情未尽，那我们师徒共建的“情感花园”就会姹紫嫣红、异彩纷呈，最终成为我们师徒心中永恒的圣地。

疑义相与析

——和青年教师一起成长

上海市松江二中　姚　燕

语文教师在工作中有时会遇到一个问题，就是“文本理解”。虽然有教学参考书，有名家解读，但是在教学过程中还是会碰到一些解读上的困难，尤其是遇到一些有年代感的作品时，比如杨绛的《老王》。在强调多元解读、个性化解读的当下，准确解读始终还应该是最重要的。对于新教师来讲，这也是教学中尤其要重视的。

杨绛先生的《老王》是沪教版高一第二学期的第一篇课文，该单元的主题是“平民意识”，其他同单元的两篇课文分别是莫泊桑的《项链》和臧克家的《当炉女》。这三篇课文各属于散文、小说和诗歌三个不同文体，编者认为“老王”“玛蒂尔德”“当炉女”三个人物形象具有共通性——都是平民，平凡而普通，但都淳厚、坚韧、善良，承受着生活的重负；自有操守和向往，不乏动人的风采——只要你具有平民意识，并且善于发现。这诚然是不错的。但是杨绛的这篇文章难道仅仅是让我们去了解认识一位不幸的底层劳动者，一位十分贫困却始终保持善良淳朴忠厚的本性、仁义重感情的平民百姓吗？“善于发现”？显然是不够的。杨绛所抒发的是文人的一种悲天悯人的情怀。她帮助了老王，然而还是觉得内心不安。她说，多少年后，才明白，那是一个幸运的人对一个不幸者的愧怍。

肖老师是一位勤奋好学也很有挑战精神的年轻教师，她在新教师的考评课上选择了这篇课文。正如上文所说，由于种种原因，对这篇课文的解读是有差异的，包括许多教学参考书中也有不同的解读。而且由于时代原因，学生甚至包括“90后”的肖老师对课文涉及的年代也是有一些隔阂的。那么如何真正读懂文章，真正走进作者，成为本次指导的一个重中之重。

首先，必须进行陌生化阅读，从文本本身入手，体会作者的情感。这需要文本细读。然后，必须知人论世。对于那个特殊年代，年轻人是陌生的，所以我建议肖老师去阅读杨绛的一些作品，如《杂忆与杂写》《干校六记》，尤其是《丙午丁未年纪事——乌云与金边》。对那个年代那时的人、杨绛一家的遭遇、杨绛和老王们的相处方式有所了解，有助于准确理解文本。

接着，布置预习，了解学情。肖老师对预习向来抓得很实，所以她的课堂教学一直比较有针对性。以下是她收集的部分学生的问题：

“愧怍”是什么意思？为什么愧怍？

老王病后为什么去杨绛家？

为什么要送香油和鸡蛋？

“镶嵌”是什么意思？第八段为什么与往常的形象作对比？

为什么不请他坐？

老王为什么说“我不吃”？

老王为什么见杨绛转身进屋，立即说“我不是要钱”？

作者为什么强笑？

为什么说“他也许觉得我这话有理，站着等我”？

在“我”坚持给钱时，老王为什么不再拒绝，不向“我”说清？

鸡蛋为什么多得数不清？

关系不错，老王重病为什么却不曾让作者去看他？

为什么作者没动用那瓶香油？

……

果然学生在预习提问中都提到了对“愧怍”的疑惑。

根据学生的问题，我和肖老师再在一起细读文本，可以说几乎是用了文言文字字落实的方法，尤其是学生问题问得最多的“老王送香油和鸡蛋”这部分。另外我们重点分析了文章的第一段。这个开头言简意丰，仔细读对人物关系、情感的掌握理解会有很多启发。在这过程中还解决了一些细节问题，如“我”为什么不敢乘三轮？“我”为什么笑着说有钱？到底有没有钱？三轮车周围为什么装上半寸高的边缘？为什么不装得再高点？老王不再拉车后与杨绛一家如何继续交往？尤其是最后送香油和鸡蛋那部分“我”的反应……然后我们一起分析：为什么会愧怍呢？愧怍是什么意思？

作者最后说那是一个幸运的人对一个不幸者的愧怍，如何来看待幸与不幸？老王穷困潦倒，无亲无故，踩着一辆破三轮车，生意清冷，孤苦伶仃，最后贫病交加，“像一个僵尸，好像一碰就会散成一堆骨头”，凄惨死去。老王没有享受到一个社会里普遍的人所应享受的权利。因此，老王在这个社会里是不幸的。但是“我”真的就是“幸运者”吗？在史无前例的浩劫中，杨绛她先是被“揪出来”挂牌认罪扫厕所；接着是挨打受罚剃“阴阳头”；再接着是戴高帽子挂牌“游街”；后来干脆被下放农村，接受贫下中农的再改造、再教育。这是“幸运”？虽然杨绛认为相对于老王的不幸，“我”还是幸运的。

有人认为“愧怍”的原因是“我”对老王的关爱还很不够，是这样吗？作者一家人都关怀老王，常坐他的三轮车，照顾他的生意；知道他有夜盲症，送他大瓶的鱼肝油；老王送冰，不要他减半收费；不坐老王的车了，还问他现在的生活如何；老王送来香油、鸡蛋也给了钱，不让他白送，等等。文章开头就说了，“我常坐老王的车。他蹬，我坐”，“我”和老王没有任何血缘关系，“我”也没有任何赡养老王的义务。无论是从法律角度还是从社会伦理以及道德约束来看，“我”都无过错。车夫和顾客能够这样，已经不是停留在应付和敷衍的层面上了，而是趋近于力所能及。不是关爱不够，而是关爱有加。不妨试问一下，有多少人能做到这样？

那么杨绛为什么还会“愧怍”？也许是彼此付出的不对等，也许是身份地位学识决定的不对等？还有就是这篇文章什么时候写的？劫后余生的作者多年以后的反思的意义何在呢？帮了老王很多的杨绛在愧怍，同样再试问一下，面对老王，谁不会愧怍或者谁可以不愧怍？《老王》写于1984年，尽管杨绛在“文革”期间遭遇非人的待遇，但是，“我自己明白：改造十多年，再加上干校两年，且别说人人企求的进步我没有取得，就连自己这份私心，也没有减少。我还依然是故我”，“不管遇到怎样的困境，都不应该放弃自己的行为准则，而是要坚守高尚的道德、做人的本分”。所以她于乌云蔽天中发现人世的美好和人性的辉煌，“乌云蔽天的岁月是不堪回首的，可是停留在我记忆里不易磨灭的，倒是那一道含蕴着光和热的金边”。正是这份人性美好本真的坚信与坚守，才会有这份“愧怍”。

不是所有幸运的人都会对不幸的人感到愧怍的。“我”作为幸运者，能给老王的只是一些道义上的帮助，根本不可能改变老王的命运。也就是说，“我”作为一个相对的“幸运者”，在老王的“不幸”面前无能为力、力不从心，“我”因自己的这种无能为力而感到“愧怍”，进而，“我”因这样生活在一个社会里而感到“愧怍”。

的确，作为普通的老百姓，尽管自己很不幸，仍然会因为别人的更加不幸而唏嘘不已，只要自己能帮到别人，就会伸出自己的援助之手。但是，这种帮助是有限的，所谓救急不救穷，要彻底地改变他人的不幸，必须从根本上完善社会制度。

一起细读文本花了很多时间，但是我们觉得很值得。最后肖老师是这样解读的：杨绛的愧怍，是惭愧，是内疚，更是无奈。惭愧于她与老王之间情感付出的不对等；内疚于她始终与老王保持着距离；无奈于作为社会上的幸运者，无法也无力去改变和拯救“老王们”的悲惨命运。她的愧怍是出于她对弱势群体的人道主义关怀，出于她对自己更高道德准则的要求，出于她自我反思和自我批评的精神，更出于她知识分子的良知和社会使命感。我觉得这是准确且有深度的解读。

接下来肖老师和我互相听课，继续磨课，确定好主问题。一堂课的容量有限，对这个问题学生肯定还有其他思考，于是我们设计布置了这样的课后思考题，“如何面对杨绛的愧怍”，巩固拓展课堂所学。

这节汇报课上得很成功。作为新教师，肖老师展现了年轻教师踏实的态度和扎实的功底。课后，肖老师还就此写了一篇教学反思《愧怍之情背后的深意——杨绛〈老王〉文本理解与教学思考》，获得好评。同时肖老师也以这堂课为基础参加了模拟课堂教学比赛并获得优秀奖，代表区里参加市级比赛荣获基本功大赛二等奖。

这次带教给我很深的印象。语文教学永远在路上，而所谓带教就是共同成长。心存感激，继续前行。

做教师的智慧和乐趣

上海市松江一中　钱夏红

作为松江区的学科骨干教师，在完成自己的教育教学工作的同时，带教见习教师，帮助其快速成长，实现学习和带教的“双赢”是骨干教师考核的指标之一，也是松江区教育系统实现强师兴教的重要举措之一。2015 学年第一学期，我再次承担了带教见习教师的光荣任务，同时再次为获得带教与学习的“双赢”而庆幸。与去年不同的是，带的都是普教系统音乐专业领域的两位初高中音乐教师：毕业于上海师大的硕士研究生王老师（松江一中）以及充满青春温情的泉州师范音乐学本科的朱老师（上大外附中）。我庆幸能再次为这些光鲜美丽的教育接班人当好教育教学的引路人，获得一次时代性的思想互动，一次心与心的交流。

一、背景

王老师作为松江一中音乐备课组的一员，既是我的徒弟又是我的同事，具备了近水楼台先得月的优势。小王热爱教育岗位，对学校教育有着美好的憧憬和期待，处事严谨、缜密，并有着较为强烈的进取心。在落实好学校聘任签约后，她就给自己定下见习目标，欲在见习年内站稳讲台，为一中的艺术教育添瓦加砖，发挥好自己的专业优势，为学生创造活跃、求真、快乐、美好的艺术课堂而努力。而作为师傅的我也诚恳地为徒弟设定了一个职业发展的方向：在教育教学上发挥自己的专业优势来补足自己的短板，创造属于自己专业的艺术教育领域，为自己专业定位的同时，给孩子们提供多一点体验和实践艺术的途径和渠道，更好地体现一名专业音乐教师的职业价值。而对于内敛而充满青春气息、乖巧的朱老师，我也充满了期待。虚心、好学、充满灵气又十分用心的她虽身处在上大外附中，一所民办的完中，但丝毫没有减弱她对美好教育生涯的期待。在第一次师徒会面交流中，小朱带着自己的教育困惑提出问题。我一一作了引导性的解答，并给予了许多建设性的意见，让她兼顾好自己在学校内大队辅导员的职务，并订好见习参培计划，进行有计划有步骤的实施，并和小朱共同解读了初中的音乐课标，让其在平时的音乐课中具体落实。

针对两位新人当前的工作和思想背景，我拟定了带教方案，并着手井然有序地进行。

二、言传身教，树立导师形象

在实施带教的第一周，我就严密布置了见习教师规范化培训内容和要求，更重要的是讲述自己的成长经历和教学带来的众多职业幸福来开启两位新人对教育生涯的向往，从而帮助她们树立起良好的教师职业道德规范，让她们感受到无论什么样的教师岗位，都能在自己的方寸之地做出不平凡的成绩，从而更好地找到职业归属感，为终身获得职业幸福打下根基。之后在每周的固定时间内，我与两位徒弟共同畅谈教育思想，推荐自己在阅读后对自己感悟最深的书籍让她们去品读，在交流与探讨中擦出心灵碰撞的火花。与此同时，拉进了与徒弟们的心灵距离，去除陌生的隔阂，让她们感受到我既是她们的指导老师，又是一位在今后她们成长道路上不可多得的保驾护航的大姐姐，时刻感受到被带教的关爱和温暖。

三、积极示范，做好教学引领

虽说两位徒弟都是器乐专长的专业生，但对教育教学来说都是新人，要靠师傅领进门，才能渐渐找到属于自己的教学风格。其实对于我来说，也是一个极大的挑战。现在的年轻人头脑灵活、思想活跃，有着最鲜活的教育构想，也很有主见。于是，我从解读课标开始，让徒弟们获知各学段的培养目标，并逐步有序地设定各单元和课时教学目标以及重难点。其中学情分析、整合教学内容是关键。通过在课堂上示范教学，让徒弟找出上好一堂课的成功秘诀，从而获知了在一份教案的撰写中“教学指导思想、设计思路、教学三维目标”的制定，“重难点”的设定。明白用教学理念解释教学行为的重要性，这是在教案撰写中必不可少的组成部分。这样，更有助于完善教案文本格式，为课堂有效教学做好全力保障。在每一堂示范课之后，我让徒弟畅谈听课心得，并及时撰写听课所感，作为自己上课的导航。2016 学年徒弟听我的课十余次，其中两次为校级公开课，一次为区级德育精品录像课。两位徒弟也各自开设公开教学课两节，获得了基地学校及区两位教研员的一致好评和认可。同时在两次公开教学的进程中，可以看到两位新教师在教案文本撰写上的成长。王老师的汇报课“大漠瑰宝　敦煌梦境”获得松江区见习教师模拟课堂比赛名列前茅的好成绩，幸运地被推选为松江区参加上海市见习教师模拟课堂比赛的三位选手之一，最终获得了上海市见习教师教学规范化培训的二等奖。朱老师的实干、巧干，深得学校的重用，在创设学校艺术特色社团中发挥了亮点和实干作用。同时她在基地学校见习教师基本功大赛中荣获了演讲、粉笔字、钢笔字和多媒体制作四个单项一等奖的好成绩！

四、案例呈现，评析助带促成长

以朱老师的两次公开课教案为例：

第一次教案课题：刘天华、华彦钧的音乐人生（教案略）。

第二次教案课题：非洲旷野的回响（教案略）。

（一）案例评析

从导师用红笔修改的两次教案的书写中，不难发现，第一次的教案不论是格式规范方面，还是书写的要点方面都是比较含糊的（包括教学重点和难点没有得到细化分析）。特别是对单元教学目标和课时教学目标的设定还不够规范和具体。教学目标设定的针对性和核心概念不够明确，啰唆拖沓，不够精简扼要，且格式比较杂乱。在教学过程的书写中不需要呈现阿炳的生平，应该在教材分析或教学设计说明中呈现更为合适。而在第二次的教案书写中更正了第一次书写教案时出现的种种问题，教案结构规整，应用字体、间距、书写格式渐趋规范。“欣赏与感知”“审美与思考”“实践与体验”“表现与创造”四大教学模块结构明确，表述有条理。应用媒体的辅助增强了直观性，在教学方法手段上也有了师生和生生间的互动。这次明显比第一次有进步，呈现了较为明显的教学效果。

（二）课堂实施改进意见

教案结尾部分还应突出立意和升华。在课堂实施过程中可以让授课教师以自我演示的方法调动班级气氛，鼓动全班各小组同学合着音乐节拍舞动起非洲的歌舞，教师用非洲鼓伴奏，把音乐推向高潮后再来让学生自我评价，升华课堂主题思想。

文本书写上还太随意，不够严谨（导师已用红笔修改）。

（三）我的感悟

见习教师规范化培训的管理与考核，使新教师从原本的跟从带教教师到自己独当一面，与指导老师之间有了更多教育的话题，学会了思考和提问。

见习教师规范化培训的管理与考核，让见习教师有了高端的视野，可以从导师身上学到很多东西，如善于学习、钻研教育的态度，这些不光是有益于学习书本上的知识，更是对教育教学的一种专注。

见习教师规范化培训的管理与考核，也使每位见习教师在今后的成长道路中，看到发展的目标和方向。只要摆正心态，全身心地投入教育教学，相信他们的教育发展之路会越走越远。

（四）反思与收获

教师的智慧从哪里来？从现实的教育生活中来。你耐心接纳每一位学生是智慧；你真诚地学会换位思考是智慧；你深情期盼地鼓励是智慧；你宽容理解每一位学生是智慧……教育的智慧是鲜活的，教师成长的乐趣就在于能成为播种智慧的使者。

五、结语

每位见习教师的成长都要经历一个“实践体验—困惑迷茫—尝试积累—反思内化”的过程。指导老师要学会接纳见习教师在工作中的问题与困惑，避免出现埋怨责怪、高高在上，或者净讲一些大道理的消极做法；而应言传身教，将心比心，帮助他们分析出现问题的原因，并寻找适宜的教育策略，促使他们不断积累教育教学经验，让他们慢慢感悟“教无定法，贵在得法”。

新教师课堂领导力的提升

上海大学附属中学　郑艳红

一、案例背景

小刘，华东师大免费师范生，汉语言文学专业，2016 年 9 月入职。学校委派我担任刘老师的语文学科兼班主任带教老师。

刘老师语文功底扎实，学养丰厚，虚心好学。带教期间，她每天都来听我的课。每次听课后，都会和我进行深入的探讨。我发现刘老师为人诚恳，对学生有发自内心的关爱，喜欢并甘愿做一名语文教育工作者，有为学生取得好成绩而不懈努力的心意。我经常看到刘老师为批改作业，解答学生的问题而耽误了中饭，也经常看到刘老师找学生辅导、谈心。

入职半年后，刘老师多次提到精神不济。其具体表现为喉咙不适，上课感觉很累。学生上课的积极性不够，有些学生甚至出现“旁听”的状态。

二、问题症结

高一第一学期期中考试成绩公布，刘老师任教的两个班语文成绩低于年级平均分。尤其是高一(10)班，两极分化明显，成绩远低于刘老师的预期。而这个班级，在刘老师看来，是一个个性突出、思维活跃的集体，课堂气氛也一贯良好。刘老师对于这个班级，是充满期待的，没想到考试的分数却低于她不看好的另一个班，这让她百思不得其解。

半年来的听课指导，我对于刘老师的课堂情况，是了然于心的。首先，“旁听”并非有效的倾听，没有尝试理解吸收和自我转化的知识，一般过耳即忘。刘老师自感课堂气氛活跃，其实得益于少数“积极分子”与刘老师在上课时的互动，大多数学生处于被动的旁听状态。课堂效率可想而知。

其次，教育现场的复杂性，让新入职的刘老师疲于应对。学生似乎对年轻教师并不买账，刘老师只能板起脸，装出严肃的样子。学生对语文学习不够重视，上课总回答不到点子上，刘老师考虑到上课时间有限而不得不满堂灌。教师讲得很辛苦，但是学生却恹恹欲睡。

最后，刘老师急于想出成绩，不敢放手让学生学。在平日的听课交流中，我多次提到让刘老师给学生自主学习的时间和空间，培育学生在课堂上的自主探究能力。可是刘老师总认为自己教学能力不够，学生学习水平不够，不敢把课堂时间交给学生，更不放心学生相互学。最后呈现为拖着、拉着学生拼死往前走的课堂状态。

刘老师的问题，其实是新教师中普遍存在并富有挑战性的问题。新教师面对多头绪、多方需求，往往会出现顾此失彼的现象。新教师不仅要在短时间内熟悉学校文化，适应学校各项规章制度，更想要尽快在学校立足，在群体的认可中找寻到自身的价值。快速证明自身价值的最简便的方法，就是在各大考试中取得理想成绩。刘老师思想上积极向上，读书时就是“学霸”，转变为教师身份后，同样关注学生学习成绩。这很容易产生为分数而教的功利想法，而忽略了教师专业发展的核心：在教学经验积累中，提升教师课堂领导能力。

如何改变刘老师“满堂灌”的教学模式，提升刘老师的课堂领导能力，获得专业发展的持续动力？显然，刘老师对自己的问题是不自知的。我调整自己的带教思路，把这个问题作为一个共同研究的课题，在相互实践、相互探讨中，共同解决提升。

三、解决路径

• 注重语文学科本质，提升文本的解读能力。

教师的核心素养是教师专业发展的根本和保障。新教师刚从大学出来，学科专业素养较为丰厚，文本解读能力较强。但是新教师对语文学科本质的了解不够清晰，文本解读能力也可能停留在学理层面的分析上。为让刘老师能关注到语文学科本质的重要性，我给刘老师开了三大类书单。一是语文教学论方面的书籍，二是语文核心期刊，三是核心素养、新课标、学科教学基本要求之类的书籍。我们定期共同分享、探讨、提升。为把刘老师的文本解读能力转化为辅导提升学生文本解读的教学能力，我先让刘老师利用一切机会，走近学生的内心世界，了解学生的已有知识、生活体验。然后，把学理分析出来的文本解读成果和学生的已有经验联结，从而找到适合学生理解的切入点。

• 转变教师理念，从上课教“教案”转变为设计冲刺挑战性学习任务。

刘老师备课认真，每堂课都做了内容非常细致、完备的PPT。可是，越是这样，学生在课堂上越是死气沉沉。原因在于刘老师按照自己的授课逻辑在教学，而没有从基于学生理解的基础上去设计学习任务。学生一旦觉得课堂教授内容按部就班，提问、PPT出答案，就等着听老师讲解课文内容，出现刘老师反思中提到的“安全区停留，不敢突破挑战”“惰性思维，懒于反思”等不良状况。在一次次课后探讨中，刘老师意识到，教师解读文本的逻辑，并不能替代学生解读文本的逻辑。要贴近学生，在基于学生了解的基础上，设计有一定难度的高品质的学习任务。

• 让真实的学习发生，从“满堂灌”转变为“对话”教学。

真正的学习的发生，是建立在认真同文本对话的基础上，进而产生疑问，利用工具资源，探索解决问题的路径。教师收集学生预习中产生的问题，归类整理，设置基础性课题和冲刺挑战性课题。去除不必要的教学环节，把更多的时间用在共同解决冲刺挑战性课题上。学生在小组学习中提出自己的疑问，尝试解决并努力达成共识，或者把自己的学习成果披露给同学，进行反思和批判性思考。学生在全班展示环节，努力把他人的观点纳入自己的体系中并加以精确化，或者陈述自己的理由加以反驳。在“直面问题”“展开小组协同学习”“全班展示”“纳入自我学习”的过程中，真实的学习得以发生，学生的自主探究能力得到培育。

四、共同反思

想要实现教学相长，反思是重要的保障。在带教过程中，我和刘老师都进行了反思。

• 刘老师的反思

1. 从一言堂的“牵拉式”讲授，转向师生间的对话交流

对于教师而言，要从备课开始做出改变：细读文本是基础，把文本的内容吃透，是把握文本核心的前提。但入乎其内是为了更好地出乎其外，教学设计的思路切忌仅从教师的理解切入，一口一喂、一步一推，阻隔学生对文本阅读的宏观视野，打破文本的完整性。学生在自主阅读文本的基础上，能充分交流探讨。在师生对话中，增强学生对知识的理解能力。

2. 尝试新型课堂组织形式，激发学生学习的兴趣

“学习共同体”为被动接收信息的学生提供了更多的课堂参与机会，增强了主体参与性，使不愿意动脑思考的学生在小组学习的氛围中不得不去思考。学生通过思考、讨论，共同完成了学习任务，从而激发了学习的兴趣。这不仅能提升学习成绩，还能提升学生的综合素养。

• 带教老师的反思

1. 尊重学生的需要，让学生体会到学习的乐趣

在“满堂灌”的语文课堂中，学生处于被动的学习状态，依赖性很强。学生的本性向善，天生就有一种有所作为、被人赏识的需要，他们需要自我实现，自我尊重；需要得到我们的支持；需要对其他同学产生积极影响；需要做有趣并有挑战性的事情。新教师要信任学生，给学生自主探究、相互协同学习的时间，让学生在共同解决冲刺挑战性任务中，体会到学习的乐趣。

2. 直面教育现场，训练教师的倾听能力

课堂环境是非常复杂的，具有如下特性：(1)多层性。教师面对每一个学生个体，都要倾听、记录和应对。(2)同时性。教师不仅要倾听学生的回答，还要关注学生的表情动作，关注其他学生的反应。(3)瞬间性。教师把课堂还给学生，把话语权交给学生，思维的火花会不断碰撞，及时捕捉，适时形成冲刺而具挑战性的课题。倾听是一种能力，新入职的教师可以通过有意识的训练加以提高。

3. 激发学生的创新意识，培养学生自主学习语文的能力

在语文教学中培养创新意识，具有独特的优势。语文涉及文学、自然科学与人文社会多方面的知识，更能激起学生质疑、想象和创造的欲望。教师应努力用科学的方法激发学生的创新意识，发展学生的才能，培育学生勇于创新的品格。在激发学生的创新意识，鼓励学生自信敢为的同时，培养学生自主学习语文的能力。

让探究活动更真实有效

上海市崇明中学　向　莉

一、问题导向

课堂是教学的主阵地,探究活动能引发学生的思考。而在有限课堂时空开展探究活动会受到诸多因素的影响。课堂的探究活动应该设置几个?怎样更加有效?即使是一些有教学经验的教师,公开教学中探究活动的设计也易流于形式,为了探究而探究。这对于刚刚踏上教师岗位的见习期教师而言挑战更大。一节课设计几个探究活动?探究活动的起点在哪里?支撑探究活动的资源有哪些?如何让学生在课堂探究中保持学习热情?

二、情景再现

11 月的一天,按照见习教师规范化培训的要求,徒弟小戴老师如期来到我的办公室进行教学研讨。这一次,小戴老师带来的是她为了最近一次亮相课而准备的教学设计《气压与风》。

小戴老师平时上课并不拘泥于传统套路,我很欣赏这位有灵气的小姑娘。当我看完全部教学设计后,不由得称赞。"小戴,自然地理的教学是很抽象的,所以学生感觉学起来很费劲。在你的教学设计中,热力环流的过程用小实验的方法来演示这个想法真的很不错。材料身边可以找到,模拟实验又激发了学生的兴趣。"我给了小戴非常高的评价,这是小戴教学设计中最有亮点的地方。

"但是",我话锋一转,"小实验过后,接下来有整节课的探究活动都是围绕教材来展开,读教材,读图回答问题。活动单一,而且没有对课堂中可能出现的生成性现象进行预设。你对课堂中的探究活动的设计有什么想法吗?"

"师傅,我其实在自己学校已经试讲了本节课。课前我也觉得备课费了九牛二虎之力,但是似乎不如我想象中效果好。现在想来,正如您说的,本节课的活动设计过于追求完成教学内容,这节课就上得很沉闷。"小戴果然是个聪明的姑娘,很快就找到了自己的症结所在。

"教材是按照知识系统的逻辑关系来编写的,但是学生的认知规律并不是一样的。教师最厉害的就是把课堂探究活动设计得参与度高、参与面广,学生学得开心但也真能学会。小戴,你还是回去好好地想一想本节课的探究活动吧。"我对小戴说了自己的看法。我也觉得见习教师的提高如同学生的学习一样,不能事无巨细地全教给她,只需要在关键的地方多加点拨指点,教学水平的提高还得自己回去仔仔细细地琢磨。只有自己通过实践悟出的教学规律,才能应对真实的课堂。

小戴老师回去翻阅了相关教育教学书籍,自己也认识到本节课首先要大胆舍弃一些不需要老师讲解的内容，同时要通过探究活动教给学生如何分析热力环流的原理。正式上亮相课时，她的探究活动没有一再重复出现读图回答的情况，有实验演示，也有对比分析，还有地理歌曲。形式多样的探究活动让学生在原本比较枯燥的自然地理学习中找到了乐趣。但世上没有完美的课，我又一次在小戴的课上发现了她的问题——提问时给学生的思考时间不够。我想下一次带教活动的研讨主题就要继续探讨如何提问。

三、分析反思

课堂探究活动就是让学生通过体验探究过程，学会探究方法，培养问题意识，是一节课最重要的设计重点。见习教师虽然知识储备很丰富，但是对于学生学习情况并不是很了解，所以在设计探究活动时，易出现为了探究而探究，一节课很多时候都在“读教材”“读图”“回答”；学生回答不了，老师马上仔细地进行补充。这样的教学看似没有遗漏，但是整个过程会变得十分机械；虽有预设，但无生成，也没了热情。长此以往，学生会对这个学科丧失学习兴趣。

带教教师在指导过程中，一定要向见习教师指出课堂教学探究活动设计必须研究学生已有的知识情况，抓住探究活动设计的起始点，探究活动如何设计更适合学生等原则。带教教师也不要就课论课，而需要通过几个典型的课例，帮助见习教师解课析理，把探究活动背后的教学原理揭示出来。

新教师站稳讲台的三大步

上海市复兴高级中学　陈　琼

“三尺讲台”是教师坚守的阵地。一位教师的成长需要一个长期的磨砺、探索过程，而新教师走上工作岗位后，就会发现教学工作远比想象中更难。如何帮助徒弟站稳“三尺讲台”，形成属于自己的教学风格，是我作为师傅不可推卸的责任。为了能让徒弟钱老师尽快地转换角色、适应变化，我结合新高考改革下的高中英语教学重难点和钱老师的 SWOT 分析，为其设计了入职一年内的三大步，以期在这位新教师的关键生长点上给予引导，促其发展。

一、案例背景

钱老师语言功底扎实，性格开朗，耐心细致，满怀教书育人的热情，深受学生喜爱。但在国外受训的经历是一把双刃剑，钱老师对于上海目前的高中英语教学现状，尤其是 2017 年以来新高考改革后的高中英语教学要求较为生疏，教学方法单一，因而底气不足。

S(Strengths：优势)	W(Weaknesses：劣势)
1. 性格优势：性格温和，待人真诚；对待工作一丝不苟；对待学生全心付出；能够为学生营造一个轻松愉悦的学习氛围。 2. 语言能力：两年的美国研究生生活赋予了我相对流利并且自然的英语交流能力，使我在听、说、读、写方面都具备一定的语言优势。 3. 留学背景：两年的留学生活不仅加深了我对英语国家的感性认知和人文理解，也让我在学习和实习的过程中学会从不同的文化角度看待教育问题。我认识到即使在中国的教育环境下，教英语也不仅仅是单一方向的传授知识，而是应以人为本、因材施教，考虑到学生的方方面面(包括生活环境、学习经历、家庭经济水平、父母文化水平等)，让每一个学生在安心、包容的环境中实现真正意义上的收获与成长。	1. 性格劣势：个性中过于欠缺强势的一面，往往因为心软而对学生过度纵容，自己制定的惩罚措施无法得到有效实施，在教学纪律管理方面有所欠缺；容易与学生走得太近而导致学生对老师毫无敬畏之心。 2. 非师范类专业毕业：我本科和研究生均为非师范类专业出身，因此入职以来深切地感受到与师范类院校毕业的老师的差距。 3. 教学理论与教学实践不匹配：我在本科期间曾在留学考试培训机构实习，读研期间在美国的公立中学实习，然而教育环境、教学资源和学生素养都和如今国内的高中相去甚远。曾经的教学理论和经验还需要一定观念上的转变和过渡，才能够更有效地迁移并运用到之后的教学中。
O(Opportunities：机会) 1. 导师资源：我的学科带教师傅是具备多年从教经验的优秀教师，兼顾教学工作和德育工作，从她身上我能挖掘到很多书本上学不到的教学方法和教育智慧。	T(Threats：威胁) 1. 专业知识不扎实：由于没有经过专业化的英语培训，很多英语专业知识，尤其是语法知识，和学院派的英语老师差距甚远。即使是事先研读语法书，在为学生答疑解惑时仍然感觉力不从心。

（续表）

2. 小班化分层听说课：为响应高考口语能力测试的要求，我校设置了特色分层听说课程，因材施教，使得不同程度的学生在小班化的课堂中都有更多的机会开口说英语，最大限度地激发个人潜力，获得发展。听说课的内容年级统一，但是授课形式相对自由，于我而言是一个很好的展示平台，让我能够尝试一些新鲜的教学方法和素材，把我在美国的所见所闻分享给学生，给他们补充英语国家的文化常识。 3. USAD 社团课：我校于去年引进了美国学术十项全能竞赛并邀请我担任辅导老师。在辅导过程中，我能够运用常规课堂中用不到的教学方法，也可以尝试实践在课堂中尚未尝试过的教学理论；此外，每一年 USAD 的不同主题也让我能够补充很多课外知识与文化，并借鉴到课内，充实课堂内容，在培养学生学术写作能力时也能有更多的心得体会。	2. 常规课的处理：虽然听说课和社团课给了我很多发挥优势的机会，但是对教材常规课文和语法的教学仍时常遇到困惑。一方面想把相对过时的课文教出新意、教出乐趣；另一方面又担心这么做是否能够达到所期望的教学效果，怕只是昙花一现，学生一笑而过后不留痕迹。 3. 教案的撰写：由于教学经验不足，在分析教材和分析学生时往往无从下手，而对于三维教学目标和教学重难点的把握也不够准确。 4. 角色转换障碍：开学至今，我还时常把自己置于“学生”的身份中，思考问题的角度也是从“见习教师”甚至是“高中生”出发，在解决问题的时候很难精准地找到关键点，在与家长和学生沟通的时候也把握不好分寸。

如上分析所示，钱老师亟须了解高中英语教学常规和教学方式。有鉴于此，我为其设置了站稳讲台的三大步。

二、案例描述

为了让钱老师在入职后尽快站稳讲台，我为其设计了教学入门的三大步，即吃透教材和教法、大胆实践和尝试、潜心反思和总结。

（一）第一步：吃透教材和教法

钻研教材是上好课的前提，也是站稳三尺讲台的重要保证。尽管带教之时我们使用的仅仅是牛津英语高一第一和第二册，但我要求钱老师根据《课程标准》和《教学基本要求》中的语言知识和技能要求，对高中六册书进行梳理，明确所教语篇文本在整个知识体系中的位置，对教材前后单元的知识内在联系了如指掌，对每一单元的重难点了然于胸。另外，我要求钱老师独立思考，不盲目跟从参考书和备课组已有的课件，因为过度依赖别人的东西会产生思维定式，不利于新教师文本解读能力的培养。每一篇文本和教学素材解读完，我都会在集体备课时和钱老师探讨各自的理解，分析教学重点和学习难点，并以此为基础相互听课、评课。她在我的课堂上逐渐熟悉听说、阅读、写作、语法、词汇各种课型的教学步骤和常见任务，我在她的课堂上记录闪光点和不足之处，并及时给予反馈和指导。

俗话说：打铁还需自身硬。只有苦练内功，使新教师自身得到发展，才能让教学得心应手。对于教学而言，苦练内功的捷径一是多听课，二是多看书。学习借鉴名师教育教学经验，利用经验移植，是教师开展研究和提升自身素质的一个重要的研究方法。为了让钱老师开阔眼界，领略名师的风采，我多次带领她参加市级和区级的公开课展示、听评课活动和教研活动，其中包括上海市实验学校、华东师范大学第二附属中学、上海财经大学附属北郊高级中学、鲁迅中学等组织的活动。每次听完课后，我会和她一起探讨闪光点与不足，以及她可以借鉴的教学方式、方法，博采众长，化为己用。在新课程标准出台的背景下，我们也参与了上海外国语大学主办的新课标精神和教学基本要求的研讨活动，例如梅德明教授的讲座"英语学科的育人价值与路径"、王蔷教授的讲座"高中英语新课程实施的关键要素分析与解读"、王守仁教授的讲座"新时代　新课标　新课堂"以及汤青特级教师的讲座"学科单元教学设计与实施"。因为钱老师对于语法教学信心不足，我极力推荐她阅读专业文献如《中小学英语教学与研究》《中小学外语教学(中学篇)》，以及特级教师何亚男老师主编的"高中英语课堂教学设计丛书"，包括《高中英语语法教学活动设计》《高中英语写作教学活动设计》《高中英语阅读教学活动设计》《高中英语词汇教学活动设计》，并撰写读书心得。

（二）第二步：大胆实践和尝试

名医一把刀，名角一台戏，名师一堂课。课堂是教师安家立命之根本，得课堂者得天下。教师的专业成长道路固然有千万条，但公开课的历练是教师快速成长的阶梯。全国特级教师窦桂梅老师在《绽放，在公开课的舞台上》一文中提出："教师上公开课，就像家中来客必定要洒扫庭院、准备盛宴一样，其中有准备的紧张，更有展示的兴奋。这就像过日子如果没有客人，可能终年粗茶淡饭、散淡随意，正是那经常光顾的客人，使得我的'家政技艺'一日千里。"有了一定的教学方法储备和教学经验积累，我便鼓励钱老师踊跃承担公开课教学任务，因为公开课之前的一系列准备活动就是一个最好的学习过程。一次次的试讲，一次次的创新，一次次的反思，都不可能从那些四平八稳的"家常课"中获得。一名成熟的教师要在批评中脱胎换骨。公开课中教师把自己的专业知识、教材处理、教学艺术等方面展示给大家，由听课老师指出亮点和不足，这样，教师才可能做好自我定位，才能让自己有一个脱胎换骨的进化。

于是，初生牛犊不怕虎，钱老师在入职后的第四个月(2017年12月28日)参加了复兴高级中学联合复旦附中、交大附中、七宝中学、建平中学、南洋模范中学和延安中学共同举办的"转变教师教学方式，提升学生关键能力"主题研讨活动，与延安中学的备课组长朱春燕老师共同开展了以"Man and Nature"为话题的"同课异构"展示活动。在公开课开始前的一个月，我与钱老师一起探讨这一节听说课教学设计的各种可能性，后期和教研组长一起反复听课、评课、磨课，打磨每一个提问、每一处细节，力求将英语听说课堂由"以教师为主体"向"以学生为主体"转变，将培养学生高阶思维能力的思想注入每一个环节。这一节以"Nature is speaking"为主题的听说课得到了特级教师、市教研员汤青老师的好评，也对钱老师在师生话语上提出了更高的要求。在汤老师的点拨和指导下，钱老师潜心研究和修炼，在2018年4月12日开设了一节以"Learn to care for plants"为话题的校级公开课，给学生必要的语言知识和语言结构的支撑，设计了一系列贴近学生生活的活动。课上每一位学生都做到了有话可说，积极投入小组活动中，课堂气氛热烈，可以说是钱老师在课堂把控上的一大突破。此次的磨课也长达一个月，这期间我着重进行了教案撰写方面的规范化培训，对新版课程标准中的改革做了解读说明，帮助钱教师向教学规范化、专业化过渡。该录像课还被选送参加了2018年"一师一优课，一课一名师"活动。

（三）第三步：潜心反思和总结

思广则能活，思活则能深，思深则能透，思透则能明。无论是家常课，还是公开课，我都要求钱老师趁热打铁，把自己成功、失误的感悟和体会及时梳理、修正、总结，形成教学反思，并结合所读文献和书目，针对自己感兴趣的教学问题和教学方法进行进一步的研究和素材积累。在此基础上，我也进行了论文写作规范格式的指导。钱老师所撰写的《突破传统英语听说课堂，培养学生高阶思维能力——“转变教师教学方式，提升学生关键能力”主题研讨活动感悟》一文于 2018 年 2 月发表于《上海师资培训》。《纵向梳理教材单元设计，系统培养学科核心素养——以单元学习互动中的辩论为例》一文结合了一年来钱老师对于课程标准、牛津教材和单元教学设计理念的学习和研究，是一次集大成的尝试，获得了第十二届全国高中英语教学基本功大赛论文二等奖。

在见习教师规范化培训接近尾声时，我还带领钱老师参与了 2018 年上海市中小学优秀作业、试卷案例评选。在两个月的准备过程中，我们反复研读课程标准，以牛津教材第四单元 Creatures large and small 为核心，围绕该主题语境，精选阅读语料和听力素材，设计口语和写作的小组活动，并将之梳理成有逻辑、分层次的作业和试卷参加评选。其间，就每一个活动设计的可操作性、开放性、灵活性、趣味性等，我们都进行了深入的研究和探讨，最终获得了高中英语一等奖的佳绩。

三、分析反思

在过去的一学年中，钱老师基于新课程标准和教学基本要求的理念，在广泛听课和研读专著的基础上，认真分析教材教学内容，根据学生的实际水平和学习需求，理顺教材单元各板块的顺序和核心内容，为学生设计六要素整合的综合性学习活动，吃透了教材，并大胆尝试不同的教学方法，积累教学经验的同时，博采众长，潜心反思和总结。作为入职才一年的见习教师，钱老师无论是教学基本功，还是教研能力都有了质的飞跃，硕果累累，开设了两节公开课，发表了教学论文，在作业和试卷设计方面有了深入的理解和丰富的实践，以优异成绩通过复兴高级中学见习教师规范化培训基地学校各项考核……2018 年 9 月钱老师获上海市中小学(幼儿园)见习教师规范化培训考核优秀，不再是刚刚回国时对英语教学懵懂无知的模样了。这离不开她那份难能可贵的对工作的钻研、对学生的爱护和对教育事业的忘我投入的美好情感，以及这一年来踏实稳健的“三大步”，一步一个脚印，一步一次提升，逐渐走向成熟。

基于深度阅读的阶梯写作课教学设计研讨

上海市格致中学　徐佳卿

时间:2018 年 5 月 3 日。

地点:格致中学 9 楼工会活动室。

参加人员:詹玲(校詹玲英语工作室主持人),徐佳卿(指导教师),丁祯辰(见习教师),万鹏程(见习教师),任云等部分校英语工作室成员。

主题:结合本学期学校英语工作室的聚焦主题和本学期区教研活动的中心内容,本次带教研讨的主题是基于深度阅读的阶梯写作课教学设计。

一、带教策略

(一) 见习教师怎么"学"

(1) 通过指导教师亲身示范以读促写的阶梯写作课,帮助见习教师熟悉读写结合教学中的重点和难点。

(2) 要求见习教师在听课时带问题、评课时提问题,在问题的交流研讨中感悟课堂教学的实质,从而逐步加深对课改目标、课程标准、教材教法的认识。

(3) 研讨后,给见习教师布置展示课任务,做到任务驱动,让见习教师带着任务去思考、设计,并由指导教师根据见习教师各自的不同问题设计下一次的教学方案。

(二) 指导教师怎么"导"

(1) 每月面向所有见习教师举行公开教学活动一次,起到示范与展示作用。

(2) 通过个别指导、备课组活动、工作室活动、展示课、评课、磨课等,每月对见习教师进行现场案例剖析与诊断,有针对性地指导。

(3) 邀请校内外资深教师为见习教师开讲座,起到专业引领作用,实地为见习教师答疑解惑。

二、活动过程

一是徐佳卿老师执教展示课。

基于深度阅读的阶梯写作——Writing: A request for advice。本课是区公开教学展示课的试讲课。

二是互动磨课。

徐佳卿:这节课是以读促写的一种课型设计,主要围绕教材文本中的结构、内容、语言三方面指导学生进行深入阅读,在此基础上进行相关主题的写作实践,还设计了对写作的生生互评、师生评价等环节，目的是想体现新课标对读写融合的英语核心素养的培养。

万鹏程：这节课课堂气氛活跃，学生对写作由平时的不敢写、不想写转变为主动下笔、积极讨论，课堂效果很好。徐老师布置的写作任务与课堂刚开始的阅读任务密切相关，就像给学生架设了写作的阶梯，扫除了写作的障碍，比较好地体现了读和写之间的关系。

丁祯辰：徐老师把自己生活中的例子引入课堂，极大地活跃了课堂气氛，使学生马上有了写作的冲动。然后学生相互评价的环节也很好，让学生知道写好作文不光是给老师看的，学生相互之间的建议有时候对他们更有效。就是评价中的 checklist 似乎有点复杂，句子太长，学生读起来要花不少时间，这样留给写作的时间就少了。

詹玲：这是个很好的建议。深入阅读，以读促写，就是要把时间还给学生，还给读和写的过程。大家看看还有什么意见和建议吗？

任云：这节课的容量是很大的。从教材的三篇文章，到范文再到老师的例子，一节课 40 分钟要读四五篇文章，如果再加上同伴评价，就有六七篇阅读的量了，还要自己写作，应该说课堂任务还是很充实的。但这就带来一个问题，就是怎样进行教学设计更合理，更好地分配时间。今天整体来看，教学节奏还是比较赶，比较着急，有的同学还来不及写完，就要开始评价了。（其他老师：是的，时间是比较仓促。）能否这样看，教材的几篇文章结构是大同小异的，能否重点分析一篇文章，然后把别的文章一笔带过，这样可以节省一些时间。

丁祯辰：讲义的设计可以再整齐美观一些，这样也能帮助学生有动力自己去写。

詹玲：是的，讲义设计也是教学设计一部分，从字体到格式都要有设计。有的 checklist 标准可用打钩表示出来，这样也给学生一个样板，知道怎么去评，也能节省老师解释的时间。另外，文本中有的词汇挖掘得还不够，有的句型，比如表示猜测和可能性的句型，再多给一点，可以让学生自己说。

徐佳卿：谢谢大家的意见和建议，接下来会根据这些做进一步修改，在区公开课上会有更好的设计。

詹玲：这里也给见习教师留个作业，请参照徐老师这节课的教学，自己设计一堂以读促写的写作教学课，设计好先给各自师傅修改，然后我们找时间在工作室范围内相互听课交流。

三是詹玲老师做写作教学与英语学科素养的微讲座。

三、带教感悟

首先，有效互动很关键。我们坚持开展“师徒生互动”“生生互动”的带教形式。除了指导教师和本班见习教师之间的互动外，还采用了指导教师间和见习教师间的生生互动，大家交流带教经验、学习心得，彼此之间洋溢着浓浓的师爱、友爱。见习教师与指导老师之间有了更多对话，学会了思考，敢于提问。

其次，见习教师规范化培训的管理与考核，让见习教师有高端的视野。见习教师可以从优秀教师身上学到很多东西，如善于学习、钻研教育的态度，这些不光有益于学习书本上的知识，更是对教育教学的一种专注。

共同学习,一起成长

上海市光明中学　杨雪峰

一、案例一:基于学科核心素养落实的概念教学实践探索

(一) 挑战自我,确定教研主题

本学期初期我们定的教研主题是概念教学的实践探索,但是“学科核心素养的落实”这个新的教学理念在不同的场合经常被提起,激起了我的好奇心:生物学科的学科核心素养是什么?它们之间的关系是怎样的?如何围绕学科核心素养编写教学设计以及在课堂中怎么落实学科核心素养?这些问题当时我也没有理得太清晰,因此特别想尝试一下以学科核心素养的四个维度来编写教学设计,并在课堂教学中落实。于是我就有了一个大胆的想法:可否把学科核心素养的落实与概念教学的主题结合起来?我的这个想法得到了周冬和李丹两位见习教师的积极响应。

(二) 共同学习,理清思路

1. 了解学科核心素养的内涵及四个维度之间的关系

我们当时有个困惑:谁是核心?为了解决这个问题,我们师徒三人多次一起学习,逐条分析学科核心素养,分析探讨生命观念、科学探究、理性思维、社会责任这四个维度的关系。最后明确了生命观念是教学的基础,是核心;科学探究与理性思维是教学的过程,是支柱;社会责任是担当,是学生价值观的归属。

2. 寻找教材中的生命观

我们翻开四本生物教材,从单元到章节,从整节再到具体的某个知识点,将教材中所涉及的知识点的生命观念进行了分类总结。

3. 案例整合概念教学与学科核心素养的落实

如何整合在一起?这是我们当时很困惑的问题。我们决定以案例来探索。我选择了《基因的连锁与互换定律》,周冬选择了《生物体内营养物质转变》,李丹选择了《孟德尔遗传定律的拓展》。针对这三节课我们先组织了教材分析,找准对应的生命观念,然后从核心概念到次要概念,再到具体的概念一一进行分析,发现了概念的线索中隐藏着生命的观念;在解决重要概念的过程中所设计的活动以及提出的问题,与科学探究和科学思维的培养息息相关,而情感、态度与价值观中就可体现出社会责任。这个发现让我们欢欣鼓舞,由此,我们总结出备课的思路:从教学内容中找准核心概念,从概念的分析中找出要落实的生命观念,在观念的落实过程中要设计相应的教学活动或实验,在活动的过程中培养学生的科学思维。理清了思路后,我们三人又对教材进行了全面的分析。

（三）编写说课稿和教学设计，分别说课，互评教学设计，再修改，再点评

（过程略）

（四）课堂实践，一起成长

在课堂教学的过程中我们都共同发现：生命观念的落实得到了空前的强化，因为心里装有学科核心素养的四个维度，在教学中能更有意识地去引导学生思考、探索，能站在学生的角度去思考学了这节课的意义是什么。

这个过程是艰辛的，尤其是周冬老师，每周自己的课就有 18 节，工作量相当大，但依然坚持和我们一起按要求完成各项任务。青年教师们的努力也给了我很大的信心和支持，让我也有了一次成长的机会。

二、案例二：备战模拟课堂教学实录

区“萌芽杯”第二轮比赛是“模拟课堂”比赛。这是一个比较新的教学演练过程，要求是每位参赛的见习教师准备两个案例，15 分钟，而且还不得使用任何信息化技术。这对习惯于手机、电脑等信息化技术的新教师来说是个极大的挑战，对她们的教学基本功要求非常高。如何能在这样简单的情况下让两位新教师把自己的特色展现出来，并能牢牢地抓住评委的眼球呢？我关注了两点：一是战略布局，教具点睛；二是气场夺势，情感渗透。

（一）战略布局，教具点睛

战略布局是指从整体上对这两节课进行定位。比赛要求是简单的，时间也是很短暂的，但是，我们都明白这就是一节课的精华体现。教师要在 15 分钟内让评委明白你的教学理念、专业素养和教学功底。因此，我制定的总原则是以概念为主线，落实学科的核心素养。其具体要求是开头要引言精彩，过程要由活动或实验体现，强化出生命观念，资料要有思维深度，结尾要有意义呈现。但是，传统的教学方法如何能让一节课熠熠生辉呢？

1. 板书设计

我要求打破传统的板书格式，从知识构架的角度设计和书写，最终既能让学生思维得到提升，还能让学生有美的享受。两位新教师的字写得都很好，我重点是指导她们板书的设计和布局。比如《DNA 结构》强调结构与功能的关系，《有丝分裂》又要求突出染色体的行为变化等。

2. 实验演示

科学实验对于培养学生的探究能力和科学思维有着很大的作用，如果能选择一节实验课，教师现场完成实验过程，也会激发评委老师的好奇心。我的这个想法与周老师和李老师沟通时，她们担心现场心里紧张，手会发抖，不能很好地完成实验，还会影响整节课的表达。这个思路因此被搁置了。

3. 画图呈现

我其次考虑到的是画图。生物学科有些图如果能在黑板上呈现出来，是一个很漂亮的画面，但是这个要求也太高，新教师在高度紧张的情况下，而且场地、黑板大小都不熟悉的情况下不敢冒险，这套方案又被搁置。然而单纯的板书会让这节课没有特色，教学要求中的小字“教具、挂图”吸引了我的注意力。

4. 改进教具

一个出人意料的教具可以让一节课与众不同。但是我校生物实验室多年来没有进行过改造,可用于生物课堂的教具几乎没有什么,敬业中学的实验室也没有可利用的储备。条件是很艰苦的,但是困难我们一定是要克服的。我先利用自己的人脉,带着两位新教师到其他学校到处找教具、借教具。但是,借来的教具用起来又不是很顺手,要不太小,担心评委看不见;要不太大,不方便携带。于是我们又脑洞大开,从淘宝网上买材料开始自己制备教具。经过努力,脱氧核苷酸的模型自制成功,而且两位新教师制作出来的脱氧核苷酸还各有特色,用它讲起课来时,无论是大小还是使用都是那么恰到好处。再与板书配合起来,画面干净整洁,周老师的一节精彩的《DNA 结构》完美呈现,李老师的《DNA 复制》也是精彩亮人。

(二) 气场夺势,情感渗透

一个教师的气场具有很强的感染力。我经常对两位新教师说,一节课你的第一句话就会让听课的老师知道你是否有自信,能否上得好,而这第一句话所传出的就是你的气场,是你准备得是否到位的信息。但是气场不是大嗓门,而是抑扬顿挫,是低调的张扬,是眉目间的传情。因此,在"模拟课堂"演练的过程中,我要求她们把第一句话说得有气势,还要有神色。教学过程中要通过脸部的表情、眼睛的神情把情感传递出去。要以情感人,以势夺人。她们俩体会得非常深刻,在《有丝分裂》一节中,周老师的一条染色体的自述,用一条自制的染色体,把一个枯燥的知识点娓娓道来,让人耳目一新;李老师在《伴性遗传》中把道尔顿的故事讲得也是引人入胜。

经过我们的努力,周冬老师和李丹老师最后都顺利通过了"模拟课堂"比赛,并双双获得了黄浦区"萌芽杯"教学比赛一等奖。

用好培训基地校资源,促进学科实验教学

上海市金山中学　曹　峥

一、背景与思考

生命科学是一门实验性科学,实验探究法是近现代生命科学研究的主要方法,所以,学科教学中,实验教学是非常重要的。但是在过去,由于条件限制,实验教学,特别是实验操作的教学,总是可有可无,即使在实行实验操作考试后,也存在着只做考试范围的实验或者考前突击训练的情况。这显然违背了实验操作考试的初衷,不利于学科核心素养的落实。

随着教育投入增加,各个层次学校的教学条件有了很大的改进,轻视实验教学的情况正在修正。但是,真正意义上的改变,应该是教师理念的改变和实验教学能力的提高。

我们学校,作为上海市实验性示范性高中,不管在实验教学条件还是实验教学师资上,都在区内有着得天独厚的条件;作为见习教师规范化培训基地学校,应该是可以在改善和提高金山区生命科学学科实验教学水平上有所作为的。

所以,在带教过程中,我很重视对徒弟实验教学的指导。

二、案例与指导

方老师,一个认真的小伙子,每周按时来听我的课。他对实验课尤其感兴趣,每次实验课,他都早到,课上和学生一起操作,课后还要留下来观察实验试剂和实验材料,诸多提问"师傅,教材上的实验,每个都要做吗?""师傅,这个实验效果明显吗?""师傅,这个实验准备工作量大吗?""师傅,颤藻和水绵到什么地方能找到?"……

"探究酶的高效性"实验课后,他很不好意思地提了个要求:"师傅,我能带些实验试剂回去吗? 这个实验现象太明显了,等我们学校上这个内容时,也想让我的学生感受一下。"原来,因为师资等条件的制约,他们有些实验没法及时落实,只由老师讲述实验。方老师在跟班听课中,感受到了实验课在教学中的效果,更体会到了实验课的教学意义。他想要尝试克服学校条件的困难,自己准备,开设实验。

我非常赞同他的想法,鼓励他,承诺可以利用我们学校的条件,尽可能地帮助他。一周后,他垂头丧气地跟我说,困难重重,主要是遇到实验,准备时间不够,人手不够! 是的,这是一个现实问题,对每周课时排满的新教师来讲,准备所有学生的实验,这几乎是不可能做到的。面对现实困难,我建议把学生实验改为演示实验,或者小组实验,这样准备量就可以减少很多。他很高兴地接受了,几周后,请我去听他的校级亮相课"生物催化剂——酶",课上,酶的高效性实验以演示实验的方式,请学生到讲台上完成。学生代表的操作演示,显著的实验现象,很好地调动了学生的参与积极性,课堂探究氛围浓郁,学生思维活跃,这是一节高质

量的亮相课，得到了学校领导和区学科教研员的充分肯定。尝到了学科实验对教学的助力甜头，方老师更是热心于实验教学了。

三、反思与后续

生命科学是一门以实验为基础的自然科学，其教学也离不开实验。实验教学是高中生命科学教学的重要内容，也是开展生命科学教学的重要手段和教学形式，对提高学生的学科学习兴趣有重要作用，可以培养其创新精神和创新能力，提高其科学素养。

与方老师的交流中我看到了由于历史原因，比如师资紧缺的问题、教师的实验带教能力的问题，在实验教学落实上，校际存在着差异。而我们学校的实验教学一直是落实得很到位，实验室配备也是一流的，实验教学经验丰富，我本人的实验教学能力也不弱，所以利用规培带教的机会，重点解决实验教学能力的培养，以期待为我区的生命科学实验教学的落实和教学水平的提高埋下一些种子。

于是我带领着他们一起尝试，比如脊蛙反射实验后的延伸实验，牛蛙解剖和神经反射实验，植物多样性的抽样方法调查等，更鼓励徒弟们开展实验创新改革。带教的小陈老师就获得2016年区实验创新设计评比中学生命科学组一等奖、2017年区实验教学案例评比活动生命科学组二等奖。

带教工作的意义之一，就是在区内分享各校的教育教学资源，教学相长；也是为实现教育公平作出自己的贡献。

脚踏实地,助力青年教师成长

上海市市西中学　朱俊彬

新学期来到,教研组也加入了新鲜血液,刚刚从华东师范大学毕业的贺老师进入了市西中学。领导信任,让我担任贺老师的指导老师。我既高兴又感到责任重大:一方面,要把几十年的教学经验传给青年教师;另一方面,还要在新的时代,利用新的教学理念和教学方法,引导青年教师与时俱进,从而更科学地引导学生学习。因此,带教对于我来说也是督促自己不断学习的机会,和新教师共同学习,共同提高。所以在这一年中,我把指导的重点放在几个方面:一是等级考的教学;二是掌握新的地理教学理念和课程特点;三是"严谨务实、求真创新"的教风和"无私奉献、为人师表、敬业爱生"的师德养成。

一、地理等级考的教学

由于上海高考改革,高二等级考的任务十分繁重。虽然贺老师才正式参加工作,但是学校也安排了贺老师等级考教学的任务,这就需要贺老师不断巩固专业知识,迅速成长。对此,我要求贺老师每天来听高二的地理课程,在做习题和讲评的过程中,不断发现问题,解决问题,如在等级考教学的难度把控、知识结构、教学方法等方面还有很多进步的空间。比如新高二学生刚开始进行等级考的复习时,教师不能局限于教材,要系统地带学生学习区域地理,因为这部分在高一地理教学中是完全不涉及的。贺老师一边听课,一边备课,业务上得到很大提高,也在这个过程中形成了对等级考教学的理解与认识。

二、掌握新的教学理念

新的《地理课程标准》颁布,我和贺老师及教研组其他老师共同学习和解读了新版课标。相对于老版本的课程标准来说,地理新课标为培育学生地理能力、融入未来终身学习奠定了良好的基础;强调拓宽学生的地理视野,为能够更好地运用所学地理知识进行生活做好了准备;注重地理实践素养的培养,重视地理素养的养成;在平时教学中要注意,课堂要延伸出问题,激发学生的思考与感悟,形成自己对地理世界的理解;此外,新课标还强调了对地理信息技术的应用,跟上信息技术发展的步伐;在对学生的评价方面,新课标中提出要重视学生的过程性评价。通过学习,我们认识到,地理课程应致力于学生地理素养的形成与发展。地理课要积极倡导自主、合作、探究的学习模式,努力建设开放而有活力的教学模式。在教学设计中,要充分体现新课程的教学理念,训练学生的思维能力,提高学生的地理能力。由于在这半年中我们不断学习,掌握新的教学理念,对地理教学有了深刻的认识,也为上好地理课打下了扎实的理论基础。

三、互相探讨，探究地理教学规律

为了尽快地让贺老师站稳讲台，除了互相听课以外，我还重点让她注重教学设计，让她明白，在地理教学的设计中，应凸显地理学科的特点。地理课应“地理化”，每教时都应有地理教学的要求与目标，特别是要有训练目标的设计；新课程的教学设计要为每位学生的发展创造合适的“学习条件”。因为掌握了新的教学理念，贺老师注意在教学设计中以学生为本，能根据学科特点和知识类型设计教学，突出创新精神与实践能力的培养。如进行“热力环流”的教学时，她精心创设教学情境，让学生置身于其中，去领悟与体验。而在教授“季风”时，她又通过设计提问，让学生带着问题去学习，引导学生主动去探索。其他诸如在教学设计中怎样设计教学的突破口，怎样注重学生的合作学习，怎样进行地理训练，贺老师都能在教学中根据学生和教材的实际进行合理安排，初步站稳了讲台。

四、重视教风和师德的养成

新教师刚刚踏上讲台，要重视良好教学习惯和教风教态的养成，这对以后的教学影响是深远的。良好的教风教态会在潜意识里吸引学生的注意力，反之则会取得较差的教学效果。此外，在教育中，一切师德要求都基于教师的人格，因为师德的魅力主要从人格特征中显示出来，教师是教人怎样做人的人，首先自己要知道怎样做人。十年树木，百年树人，踏上了三尺讲台，也就意味着踏上了艰巨而漫长的育人之路。这段时间以来，贺老师更体会到教师作为人类灵魂的工程师，不仅要教好书，还要育好人，各个方面都要为人师表，严于律己，不断进步。

新老教师结对，促进了互帮互助，促进了专业化学习，促进了教学能力的提高，也让学生最终受益。

汇报课的研磨

上海市田家炳中学　谭爱华

根据学校教学处对新教师培养的安排，第一学期要求每一位见习教师开课，一般称为新教师汇报课。虽然这节课早已在计划之内、预料之中，但是毛老师依然感到忐忑不安。

根据进度，毛老师选择的课题为高一历史第二分册“中外文化交流”。新教师最初的设计能够体现自己对教材内容的理解和感悟，因此我要求毛老师在规定的时间里拿出自己的教学设计。这一课的主要内容是丝绸之路在唐朝的盛况。毛老师设计的教学目标较为清晰，教学环节完整，对丝绸之路的盛况进行了较为具体的设计，尤其在丝绸之路的物种交流这个环节的设计上，以图片加上动画的方式，呈现得生动有趣；另外在东亚文化圈这个环节的教学中设计“三色花”让学生解读其内涵，也比较有新意。但是，从整体来看，教学设计仍显传统，内容主旨仍显稚嫩且不够深远，环节与环节之间不够清晰灵动，结构板书的逻辑关系不是很强，只显示知识结构，并不能体现立意。

于是，我们进行了多次说课、试讲和评课，主要从以下几个方面进行设计、反思与调整：

首先，在教案内容方面，导入时，最开始以一带一路的相关图片配合教师口头讲述，这种导入虽然点题但在开始处未能引起学生的兴趣，建议选取一段关于一带一路的视频导入。为了内容的完整和环节的对仗，将各环节设计一个小标题——“一条路”“一群人”“一座城”“一个圈”。在学习丝绸之路的盛况时，可以通过文献材料、图片材料和实物史料的相互印证，说明丝绸之路上往来的使者、商人、僧侣络绎不绝，培养学生史料实证的素养。在对唐朝丝绸之路的盛况进行学习后，要求学生概括唐朝时期中外交往的特点时，可以要求学生总结为四字词语，比如东西交汇、盛况空前、辐射东亚、泽被世界等。

其次，在问题设计方面，在比较汉唐丝绸之路的异同时，可以改为“从出发地、路线、范围等方面比较汉唐丝绸之路的异同”，这样问题的指向更加明确，这也是从方法上培养学生比较的能力。

再次，在板书设计方面，结构板书中建议还要能体现内容主旨，体现唐朝中外交往开放包容、东西交汇、盛况空前、辐射东亚、泽被世界等特点和精神。在设问“日本和新罗的留学生从唐朝学到什么”时，建议将学生的回答列在副板书上，然后再引导学生将其归于政治、社会生活、思想文化等方面，这样既能让学生产生“答案”被老师记在黑板上的成就感，又有利于进一步引导学生对黑板上的无序答案进行合理归类，渗透学习历史的逻辑感，培养归纳能力。

最后，在课堂管理方面，要多鼓励学生，充分肯定学生。学生回答问题时，不要急于打断学生，要充分尊重学生。在学生讨论“三色花所体现的东亚文化圈的内涵”时，老师可以在旁边辅助引导。

在多次修改、试讲、再修改的过程中，本课的教学设计不断调整。在这个过程中，从大环节的修改到图片、史料的更换，从一个问题的设计到一句话语序的变动，最后毛老师顺利交出了一节令校领导满意的课。

更令我难以忘怀的是第二学期在我参加“十九大精神进课堂”德育精品课录制时，为了准备“绥靖政策与‘集体安全’的失败”这节课，我也经历了近三周的艰难的磨课之路，毛老师一直伴我左右，听我试讲，为我出谋划策。此时我深深地体会到了师徒情谊的独特魅力。

带教之路，固然需要倾心倾力，然而这其中的收获其实是属于双方的，属于大家的。

教学相长，行则将至

上海市七宝中学　杨　帆

能成为高老师的带教指导老师，真是一种缘分。她是七宝中学2007届的毕业生，那一年，我是她的语文老师，她是我的课代表。四年之后，她考上华东师大中文系古典文学的研究生，算是我同校的小师妹了。又三年她研究生毕业，来到母校七宝中学工作，和我成了同事。2015年见习教师培训，我做了她的带教老师。

高老师认真好学，几乎每一堂新课，她都坐在我的教室后面；听讲、笔记、课下的探讨，她都一丝不苟。

她第一年承担的是新疆班高中预备班的语文教学。学生的情况很特殊，大部分是维吾尔族的学生，平时彼此交流都讲维吾尔语；学汉语，对部分学生是很困难的，更何况古诗词和文言文了。另外，这是一个承上启下的年级，要做好新疆初中语文和上海高中语文的衔接，对一个新教师而言，平添了许多备课量。

为了备课，我帮她找齐了上海初中四个年级八册语文教材，一起反复认真研究，并且和新疆学生的知识储备相互比较，对课堂教学的起点与难度，做到了心中有数，深浅得当。让班级里中文程度比较好的学生起模范带头作用，互帮互助，组建起学习小组，力求不让一个学生掉队。

为了让新疆学生不畏难、多读书，我和她一起，精心编选准备了很多拓展材料，趣味性与文学性并重，力求扩大学生的阅读面，提高学生的文学素养。我们针对上海初中语文教材的文言必读篇目，逐一编写阅读补充材料，精心制作PPT课件。例如《橘逾淮为枳》，短短的一篇课文，我们除了编选一些文言寓言故事如《社鼠》《螳螂捕蝉》《狐假虎威》之外，还选了鲍鹏山的《历史：让我们看见》等文化散文，后面还依据单元教学内容，添加了《题弟侄书堂》《南园十三首（其五）》等诗歌。为了让学生有感性的认知，还附录了相关的书法作品图片。为了让学生在阅读过程中留下思考的痕迹，我们还一篇篇设计了问答题和选择题，引导他们抓准文本的要点。一份拓展阅读虽小，但其中花费的心思，却是细腻而深沉的。

对新教师而言，教学方法的探索是最重要的。怎样做到起承转合，详略得宜；怎样做到调动学生的主观能动性，参与到探究中去，都需要开动脑筋，反复钻研。她开设学校公开课讲授《关雎》，诗文的讲解、篇章的诵读都做得非常到位。为了让维吾尔族学生理解汉族人含蓄敦厚的情感表达，她精心选择了新疆民歌《巴郎仔》与音频版《关雎》，与学生唱诵。《关雎》的平和温柔，《巴郎仔》的热情奔放，对待爱情，爱而守礼与勇敢追求，得到了生动的体现。无论是哪一种，都有其动人之处；不同的民族情怀，都有一样的美。文学的教育，也是道德的教化，我在带教高老师的过程中，有了更深的体验。

见习教师的区公开课，是大半年工作成果的展示，也是新教师第一次公开亮相，意义重大。

高老师选择了柳宗元的《小石潭记》。这是上海初中语文教材中八年级的课文。对此课题的选择，我一开始有所保留，建议她根据新疆学生的实际，选一篇语言文字障碍比较小的现代文来上，师生的压力都会小一些，课堂气氛也会活跃一些。可是高老师却头一次没有听我的话。她相信经过自己将近一年夯实基础的努力，学生的水平有了大幅度提高，接近上海初二学生的水平，对这样难度的文言文，并不存在太高的文字障碍；只要引导得当，也不担心出现回答不出问题的沉闷场面。

我相信了她——相信她的能力，相信她的努力，也相信自己的指导和帮助，会让我们师徒顺利完成任务。

为此，高老师准备了大量的背景资料，她研究生期间扎扎实实的知识素养，都发挥了作用。可是，这么多东西，如何呈现给学生？如何设计问题？如何带动学生思考？课堂只有四十分钟的时间，太多的阅读材料，尤其是文言的文论，人为增加难度，进行填鸭式的灌输，显然是不行的。我们反复讨论，不断忍痛割爱，最终决定还是把重点放在文本的解读上，素材精中选优，根据学生实际情况加以删改，决定结合柳宗元年谱，留下“永州八记”中的《始得西山宴游记》《钴鉧潭记》《钴鉧潭西小丘记》《至小丘西小石潭记》四篇。

新疆班这一年级只有两个班，一个要留着开课时用，另一个班试讲，显然不太让人放心。我们就借用了新疆高一的两个班，多加演练，一遍遍磨课。我们还邀请了新疆班的资深教师和学校的教学督导一同听课。专家们的意见，也让我们获益匪浅。

为了引起学生的阅读兴趣，她让学生阅读课文，绘制了游览小石潭的路线图。课堂上用投影仪展示的一幅幅或逼真生动或笨拙可笑的画面，让观者忍俊不禁，但无不是在认真思考、准确理解的基础之上的呈现。

有了这样初步的阅读理解，如何进一步深抠文本，读出更深层的含义，我便和她逐词逐句分析教材。如课文最后一段，交代同游者的名字，常常被认为是程式化的交代。但我们一起在浩瀚的史料中寻找，发现柳宗元《与杨凭京兆书》及《新唐书·吴武陵传》中有关吴武陵的史料，展示出吴武陵是一个才华横溢、重义气的好友；柳宗元的《志从父弟宗直殡》则有对堂弟宗玄的记述——一个刚正不阿，疾恶如仇，不与小人同语的人。这样的朋友陪伴在身侧，会给作者很大的慰藉。在常人一笔带过之处发现不同，这是我和高老师教学相长的重要收获。

为了能够生动鲜明地呈现出柳宗元一生的宦海沉浮，避免数字与文字的简单罗列，我灵机一动，提出是否能够设计图表或曲线，展示在 PPT 上。高老师深受启发，立刻开动脑筋，细化、补充、完善，最后呈现在屏幕上的，是一张动态的图示，让学生看到柳宗元断崖式的人生际遇，成为这堂课的点睛之笔。

最后的作业布置上，我们也用心准备，决定依托学校景观，让学生仿照《小石潭记》既有景物描写又有情感寄托的写法，写一篇《自清池记》。

教案一改再改，试讲的每一次都有明显进步。最终，她的公开课让很多听课专家眼前一亮，很受好评。

一堂精心准备的公开课获得了成功，背后是每一堂常规课的认真踏实。新疆班学生来到七宝中学仅仅一个学期，呈现出的语文素养，已让人刮目相看。这里面离不开高老师脚踏实地的教导。每个周三晚上答疑，她都会把默写背诵比较差的学生找来，一个个叮嘱，一个个过关。

这个班，她带到了高三。在高三毕业班阶段，我们也时常讨论，交流共享资料。

在 2018 年的高考中，高老师交出了一份令人满意的答卷。七宝中学“内高班”的语文成绩，在上海市名列第一；她的学生夏依木·阿里木，考入了北京大学医学院，是七宝中学新疆班第一个考入北大的学生。

一年的见习期是短暂的，但多年的师生情谊是长久的。见习期结束，我们师徒教学相长、彼此促进的过程，却依然在延续。

抓实抓牢，促进成长

华东师范大学第二附属中学　周来宏

背景介绍：袁老师刚从华东师大研究生毕业就来到我校工作，刚好高三年级缺语文老师，校长就找到我，让我指导她。指导一个对高中语文教学毫无经验（更不要说高三毕业班教学了）的教师，不是有难度，而是很有难度。但是既然接受了任务，就得想办法完成任务，所以我接到指导任务后，确定了我工作的指导思想：在抓好基本环节的基础上，着力抓好复习课的指导，让她能够在今后的工作中独当一面。

指导体会：从这一年的指导情况来看，我的指导任务基本完成了，而且达到了预期的目标。从高三浦东新区一模、二模以及高三语文学业水平测试情况来看，她所教的班级都取得了令人满意的成绩，学生及其家长都从最初的担忧变成了后来的放心。总结起来，有下列几点特别值得总结。

一、“五环节”必须抓牢、抓实

备课、上课、批改作业、课后辅导、检测，这几个环节不能有一点马虎。袁老师从一开始在这些方面就做得很好，每一篇课文都能认真阅读，研究上课的角度，并经常与我讨论教学方法和策略。在批改作业方面尤其令人赞赏，作文的面批、纠正、重做、再批，这很需要时间和精力，但是袁老师坚持了下来，更重要的是坚持下来的结果坚定了她的信心，也给后面的教学以及我的指导工作带来了正效应。对新入职教师的指导，我觉得最重要的便是夯实基础，这一点非常重要。进入岗位抓好基础，对一个新入职教师而言至关重要，甚至对他今后的职业生涯发展都影响深远。

二、让学员在集体中发挥作用

学员本身是出色的，这当然好，但是，再出色的学员如果只是独自工作与研究而不跟他人交流，不能汲取集体的智慧，再优秀的人才也不能达到属于自己的最优化状态。所以，在整个一年里，袁老师一直参与备课组的各项活动，一起讨论各项复习中出现的问题，同时让她完成她目前能完成的工作。比如，在整个复习过程中，她负责默写试题的命题和每周默写检测的出题，这样可以促使她了解六册教材的基本内容，了解初高中默写篇目的内容要求，实际上达到了初高中语文教学内容的衔接与沟通。集体的作用是巨大的，组内成员之间和谐相处，人人坦诚相待，取长补短，对青年教师的成长至关重要，这一点特别重要。

三、发挥学员的主观能动性

每个人都有自己的所长所短，发挥其长，弥补其短，是培训时最需要注意的环节。在每次阅卷时，我们实行轮换制，每次每个人阅不同的部分，这样可以了解每个部分学生的优缺点，从而提高自己的教学侧重点。制定教学策略时，我们一样把任务分配给学员，让他们通过自己的努力和主动求知解决问题，这样做，可以促进学员顺利成长。每次命题时，同样如此，轮换最大的好处在于了解每一块的命题要求，了解每一块的命题难度，在命题实践中了解高中语文的教学要求。

四、营造组内和谐讨论的氛围

一个备课组，要有良好的氛围——可以尽情讨论、露怯、坦诚交流的和谐氛围，没有人是全才、通才，没有人对所有问题都精通了解，所以大家如果能够坦诚交流，主动表达自己的困惑，每个人都能在自己所长的方面贡献智慧，这样的备课组才是促进人成长的备课组。所以，一年来，我们形成的和谐探讨氛围有力地促进了学员的成长，知无不言、言无不尽的风气让每个人受益，特别是对于刚入职的新学员来说，更是受益匪浅。

五、任务完成综述

一年来，指导老师以自己的言传身教，促进了袁老师师德修养的提升。从事任何一项工作，贵在干一行爱一行专一行。通过指导，袁老师做到了爱学生、爱事业，全身心为教育事业而奋斗，踏踏实实为学生的成长奉献青春。如今，袁老师已经成为教学骨干，成为备课组长，这就是成果之一。

根据袁老师的特点，首先让她领会了教学五环节的含义和基本要求，学会备课，学会上课，学会布置作业，学会辅导，学会通过科学检测了解学生学习情况，扎实打好了成为一名合格教师的基础。

根据高三教学特点，做好了阅读课教学和复习课教学的引领工作。(1)阅读课教学学员做到了精心备课，能了解学生的现有水平，实施切实的教学方案，让学生借助文本学习提高阅读与写作能力，尤其是后者，即通过阅读教学学会写作的基本原理，给高三学生以写作指导。(2)写作教学能力得到了提升。学员通过指导了解高中作文的基本类型及指导方法，了解高中作文学生习作的等级类别，能够做出“类”的判断，能够发现学生作文中的不足并提出自己的改进措施。(3)古诗文教学方面，学员了解了古诗文鉴赏的各个鉴赏点，学会了指导各个鉴赏点的指导方法，做到对每一个鉴赏点都能了然于心并能顺利指导。(4)对现代文阅读的要求和能力点能够了然于心并能做出有效指导，使毕业班的学生能够在她的指导下顺利完成高考并取得较好成绩。

六、不足与需要改进的地方

通过带教指导，我也认识到带教工作需要改进的几个地方。(1)工作仍需要精细一些。教学工作千头万绪，但是学生培养容不得半点马虎，无论是指导老师还是学员都需要把工作做得更精细些，更认真仔细一些。(2)还要增强工作的主动性。在这方面，学员需要进一步加强。(3)还要增强克服弱点的意识。每个人都有弱点，对于弱点，要多一些探索之心，多一份研究之心，这样才能飞向更高的目标。

《生命历程》带教指导案例

上海市建平中学　张晓冬

有句格言:“医生是在病床边养成的。”我们也可以说,教师是在课堂中养成的。只有通过课堂的反复锤炼,不断地成功、不断地失败、不断地反思成功与失败的要素,教师才能获得成长的养分。对见习教师来说尤其如此。

在长期见习教师指导过程中,我总结出“听课与模仿指导老师上课—共同研讨在指导下设计教学—独立完成教学设计并实施—自主并有创新地教学设计且取得较好教学效果”四阶段见习教师成长之路。有的教师完整经历这四个阶段需要几年甚至更久的时间,尤其是最后一个阶段,有些教师可能一辈子也很难达成,但是我所带教的刘老师却只花了半年时间就已经做到了。这一切与她的好学多思,善于与指导老师讨论并付诸实践,在实践中反思,再进入课堂再实践是分不开的。

以小刘老师工作三个月后的第一次教学展示课《生命历程》磨课六稿为例,看如何通过带教指导促进见习教师尽快成长。

一、保护见习教师敏锐的觉察力

敏锐的觉察发现基于学生实际需要的问题,这些问题能成为一个好的选题,并成就一节好课。

每学年我们学校都会对学生进行全校性的心理测评,以了解学生的心理健康状况,便于制订心理健康教育工作计划。如果发现学生存在较大的心理困扰甚至心理失衡,过去曾经或者当下正存在自杀意念,我们会在日常个别心理咨询中加强指导,甚至启动危机干预程序,多年来我们一直是这样做的。心理课的教学则是按照教学进度表开展,有教材和完整的教学板块。小刘用敏锐的觉察发现如果只对存在自杀念头的学生进行干预,那只是事后干预,需要付出大量的人力和精力,还有很多学生对生命的意义并不一定清楚,可不可以通过课程防患于未然?

对她的这个想法我非常支持,于是我们开始思考是不是能在课程中增加生命意义这样的内容,于是经过讨论设计出了系列主题,《生命历程》就这样出炉了。希望能通过教学设计和课堂实施引导学生走出生命的误区,建立完善的学生生命成长支持系统,学会珍爱生命、敬畏生命,理解生命的意义,树立积极向上的人生观。

二、与见习教师反复斟酌教学设计目标合理性、教学过程连贯性、表述科学性

见习教师可能会非常精彩地完整上完课,但是很多人的教案却经不起推敲。指导老师不仅需要听见习教师的课,在听课之前更需要关注见习教师的教学设计是否规范。

心理健康课程的目标不是为了传授心理学知识，而是通过一系列的心理健康教育活动，解决学生心理发展中的矛盾与冲突，使学生在日常生活和成长中学会认识自我、发展自我，懂得如何学习、如何与人相处，提高其心理素质。与传统学科相比，心理健康课程在教育内容的设计、教学活动的设计、教学原则与教学方式、学习方式上都有很大的差别，应该更着重于学生的体会和实践，而不是他们学到了什么。

在刚开始的时候，小刘老师的教学设计有点像主题班会课，目标过大，形式单一，学生体验少，教师说教多，教学环节板块之间逻辑性欠缺，每一次她的教学设计都被我用红笔改得面目全非。我们一次次讨论合理性、可行性，一次次修改，教案前后修改了6稿。最终，小刘老师本节课的教学目标定位为：理解生命的独特和珍贵；发现自己已经拥有的快乐与幸福；理解生活中可能遭遇的挫折和种种失去；初步理解生命的意义。教学过程设计注重学生生命线活动中的感受与体验，让学生从励志人物尼克的视频中接受启示，最后在少年轻生的新闻案例中得到领悟与发展。教学流程分为三部分——生命起点、生命轨迹和生命终点，看起来既有逻辑递进性，又从文字上齐整。教学方法上通过案例、生命线的活动体验、课堂实践等形式实施。（见下表）

表 课堂流程预设

教学环节	教学内容	学生活动	设计意图	教学时间
1. 生命起点	视频：《生命起源》	完成句子“我是谁”，并分享	学生通过视频直观感受生命的难能可贵，应该好好珍惜	4分钟
2. 生命轨迹	生命曲线的冥想 励志人物视频分享	完成自己的生命曲线，并讨论分享 讨论尼克的精神	学生认识到生命是不像直线一样风平浪静的，难免会有起伏波折，正是这些变化构成了我们生命的轨迹；学生学会反思过去和预见未来	20分钟
3. 生命终点	新闻介绍	讨论轻生少年的选择	引导学生珍爱生命，通过对轻生少年和尼克的讨论，进一步理解对待生命的态度在于我们自身	14分钟
总结	总结课程内容	总结所学内容	深化主题，引导学生树立积极向上的人生观	2分钟

三、训练见习教师探讨课堂教学中的提问技巧

教学能力不是靠嘴上点拨一下就能一天养成的，需要在教学实践中不断操练，才能内化为见习教师的个人习惯，最终成为一种素养。

在《生命历程》一课设计和实施过程中，刘老师先后有6次大的改进，下面摘取部分环节的改进为例。

1. 导入环节从粗放空泛变为简洁明了

好文章讲究“凤头、猪肚、豹尾”，对于一节心理课来说也是如此。巧妙地导入需要遵从

学生学习的规律，体现设计的艺术性与科学性。每一节课导入的好坏关系到学生的注意力是否能够集中，是否能够饶有兴趣地投入整堂课的学习中去，因此课堂导入是极为重要的。

小刘老师在最初的教学实施中设计了一个开放性问题导入本课学习："提到'生命'，你们会想到些什么呢？"但是在试讲中却发现，仅仅为了引出话题而提这样的问题太过于空泛，学生很难做出回答，在磨课过程中学生答案五花八门，小刘老师很难总结得当，经指导后我建议这样的提问改为简单的一句："同学们好！今天，让我们来聊一聊生命的历程。"简洁明了，直接切入主题。

2. 生命起点环节的问题设计由笼统的宽泛大问题到聚焦学生体验循序渐进

本环节的设计意图是通过视频，让学生直观感受生命起点诞生的不易，理解生命的独特和珍贵。在最初的教案中是设计了一个计算生命概率的问题展开课程，为了让学生在计算的过程中体会到每一个生命出现概率之低，小刘老师呈现了天文学家、生物学家、人口统计学家的诸多研究数据，然后请学生计算。但是，在磨课的过程中，我发现学生对这些数字抱着怀疑的态度，在介绍数字时学生注意力分散，难以集中。如何以更好的方式来达到让学生感性认识生命可贵的目的呢？在我的建议下该环节更改为播放一个BBC生物纪录片的片段，其震撼的视听体验让学生瞬间对生命起点肃然起敬；并在视频播放前和播放后各设计一个提问，引导学生带着问题有聚焦地观看视频。

• 第五次试讲

教师提问：同学们你们觉得生命的诞生是一件困难的事，还是容易的事？你们都知道自己的生命是怎么来的吗？（播放视频前）

学生异口同声：生物课学过，"受精"。（没有任何悬念，学生只是在回答一个生物学知识点）

教师引导：那你们有没有想过，精子和卵子结合受精的过程究竟发生了什么呢？让我们一起来看一段视频吧。

教师提问：看完了视频，你们有什么感受呢？

教师总结：的确，生命的起点是很难得的。我们总是听说别人家的孩子比你强，别的班的同学学得比你好。我们习惯于否定自己，而很少想过自己来到世界就已经是最优秀的，已经超越了10亿个精子，是其中的佼佼者。我们之所以能存在已经是自然的馈赠。因此对于如此难能可贵的生命，我们应当好好珍惜。

这个播放视频前的提问导向太过于明显，还可以通过一种更巧妙的提问方式，呼应到课程结尾部分的总结。在我的建议下，小刘老师将播放视频前的提问改为：

• 公开课设计

教师提问：同学们，在这个充满竞争的社会中，你们都是成功者吗？有没有曾经因为某次努力超越他人的经历，能来和我们分享一下呢？

学生的回答带入了情绪色彩，如：考入建平中学已经超越了初中班级几十名同学，或是在上海市作比较已经超越了几千人。

3. 生命轨迹环节视频观看前不作要求到设置观看引导问题

在最初的教学设计中，小刘老师不作要求而直接请大家观看尼克的视频，学生不知道观看视频时应该关注什么，感受不深；而设计了过渡性的"猜一猜"问题，并在视频观看前先设置四个有递进关系的问题，请学生带着问题边观看边思考，学生的注意力比较聚焦，也促进了学生思维的深度。

• 公开课设计

过渡：同学们刚刚分享了自己的生命轨迹，那老师在这里想为大家介绍一个人物，看看他有着怎样的人生轨迹。在介绍之前，我想让大家先猜一猜：

Q：我们的主人公身高多少？相貌如何？

Q：你看到他的双手了吗？看到双腿了吗？你能想象他的日常生活吗？

让我们一起来看一段视频，了解一下他的故事。

Q：在视频当中，你看到他做了些什么？

Q：客观地说，这些事情对于一个没手没脚的人来说，是比较容易还是比较困难？

Q：那他后来为什么做到了？你觉得可能有哪些原因？

Q：其中最重要的是什么？

4. 生命终点环节的提问从空泛变为联系实际，触动心灵

在最初的教案设计中，由于时间安排问题并没有生命终点这一环节，但在考虑到课题名称是生命历程，因此应有始有终，我建议增设"生命终点"。将珍惜生命这一主题升华的最后环节不仅有首尾呼应的作用，而且对新闻的讨论分析更能让学生将课堂中学到的内容内化于生活之中。

在问题的设置上，新闻原本承接于尼克之后，小刘老师设置的问题是"如何将我们的生活过得更有意义、有价值"，但在磨课时发现这样的顺序安排令学生感悟不够深刻，因此最终开课时设计了另外三个问题：

• 公开课设计

Q：你们怎么看待他的选择？

Q：你觉得这样的选择会有怎样的影响？

Q：如果你身边有这样一位想不开的好友，你会怎么劝他？

过去的线段我们无法改变，也无法重画，我们唯有反思；未来的线段还有无限的可能性，而一旦失去了仅有一次的生命，我们也失去了所有的可能性。

在区级公开课展示中，小刘老师的课获得了好评。在修改教案和磨课过程中，反反复复斟酌，来来回回修改，一遍又一遍试讲，整个过程是一件很磨炼意志的事情。如果没有指导老师的指导与鼓励，相信作为见习教师的她是很难坚持下去的。最重要的是在整个改进过程中有指导老师的陪伴，让她感到温暖，感到力量。这种温暖和力量支撑着她一次又一次突破自我，在心理课堂教学领域实现一次次绽放——2018 年 11 月取得上海市中小学心理辅导活动课大赛高中组一等奖正是这样一种绽放的必然结果。

"好课"是从课堂实践中磨炼出来的，没有任何捷径可行，这是教育行为修炼的颠扑不破的法则。而这个磨炼的过程中，见习教师本人的努力付出和指导老师的细心指导缺一不可。

业务上共提高，师德上同进步

上海师范大学附属中学　汤晓春

我是在2014年接到带教叶老师的任务的。在一年的带教过程中，我尽我全力和叶老师在业务上共同提高，在师德修养上共同进步。

首先，注重思想上的引导。

由于当前的社会背景和考试制度，思想政治课教师相对来说不是很受重视，很多年轻教师对于政治教师的前途比较迷茫，所以我首先在思想上和叶老师进行沟通交流。我在带教过程中一直强调如何当一名好教师。一名年轻教师是否能够胜任教师这份工作，潜质当然重要，但教师的心态更为重要，如果心态不好，再有潜质也会无济于事。青年教师对教师职业的认识往往在刚入行时，理想远大，憧憬着完美的未来，热情高涨，干劲十足，然而对教育教学实践工作中可能出现的困难和阻力估计不足，如果适应不了理想与现实的巨大反差，就会消极思考，不能用好的心态去应对工作中出现的问题和困难。因此针对这种状况，我会用我的耳闻目睹及亲身经历与叶老师促膝谈心，以我在工作中的感受，帮助叶老师在教学实践中正确认识教师职业——琐碎、艰辛、平淡及清苦，教师职业工作需要不厌其烦、不遗余力、耐得住寂寞、挡得住诱惑。同时我以思想政治课堂为主要渠道，要求叶老师多听我的课，以我自己对思想政治课的热情感染学生，同时也感染带教的新教师。当好一名思想政治教师需要不断地学习，我在带教过程中也一直这样要求自己和叶老师。我常常会把自己看过的有用的书介绍给叶老师，同时也会一直和叶老师交流时政信息，使叶老师建立时政的敏感性，就这样在学习中和叶老师共同进步。

其次，在课堂教学方面，引导叶老师积极探索，勇于创新，共同进步。

我带教叶老师期间，允许叶老师可以听我上的每节课，使叶老师能自由深入我的课堂，实地体会我的课堂教学，并通过对比查找自己在教学中的不足。在此基础上，我还给我校包括叶老师在内的年轻教师至少开两节示范课，结合教学内容进行教学指导，让年轻教师在听课中不断汲取他们所需要的东西。同时，我每周也必听叶老师的课，在听完课后帮助叶老师分析课堂教学中的得失，指出其课堂上存在的问题与不足，提出了指导性的意见，帮她改进教学方法，使她的课堂变得更生动。我和叶老师每周都有共同备课时间，要求叶老师有规范的教案，尤其在教学目标的确立上，我们两个人进行过多次探讨，使得教学目标更加符合新课标的理念，符合学情，同时帮助叶老师分析教材，使其加深对教材的理解，课堂上应用自如。在学校指导好叶老师上课的同时，我也鼓励叶老师走出学校，积极推荐她参加区里的公开课和教学比赛，并作为她的后盾，认真辅导，帮助她备课、设计方案。叶老师在2014年的10月，还在见习期就成功向区里展示了“走进人大代表”的区公开课。由于在见习期间奠定的扎实基础，她在2017年12月和2018年10月分别开设了“在绿色上海中感受幸福”和“实践是认识的基础”两节区公开课，并得到了区里专家的一致好评。

再次，在科研工作方面，引导叶老师从点滴积累开始。

在带教叶老师的过程中，结合新高考改革背景下的政治教学的探索改革，我指导叶老师尝试不同的教学方法，在不断的教学探索中积累经验。我要求叶老师每堂课都要写教学心得和教学反思，及时总结失败与成功，做教学工作的有心人，不断积累、不断提高。在积累一段时间以后，我要求叶老师把所记录的教学反思和心得进行整理，从而形成她自己的教学成果和论文，使叶老师日渐成熟。在见习期间，叶老师在《思想政治课教学》发表了《在磨课中成长》，在《中文自修》发表了《在中学思想政治课中实施教育性教学》，在《浦东教育研究》发表了《记“做时间的主人”主题班会课的思考》三篇文章，这在当时见习教师中也是比较罕见的。见习期满后，叶老师也没有停笔，2018 年又在《思想政治课研究》上分别发表了《智慧理答，让高中思想政治课堂迸发活力》以及《问题探究式教学四步》两篇论文。

我在指导叶老师的过程中，正好是我校从桂林校区搬迁到三林校区的过渡期，为了更好地指导叶老师，我尽量克服种种困难。当时我的工作重点还是在徐汇桂林校区的高三，为了带教好叶老师，我一个星期总有好几天是开车三十公里在两个校区来回奔波，和叶老师共同备课、撰写教案，共同进步。我还为叶老师的成长积极搭建舞台，帮助叶老师作为青年教师在浦东新区开设了一节区级公开课。这也是我校搬迁至浦东后，在新区进行的第一次有规模的区级教研活动，不但叶老师得到了锻炼，而且也向浦东新区推介了我校。为了上好这堂课，我是非常重视的。在和叶老师磨课期间，我有一次一天从三林到桂林校区奔波了好几个来回。那天我先早上和叶老师一起在三林校区备课，讲解课上的重点和难点以及上课的流程等，然后又匆匆地回到桂林校区上自己的课；上完课后我又驱车十五公里，回到三林校区听叶老师上课；刚听完课，桂林校区又有急事需要我回去处理，所以我急着赶回桂林校区处理高三的事情。经过两个校区两次来回的折腾以后，原本我想第二天再到三林校区和叶老师进行课后的评课或者干脆在电话里和叶老师进行沟通交流，但当时考虑到上课的时效性以及当面评课的效果，所以那天傍晚我还是毅然回到了三林校区，和叶老师一起评课，指出试讲课的优点和不足，并进行修改。最后叶老师的这节区级公开课非常成功。

文言文教学的基本规范

——语文学科主题式跟进式临床诊断带教案例

上海市青浦区第一中学　浦妙芬

2016学年我带教新入职的见习教师马老师。马老师担任高一(7)班班主任,任教高一(2)班和高一(7)班语文教学;我则为高一(1)班班主任及语文科任老师。因此,我们在同一年级担任班主任,在同一备课组承担教学任务,是对于带教的有利条件。在2016学年第一学期,我在语文学科带教马老师的主题为“文言文教学的基本规范”,带教的形式是临床诊断和跟进式相结合。

一、案例背景

(一) 主题的确立

之所以确立该主题,源于文言文教学、现代文教学和作文教学是整个语文教学的三大内容。占据三分之一板块的文言文教学,确实占据了应有的课时,但是在原有的观念中,文言文教学内容就是诸如词类活用、古今异义、特殊句式、固定结构等这些文言语法知识,而落实句子翻译,理解文章基本内容就是文言文的教学目标,这很大程度上说明了文言文教学普遍存在着“文”与“言”割裂的情况。

而这一情况,在马老师最早的文言文教学课堂上尤为凸显。在她的认识中文言文无非是文言疏通,要求学生能够翻译文言文即达成了教学目标。故而,马老师对于文言文教学有着非常盲目而又错误的认识。

基于文言文教学的重要性以及马老师在文言文教学中存在理念上认识的偏差和课堂教学上行为的误区,故而确立了“文言文教学的基本规范”这一带教主题。

(二) 形式的选择

新教师的培养,原有的“师徒带教”听评课形式是非常具有实效性的,但是具体的操作上应该要有所创新。

如果公开课、展示课是用来展现新教师“做最好的自己”的一面,那么关注常态课则是让新教师直面“最真实的自己”。为此,我确立的是临床诊断听课的形式。临床诊断是指对原生态教学状况进行现场诊断,并据此作出评估,包括评价课堂上出现的亮点、分析教学上存在的问题及其产生原因、提出改进建议等,以基于观察的证据、基于实证分析的建议为依据,建设课堂临床诊断平台,发现新教师在教育教学实践中的长处与短板,引导教师主动反思,总结、提炼个人经验,改进课堂教学,提升教育教学能力。

但如果对常态课的诊断就此一节课,蜻蜓点水,没有后续措施,那就很难根治"病患"。有鉴于此,我在临床诊断性听课之后便组织跟进式、主题式听课,以通过这种对接有效督促、指导新教师直面问题,深入寻求解决对策。

在此过程中,我坚持面对面评议并撰写评课报告,内容包括听课时间、听课班级、课题、课堂基本情况、教学优点、改进建议等,运用课堂观察报告,与执教教师面对面开展交流,分析课堂教学行为,提出改进意见。

(三) 预期的目标

本学期预期的带教目标是在多次诊断的过程中,让该教师逐渐对文言文教学有先进的理念——文言文的教学是以"文言—文章—文学—文化"作为基本规范的。

在教学实践中则以这个理念来实施,而且将其形成四位一体、互相交融的关系。而对于新教师,在该内容教学上更容易陷入将其割裂或者是重言轻文甚至于无文的误区,因此在其入职初期就要扭转其错误认识和做法,从而在对文言文教学的目标设计、问题设计,包括与内容相应的活动设计、板书设计上都要力争精准。

二、案例经过

(一) 第一次诊断听课——暴露问题

2016年9月20日我提前了十分钟通知小马老师要听她的课,她显然非常紧张,但同时也暴露出了真实的问题:文言文教学中重言轻文甚至于无文的状况。在后来的交流中,马老师的教学目标也是非常明确却又单一:能翻译全文,理解其中的文言语法知识,了解文章的主要内容。在和她面对面交流之后,我撰写了以下评课单:

马 老师:《种树郭橐驼传》

时间:2016 年 9 月 20 日,周二

班级:高一(7)班

基本情况:本堂课是文言文《种树郭橐驼传》第一课时,教师的教学准备充分。

诊断听课小组达成的共识如下:

1. 教师基本素养好,整个课堂文言知识点的落实比较扎实,最终能让学生了解文言基础知识并且较好地翻译语句。

2. 教师注重学生学习习惯的培养,能够及时提醒学生对重点字词句的课堂记录,学生发言相对比较积极。

问题与建议:

1. 教学目标的设计不清晰、不够明确。

之所以教学设计模糊,是源于文言文教学在处理"文"与"言"的关系上,教师还显稚嫩。在课堂上"文"与"言"是割裂的,先讲文言字词句的落实,是孤立的,缺乏语境理解;而重新分析"文",有些内容又有所重复。所以建议能够尽量做到"文"与"言"的高度统一,这样,既能够更好地解读文言内容,同时也能落实文言语法知识。对于学生而言,必须在文言课堂上有明晰的学习目标和收获。当然,对于高一学生而言,适当地出示课堂学习目标,能够更加有

效地让学生明确课堂的任务。

2. 课堂的整体设计感还不够，特别是如何寻找课堂的切入口，牵一发而动全身的问题设计显得不够，所以导致课堂前半部分相对比较拖沓，整个课堂节奏较慢，课堂容量不足。

文言文的课堂设计，可以考虑抓住标题，但是不能仅仅抓住“传”，而不涉及其他内容。比如“传”的对象；为什么标题不是“郭橐驼传”，而要加一个“种树”；作者为什么作此“传”；这篇“传”与一般的“传”有何不同。再比如，不仅要对各段主要内容进行概括，还需要了解段与段之间的关联。

3. 提问比较琐碎，自问自答情况相对较多。

应该设计2—3个大问题，然后这两三个大问题要指向明确的教学目标，这样才能让学生真正自主学习，否则学生依然是在教师的强制引导下进行学习，学生的主动性没有充分地体现出来，容易打击学生的课堂参与积极性，造成教师一言堂的情况。

4. 板书的条理性不足，需要精练规范。

板书书写较为随意，作为文言教学，屏幕上的板书可以随着课堂的进程而定，但是旁边两块板书，教师要有意识地进行设计，如一面是重点语法知识，另一面则是内容解读。不仅要有相对具体的内容，而且板书的条理要清晰，也可以借鉴初中语文组老师运用彩色粉笔进行归类等方法。

（二）第二次跟进式听课——解决部分问题，暴露新问题

一周之后，当备课组统一教学内容行进到高一年级的第二篇文言文《病梅馆记》时，我又在课前十分钟通知马老师去听她的课，并且告知其听课的主题为“文言文教学的基本规范”。在本课中马老师确实克服了部分旧问题，但是又涌现了一些新的问题。具体见下列评课单：

马 老师：《病梅馆记》

时间：2016 年 9 月 28 日，周三

班级：高一(2)班

基本情况：本堂课是文言文《病梅馆记》第二课时，在上一节诊断听课的基础上一些问题有所改进。

诊断听课小组达成的共识如下：

1. 充分利用了学生的两大质疑“为什么梅会变成病梅”“为什么将病梅贮藏在馆中”，课堂以这两大问题作为串联，避免了上一节课所出现的问题琐碎、缺乏牵一发而动全身的核心问题的情况。

2. 教师有意识地将“文”与“言”相结合，也就是在具体文意中加强对文言字词句的认识，而又通过文言字词的解读深化对文意的理解。

问题与建议：

1. 课堂提问虽然有了大问题，但是教师在解决过程中的问题链过于琐碎，一定程度上破坏了课堂的整体感，也打断了学生思维的连续性。

问题设计中这个字是什么意思、有什么用法、为什么用这个字诸如此类的随意提问特别多，而且有的问题是重复提出，使得课堂上教师的语言繁复，也就是思路较为紊乱。建议教

师在预学中除了文意疏通之外，也要设计整体感知，还有部分字词的品读也可以要求学生提前完成。

2. 文言教学中的词句品读也是必不可少的。

教师对字词句都在文本解读中有所涉及，但是多停留于字面意思，其艺术感染力、丰富的情感内涵都没有非常深入地品析。如"文人画士之祸之烈至此哉"这句话直抒胸臆，蕴含的强烈而又丰富的情感是值得学生通过朗读、思考，甚至于小组合作学习等形式加以赏析的。

3. 教师对文本的解读尚停留于教参或者网络信息，缺乏对文本深刻而独到的认识。

有学生提出"文章中曲、欹、疏的梅难道就是病态的吗"，面对这个问题，教师显然有些手足无措，其实这是个非常宝贵的质疑。教师在解读时，要深入思考，多询问其他老师，便可充分借用这个疑问，即病态不在于梅的形态，而是有意将审美标准强加于人以达到控制他人思想的心态和社会流毒。

4. 板书依旧要进行设计，不可太随意。

在评议之后，我又和小马老师一同学习《普通高中语文课程标准》对文言文的教学目标："学习中国古代优秀作品，体会其中蕴含的中华民族精神，为形成一定的传统文化底蕴奠定基础。学习从历史发展的角度理解古代作品的内容价值，从中汲取民族智慧；用现代观念审视作品，评价其积极意义与历史局限。阅读浅易文言文，能借助注释和工具书，理解词句含义，读懂文章内容。了解并梳理常见的文言实词、文言虚词、文言句式的意义或用法，注重在阅读实践中举一反三。"由此可见，课标对文言文的教学是按"文言—文章—文学—文化"来提倡和要求的。

（三）第三次跟进诊断——进步较大，依旧存在问题

本备课组在完成《病梅馆记》教学之后，又补充了另外一篇课外文言散文《任光禄竹溪记》。我同样提前十分钟通知，对此，马老师已经镇定不少，说明其课堂自信心在提升，课前的准备更充分，这也恰恰彰显其教学水平的进步。在本次课堂上，虽然不可避免地依旧存在问题，但明显地改变了原有的文言文教学旧模式，只是在细节上还要注意打磨。具体见评议单：

__马__老师：《任光禄竹溪记》

时间：__2016__年__10__月__11__日，周二

班级：__高一(2)班__

基本情况：本堂课是课外文言文《任光禄竹溪记》第一课时，教师在学生预学的基础上组织课堂，在前两次诊断基础上，在文言文教学的某些方面有所提升。

诊断听课小组达成的共识如下：

1. 教师能对"记"这种文言散文体裁有较为全面的认识，并带领学生由旧知导入新知学习，由标题入手引导学生对文本有了整体感知，这能帮助学生高效自主地阅读理解文本。

2. 教师依旧对学生在学习习惯、态度上提出一定的要求，这就使得学生的课堂精神状态良好。

问题与建议：

1. 教师的课堂语言依旧较为烦琐，需要自身控制克服。

教师在提问环节重复两遍，又重复学生回答，偶尔出现如“作者喜爱竹子”的口误，所以整个课堂的节奏显得拖沓，也不利于学生静心聆听。建议马老师能够控制，并希望能够在备课环节中将教师用语写下来，以便于让自己的教学语言规范、精练到位。

2. 课堂依旧呈现了浅思维的问题。

整个课堂基本完成的是这篇《竹溪记》写了什么的层面，至于作者为什么去写（也就是本文的写作意图），还有写得如何（也就是文本语言的品读）是远远不够的。建议教师组织朗读、比较阅读等形式对文章中的部分字词进行赏析，如“遍植之”的“遍”字。另外，教师的部分字词理解有偏颇，如“所蓄”的“蓄”字为动词，而非名词，这就需要教师在备课阶段做好充分的准备，做到严谨细致。同时也要减少贴标签的教学行为，如教师直接点出文章运用了“对比”的手法，缺少的是学生的真正理解和体悟。

3. 教师对文本的解读要继续深入。

本文并不是仅仅停留于作者对任光禄的赞誉之上，文章的情感内涵是丰富而又含蓄的，既有赞美，同时也强烈批判了京师人、江南人等唯物质论的做法及这种普遍的社会现象。不仅如此，教师还应该解读到作者本人的精神追求，这就需要教师补充唐顺之的背景知识，真正地让学生感受到人和文的一致，同时也掌握知人论世的方法。

4. 板书问题依旧突出。

其实这也说明教师对课堂教学目标及重难点的模糊，建议用一些树形结构等强调课堂主要内容。

5. 学生组织形式单一，造成了课堂氛围较以前有所滑落。

课堂不是为热闹而讨论，而是根据学习内容的难易程度设计相对应的学习组织形式。如有的浅显易懂的问题让学生直接回答，而有些难度稍高的可以同桌之间互助，真正的课堂难点可以组织小组合作学习乃至组际合作探讨。让学生有对话的时空，才能激活其思维，引发其思维碰撞。除了这样的组织形式，教师也不能和学生一对一对话，而是鼓励其他学生认真聆听，及时做好反应，或反驳或补充或质疑。总而言之，生生互动之中才能使得课堂具有生命力。

在本次听课之后，当天下午马老师在高一(7)班教授同样的教学内容。本人依旧去跟进听课，其教学目标更加清晰，各个环节的过渡更为流畅，文言文研读的深度和广度也都有所提升了。

三、案例的思考

当然，在这种模式的带教过程中，我也发现了问题，比如耗费的时间精力是相当大的，其实采用录播形式，师徒两人一同观看常态课视频，片段式地进行剖析也未尝不可；“推门式”的诊断形式刚开始时有些生硬，如果在带教初期能引领新教师认识到“对课不对人”的宗旨、“强压之下促发展”的理念，或许新教师能更快接受乃至于欢迎师傅前去诊断他们的常态课。

青年教师的成长，是在课堂拼搏中，是基于课堂教学的需要，是为了课堂教学的改进。通过临床诊断听课评课，有主题、有目的、有选择地走进见习教师的课堂，深入教学现场，观察课堂教学全过程，对发现的问题进行“解剖”和“诊断”，再与执教教师进行面对面的互动，提出针对性意见，能帮助处于教学生涯初期的教师明晰其个人专业成长中的短板与瓶颈，并从专业上给予人文关怀与支持，帮助青年教师找准个人的发展目标，攀登自己的上升台阶。

对于一名新教师而言，马老师的文言文教学肯定仍存在诸多老问题，比如个人教学语言、文本研读、问题设计、板书设计等方面，同时也不断暴露出新问题。但是我们也欣喜地看到在多次跟进诊断过程中，她的课堂驾驭能力在不断提升，在文言文教学过程中是有切实的体悟和思考的。比如在文言文教学中有意识地抓住文章体裁、标题入手，又比如已经明确了“文言”“文章”“文学”和“文化”四位一体的教学理念等。我想，教师的成长不须苛求其突飞猛进，但求每天都在一点点进步。不仅如此，在不断跟进式的诊断过程中，我的理念认识也在更新，教学行为也在完善提升。其实，在这个带教过程中，我何尝不是与新教师共同进步着呢？

艺术教学的“入门之道”

上海理工大学附属中学　顾　超

杨浦区少年宫的颜老师毕业于华东师范大学艺术教育硕士专业，作为一名即将从事校外教育工作的见习教师，她具备较好的艺术专业素养，并拥有一定的心理学、教育学基础。作为她的学科带教导师，我深知自己的引领对她未来教师职业生涯发展的重要意义，我决定尽我所能帮助她顺利度过职初阶段，尽快胜任教师岗位。

见习带教的日子忙碌而又充实，我首先根据小颜老师的自身情况，严格依据《带教手册》中四大板块十八项任务帮助她一起拟订了翔实的个人培训规划。我告诉小颜要成为一名合格的美术校外教育工作者必须握紧手中的三支笔：粉笔——上好课，课堂教学始终是教师的立身之本；画笔——追求自身绘画业务的不断发展；钢笔——搞好科研。对于小颜而言，我首先要帮助她解决的就是课堂教学——上好课这一关。

随着接触的深入，在小颜身上我发现了一些新教师的通病：诸如对课标不太熟悉、课堂上总是抓不住教学的重难点、教案撰写不够规范等。我首先从教案着手，详细为她分析了单元研究型教案的撰写要求及相关格式、教学流程的设计、教学重难点的制定，并让她先选择一个课题，试写一份教案。在整个带教的过程中我不断优化培训方法，如每周坚持“一听一评一议”，即“上好示范课、及时听评课、完成改进课”，并通过“艺术微课堂”的说课方式让见习教师参与备课组活动，从备课到上课，从教学到反思，让见习教师感受磨课的整个过程，理解“教学即研究”的意义，使课堂教学成为一个行动研究的过程。“中国建筑赏析”单元是小颜完成的第一份单元教案，看了小颜对单元教材的分析，我详细询问了她对于教学设计的大致构思，她在建筑单元中设计了三个分课时的内容：大地上的宇宙——中国古建筑的密码、北京四合院、写在大地上的诗——苏州园林赏析。单元教案中暴露出她在进行设计时的弱点，似乎她对于单元目标及子课时目标之间的逻辑关系不太明确，以至于在子课时教学内容的选择上思路不太清晰。以《苏州园林赏析》一课为例，由于对课堂重点内容缺乏把握，整节课呈现的教学内容太过庞杂，不便于学生理解。面对出现的问题，我在课后及时开展了评课议课活动，针对问题帮助小颜厘清原因，找出症结所在，提出在教案修改时关键要梳理好教学重难点之间的关系。随后我让她结合课程标准的学习对教案试着进行修改，进行了第二次的改进教学，并适当增加了“艺术微课堂”的试讲环节，即让小颜在正式进课堂之前先进行课堂试讲，以及时发现可能出现的问题进行调整。随后我又上了教学示范课《苏州园林赏析》，通过同课异构的教学示范，让小颜在听课的过程中更清晰地了解感受我的授课思路、对课堂的把控、如何设计课堂实践活动进行有效的师生互动、如何有效设计课堂提问并给予合理评价等。果然，在采取了这一系列举措后，小颜的课堂教学比第一次的仓促有了明显的进步。

《苏州园林——写在大地上的诗》是小颜的学期考评课，因此课堂教学前小颜就整理收集了大量的相关素材，由于课堂资料未经有效整合，导致教案中出现的信息量过大，这是职初教师的通病。考虑到在试课中小颜会一言堂贯串整节课，师生缺乏互动，所以我特意上了几节中国古代人物画赏析的示范课，以“六法论”为欣赏的切入点对作品艺术特色的三个方面展开分析。课堂上我对同一作品的多维度、多角度分析，正是为了让小颜通过听课学习感受我教学设计的意图，对艺术课堂教学有更深入、直接的认识。在随后的备课组活动中我又创新了“见实结合”的带教模式让见习教师和实习教师通过互相听评课的学习交流共同备课磨课，形成有效的学习共同体，实现团队的进步。经过学习后小颜努力进行课堂教学的改进，梳理出课堂的主线——苏州园林的诗情画意究竟体现在哪些方面？如何带领学生感悟理解园林之美？她围绕“苏州园林”的自然美、空间美、人文美作赏析，重点通过对园林组成要素的解读，让学生理解园林之美及其背后的中国传统文化内涵及人文精髓。随后小颜对自己的课堂教学进行了教学反思，及时做了调整，在之后的课堂教学中选准了合适的切入点，并通过对园林漏窗、太湖石、匾额楹联等的赏析让学生感悟理解园林的诗意之美。小颜在不断的试课磨课中逐渐悟出了有效的艺术课堂教学方法，经改进后的课堂教学方法得当、师生互动热烈，整堂课取得了较好的授课效果。

除了课堂教学，我还积极整合艺术资源，带见习教师走出校门。如带领小颜参与市、区级的艺术教研活动，帮助其拓宽学术眼界；带领小颜一起参观了上海展览中心的法国蓬皮杜现代艺术绘画展，72 幅来自法国第三博物馆的现当代大师的真迹使小颜在色块、笔触的视觉撞击中感受体会现代艺术的独特形式魅力，帮助拓展其眼界。结合小颜即将从事校外非物质文化遗产传承项目的身份，我们实现了少年宫与学校的宫校结合，特别聘请了上海市花样剪纸非遗项目的传承人郑树林老艺人来校指导。老艺人和学生面对面交流，手把手传授剪纸技艺，让学生真切地感受到民间剪纸艺术的魅力。而小颜也通过组织策划这一系列的活动在自身专业上有了提高，加深了对非物质文化遗产项目的理解，为后续非遗教材的编撰及相关论文的发表积累了大量的素材。此外我还十分注重见习教师自身的专业发展，积极鼓励见习教师基于自己的专业特长，将理论与自身学习实践相结合，撰写教科研论文。我悉心指导帮助其规范写作要求，手把手更改调整论文格式，使行文更严谨规范，同时有理有据，内容翔实，观点新颖。我还要求校外教师要不断加强自身专业技能的训练，做到“一专多能”，为此安排了一系列绘画实践活动包括素描及版画练习，帮助其提高绘画技能，以利于其更好地发展。这都为小颜之后在市见习教师基本功大赛中荣获二等奖的好成绩奠定了坚实的基础。

艺术教学是一门学问，值得每一位教师用毕生的时间去探索、学习。对于新教师小颜而言，踏实走好职初阶段的每一步都至关重要。我很高兴自己能帮助小颜在职初成长之路上踏实走好每一步，而我也欣喜地发现，小颜通过自身的努力在快速地成长和不断地进步。衷心期望这个勤奋努力的青年教师在未来的教学生涯中能愈发出色！

带教见习教师成长案例

上海交通大学附属中学　秦　伟

2016年9月我很幸运地结识了刚刚研究生毕业的新教师——彭老师，很开心她为我们地理组贡献了新鲜的血液以及年轻的氛围。在其刚参加工作的第一天，我带她认识地理组各个同事；在其参加工作的第一周以及接下来的几周，带她认识其他组的老师。这有利于她很快地熟悉学校的工作环境并与他人建立良好的人际关系。

初入校园的彭老师教学能力和经验短缺，我有幸作为她的带教老师，在杨浦区教师进修学院和校教研处的关怀下，带领彭老师观摩自己的课堂以及有经验的优秀地理老师和班主任的课堂，让她从中汲取教学和管理的精华。我不厌其烦地帮她指出教学和管理中出现的各种问题，并加以指导，使她更快地适应教学和管理工作。

时间如白驹过隙，很快到了新学期的十月份，迎来了学校的第一次督导课。督导课的课题是《农业区位条件》。在未正式上课之前，我和校带教黄老师坐在教室的后面认真听课，就上课的形式和内容给予了意见。我指出课堂应该因材施教，由于彭老师任教的是新疆班，学生大都来自新疆农村地区，学生能力层次相对较低，所以可以结合学生的实际情况来讲解农业，贴近学生实际，易于学生理解。黄老师指出在讲解过程中，如何用平实的语言更易于学生理解学科中的知识点。希望不管是从大的课程框架结构上，还是小的知识点方面，都能尽快地帮助彭老师成长。

彭老师一直虚心听取意见和建议，所以督导课完美顺利地结束，很快迎来上海市见习教师的选拔比赛。在比赛的前夕，教研处组织彭老师及其他新教师进行学校内部的选拔。选拔的方式主要通过模拟课堂、演讲和教育智慧三方面进行。模拟课堂需要准备四个教学案例、教案、教学反思和演讲。作为一名刚刚入职的新教师，在面对如此纷繁的教案时，彭老师不知所措。在面对学科教案时，我和黄老师针对每一个教案内容出现的问题都及时提出修改意见，彭老师在此过程中认真听取师傅们的修改意见，并在课后花费大量时间进行整理，力争改到更好。彭老师自己也在课后不断地熟悉教案，不断地修改演讲稿和教育智慧案例，争取在比赛时拿出最好的状态。在比赛时，几位校长以及各学科的特级和高级教师抽出宝贵的时间担任评委，不仅对比赛的结果进行裁断，而且也像导师一样，指出彭老师在比赛过程中的不足，并且给出了很多优秀的建议。感觉这不仅仅是一场比赛，更是一个锻炼彭老师让她成长的平台。功夫不负有心人，在校级选拔比赛中，彭老师顺利获准参加区级选拔比赛。

在进行区选拔比赛前，导师们和教研处的朱老师、周老师模拟比赛的环境，担任评委，随机抽取四个案例中的一个，让彭老师感受真实比赛的场景，熟悉比赛，并且在这个过程中我和黄老师提出了很多建议。记得在面对演讲时，由于缺乏演讲的经验，看似简单的演讲却被彭老师演绎出了生涩的感觉。我和黄老师亲身示范了演讲技巧和肢体表达，接下来彭老师的演讲有了抑扬顿挫的感觉，情感也逐渐丰富起来。在此期间，杨浦区教师进修学院的老师们也不辞辛苦地抽取工作日的时间，对彭老师不定期地在教学案例、演讲和教育智慧、书法等方面进行培训。如每周二下午去参加书法培训，提高三笔字技能；每周三下午参加演讲培训，提升演讲技巧；每周四下午参加教育智慧的培训，提升教育案例处理技能。在繁重的培训和教学期间，作为新教师，又是班主任，在面对繁重的三个年级的地理教学任务和管理任务时，如何兼顾教学和培训？这就是一种磨炼。在此期间，彭老师克服各种困难，兼顾各种重要事情，提高办事效率，在抗压能力上也有明显提升。

在暑假快结束的时候，迎来了区级比赛。彭老师作为新疆班班主任，需要在比赛的前半个月去新疆接孩子们回到上海东方绿舟参加军训和学农任务。在比赛的前一天还在东方绿舟带领孩子们参加军训，第二天回到杨浦区参加完比赛后，又回到了东方绿舟继续指导孩子们军训和学农。回想整个过程，对于彭老师来说，虽然辛苦，但是很值得。作为新教师的带教导师，我和彭老师一起成长。交大附中是一个优秀的平台，在这个平台中，每个人都是优秀的，感谢教研处和杨教院的信任，使我作为新教师的带教老师，有更多机会将自己的优点和经验分享给新教师，能够帮助他们尽快地成长。当然，教学相长，我也从新教师的身上学到很多东西，例如年轻教师面对工作的热情和激情等。我希望每一位进入交大附中的新教师都有机会茁壮成长。

“她”来听我上的课

复旦大学附属中学　阎　俊

2012年以来，我前后带教了四位青年教师，在我看来，就是获得了相互听课的学习机会。“她”来听我上的课，让我有机会感受年轻教师的魅力，在带教她们的同时获得新的发展；也让青年教师感受到压力和动力，认真对待自己的每一堂课，在每一堂课的规范实施中，把握专业发展的方向，踏准专业成长的节奏，踏踏实实成为上海教育的新生力量。

一、以听课为支点

在我和我要带教的青年教师签订带教协议书的那一刻，多年前，我的带教老师带教我的故事一下子清晰起来。青年教师带教制度可以说是我们国家教师培养的传统特色，我本人也是这项制度的受益者。回想我自己，成为教师20年，几乎是不间断地先后被六位老师指导带教过。每一位带教我的老师，对我都有听课的要求。

工作第一年，带教我的是冯家明老师。冯家明老师带教我的时候是他退休前一年，他专门为我安排了高中老师最难上的课——高三会考班的哲学课，亲身示范，上课给我听。第二位带教我的是秦璞老师，因为我没能完成每个教案都去听课的任务，所以秦老师一直不认可我是他的“徒弟”……

在前辈老师们看来，“听课”是最有效的学习途径。从一名非师范专业的毕业生到能够学会上课，我的成长就是从听课、模仿我的带教老师的言行开始的。以“听课”为支点，撬动备课、上课、辅导等多个教学环节，是我从我的带教老师那里学到的经验，也是我对我带教的青年教师提出的成长要求。

二、先增量，再增效

事物的发展有一个从量变到质变的过程。青年教师的成长也是如此。没有教学实践的累积，无法促进专业的发展。想要规范地完成课堂教学，就需要大量了解规范的课堂教学是怎样的。因此，我对带教的每一位青年教师，都明确提出了尽可能多听课、多思考的要求，以“听课”为支点，制定了详细的“备课—听课—诊断—修改—再听课—总结”的教学指导流程。

表1　2013学年带教戴老师的指导概况

备课	互相听课	公开课	课堂实录	自编水平测试
每周二、四	44+42节	2+2节	10篇	一套，共八课

2015年，在我带教的三位老师中，黄老师是我校破例招收的一名本科师范生。虽然和同期入职的青年教师相比，她在学历上没有优势，但我更看好她好学勤奋的品质，以及她出

色的表达能力、信息技术水平,特别是她对专业的热爱。于是,我根据黄老师的专业特点和工作能力,指导其确定教师专业发展方向,制定有针对性的培养计划和目标;充分发挥黄老师的教育教学工作的积极性、主动性和创造性,努力帮助黄老师通过大量听课,尽快熟悉并适应中学思想政治教育教学,融入复旦附中文化。

作为带教导师,我努力以自己良好的师德、严谨的态度和现代教育教学理念带教黄老师,以身作则帮助其养成良好的行为规范,严格履行学校和区县规定的带教任务,如每周至少听见习教师一节课,并提出指导意见,也允许见习教师每周至少听我的一节课。我还鼓励见习教师尽量做到每一个教案都来听课,不仅如此,我还将我的全部课程材料、课件、案例等与黄老师共享,齐心协力完成高一经济学常识的课堂授课。

为了“增效”,我围绕听课中发现的问题,积极组织课堂教学研讨活动。仅 2015 学年第二学期,我们一共开展了 10 次研讨活动,并做好档案整理工作:试卷命题、单元教学设计、教学基本流程撰写、单元学习中的关键活动案例研讨等。

三、借助技术,突破听课困境,提升听课效益

虽然听课很重要,但现实中仍然会有很多问题使“听课”变得很困难。例如作为带教师傅的我,基本上每周的课时在 14 节左右,去掉教研活动、正常备课、批改作业的时间,留给我去听课的时间已经不多,再加上还要考虑学校的整体排课,不一定能让师徒双方的课表对应“留白”。特别是 2015 学年,我除了带教黄老师,还同时带教浦东新区和青浦区各一位见习期青年教师,不要说多听课,就是完成带教协议上的听课基本要求,都变得非常困难。

这个时候,是年轻的黄老师想到了办法,通过录音课、录像课,不仅完成“听课”任务,还可以进行教学“切片”研究;作为带教老师的我,则是开发、制作了教学基本流程表,要求每位青年教师认真填写。

表 2　2015 学年开发的教学基本流程设计与反思调整

教学内容:__________________　教学主题:__________________

教学环节	教学形式与内容		设计意图 (目标指向)	再设计的意图 (目标指向)
	问题	活动		
课堂导入				
1				
N				
课堂小结				

注:

1. 除了“课堂导入”和“课堂小结”,其他环节的数量以及时间分配根据教学内容决定。

2. 教学内容可以用教材的框标题表示,教学主题可由教师自己拟定。

3. 每个环节采取“问题”还是“活动”的形式,可以自行选择。这里的“问题”,指的主要是教师设计的课堂教学核心问题。若是有些问题是课堂教学临时生成的核心问题,也请备注。“活动”要具体写明活动的组织形式和时间。

在这个日益信息化的时代，我们通过录像课、录音课、关键教学环节文字实录的方法弥补了现场听课的遗憾，并且获得了将青年教师的政治课进行统整、比较、研究的机会，提升了“听课”的效益，也使被“听课”的老师们真切感受到成长中的乐趣。

四、不仅仅是 10 个 G

听课，不仅是我带教青年教师的规定动作，也成为我带教的老师们的一项“职业爱好”。工作三年，黄老师积攒的听课录音已经超过 10 个 G，有针对性的听课研讨活动，也推动了她的成长。

借助区教育学院举办的“小荷杯”青年教师教学技能大赛的平台，黄老师有幸参与了全区范围内文科综合(政治、历史、地理)的教学比赛。初赛、复赛、决赛，每一环节都对一名刚入职的新教师提出了不小的挑战。递交教学设计、说课、上课、参与答辩，每一关的任务和要求都不尽相同，我和黄老师共同开始了“小荷杯”的备战……在听完黄老师的试讲后，我还是看到了她作为一名青年教师身上的许多成长空间。如何撰写一份内容科学、格式规范的教学设计？如何把握复旦附中的学情特殊性？青年教师如何实施单元教学，实现培育学生学科知识与核心能力增长的一致性？这些都成为我们带教工作培训指导的重点内容。结合带教计划，我针对黄老师教育教学中的薄弱点，开展了一系列带教培训工作。我们的带教指导或许是在办公室，或许是在午餐时间，或许是在每一个下班后的休息时间……功夫不负有心人，勤奋、好学的黄老师最终荣获了区“小荷杯”文科组一等奖。

随着带教时间的推移，我对黄老师的了解愈发深入，不仅了解了课堂中她的优缺点，也慢慢了解到生活中她对现代信息技术有着浓厚的兴趣。她喜欢积累日常办公的高效软件，并分享给教研组的老师们；她热衷苹果教育大会，第一时间了解最新的教育硬件技术；在日常听课的过程中，我也总是被她丰富美观的课件吸引；她擅长使用苹果电脑的各类软件，配合课堂教学，最大限度地发挥现代教育技术助力课堂的作用。为此，我特别找了一次机会与黄老师交谈，鼓励她将兴趣特长与学科教学相联系。在我的鼓励支持下，黄老师申报了上海市青年教师课题，课题为“‘互联网＋教育’背景下思想政治课教学实践与探索”。在课题研究过程中，我悉心指导，并给出了针对性的建议。目前，课题已进入结题阶段。在《“一带一路”，让开放中国与世界共赢》的课堂中，我引导黄老师努力把一些先进的教学理论、科学的教学方法及先进现代的教学手段灵活运用于课堂教学中，努力培养学生的合作交流、自主探究、勇于创新等能力，助力教育教学，成为区级示范课。此外，我也鼓励黄老师参与由上海市电教馆举办的信息技术大赛。由我指导的《认识市场》一课，成为 12 节获奖课中唯一一节政治课，黄老师也荣获了“信息技术小能手”的称号。

“她”来听我上的课，这个“她”是我们可爱的青年教师，也是我们自己。祝福我们和青年教师一起，在每一节认真聆听的课中，让教学生活更加美好。

图书在版编目（CIP）数据

见习教师规范化培训优秀带教案例集锦 / 上海市教师专业发展工程领导小组办公室编. — 上海：上海教育出版社，2021.5
ISBN 978-7-5720-0773-6

Ⅰ. ①见… Ⅱ. ①上… Ⅲ. ①教案(教育) - 教学设计 - 中小学
Ⅳ. ①G632.41

中国版本图书馆CIP数据核字(2021)第080171号

责任编辑　汪海清
封面设计　毛结平

见习教师规范化培训优秀带教案例集锦
上海市教师专业发展工程领导小组办公室　编

出版发行　上海教育出版社有限公司
官　　网　www.seph.com.cn
地　　址　上海市永福路123号
邮　　编　200031
印　　刷　上海叶大印务发展有限公司
开　　本　787 × 1092　1/16　印张 21.25
字　　数　504 千字
版　　次　2021年6月第1版
印　　次　2021年6月第1次印刷
书　　号　ISBN 978-7-5720-0773-6/G·0590
定　　价　68.00 元

如发现质量问题，读者可向本社调换　电话：021-64377165